学术共同体文库

中国政法大学县域法治研究中心　主办

杨玉圣　主编

余三定　1956年生，湖南岳阳人，曾任湖南理工学院院长，现为中文系教授、中国作家协会会员，同时兼任湖南省文艺评论家协会主席等。主要研究方向为文艺学、当代学术史。1995年被评为全国教育系统劳动模范，1996年获国务院颁发的政府特殊津贴，2001年被评为湖南省优秀中青年专家，2006年获首届湖南省普通高校教学名师奖，2008年入选湖南省新世纪121人才工程第一层次，2012年12月被湖南省教育厅批准为二级教授。

当代中国学术史论

Studies on
China's Contemporary
Academic History

余三定 著

社会科学文献出版社
SOCIAL SCIENCES ACADEMIC PRESS (CHINA)

序
当代学术史学科体系的基本构建

刘曙光

年关岁杪，收到三定先生短信，告知他正在编辑《当代中国学术史论》书稿，希望我能为其大著写篇序言。起初，难免有些犹豫和惶恐，考虑再三，我还是欣然答应。之所以犹豫和惶恐，是因为三定先生著述甚丰而且交游极广，以往为其著作作序者，皆为学界前辈，德高望重而且声名显赫，如陈平原、郑欣淼、王富仁、刘纲纪、王先霈、李元洛、麻天祥、李凌烟等学术大家。尔后，之所以又欣然答应，是因为先生早已著作等身、功成名就，堪称学术名家。何人作序，以及序之好坏，已无关乎功名。先生忠厚君子，为人为学，坦荡如砥，有口皆碑。数十年来，先生"寄身于翰墨，见意于篇籍"，其声誉之盛"不假良史之辞，不托飞驰之势"（曹丕：《典论·论文》），正所谓"居高声自远，非是藉秋风"（虞世南：《蝉》）。

孟子曰："颂其诗，读其书，不知其人，可乎？是以知人论世也。"（《孟子·万章下》）三定先生嘱我作序，盖因我们相识、相知二十余载，心气相通，或许我可以做一点"知人论世"的工作。平心而论，对这位老师、这位朋友，对他所主编的学术期刊《云梦学刊》，以及他从事学术研究的心路历程，我是有着较为全面和深入的了解的。

认识三定先生的人都知道，他集学者、官员、教师、编辑多重身份于一身，但给人留下深刻印象的还是他的书生本色，"是君嗜书、读书、购书、淘书、著书、教书、评书，以书为友，以书为乐，以书为生，真书癖书痴也"（龙协涛：《南湖藏书楼记》）。他建有私家藏书楼——南湖藏书楼，建筑面积达 960 平方米，已藏书 4 万余册，以文史哲方面的学术著作为主。藏书楼除了图书收藏外，还"私"楼"公"用，兼作阅读、讲座、座谈、上课、会议、展览、参观之场所。南湖藏书楼现已成为"湖南省社会科学普及基地""湖南省文艺惠民服务基地"，并获得国家新闻出版广电总局授予的首届全国"书香之家"称号，获得共青团北京大学委员会颁发的"燕湘学社"匾牌。

三定先生把"快乐读书拥书生本色，实在做人持人间常情"作为自己的座右铭，提出了学者"文化身份"的特质是献身学术，自觉追求学问，而不是追求管理界批发的种种标签；不盲从迷信，坚持独立思考，而不是人云亦云；有担当精神，有自觉的社会责任感，而不是随波逐流；追求理想，追求梦想，而不是急功近利。他强烈反对当前学者"文化身份"的错位现象。应当说，学者"文化身份"的这四种特质就是他自身品格的真实写照和凝练概括。

虽有湖南理工学院院长、二级教授、学科带头人，湖南省文艺评论家协会主席，《云梦学刊》主编，中国作家协会会员等众多头衔，但他平易近人，和蔼可亲，礼贤下士。在生活中，他以读书为乐，以文会友，以书交友。他的学术研究，追求"研究、编辑、教学、管理"四者的良性互动，这种追求体现了他的德行和品位。

三定先生的学术研究成果，体现了阶段性与连续性的统一。他早期主要致力于文艺学研究，硕果累累。从 20 世纪 90 年代以来，则在当代学术史研究方面用力更勤，产出更多。两个领域的研究相互补充、相互借鉴、相得益彰。他先后在《人民日报》《光明日报》《中国社会科学报》《中国教育报》《文艺报》《北京日报》《社会科学报》《北京大学学报》《复旦学报》《中山大学学报》《学术界》《甘肃社会科学》《社会科学论坛》《云梦学刊》等报刊上发表了百余篇当代学术史方面的研究论文，先后出版了《学术的自觉与学者的自立：当代学者研究》、《新时期学术发展的回瞻》、《当代学术史研究》（主编）、《当代学术史研究八年论坛》（主编）、《中国新时期学术热点研究》等相关著作，这些论著在学术界产生了广泛的影响，被各种"文摘"类报刊转载的论文更是不在少数。其中，被《新华文摘》转载的论文就多达 10 篇（不含"论点摘编"）。

三定先生在学术研究中非常重视集体攻关，非常重视教学相长，注重教书育人和提携后学，有着非常强烈的团队精神和合作精神。通过自己学术方面的努力，他成立了湖南省社会科学研究基地"中国当代学术史研究基地"，并担任首席专家。他将当代学术史的研究成果引入高校课堂，在湖南理工学院中文系本科生和湖南师范大学文艺学硕士生中开设了"当代学术史"课程，该课程被确定为湖南省普通高校省级精品课程。他的教改项目"当代学术史课程的创设与建构"获得湖南省高等教育省级教学成果三等奖。他还应邀到多所高校做有关当代学术史研究的专题讲座。

三定先生为人随和，风趣幽默，热情好客，与人为善，并且工作十分细致认真。孟子说："一乡之善士斯友一乡之善士，一国之善士斯友一国之善士，天下之善士斯友天下之善士。"从他连续12年组织"当代学术史研究论坛"，从他编的刊物、图书和他的专著中，我们可以说三定先生是全国性乃至天下性的优秀人物。作为天下性的优秀人物，便和天下性的优秀人物交朋友，这也体现了三定先生在学术界、期刊界的人格魅力与亲和力、号召力、凝聚力。

能集中体现三定先生学术眼光、学术素养、学术组织能力和策划能力的，还有他所主编的学术期刊《云梦学刊》及其特色栏目《当代学术史研究》。长期以来，《云梦学刊》一直是他开展当代学术史研究、与校内外学者进行广泛学术交流的平台。"有什么样的主编，就有什么样的期刊。"作为一校之长，尽管各方面的工作十分繁忙，但他不愿意只做一个挂名的主编，而是利用他在学术界的影响力，带头为刊物写稿、约稿、编稿。从2004年开始，每年举办一次当代学术史方面的研讨会（论坛）。他以开放办刊的先进理念，举全校之力，集全国之智，为刊物组约名家名篇，使刊物的影响力和传播力不断扩大，在学术界、期刊界声誉日隆。从2003年第1期开始开设的《当代学术史研究》栏目（该栏目由1990年开设的"当代学者研究"演变而来），更是入选教育部"名栏"建设工程。《云梦学刊》特别是其《当代学术史研究》栏目，虽然不全是三定先生"写"出来的著作，却是他"编"出来的作品，倾注着他的心血和智慧，贯穿着他对当代学术史前沿问题的把握和思考。

从学术研究的连续性来看，《当代中国学术史论》不是一部孤立的著作，而是对《中国新时期学术热点研究》、《当代学术史研究八年论坛》（主编）等以往诸多著作的继承、延续、深入和完善，也可以说是作者多年研究成果的精华浓缩和名篇荟萃。这部著作对当代中国学术史学科的建构和完善具有开创性、探索性、奠基性的意义，对今后的当代学术史研究具有铺垫、导向、引领作用。透过《当代中国学术史论》，我们可以真切地感受和体会到作者锲而不舍、殚精竭虑、呕心沥血的学术精神。

从《当代中国学术史论》的结构上看，它由"专题论文"、"学术评论"、"学人访谈"和"附录"四个部分组成一个有机的整体。这种编排体例体现了三定先生对当代学术史学科性质、研究对象、研究方法、概念范畴、学科体系等方面的一以贯之的认知和理解。如，他将当代学术史的研究内容概括为四个方面：宏观的学术史研究、学科史、学者个案研究、学术批评或称学术评论，并以此来开展自己的学术研究。他的这些界定、概括和研究也得到了学术界的广泛认可和好评。

学习先于创作，精读才能评论。只有在阅读、欣赏、消化、分析、综合、反思已有的当代学术史著作之中，才能对各种材料进行"去粗取精、去伪存真、由此及彼、由表及里"的加工制作，才能求得自己在学术研究对象、研究方法上的长足进步，才谈得上博观约取、集思广益、推陈出新、厚积薄发，才能写出更有分量、更具创新性的学术史著作。三定先生搜罗、考察、分析、梳理了一个较长时段里出版的关于当代学术史研究方面的几乎所有论著，并进行了大致的分类。他的勤奋好学和刻苦用功，一直为人称道。在学术情趣失落、学风浮躁的时代背景下，三定先生为我们树立了一个如何做学者的榜样。从《当代各重要学科的学术简史——评〈新中国社会科学五十年〉》《"论"与"史"的有机结合——评王先霈〈中国文化与中国艺术心理思想〉》《当代重要学科学术史研究的开拓性成果——〈人民日报〉的〈走向繁荣·哲学社会科学60年〉专栏综评》等论文中，我们可以看到作者对于材料的熟练驾驭，旁征博引，爬梳剔抉，分析得失，参互考寻，而且思想火花时时涌现。潜心于学术，从喧嚣中把握真实，体现了一个学者关心国计民生的良心和强烈的社会责任感、使命感，体现了他一贯的学术主张"人文学者的学术研究一定要有时代性、现实性"。

《当代中国学术史论》所探讨的，大多是当代中国学术史研究中的热点、焦点和难点问题。在研究方法上，作者提出要以问题为中心，重视学者个案研究，重视当代学者的口述实录。本书的内容，在"专题论文"部分，涉及中国新时期学术发展回眸、关于学术规范的讨论、关于反对学术腐败的讨论、关于学术评价的讨论、关于研究生教育的讨论、关于"学术大师"的讨论、当代各重要学科的学术简史等诸多问题；在"学术评价"方面，涉及当代学术与传统学术的异同、"论"与"史"的有机结合、当今学术管理与学术发展的若干关系的反思、对"项目至上"负面影响的剖析、近些年学术著作出版弊端的分析、课题申报中的"一女二嫁"问题、当前学者"文化身份"的错位现象、文艺评论现状的反思、学术研究不能"指标化"等问题；在"学人访谈"部分，涉及学者风范与学人本色、"中国现代文学"学科的建构、美学要关注人生关注艺术、自觉应对"艺术学"面临的新挑战、着力推进当代文艺批评理论分歧的解决等。正是由于作者身份的多重性、视角的多维性、阅读的广泛性、感悟的深刻性，对这些问题的研究和分析更加全面、系统、精准和深入，观点和见解更具原创性和深度，更能扣人心弦、引起共鸣和发人深省，因而在学术界、期刊界产生了较大的反响。

冯友兰先生在《中国哲学简史》"作者自序"中说："历稽载籍，良史必有三长：才，学，识。学者，史料精熟也；识者，选材精当也；才者，文笔精妙也。"从《当代中国学术史论》中，我们也可以领略到三定先生的才、学、识，体会到其史料的精熟、选材的精当和文笔的精妙。

当然，当代学术史是一个正在生成的学科，这方面的研究起步较晚，学科建设的任务还任重道远。我们作为"当代学术史"的研究者，还生活在"当代"之中，还在不断地面对新问题，产生新疑问，探求新答案，不能跳出这个时代，站在更高的历史高度，以更广阔的视野来审视历史，这也就注定了我们这一代人只能零碎、不完整地书写"当代学术史"的一部分。由于学科本身的复杂性，研究对象、研究方法、研究范式的完备，还需要投入更多的人力、物力。

积极关注、追踪、反思、探讨当代中国学术史的热点、难点和焦点，建构并完善当代学术史学科，这是三定先生学术研究的目标和方向。记得有一段广告词："每个人都是一座山，其实最难攀登的是我们自己。有时哪怕是一小步，也有新高度。"三定先生无疑已是一座大山、一座高山。尽管承担着繁重的管理和教学工作，但他还是在用一部部著作、一篇篇论文不断地超越自己，不断地为当代学术史的学科大厦奠基并添砖加瓦，不断地把这一学科建设推进到一个新高度。

祝愿三定先生在当代学术史研究方面有更多更好的作品问世！

2016 年 2 月 28 日于北京大学

目　录
CONTENTS

第一部分　专题论文

学术史："研究之研究"

　　——兼评北京大学出版社"学术史丛书" ………………… 003

当代学术史研究：新兴的学科…………………………………… 011

接续断裂·空前繁荣·追求深化

　　——回眸中国新时期学术发展 ………………………………… 022

新时期学术规范讨论的历时性评述 …………………………… 033

关于我国研究生教育问题讨论的评述 ………………………… 046

关于我国新时期学术评价讨论的评述 ………………………… 065

关于 21 世纪"学术大师"讨论的评述 ………………………… 080

关于当今学术管理所存在问题讨论的评述 …………………… 101

当代各重要学科的学术简史

　　——评《新中国社会科学五十年》 …………………………… 113

当代重要学科学术史研究的开拓性成果

　　——《人民日报》的《走向繁荣·哲学社会科学 60 年》专栏综评 …… 120

第二部分 学术评论

学者的社会责任感之实现 …………………………………… 131

中国当代学术与传统学术的异同 ………………………… 133

必须治理"学术评价过度症" …………………………… 136

找回失落了的学术情趣 ………………………………… 139

三个"过分"破坏了学术生态平衡 …………………… 142

岂能"只认衣裳不认人"

　　——"CSSCI风波"引发的思考 …………………… 144

学者不可无宗主 ………………………………………… 146

学术研究不能"指标化" …………………………………… 149

反思当今学术管理与学术发展的若干关系 ……………… 151

学术管理越来越精细　学术研究越来越粗放 ………… 155

做学问莫"买椟还珠" …………………………………… 158

课题申报"一女二嫁"，当休矣 ………………………… 160

当前学者"文化身份"的错位现象 ……………………… 163

剖析"项目至上"的负面影响 …………………………… 166

近些年学术著作出版弊端分析 …………………………… 168

学术期刊存在的主要问题小议 …………………………… 170

建议少读畅销书 ………………………………………… 172

文化让我们获得精神上的满足和依归 …………………… 174

论学术创新的"本"与"末" …………………………… 177

中国学术走向世界的三个维度 …………………………… 179

论故宫学的学科定位和学科特色 ………………………… 180

民国时期故宫学术研究的特点 …………………………… 183

中文专业的无穷魅力与独特优势 ………………………… 185

当代作家要有自觉的社会责任感

　　——"文艺转型与文论创新"学术研讨会发言提纲 …………… 194

文艺评论现状的反思 ……………………………………… 196

文艺理论学科产生危机的社会原因分析 ………………… 198

论高校学报的特色栏目 …………………………………… 200

处理好高校学报的三个矛盾 ……………………………… 203

展开关于学术研究的"学术研究"

　　——《学术界》的突出特色 ……………………… 205

彰显特色　追求厚重

　　——我看《石河子大学学报》 …………………… 209

作为"另一幅笔墨"的《学术随感录》 ………………… 212

坚守知识分子的操守和立场

　　——读谢泳有感 …………………………………… 221

"论"与"史"的有机结合

　　——评王先霈《中国文化与中国艺术心理思想》 … 224

喜欢理论　爱好思辨 ……………………………………… 232

以学术研究积极关注时代

　　——编辑《当代学术史研究》栏目的回顾和体会 … 240

第三部分　学人访谈

学者风范与学人本色

　　——陈平原教授访谈 ……………………………… 255

"中国现代文学"学科的建构

　　——温儒敏教授访谈 ……………………………… 265

美学要关注人生关注艺术

　　——叶朗教授访谈 ………………………………… 277

自觉应对"艺术学"面临的新挑战

　　——王一川教授访谈 ……………………………… 287

发现东方与再中国化

　　——王岳川教授访谈 ………………………………… 298

着力推进当代文艺批评理论分歧的解决

　　——熊元义先生访谈 ………………………………… 312

附录：余三定教授学术反响撮要 ……………………………… 329

跋 …………………………………………………………………… 338

后　记 …………………………………………………………… 340

第一部分　专题论文

学术史：“研究之研究”

——兼评北京大学出版社“学术史丛书”

从 1995 年开始，截至 2005 年 5 月，北京大学出版社出版的“学术史丛书”（陈平原主编）计有下列 14 种，即《中国禅思想史——从 6 世纪到 9 世纪》（葛兆光著）、《士大夫政治演生史稿》（阎步克著）、《中国文学研究现代化进程》（王瑶主编）、《中国现代学术之建立——以章太炎、胡适之为中心》（陈平原著）、《陈寅恪先生史学述略稿》（王永兴著）、《明清之际士大夫研究》（赵园著）、《儒学南传史》（何成轩著）、《西潮激荡下的晚清地理学》（郭双林著）、《中国文学研究现代化进程二编》（陈平原主编）、《文学史的权力》（戴燕著）、《〈齐物论〉及其影响》（陈少明著）、《文学史书写形态与文化政治》（陈国球著）、《晚清女性与近代中国》（夏晓虹著）、《北京：都市想象与文化记忆》（陈平原、王德威编）。另外，据张文定《学术史研究和学术史图书出版》一文介绍：“张少康教授等著的《文心雕龙研究史》”，“还有像张健的《清代诗学研究》、褚斌杰的《楚辞要论》、常森的《二十世纪先秦散文研究反思》、余三定的《新时期学术发展的回瞻》、《蔡元培先生年谱》等等也属于学术史研究”。①

通览上述诸书，可以帮助我们加深对“学术史”的界定和阐释、“学术史”研究的主要领域和内容、“学术史”的研究方法等重要问题的探讨和把握。

一　关于“学术史”的界定和阐释

陈平原在“学术史丛书”总序中写道：“所谓学术史研究，说简单点，

---

① 张文定：《学术史研究和学术史图书出版》，《云梦学刊》2005 年第 4 期。

不外'辨章学术，考镜源流'。通过评判高下、辨别良莠、叙述师承、剖析潮流，让后学了解一代学术发展的脉络与走向，鼓励和引导其尽快进入某一学术传统，免去许多暗中摸索的工夫——此乃学术史的基本功用。"陈平原又说："无论是追溯学科之形成，分析理论框架之建构，还是分析具体的名家名著、学派体系，都无法脱离其所处时代的思想文化潮流。在这个意义上，学术史与思想史、文化史确实颇多牵连。不只是外部环境的共同制约，更有内在理路的相互交织。想象学术史研究可以关起门来，'就学问谈学问'，既不现实，也不可取。""正因如此，本丛书不问'家法'迥异、'门户'对立，也淡漠'学科'的边界与'方法'的分歧，只要是眼界开阔且论证严密的学术以及思想史、文化史方面的著述，均可入选。"从陈平原的论述和"学术史丛书"的内容可以看出，这套丛书是从宽泛的意义上来理解"学术史"的，即包括了学术史、思想史和文化史三个方面。

我们再来看看近年来其他有关学术史的重要论述。

李学勤在11卷本的《中国学术史》的"总序"中写道："学术有着自身的历史，同时又难免受到整个历史的影响和限制。研究学术的历史，从历史角度看学术，这就是学术史。""几年前有一场学术与思想的争论。一些论著提出，学术有别于思想，学者不同于思想家，甚至在论文的分类上都有学术与思想两途。揣想这种看法的起源，是要强调理论性、根本性问题的重要，但强调学术、思想划分开来，是不合实际的。我有一次提到，梁启超作《清代学术概论》《中国近三百年学术史》，都专门以思潮相标举。至于后来的思想史著作，核心是哲学史，便不能涵盖全面的学术史了。"① 李学勤的观点比较接近陈平原的看法，认为不能把学术与思想截然分开，所以学术史包含了思想史。

张立文在6卷本的《中国学术通史》的"总序"中写道："学术在传统意义上是指学说和方法，在现代意义上一般是指人文社会科学领域内诸多知识系统和方法系统，以及自然科学领域中科学学说和方法论。中国学术史面对的不是人对宇宙、社会、人生之道的体贴和名字体系或人对宇宙、社会、人生的事件、生活、行为所思所想的解释体系，而是直面已有（已存在）的哲学家、思想家、学问家、科学家、宗教家、文学家、史学

---

① 李学勤主编《中国学术史》，江西教育出版社，2001，第1页。

家、经济学家等的已有的学说和方法系统，并藉其文本和成果，通过考镜源流、分源别派，历史地呈现其学术延续的血脉和趋势。这便是中国学术史。"① 张立文对学术史的界定更具学理色彩，在他这里，"学术史"的研究对象同样比较宽泛，其中包括对"已有""思想家"的"学说和方法系统"的研究。

由靳德行主编的"当代中国思想史丛书"由 10 种组成，其中包括《当代中国学术思想史》。在"思想史"这个大系统内，"学术思想"与"哲学思想"、"政治思想"等并列。该书"绪论"写道："学术思想是在特定社会环境实施较为专门、系统的学问研究过程中，运用创造性思维方式获得的理性认识。"② 与较为具体的"学术"比较起来，"学术思想"是更为抽象、更具理论形态的东西。在该书著者看来，"学术"里面是包含了"思想"的，由此可见，学术史与思想史是有着紧密联系的。

比较上述各家论述可以看出，虽然对"学术史"的具体界定、阐述并非一样，但认为学术史与思想史有着紧密的联系，历史上并不存在脱离"思想"的"纯学术"，这一看法则是大致相同的。

二 关于"学术史"研究的主要领域和内容

张立文在《中国学术通史》的"总序"中写道："学术史是学术的衍生，所以，有怎样的学术，就有怎样的学术史。这可以从两方面看：一是史的学术和学术史……这是本有的学术和学术史；二是写的学术和学术史。既有当时人对时代学风、学说及学术成果的记录、描述、解释和评价，也有后来学者对前时代学风、学说及学术成果的再现。这种再现是重新描述、评价、解释的过程，由于解释对象和解释者的时间差，解释者的解释必须超越时空的局限，才能贴近先前学术文本的意思和原作者的意蕴。"③ 我们这里说的"学术史"研究，当然是指"写的学术和学术史"，在张立文看来，学术史研究的领域和内容主要是某一时代的"学风、学说及学术成果"。分析"学术史丛书"及北大出版社出版的其他学术史著作，可以看出学术史研究

---

① 张立文主编《中国学术通史》，人民出版社，2004，第 5～6 页。
② 李明山、左玉河主编《当代中国学术思想史》，河南大学出版社，1999，第 5 页。
③ 张立文主编《中国学术通史》，人民出版社，2004，第 6 页。

的主要领域和内容包括"以问题为中心"的研究、学科史研究、著名学者的个案研究等方面。这三个方面也可以看作学术史研究著作的三种主要体例。

1. "以问题为中心"的研究

陈平原在《"当代学术"如何成"史"》一文中写道："谈论学术史研究，我倾向于以问题为中心，而不是编写各种通史。"① 陈平原著的《中国现代学术之建立——以章太炎、胡适之为中心》就是"以问题为中心"的成功的、代表性的著作。陈平原写道："集中讨论'中国现代学术之建立'，目的是凸显论者的问题意识。表面上只是接过章、梁的话题往下说，实则颇具自家面目。选择清末民初三十年间的社会与文化，讨论学术转型期诸面相，揭示已实现或被压抑的各种可能性，为重新出发寻找动力乃至途径。这就决定了本书不同于通史的面面俱到，而是以问题为中心展开论述。"② "中国现代学术之建立"是一个大问题，围绕这个大问题，陈著用9章篇幅依次论述了9个分问题（分论题），这9章的标题依次是：求是与致用；官学与私学；学术与政治；专家与通人；作为新范式的文学史研究；关于经学、子学方法之争；晚清志士的游侠心态；现代中国的"魏晋风度"与"六朝散文"；现代中国学者的自我陈述。其他如《晚清女性与近代中国》选择女性研究作为透视晚清社会的窗口，《西潮激荡下的晚清地理学》从文化史的角度来研究晚清地理学，《文学史的权力》对中国的文学史研究、写作以及教学状况展开专题研究，《明清之际士大夫研究》从"思想史"角度来研究明清之际的士大夫，《北京：都市想象与文化记忆》从"文化史的思路"来研究北京，等等，都表现出"以问题为中心"的研究路数。《新时期学术发展的回瞻》收录的《新时期学术发展的回瞻与展望》《新时期学术规范讨论的历时性评述》《近三年〈光明日报·理论周刊〉评述》等专题论文，亦可归入"以问题为中心"的研究。

2. 学科史研究

刘曙光在《关于"当代学术史"学科建设的若干思考》论及当代学术史的研究对象时，把学科史研究作为其重要内容，他写道："各学科发展

---

① 陈平原：《"当代学术"如何成"史"》，《云梦学刊》2005 年第 4 期。

② 陈平原：《中国现代学术之建立——以章太炎、胡适之为中心》，北京大学出版社，2005，第 2 页。

史：对当代学术的发展分门别类，条分缕析，如：哲学史、文学史、经济学史、法制史，等等。目的是说明某一学科的传承和发展、理论研究方面的创新。"[1] 陈平原在《"当代学术"如何成"史"》中亦指出："谈论学术史研究，现阶段最需要也最容易取得成绩的，是学科史的梳理。"[2]《中国现当代文学学科概要》实际是一部研究中国现当代文学学科发展史的著作。该书"引言：'研究之研究'与学术视野的拓展"写道："'中国现当代文学学科概要'，顾名思义，是介绍中国现当代文学这一学科的入门课，也是属于'研究之研究'的课。""学习'现当代文学学科概要'，就是要帮助大家在较短时间内，对现当代文学的学科史与研究现状有较全面的了解，领略各种不同的研究方法、角度与多样的治学风格，由此觅得进入研究的门径，学会触发研究的问题，找到适合自己的研究方向。"[3] 全书共 20 章，除第 12 ~ 20 章为横向的专题研究外，第 1 ~ 11 章是一部完整意义上的中国现当代文学研究的学科发展史，各章的标题依次是：围绕初期新文学评价的不同文学史观；最初几种独立形态的新文学史；当代评论与文学史研究的张力；一代名家对新文学的总检阅；三四十年代的作家作品评论；40 年代文学史家如何塑造"新文学传统"；王瑶的《中国新文学史稿》与现代文学学科的建立；学术生产体制化与五六十年代的现代文学史写作；现代文学作为 80 年代里的"显学"；"重写文学史"与 90 年代的学术进展；当代文学的历史叙述和学科发展。《中国禅思想史——从 6 世纪到 9 世纪》《士大夫政治演生史稿》《文心雕龙研究史》等著作都可以归入学科史研究的范围。

3. 著名学者的个案研究

陈平原在《"当代学术"如何成"史"》中指出："我想强调两点：一是做学术史研究，从具体的学者入手——类似以前的学案，这样的撰述，表面上不够高屋建瓴，但不无可取处。王瑶先生和我先后主持的《中国文学研究现代化进程》正、续编，是以人物为中心的；这两本书对于大学生、研究生之'亲近学问'甚至'走进学术'，起很好的作用。以'学人'而不是'学问'来展开论述，好处是让我们很容易体悟到，学问中有人生、

---

① 刘曙光：《关于"当代学术史"学科建设的若干思考》，《云梦学刊》2005 年第 4 期。
② 陈平原：《"当代学术"如何成"史"》，《云梦学刊》2005 年第 4 期。
③ 温儒敏等：《中国现当代文学学科概要》，北京大学出版社，2005，第 1 页。

有情怀、有趣味、有境界，而不仅仅是纯粹的技术操作。"张岂之在《学术史与"学案"体——序〈民国学案〉》中指出："清朝初年黄宗羲等学者撰有《明儒学案》和《宋元学案》，所谓'学案'实际就是学术史。"①《中国文学研究现代化进程》除"小引"外，由17篇专题论文组成，分别对梁启超、王国维、鲁迅、吴梅、陈寅恪、胡适、郭沫若、郭绍虞、孙楷第、朱自清、郑振铎、游国恩、闻一多、俞平伯、夏承焘、吴世昌、王元化等17位著名文学学者做个案研究。《中国文学研究现代化进程二编》由16篇专题论文组成，分别对刘师培、黄侃、顾颉刚、朱东润、任中敏、罗根泽、周贻白、阿英、唐圭璋、刘大杰、钱钟书、林庚、程千帆、唐弢、李长之、王瑶等16位著名学者做个案研究。从几篇专题论文的标题就可以看出各自独特的研究角度和着眼点，如《梁启超的文学史研究》（夏晓虹）、《用现代科学方法研究中国文学的奠基人王国维》（刘烜）、《作为文学史家的鲁迅》（陈平原）等。陈平原在为《中国文学研究现代化进程》写的"小引"中写道："本书之选择研究对象，不以学术成就为唯一标准，而注重文学观念、学术思想的创新以及研究领域的开拓。因此，不准备选择章太炎、刘师培等很有学问但治学方法比较传统的学者。不选不等于否认其学术成就，而是为了突出我们的学术追求。表面上一系列的个案分析，实际上贯穿着我们对这百年学术变迁的历史思考。"② "百年学术变迁的历史思考"就是研究者们的"学术追求"。《陈寅恪先生史学述略稿》如书名所示，是一部典型的个案研究著作，任继愈在该书"序"中评论道："王永兴同志这部书稿，既讲到陈先生的史学方法，又讲到别人忽略了忠义家风的影响，他提出的见解是深刻的。陈先生的史学值得后代学人追踪探索的很多，最主要的一点是应当看到陈氏史学是中国现代学人对古代传统史学的总结，从陈氏起，也宣告了中国传统史学的终结。"③《蔡元培先生年谱》也是属于个案研究的著作。

三　关于"学术史"的研究方法

阎步克在《士大夫政治演生史稿》的"后记"中写道："有人问我是否

---

①　张岂之：《学术史与"学案"体——序〈民国学案〉》，《云梦学刊》2003年第4期。
②　王瑶主编《中国文学研究现代化进程》，北京大学出版社，1996，第5页。
③　王永兴：《陈寅恪先生史学述略稿》，北京大学出版社，1998，第2页。

有过方法论上的考虑，其实我只是在阅读思考中'不期而遇'地形成了这个东西，而没有刻意去寻求什么。有时我觉得，人们需要以各种方式理解历史，不同叙述方法，好比是从不同角度投射向黑暗的历史客体的许多光束，它们必然各有其所见不及之处，但也毕竟都各自照亮了不同的景象。不错，就某个人的具体方法或模式而言，它们在解释力、涵盖度和精致性上确实有高下之别，但我仍不愿将之看作是非之分。"① 这里强调要"以各种方式理解历史"，要有"不同叙述方法"，也就是强调研究方法的多样化。"学术史丛书"等的确表现出丰富多样的研究方法，其中有两个方面特别值得我们认真分析和总结。

1."问题意识"

"问题意识"既表现在"以问题为中心"的学术史著作这种体例中，也表现在其他的学术史著作体例中，且是不少著者的共识。温儒敏在《中国现当代文学学科概要》的"引言：'研究之研究'与学术视野的拓展"中写道："从事任何学术研究，都要有问题意识，有问题才有研究的动因，才能形成研究的课题。所谓问题意识，并非凭空产生，而是源自对研究对象深入的思考，包括对既有研究成果的充分把握。因此，对所从事研究的学科性质、特点及状况的全面了解，是我们初学者进入研究的必经之路。面对业已形成的学科格局，我们很自然会寻找自己可能适合的位置，明白自己可以做什么，什么问题的探寻可能是有意义的，也才能感受自己工作的价值。"② 陈平原在《中国文学研究现代化进程》的"小引"中写道："这不是一部学者传记集，虽然立足于个案分析，可着眼的是学术思潮的变迁。通过对这二十位不同经历的学者的治学道路的描述及成败得失的分析，勾勒出近百年学术史的某一侧面。在具体论述中，学者的个人经历只作为说明其学术思想形成的辅助材料。也就是说，本书的主要着眼点在学者治学成就、研究方法及其代表的学术思潮，而并非提供面面俱到的若干学者的生平资料。这需要理论眼光和问题意识，而且需要明确史家的立场。"③ 可见，学科史研究著作和学者个案研究著作都需要"问题意识"。

2. 重读"经典"

这里借用冯天瑜在《中国学术流变》的"序言"中的话："对学术史的

---

①　阎步克：《士大夫政治演生史稿》，北京大学出版社，1996，第51页。

②　温儒敏等：《中国现当代文学学科概要》，北京大学出版社，2005，第2页。

③　王瑶主编《中国文学研究现代化进程》，北京大学出版社，1996，第3页。

把握，往往是通过对历代学术经典的重读得以实现的。"① 冯天瑜强调的是占有资料对于学术史研究的重要性。王永兴在《陈寅恪先生史学述略稿》的"后记"中写道："先生研究唐史，撰写专著三部，尚撰著论文五十余篇。在本书中，对先生史学思想、治史方法及三部专著主旨申述之时，引证有关论文多篇，简要阐释其内容。"② 王永兴特别重视对陈寅恪原著的系统研读和引证，绝不空发议论。夏晓虹在占有资料方面不仅深下功夫，而且另辟蹊径，她的《晚清女性与近代中国》寻求对晚清社会的重新认识，主要借助于近代新兴的报刊媒体。她在该书"导言：重构晚清图景"中写道："报刊之深切影响于中国社会生活的各个层面，已为有目共睹的事实；而由其形构的公共空间，对于改变国人的思维、言谈、写作定势以及交流方式，都具有不可估量的作用。特别是报纸的逐日印行，新闻的讲求时效，记者的好奇搜隐，使其最大程度地逼近于社会情状的原生态……上下追踪，左右逢源，报刊因此可以帮助后世的研究者跨越时间的限隔，重构并返回虚拟的现场，体贴早已远逝的社会、时代氛围。"③ 当然，我们也不可忽略冯天瑜所讲的"重读"的"重"字的意义，这个"重"字显然是指研究者的新的时代眼光。整体地看，就是做学术史研究者，深入地"研读""经典"，并且要用新的时代眼光去"重读""经典"。

温儒敏在《中国现当代文学学科概要》的"引言"中写道："我们上这样一门'研究之研究'的课并不是要传给大家什么治学的妙法，也不是要速成什么学问，而是要和大家一起总结与反思一门学科，让大家观千剑而后识器，获得在本学科领域的方位感。"④ 这里既论述了学术史的重要意义，也揭示了学术史最重要的特点，那就是"研究之研究"。笔者特借用温儒敏这句话来作为本文的标题。

[原载《北京大学学报》（哲学社会科学版）2005 年第 5 期]

① 冯天瑜等主编《中国学术流变》，华东师范大学出版社，2003，第 1 页。
② 王永兴：《陈寅恪先生史学述略稿》，北京大学出版社，1998，第 365 页。
③ 夏晓虹：《晚清女性与近代中国》，北京大学出版社，2004，第 2 页。
④ 温儒敏等：《中国现当代文学学科概要》，北京大学出版社，2005，第 2 页。

当代学术史研究：新兴的学科

当代学术史研究作为一个新兴的研究领域或学科，正在引起学术界越来越多的关注和重视，其研究成果也越来越多，在学术界及整个社会的影响也越来越大，我觉得很有必要对其重要的相关问题做出梳理、分析和研究。

一 关于"当代学术史研究"命题的界定

当代学术史研究成为近年来学术界关注的热点，这是社会发展和学术发展所带来的必然现象和结果。我们知道，"文革"期间，学术受到政治的干扰和压抑，学者甚至丧失了自我，实际上，这时是中国学术的断裂期。改革开放 30 余年的学术发展，从时序上来看，是承接"文革"而来的。因此，从总体上可以说，改革开放 30 余年的学术发展是中国学术发展由接续断裂、全面复苏到空前活跃、硕果累累的繁荣期。改革开放 30 余年来，学术研究的成果、经验是非常丰富的，学术发展对推动社会发展的作用是巨大的；与此同时，其负面因素和教训（如从 20 世纪 90 年代后期以来的学风浮躁、学术不端乃至学术腐败行为）也是不可小觑的。如果从整个"当代"的角度出发，将视线从新时期再往前推移，当代前 17 年的成果与问题、经验与教训，"文革"十年的学术断裂，同样值得我们认真回顾和反思。因此可以说，为推动学术不断前进、健康发展，学术应该总结自身，学者应该回瞻自我。于是当代学术史研究引起了诸多学者不约而同地关注，随之成为学术研究的重要主题和学术热点。从这样的角度看，可以说，当代学术史研究作为一个新兴的研究领域是应运而生、顺时而出的。

在这里，我们有必要对"当代学术史"的概念做一个简要的辨析。"当代学术史"实际包括"学术史"和"当代"两个要素。我们先看两位当代著名学者关于"学术史"的论述。李学勤在他主编的 11 卷本的《中国学术史》"总序"中写道:"研究学术的历史,从历史角度看学术,这就是学术史。"①张立文在他主编的 6 卷本《中国学术通史》"总序"中写道:"通过考镜源流、分源别派,历史地呈现其学术延续的血脉和趋势。这便是中国学术史。"②两位学者的文字表述虽有不同,但其内在的看法是基本一致的。笔者认为,"学术史"就是关于学术研究的学术研究,即研究过往学术发展的历程。学者是研究学术的,做学术研究时,学者是主体,学术研究的对象是客体;但是在学术史的视野之下,学者也成了学术研究的对象,即学者的研究背景、研究活动、研究成果和研究经验成了研究对象,甚至学者的治学经历和生平也成了研究对象,这个时候,学者就由研究主体变成了研究客体。简言之,学术史就是学术对自身的发展历程进行反思、分析和研究,从而寻找出学术发展的规律性的东西来。学术史与思想史有紧密的联系,学术史离不开思想史,学术如果没有思想就没有了灵魂,就无深度可言;反之,思想如果没有学术做支撑也就没有了根基,就会显得苍白、肤浅。但学术史与思想史又有区别,思想史与社会现实、与人生、与人的情感和价值追求联系得更紧密。在一定程度上可以说,思想史人文精神更浓,学术史科学精神更重。如果要从学科定位的角度对学术史进行学科归类的话,可以从三个方面考虑(即从三个方面做出假设):一是将其归于"历史学"(作为一级学科的"历史学",其所属的学科门类亦称"历史学")内的"专门史"这个二级学科,那就可以将其作为"专门史"这个二级学科下属的一个三级学科来看待;二是在"历史学"这个一级学科内将"学术史"增设为一个独立的二级学科,假如这样设定的话,"学术史"就成了和"专门史"相并列的二级学科;三是考虑到其涉及的范围甚广,从经验的角度可以将其划入"社会科学总论"类,在中国人民大学书报资料中心主办的"复印报刊资料"系列专题刊物中,有一种刊物名为"社会科学总论",不少当代学术史研究方面的重要论文都被该刊选入。只是这"社会科学总论"没有其能对应从属的一级学科,它似乎与人文社会科学的所有一级学科都相联系。总之,对于这个问题,我们还可进一步探讨。"当代"则是一个时间概念,具

---

① 李学勤主编《中国学术史》,江西教育出版社,2001,第 1 页。
② 张立文主编《中国学术通史》,人民出版社,2004,第 5~6 页。

体来说指 1949 年至今（当然 1949 年只是一个大致的时间界限，因为学术的发展往往表现出连贯性，"当代"与此前的"现代"之间有着多方面的承续性）。由此可见，"当代学术史"有一个时间上的大致起点，但暂时还不能确定时间上的止点，其还处在动态的、开放的发展过程中。

　　笔者以为，大致说来，当代学术史研究主要包括如下四个方面的内容。一是宏观的学术史研究，包括对当代某个时期或时段的学术思潮、学术争鸣、学术流变、学术发展、学术积累的整体性、综合性研究。如关于 20 世纪 50 年代前期新的学术范式确立的研究，关于"文革"期间政治对学术的干扰、遏抑甚至扼杀的研究，关于新时期西方学术思潮引进历程的研究，关于新时期学术规范讨论与建设的整体研究，关于新时期反对学术腐败的综合研究，关于新时期学术评价问题的研究，当然也包括"中国当代学术发展史""中国新时期学术发展史"这样的题目，等等。二是学科史。比如当代马克思主义哲学学科史、当代史学史、当代自然辩证法研究史、当代鲁迅学史、当代红学史等。三是学者个案研究。张岂之在《学术史与"学案"体——序〈民国学案〉》一文中说："所谓'学案'实际就是学术史。"① 学者个案研究是当代学术史研究中的重要组成部分，如关于胡绳、冯友兰、朱光潜、钱钟书、季羡林、任继愈等知名学者的研究。四是学术批评，或称学术评论。陈平原在《"清道夫"与"建筑工"——余三定著〈新时期学术发展的回瞻〉序》中说：广义的"学术史""包括学术批评"。"我对目前中国学界已成阵势的'偏师'——学术史撰述、学人研究、学术评论、专业书评等，抱有深深的敬意。正是这些琐碎但又执著的努力，给中国学术的'自清洁'，以及各专门课题的'大进军'，提供了可能性。"② 陈平原的上述论述，与笔者上文中关于当代学术史研究主要包括四个方面内容的看法，颇多相通之处。

二　关于当代学术史研究历程的简要回顾

　　当代学术史研究的著作已经出版了不少。据笔者掌握的资料，当代学术史研究著作的出版在两个时期形成了出版小高峰：一个是 1999 年至 2001 年

---

　　① 张岂之：《学术史与"学案"体——序〈民国学案〉》，《云梦学刊》2003 年第 4 期。
　　② 陈平原：《"清道夫"与"建筑工"——余三定著〈新时期学术发展的回瞻〉序》，《云梦学刊》2005 年第 2 期。

前后，那是在庆祝新中国成立 50 周年的时代背景下出现的，前面提到的李学勤主编的 11 卷本的《中国学术史》于 2001 年出版，该书虽未涉及"当代"，但与当时的"出版小高峰"不无联系；另一个是 2008 年至今。2008 年主要是为了纪念改革开放 30 周年，2009 年起则主要是为了庆祝新中国成立 60 周年。顺便补充一下，这一至今仍在延续的"出版小高峰"在报刊界也同时形成了研究的高峰，如《人民日报》（学术动态版）从 2008 年 5 月至 12 月开设了《哲学社会科学 30 年》专栏，由"学术动态版"改版而来的"学术版"又从 2009 年 7 月至 10 月开设了《走向繁荣·哲学社会科学 60 年》栏目。《光明日报》（学术版）也在 2008 年开设了《纪念改革开放 30 年——学科发展综述》专栏。根据笔者搜罗、考察、分析、梳理，已出版的当代学术史研究著作可以大致分为四个类型。第一，关于当代学术史的宏观研究。在这部分中，出版较早的是处在第一个出版高峰期内即 2000 年 5 月由中国社会科学出版社出版的《新中国社会科学五十年》，随后还有 2001 年 4 月由经济管理出版社出版的《新时期中国社会科学研究》等著作。第二，关于几个主要学科学术史的研究。除出版了不少文、史、哲、经等几个"显学"学科的发展史外，还出版了鲁迅学史、红学史、老子学史、庄子学史等多个特殊学科的学术史研究著作。第三，"学案体"的当代学术史研究。内中可再分为"学案体著作"和"学者自述"两个小类。前者如上海文化出版社 2000 年出版的《九谒先哲书》①；后者指由学者自撰或口述而成的著作，如北京十月文艺出版社 2000 年出版的 6 卷本《世纪学人自述》。第四，关于当代学术方法的研究。内中可再分为"一般学术方法的研究"和"主要学科学术方法的研究"两个小类。上述四个部分实际是当代学术史研究的几个主要切入点。笔者在这里要特别提到的是，于第二个出版高峰期内即 2008 年出版的"中国哲学社会科学 30 年丛书"（总主编王伟光），包括《马克思主义中国化理论创新 30 年（1978—2008）》《中国哲学 30 年（1978—2008）》等 14 卷，是一套很厚重的当代学术史研究丛书。另外，2009 年 4 月，在由中国社会科学院文史哲学部、中国社会科学出版社等重要学术单位联合主办的"第一届中国社会科学论坛暨当代中国学术史研讨会"（金华）上，启动了"当代中国学术史"大型丛书的编

① 该书"代后记"中写道："9 帧谒书，实是 9 个学魂个案研究，是对 9 个有世纪性影响的学人的学术思想及生存样式做出我的述评。"

撰工作，我们期望这套大型丛书能够成为当代学术史著作第二个出版高峰的代表性成果。

新时期以来，较早提出并积极开展学术史研究且取得杰出研究成果者，是北京大学陈平原教授。陈平原等于1991年11月主编的《学人》第1辑就开辟了《学术史笔谈》专栏，该期专栏收入陈平原的《学术史研究随想》、靳大成的《关于现代学术史的思考提纲之一》等文。陈平原在《学术史研究随想》中说："学术史的主要功用，还不在于对具体学人或著作的褒贬抑扬，而是通过'分源别流'，让后学了解一代学术发展的脉络和走向；通过描述学术进程的连续性，鼓励和引导后来者尽快进入某一学术传统，免去许多暗中摸索的工夫。"① 这里论述的学术史的主要功用，可能也正是陈平原较早开始学术史研究的重要出发点之一。差不多与此同时，陈平原开始在北京大学主讲"中国现代学术史"课程。② 不过，在"学术史"前特别冠以"当代"一词做限定并提出"当代学术史"这一命题，则可能是《云梦学刊》做得较早。《云梦学刊》在1990年开设了《当代学者研究》栏目（如前所述，"当代学者研究"是当代学术史研究的重要组成部分），显示当时已开始进行当代学术史研究了，但那时没有将栏目名称直接定名为"当代学术史研究"，说明当时对当代学术史研究还缺乏自觉意识，还处在一种自发的初始阶段。到了2003年第1期，《云梦学刊》把《当代学者研究》栏目改版为《当代学术史研究》，标志着对当代学术史的研究有了自觉意识，或者说当代学术史研究已开始实现学科的自觉。《云梦学刊》从2004年开始，每年围绕"当代学术史研究"举办一次专题学术研讨会，每次邀请北京、上海、广州、南京等地的知名学者参加，至今已连续举办了7届。其中，2005年6月，《云梦学刊》在北京大学举办了"'当代学术史'学科建设研讨会"，提出要把"当代学术史"作为一门学科来研究和建设；2007年5月，在上海与上海社会科学院联合举办了"当代高等教育与当代学术发展"论坛；2008年5月，在广州与《中山大学学报》联合举办了"改革开放30年学术史研讨会"；2009年5月，在清华大学举办了"中国当代学术与传统学术论坛"；2010年6月，在南开大学举办了"知名学府与

---

① 陈平原：《学术史研究随想》，载陈平原等主编《学人》第1辑，江苏文艺出版社，1991。

② 陈平原该门课程的讲稿经整理后，以《中国现代学术之建立——以章太炎、胡适之为中心》于1998年由北京大学出版社出版。

当代学术发展论坛"。其间，2009 年 2 月，《云梦学刊》的编辑们在众多作者的支持下，将 2003 年到 2007 年发表在《当代学术史研究》栏目中的文章精选出三分之一，编成《当代学术史研究》（全书计 670 千字）一书，由人民出版社出版，算是对这几年当代学术史研究的一个小结。《云梦学刊》的《当代学术史研究》栏目是完全开放的公共平台，在这些年发表的论文中，外稿大概占到 95% 以上，其中主要是北京大学、清华大学、中国社会科学院、上海社会科学院、复旦大学、中山大学、南京大学、武汉大学、上海大学、华中师范大学等学术单位知名学者的来稿。陈平原给予了大力支持，不仅为《云梦学刊》的《当代学术史研究》栏目撰稿，参加《云梦学刊》围绕"当代学术史研究"举办的研讨会，还先后 4 次组织他与夏晓虹指导的博士生们进行专题研讨（每次选择一个主题，组织 6 ~ 8 篇文章一同发表于《云梦学刊》的《当代学术史研究》栏目上）。"当代学术史研究"已引起了在读研究生特别是博士生们的关注，《北京大学研究生学志》已连续 5 年在其每年的最后一期刊登《云梦学刊》的《当代学术史研究》栏目当年的总目录。《云梦学刊》的《当代学术史研究》栏目几乎每一期都会刊登由博士生撰写的水平较高的相关专题论文。

需要特别指出的是，新时期较早明确提出"学术史研究"和"当代学术史研究"概念的情况虽然大致如上所述，但实际（即在行动上）开展"学术史研究"和"当代学术史研究"可能要早得多。单就"当代学术史研究"而言，在一定意义上甚至可以说伴随着当代学术史的产生就有了关于当代学术史的"研究"。比如 20 世纪 50 年代就开始出现的学术评论、学术争鸣综述，还有少量的著名学者的个案研究等，就可以说是在自觉不自觉地进行当代学术史研究。新时期的情况表现得更为明显，当代著名哲学家冯友兰在 1984 年就出版了《三松堂自序》（生活·读书·新知三联书店出版），他在"自序"中写道："本书所及之时代，起自 19 世纪 90 年代，迄于 20 世纪 80 年代"，"书于其间，忆往事，述旧闻，怀故人，望来者"，"揆之旧例，名曰'自序'。非一书之序，乃余以前著作之总序也"。可见该书实际是著者的一部学术自传，其后半部分自然属于当代学术史研究的范围。文化艺术出版社于 1989 年、1990 年、1992 年先后出版了《钱钟书研究》第一、第二、第三辑，明显是属于当代学者的个案研究。《北京大学学报》从 20 世纪 90 年代初开设了《百年学术》《北大学人》两个与当代学术史研究相关的栏目。《光明日报》在 20 世纪 90 年代末期也发表过关于当代学术史研究的论文，如该报 1998 年 1 月 20 日、1 月 27 日在《史林》专刊连载了题为《二十世纪中国历史学》的长篇论文。从上述举例可以见出，对于当代学术史的实际研究大大早于概念（命题）的提出。可以说正是由于有了此前比较充分的学术探索、学术积累，才会有后来的"学术史研究"和"当代学术史研究"概念（命题）的适时提出。从零散逐渐走向系统，从自发逐渐走向自觉，这是当代学术史研究这一领域或学科的发展轨迹，也可能是所有新兴学科发展的规律。

三 关于当代学术史研究的基本方法

阎步克在《士大夫政治演生史稿》（陈平原主编的"学术史丛书"之一）的"后记"中写道："有人问我是否有过方法论上的考虑，其实我只是在阅读思考中'不期而遇'地形成了这个东西，而没有刻意去寻求什么。有时我觉得，人们需要以各种方式理解历史，不同叙述方法，好比是从不同角度投射向黑暗的历史客体的许多光束，它们必然各有其所见不及之处，但也毕竟都各自照亮了不同的景象。不错，就某个人的具体方法或模式而言，它们在解释力、涵盖度和精致性上确实有高下之别，但我仍不愿将之看作是非之分。"① 阎步克在这里强调要"以各种方式理解历史"，要有"不同叙述方法"，也就是强调研究方法的多样化。当代学术史研究也应该强调研究方法的多样化。笔者以为，在目前情况下，下面几点值得注意。

1. 注意以问题为中心开展研究

温儒敏在《中国现当代文学学科概要》的"引言：'研究之研究'与学术视野的拓展"中写道："从事任何学术研究，都要有问题意识，有问题才有研究的动因，才能形成研究的课题。所谓问题意识，并非凭空产生，而是源自对研究对象深入的思考，包括对既有研究成果的充分把握。因此，对所从事研究的学科性质、特点及状况的全面了解，是我们初学者进入研究的必经之路。面对业已形成的学科格局，我们很自然会寻找自己可能适合的位置，明白自己可以做什么，什么问题的探寻可能是有意义的，也才能感受自

---

① 阎步克：《士大夫政治演生史稿》，北京大学出版社，1996，第 365 页。

己工作的价值。"① 陈平原在《"当代学术"如何成"史"》中认为："谈论学术史研究，我倾向于以问题为中心，而不是编写各种通史。""我之所以赞同从事'当代学术史'研究，很大原因在于它跟我们血肉相连，可以直接介入当下的社会文化变革，影响当下的学术思潮。这样的话，更应该以问题为中心，而不是盲目追求体系的完整或体积的庞大。"② 比如，新时期以前，学术与政治的关系、学术与社会的关系、学术与领袖人物的关系；新时期以来，社会环境对学术发展的影响、海外学术思潮对当代学术发展的影响、关于学术评价与学术发展的互动（既有正面的互动，也有消极的互动）、关于反对学术腐败的讨论等，都是当代学术史上值得深入研究的重要问题。

2. 重视学者个案研究

陈平原在《"当代学术"如何成"史"》一文中还说："做学术史研究，从具体的学者入手——类似以前的学案，这样的撰述，表面上不够高屋建瓴，但不无可取处。""以'学人'而不是以'学问'来展开论述，好处是让我们很容易体悟到，学问中有人生、有情怀、有趣味、有境界，而不仅仅是纯粹的技术操作。"③ 笔者以为，当代学者个案研究应主要从以下几个方面着手。其一，研究学者的生平经历与治学历程。在这方面，要特别注意研究学者的人生态度、思想信念和人生境界，要注意考察学者与其所处时代、社会的关系。其二，研究学者的治学成就，即研究、评析、总结学者代表性的学术成果（包括著作、论文、学术见解、学术观点、学术影响等），要特别注意将个体学者置于宏观的学术发展史背景下进行考察、研究。其三，研究学者的治学特点和治学经验，就是要从学者的治学过程和学术成果中，总结出其治学特点和治学经验，要揭示出其独特之处、内在之处。上述三个方面是紧密联系、有机统一的。

3. 重视当代学者的口述实录（口述史）

当代学术史还处在动态的发展过程中，不少健在的学者是亲历者、参与者，从口述实录中了解这些学者的亲身经历和参与过程，不但可以掌握他们心灵深处的心理动机和内在动力，而且可以了解某些重要学术活动、重大学术事件的内在原因和深层背景。因此，在当代学术史研究中，重视当代学者

---

① 温儒敏：《中国现当代文学学科概要》，北京大学出版社，2005，第2页。
② 陈平原：《"当代学术"如何成"史"》，《云梦学刊》2005年第4期。
③ 陈平原：《"当代学术"如何成"史"》，《云梦学刊》2005年第4期。

的口述实录（口述史），不仅是可能的，而且是必要的。《历史研究》的前主编徐思彦在《当代中国学术史：仅有文本是不够的》一文中告诉我们，2005 年前后，《历史研究》编辑部同仁做了一项口述史课题："《历史研究》与新中国的历史学——关于《历史研究》的口述史"。徐思彦在该文中写道："在这里我想特别指出的是，我们不仅要研究文本，还要关注文本以外的东西。当代中国学术何以是如此样态，其制约因素很多需要到文本以外去找寻。因此，口述史应是有志于当代学术史研究者的一个重要'选项'。"徐思彦还举例说："1979 年第 12 期《历史研究》发表了左步青、章鸣九的文章《评戚本禹的〈爱国主义还是卖国主义?〉》。文章发表后，引起国内外的关注，有外电报道说，《历史研究》的文章透露了中共为刘少奇平反的信息。可谓一叶知秋。果然，次年 2 月，党的十一届五中全会做出《关于为刘少奇同志平反的决议》。两位作者为什么要写这样一篇文章，《历史研究》为什么在刘少奇还戴着"叛徒、内奸、工贼"帽子的时候敢于发表这样的文章？文章作者之一左步青的回忆解开谜团。原来，当时的《历史研究》主编黎澍与高层关系密切，他获悉中央将为刘少奇平反，便找来二位研究近代史的编辑'命题作文'。"我想，如果没有左步青的"口述史"，上述当代学术史上的谜团就难以解开。徐思彦在该文的最后写道："当代中国学术史与学术之外的因素，当然不仅仅限于政治因素，关联太过密切，虽非正常，却是不可更改的事实。因此，研究当代中国学术史，仅有文本是不够的。口述史或许可以弥补文本的诸多欠缺。当然，口述史并非全为信史，但它可以帮助我们解读所要考察的历史事件、历史过程，当是无疑的。"① 我觉得，徐思彦已经将重视当代学者的口述实录（口述史）的可能性和必要性阐述得非常清楚了。

四 关于当代学术史研究的未来展望

如前所述，当代学术史研究是一门新兴的、正在建设中的学科，这样就形成了两方面的情况：一方面由于其是新兴的、正在建设中的学科，其在许多方面还在探索中、草创中，在理论阐述方面也还很不完备，从整体上看可能还只是初具学科的雏形；另一方面由于其是新兴的、正在建设中的学科，

---

① 徐思彦：《当代中国学术史：仅有文本是不够的》，《云梦学刊》2005 年第 4 期。

所以对当代学者来说才特别具有挑战性，具有无穷的魅力和吸引力。因此，对当代学术史研究的未来发展，我们有充分的理由持积极乐观的态度。我们虽然暂时不能细述其具体状况，但对其基本走向完全可以做出大致的展望和期待。笔者认为下述三点我们是可以做出肯定的。

其一，当代学术史研究将继续成为学术研究的热点领域。

在未来较长一段时间内，当代学术史研究将会有更多学者、更多学术报刊、更多出版社参与其中，将会进入学术管理机构规划课题的视野，并且会逐渐进入大学的讲堂。比如我们高兴地看到，近年来，《清华大学学报》开设了《学术史研究》栏目，《中山大学学报》开设了《中山大学与现代中国》栏目，显示出学界不约而同地重视当代学术史研究。湖南师范大学和湖南理工学院等高校已分别在部分文科研究生和文科本科生中开设了当代学术史研究方面的选修课，并成为湖南省普通高校的精品课程，这可能是当代学术史研究较早进入大学讲堂的例子。当代学术史研究的成果也将会成为当代社会的重要文化积淀和精神财富；研究当代学术发展中的负面因素和局限性的成果也将对推动当代学术健康发展产生积极的影响。

其二，中国当代学术史研究领域将会在近几年里取得重要成果。

其中最主要的将是："以问题为中心"的专题性当代学术史研究著作（如有学者提出"当代知名学府、知名学者与当代学术发展"等专题，类似于陈平原从章太炎、胡适之入手，以"中国现代学术之建立"为主题去研究中国现代学术史）、当代著名学者个案研究的著作和通史性当代学术史研究著作（类似于前文提到的、正在编撰中的"当代中国学术史"大型丛书）。三者将会同时取得可喜突破和成就。

其三，"当代学术史"（或称"中国当代学术史"）将逐渐被建设成为一门确切意义上的学科。

2005 年 6 月，《云梦学刊》在北京大学主办了"当代学术史"学科建设研讨会，陈平原等学者在该研讨会上就"当代学术史学科建设"的可能性、现实性、必要性等重要问题展开了充分的讨论和论证[①]，与会学者达成了共识。随后，上海的《社会科学报》（2005 年 7 月 28 日）以"当代学

---

① 陈平原在研讨会上的发言是《"当代学术"如何成"史"》，该发言稿在《云梦学刊》2005年第 4 期发表后，被《新华文摘》《中国社会科学文摘》《高校文科学术文摘》等同时转载。

术史研究：从一个'随想'到一个'学科'"为通栏标题，发表了两个整版外加第1版半个版的关于上述共识的讨论文章。我们知道，作为一门学科其知识构架往往具有系统性、体系性的特点。一般来说，特定的对象、明确的概念、完整的体系、科学的方法，是学科建设的共同追求，也是其比较成熟的标志。我们相信，经过学界同仁的共同努力，不久的将来，"当代学术史"这一新兴学科将会被建设成为一门确切意义上的、比较成熟的学科。

[原载《中山大学学报》（社会科学版）2011年第2期，《新华文摘》2011年第13期转载]

接续断裂·空前繁荣·追求深化

——回眸中国新时期学术发展

回眸中国新时期30余年（1978年至今）的学术发展，可以说极为纷繁复杂，变化多端，但我们透过其纷繁变化的外观，可以大致将其整体的发展轨迹分为三个时段，那就是：从接续断裂、全面复苏到空前繁荣、硕果累累再到追求深化、反对浮华。

第一时段　接续断裂，学术研究全面复苏

要对中国新时期30余年学术发展做出初步的观察、分析，必须将其放在与"文革"的比较中进行。"文革"期间，中国的学者没有独立的地位，被迫丧失了自我，学术沦为政治的附庸和仆从，成为阶级斗争的工具，中国学术发展在"文革"期间实际已发生了断裂，"文革"期间已没有真正意义上的学术。因此，中国新时期30年学术发展就是从接续断裂开始的。

1978年是中国新时期30余年学术发展的起点。这一年，中国思想界开展了关于"真理标准"的大讨论；同年12月，中国共产党十一届三中全会胜利召开。"实践是检验真理的唯一标准"的确立和党的十一届三中全会关于"解放思想，实事求是"思想路线的确立，为中国当代学术的发展提供了根本性的前提，奠定了根本性的思想基础。其带给学术界最突出、最重要的变化，就是学术回归自身，学者回归自我，被"文革""断裂"了的中国学术开始被接续起来，开始了真正意义上的学术研究。学术研究风气由跟风套话向实事求是的学术求真转变。此后，中国学者开始反对"引经据典"的空洞说教，亦反对被迫和被动跟从政治的"注经"式研究，开始强调学术的相对独立性，学术研究必须有科学的态度，学者的天职在于独立思考、

探求真理，学术的生命在于发现规律、追求真理。学界不仅开始对纯学术问题进行真正的学术研究，而且对中共党史和国际共产主义运动史，对马克思主义、毛泽东思想等具有明显政治色彩的研究对象，也开始了真正学术的、学理层面的研究。如著名党史学者胡华就在 1978 年秋大胆提出："要真正做到实事求是，以实践是检验真理的唯一标准的科学态度来研究党史。"①

纯粹的学术机构、组织不断建立，学术研究园地较快恢复并扩大，是中国当代学术发展接续断裂的又一突出表现。"文革"期间绝大部分学术机构已不做学术研究；绝大部分学术刊物被迫停刊，少部分保留或在中途复刊的"学术刊物"已经被迫成为政治刊物。1977 年下半年，中国当代学术研究的中心——中国社会科学院在原中国科学院哲学社会科学部的基础上成立，并由此开启了从 70 年代末到 80 年代初各省社会科学院的相继组建的大门。这些纯粹学术研究机构的组建，使从事社会科学研究的学者具有了不同于行政干部、政工干部、宣传干部的独特的职业身份和社会身份。高校系统也是同样情况。1979 年，教育部（教育部在 1998 年之前称为"国家教育委员会"，以下不再另注）首次设立高校人文社会科学研究管理部门——文科科研处。到 1979 年底，全国高校哲学社会科学研究机构已达到 309 个。学术研究园地的扩大，一方面表现在原有的刊物从浓烈的政治色彩回归到学术刊物的本位。如"文革"后期复刊的《历史研究》，复刊之初很像一个政治性刊物，不但发表的文章具有强烈的政治色彩，而且转载当时"两报一刊"的重要政治文章和社论，进入 70 年代末期以后，学术本色才渐渐取代了政治色彩。"文革"后期复刊和开办的若干大学学报②也大致经历了相同的发展历程。另一方面表现在新的学术研究园地的大量开辟。如从 70 年代末到 80 年代初，相继创刊的中国社会科学院的《中国社会科学》（1980）及吉林的《社会科学战线》（1978）等各省级社会科学院主办的综合性学术刊物。还有中国社会科学院下属研究机构主办的专业性学术刊物，如《文学评论》《哲学研究》《经济研究》等，从1978 年起相继复刊。以学术理论见长的《光明日报》回归本色，在 70 年代末期相继创办了《史学》《经济学》《哲学》《科学社会主义》等学术专刊。

学科结构的大力扩展、调整，若干新学科的建立和发展，是中国新时期学术接续断裂的第三个突出表现。这主要表现为以下三个方面。一是"文

---

① 转引自高放《学习胡华的治史精神》，《光明日报》1998 年 2 月 3 日。

② 如《北京大学学报》在"文革"后期发表过不少"批孔"的文章。

革"期间被视为资产阶级"伪科学"而遭取消的学科得到重新恢复,并迅速发展。邓小平 1979 年 3 月在党的理论工作务虚会上指出:"我并不认为政治方面已经没有问题需要研究,政治学、法学、社会学以及世界政治的研究,我们过去多年忽视了,现在也需要赶快补课。"① 1979 年 3 月,中国社会学学会成立;1980 年 12 月,中国政治学会重建;1981 年 7 月,中国法学会恢复成立。二是一段时间占据"显学"地位的哲学、文学、历史学回归本位,而与现代化建设、改革开放密切相关的经济学、法学、管理学等应用性学科越来越受重视。如管理学,此前我国几乎不存在现代意义上的管理研究,70 年代末期才开始真正的管理学研究,若干高校从 1978 年、1979 年开始招收管理学专业的学生,1984 年开始在几所重点大学成立管理学院或经济管理学院。三是一些大的学科门类内部为适应社会和经济发展变化的需要,产生了许多新的分支学科。如法学内部,除理论法学、法律史学、国际法学②等外,还产生了为数不少的部门法学。

海外学术思想和研究方法的大量引进,是中国新时期学术接续断裂的第四个突出表现。新中国成立后,中国学术界与西方学术界在一定程度上处于半隔绝状态,到"文革"期间则几乎处在完全隔绝状态。随着改革开放的到来,国内才出现了海外学术思想的大量引进。以哲学界为例,从 70 年代末期到 80 年代中期,由最初迅速恢复对西方古典哲学的研究③,到"萨特热""弗洛伊德热""尼采热"等,可谓令人目不暇接。在美学界,美学学者李泽厚在 1980 年 6 月召开的第一次全国美学会上呼吁:目前应该组织力量尽快将国外美学著作翻译过来。接着,他主编了"美学译文丛书"。与此同时,陆梅林、程代熙主编的"外国文艺理论研究资料丛书"和王春元、钱中文主编的"现代外国文艺理论译丛"也陆续出版。在研究方法方面,大致从 1983 年前后开始,学界大量引入西方各种新的研究方法,其中现代西方自然科学方法,特别是"三论"(系统论、信息论、控制论)对中国学术界的影响尤为显著。1984 年 12 月,中国社会科学院研究生院与中国科学院研究生院在北京联合召开了"现代自然科学与社会科学学术讨论会"。1984 年曾被一些学者称为"方法年"。这一时期在学术研究方法方面还有一

---

① 邓小平:《坚持四项基本原则》,收入《邓小平文选》第 2 卷,人民出版社,1994,第 185 页。
② 中国法律史学会和中国国际法学会分别成立于 1979 年和 1980 年。
③ 如 1981 年在北京先后隆重举行了黑格尔逝世 150 周年纪念大会和纪念康德《纯粹理性批判》出版 200 周年大会。

重要收获，就是对"文革"期间马克思主义方法被教条化、被歪曲使用的深入反省与反思。学者们肯定，马克思主义方法必须与具体学科研究方法结合起来，但是不能也不应该取代其他研究方法。如1983年出版的《历史研究的理论与方法》在强调马克思主义方法的同时，也肯定了整理、考订、鉴别等方法在历史研究中的重要作用。

由上可以看出，1978年至20世纪80年代中期可以大致看作中国新时期30余年学术发展的第一个时段。在这一时段，"实践是检验真理的唯一标准"的确立为学术接续断裂奠定了根本性的前提和基础，提供了所需要的存在和发展空间；学术机构和学术组织的不断建立、学术研究园地的不断恢复和扩大，则将学术接续断裂的前提和基础变成了实绩，将学术复苏的可能性变成了现实性，将动力变为实际行动；学科结构的大力调整、若干新学科的建立，海外学术思潮和研究方法的大量引进，则是学术全面复苏的具体表现和有力支撑。概而言之，这一时段学术发展的总体特点主要表现为接续断裂、全面复苏与十分活跃。

第二时段　空前繁荣，学术成就硕果累累

20世纪80年代中期到90年代后期可以大致看作中国新时期30余年学术发展的第二个时段。如前所述，前一个时段的特点重在接续、复苏，虽然学术十分活跃，但相对于整个30年来说，主要是一个起点阶段，或者说是一个"蓄势"阶段。因此，中国新时期30年学术的全面繁荣和硕果累累则主要是在第二个时段，或者说是从第二时段开始的。

1984年10月，中共十二届三中全会通过了《中共中央关于经济体制改革的决定》，明确了商品经济是我们改革的目标，把改革重点由农村转移到城市，中国改革开放全面展开。随着改革力度的加大，学者们的思想更趋解放，中国学术界有了前一时段的积累、"蓄势"，又有了这一新的动力，于是出现了日益活跃、空前繁荣的景象。此后，1987年10月的中共十三大比较系统地论述了中国社会主义初级阶段的理论；1992年初邓小平"南方谈话"和同年10月召开的中共十四大，标志着中国社会主义改革开放和现代化建设进入了新阶段。上述举措不断地给中国学术发展注入新的活力和动力，不断地推动中国学术持续保持日益繁荣，并结出硕果。

这一时段，各个学科不断取得重大的学术成果。以马克思主义研究为

例，中共十三大到中共十四大，是邓小平理论在改革开放深化发展的具体实践中形成科学体系的阶段，也是学术界开始从各个领域深入研究邓小平理论的阶段。这一时段学术界对邓小平理论展开了全方位研究。中共十四大到十五大是邓小平理论在改革开放和现代化建设实践中得到进一步丰富和发展的重要阶段，也是学术界深入开展邓小平理论和毛泽东思想比较研究的重要阶段。在这一时段，马克思主义研究界还在社会主义阶段商品生产的问题、面对苏联和东欧的变化我们如何坚定地走中国特色社会主义道路的问题、"坚持和发展马克思主义"的问题等方面，展开了深入的研究。

这一时段的学术研究，坚持面向社会主义现代化，具有强烈的时代色彩和现实精神。随着时代的前进、社会主义现代化的发展，有许多问题需要中国学术界做出回答和解析，做出烛照和洞察；同时，中国社会主义现代化的伟大实践也为中国学术的发展和前进提供了良好的机遇。比如，在社会主义市场经济理论、社会主义法制建设中的重大理论问题、社会主义新文化建设等重要时代命题方面都取得了重大成果。哲学学科是面向时代方面的典型代表。哲学学科除继续探讨"哲学"本身的纯学理内容外，还特别重视对与时代紧密相关的"哲学问题"的探讨，如"真理与价值""公平与效率""发展与代价""理性与非理性""科学精神与人文精神"等都曾成为其探讨的热点。与此同时，与社会实践紧密相关的如"科学哲学""文化哲学""语言哲学""管理哲学""经济哲学""法哲学""生命哲学"等"专门化哲学"也在此时开始兴起。

这一时段各学术机构很重视学术人才的培养，学术人才的培养和成长成效显著。先看社会科学院系统。时任中国社会科学院院长的胡绳在1985年的《在中国社会科学院第三次党代会上的讲话》和《在1991年中国社会科学院工作会议上的报告》先后专门讲到"选拔人才""抓好中青年科研人员的培养、教育和提高工作"。中国社会科学院1997年建院20周年的统计资料显示，全院有科研业务人员3000多人，拥有高级专业职称的科研人员1500多人，其中有相当一批在学术界享有盛名；全院有61名学者被国家授予"有突出贡献的中青年专家"称号，有博士生导师280多人、硕士生导师600多人。再看高校系统。除各高校不断采取切实措施进行学术人才队伍建设外，教育部亦不断推出有力的具体举措，首先是于1993年在理工农医学科设立"跨世纪优秀人才培养计划"；接着，在1997年1月，开始启动"跨世纪优秀人才培养计划"（人文社会科学），主要目标是：连续支持若干年，选拔 150 名左右具有较高政治素养、有较突出学术成就的高等学校中青年教师，从中培养出一批马克思主义人文社会科学家、跨世纪的学科带头人，并通过这项计划的实施进一步推动各级教育主管部门和高等学校文科跨世纪人才培养工作。高校学者已成为中国学术界的重要方面军。就整个学术队伍来看，这一时段出现了新的情况，就是年轻一代的学者已成长起来，如果说在第一时段主要是老一代学者①一统天下的话，那么这一时段学界则成为老一代学者与年轻一代学者（"文革"后成长起来的学者）共同的舞台，年轻一代学者思想更加活跃，更加关注现实与时代，更加热切地憧憬未来。

这一时段学术管理和学术评价成为重要和热门议题，提出了不少重要举措。中共中央从 20 世纪 80 年代初就非常重视对学术界的领导、管理和支持，但一些重要决策还是 80 年代中期以后才有的。1982 年 9 月，中共十二大对新时期哲学社会科学提出了明确的要求。同年 11 月，中共中央宣传部和中国社会科学院在北京联合召开了全国哲学社会科学规划座谈会。中共中央转发的《全国哲学社会科学规划座谈会纪要》，对哲学社会科学规划工作做出了多方面的规定，并逐步得到落实。1983 年，建立全国哲学社会科学规划领导小组，规划领导小组下设了全国哲学社会科学规划办公室。② 1986年，开始设立国家社会科学基金，资助社会科学研究。1991 年 12 月，召开了全国哲学社会科学"八五"规划工作会议。1996 年 4 月，召开了全国哲学社会科学"九五"规划工作暨项目评审会议。其间，国家教育委员会不断加强学术管理的力度，到 90 年代中期更是举措频出。1994 年 3 月，国家教育委员会发布了《关于加强和改进高等学校人文社会科学研究工作的若干意见》，主要内容包括：一是采取有力措施，扶持基础研究，突出重点，择优扶持；二是深化科研管理改革，加强管理队伍建设；三是加强和改善对人文社会科学的领导。1991 年，在国家统计局批准建立全国普通高校人文社会科学研究统计年报制度后，国家教育委员会社会科学研究与思想政治工作司每年编辑出版《全国高校社科统计资料汇编》。1994 年，国家教育委员会推广使用《全国普通高校人文社会科学研究管理系统》。1996 年，国家教育委员会发布《人文社会科学研究项目管理办法》。从 1995 年起，国家教育委员会设立全国高等学校人文社会科学研究优秀成果奖。它作为教育部三

---

① 包括 1949 年前成长的学者和 20 世纪五六十年代成长的学者。
② 它正式成立于 1991 年 6 月，此前其职能由中国社会科学院科研局代行。

大奖之一，每三年评选一次。在学术评价方面，这一时段开始普遍采用量化评价的办法。中国社会科学院在1994年将"社会科学成果评估指标体系研究与设计"作为院重点课题公开招标，中标者经过一年多研究，两年试用，到1997年底通过了专家鉴定。学术期刊界的"核心期刊"评定也是在这一时段开始进行的。学术管理和学术评价的加强，是学术发展、繁荣到一定程度的必然要求（在学术的草创时期和起步阶段往往不会被重视，也不是很需要），所以这本身便显示了学术的繁荣和积累，也在一定程度上显示了学术研究的规范化和科学化，但其负面作用也不容忽视。

综合起来看，在第二时段，由于有了前一时段的学术积累和"蓄势"，又由于整个社会的改革开放不断给学术界注入新的动力和活力，学术研究便不断取得新的重大成果，尤其是面向现实、面向时代的学术成果不断增加。相较而言，如果说前一时段的学术研究重在反思历史、总结历史的话，那么这一时段的学术研究则重在面向现实、面向时代、面向未来。这一时段出现的对学术人才的高度重视、对学术管理和学术评价的热议和实施，都显示出学术面向现实、面向未来的特点。上述情况的出现也是学术积累到较高阶段的必然结果。

第三时段　追求深化，学术事业在反对浮华中向前推进

20世纪90年代后期至今，可以看作中国新时期30余年学术发展的第三个时段。这一时段是第二时段的延续和发展，第二时段所具有的特点在第三时段仍然存在。但这一时段除继续具有第二时段的特点外，又增加了若干新的重要特点，这些新的特点是随着时代的前进和学术的发展形成的。其突出特征是追求深化，追求厚重，反对浮华。

这一时段特别重要的特点是中国共产党第三代领导集体对中国当代哲学社会科学事业的发展给予了高度重视、指导和支持。2002年11月，李鹏在中国人民大学建校65周年大会上，发表了人文社会科学与自然科学是"车之两轮""鸟之双翼"的讲话。江泽民从2001年8月起，在不到一年的时间里，三次发表关于哲学社会科学的谈话。2001年8月7日，江泽民在北戴河会见部分国防科技和社会科学专家，发表讲话指出：哲学社会科学与自然科学同等重要。2002年4月28日，江泽民考察中国人民大学时强调：必须大力促进我国哲学社会科学事业的发展繁荣。2002年7月16日，江泽民考察中国社会科学院时强调：大力加强我国哲学社会科学建设，为有中国特

色的社会主义事业服务。胡锦涛于 2004 年 5 月 29 日在中共中央政治局第十三次集体学习时强调：始终坚持马克思主义的指导地位，大力推进哲学社会科学繁荣发展。2005 年 3 月 7 日，胡锦涛在全国政协十届三次会议上强调：哲学社会科学具有不可估量的战略地位和不可替代的重要作用。2004 年初，中共中央发出《关于进一步繁荣发展哲学社会科学的意见》，强调指出，在全面建设小康社会、开创中国特色社会主义事业新局面、实现中华民族复兴的伟大进程中，哲学社会科学具有不可替代的作用。必须进一步提高对哲学社会科学重要性的认识，大力繁荣发展哲学社会科学。中国共产党第三代领导集体高度重视哲学社会科学，一方面是继承了马克思主义、毛泽东思想、邓小平理论的传统；另一方面也是基于新旧世纪之交，在全球化背景下，面临文明碰撞、新霸权主义、民族冲突、社会和经济能否可持续发展等重大问题的严峻挑战，需要新的思想理论和学术观点来加以诠释和引导。这显示了中共第三代领导集体的思想自觉和理论智慧，也标志着整个社会对人文学术有了更为理性的认识。这表明人文学术在传承人类文明、探究社会规律、实现人的内在自由、推进社会和谐发展等方面，必将发挥出不可替代的作用。

这一时段的另一重要特点，是社会和学界出现了反对、整治学术腐败的强烈呼吁和实际行动。学术腐败是 20 世纪 90 年代后期以来越来越严重的一种社会现象。与此同时，社会和学界对于学术腐败的批评、讨论的声势和力度也越来越大。较早提出反对学术腐败的是文学研究者陈平原，他在 2000 年 3 月 11 日撰写了《有感于"学术腐败"》，该文在《南方周末》2000 年 3 月 24 日发表时，"题目被编辑擅自改为《学界"世风日下"》"（陈平原语），该文后来在收入陈平原的《学术随感录》一书时，恢复了原标题。《光明日报》2001 年 12 月 25 日《学界话题》专栏以《维护学术尊严　反对学术腐败》（主持人：薄洁萍）为题进行了专题讨论。随之，《人民日报》《光明日报》《中国教育报》《中华读书报》等各大报刊发表了不少整治学术腐败的文章。有人曾在 2004 年用 Google 检索"学术腐败"四个字，总共有 117000 个中文网页含有这个词条。造成学术腐败的原因，既与社会大环境和管理体制方面的因素分不开，也与学界内部道德滑坡的因素有紧密联系。为遏制、整治学术腐败，这一时期，管理界和学术界出台了许多对策。中共中央 2004 年初发出的《关于进一步繁荣发展哲学社会科学的意见》有这样两段话："要深化哲学社会科学研究体制改革，整合研究力量，优化哲学社会科学资源配置……要深化哲学社会科学规划体制改革，按照公正、透明、竞争的原则，改革国家社会科学研究基金项目评审制度……要建立和完善哲学社会科学评价和激励机制。""要加强哲学社会科学队伍的思想道德和学风建设。哲学社会科学工作者要树立正确的世界观、人生观和价值观，坚持严谨治学、实事求是、民主求实的学风。要增强社会责任感，加强学术道德修养，提倡做人、做事、做学问相一致，坚决抵制各种不正之风，自觉维护哲学社会科学工作者的良好形象。"不难看出，上述观点是针对学术腐败而发的。对此，教育部有一系列举动。2002 年 2 月，教育部发布了《关于加强学术道德建设的若干意见》。2004 年 6 月，刚刚成立的教育部社会科学委员会通过了《高等学校哲学社会科学研究学术规范（试行）》。中国社会科学院和北京大学等也先后出台了有关遏制学术腐败的规范、规定和措施。如，中国社会科学院于 2002 年 8 月发布了《中国社会科学院关于学风建设的决定》，北京大学于 2002 年 3 月通过了《北京大学教师学术道德规范》，等等。这一时期，学术规范的讨论成为学术热点，其中一个重要原因就是遏制和整治学术腐败。尽管社会和学界对整治学术腐败做出了许多努力，但学术腐败仍未能得到很好的遏制。面对学术腐败，有学者用"触目惊心、痛心疾首"这样的措辞表达自己的激愤和担忧。可以说，惩治学术腐败任重而道远。

对当代学术和学者自身进行研究，即展开关于当代学术研究的"学术研究"，亦即开展当代学术史的研究，构成这一时段学术发展的又一重要现象和重要特点。这种研究，既包括了当代著名学者的个案研究（类似于"学案体"），也包括当代各主要学科的学科史研究（如《二十世纪中国社会科学》，包括"马克思主义卷""哲学卷""历史学卷""文学卷"等 13 卷，其各卷时间下限到了 20 世纪末，《光明日报》在 1998 年即发表了《二十世纪中国历史学》等长文），还包括宏观的当代学术史研究。① 2003 年，有学术刊物开辟了《当代学术史研究》专栏；2005 年 6 月，在北京召开了"当代学术史"学科建设研讨会，提出要把"当代学术史"作为一门学科来研究和建设。学者本是从事学术研究的主体，但在当代学术史的视野下，当代学者及他的研究过程、研究成果，也成了学术研究的对象，这时学术研究的

---

① 如《当代中国学术思想史》的时间下限到了 1992 年，《新中国社会科学五十年》的时间下限到了 1999 年，《新时期中国社会科学研究》的时间下限到了 20 世纪末，《新时期学术发展的回瞻》的时间下限到了 21 世纪初。

主体就变成了学术研究的客体（对象）。这是学术发展到比较繁荣和成熟、学术积累到较为丰富的阶段才会产生的现象，是学术自觉的表现。

这一时段有一个必须提到的大事项，就是马克思主义理论研究和建设工程的实施。2004年初，中共中央发布的《关于进一步繁荣发展哲学社会科学的意见》共分七个部分，其中第四部分为"实施马克思主义理论研究和建设工程"，该部分指出：加强马克思主义基本原理研究是繁荣发展哲学社会科学的一项极为重要的工作；要立足新的实践，加强马克思、恩格斯、列宁经典著作的编译和研究工作；加强毛泽东思想、邓小平理论和"三个代表"重要思想的研究对于我国哲学社会科学的繁荣发展至关重要；要组织编写全面反映邓小平理论和"三个代表"重要思想的哲学、政治经济学、科学社会主义以及政治学、社会学、法学、史学、新闻学和文学等学科的教材，进一步推动邓小平理论和"三个代表"重要思想进教材、进课堂、进学生头脑的工作。此后，这项工程调动全国学术界的力量切实地开展起来。教育部于同年制定了《关于实施马克思主义理论研究和建设工程的工作方案》。中国社会科学院于2005年12月成立马克思主义研究院，刘云山在成立大会上指出，马克思主义研究院"要努力成为全国马克思主义理论研究的一个中心，成为马克思主义理论研究和建设工程的一支骨干力量"。工程实施以来，取得了许多重要成果，这既为马克思主义在中国的发展、为全面建设小康社会、开创中国特色社会主义新局面做出了新的贡献，也进一步带动了整个学术界大力弘扬理论联系实际的马克思主义学风，带动了整个学术界坚持实事求是、与时俱进的理论追求，带动了整个学术的发展不断走向深化和厚重。

联系起来看，由于有了前两个时段的学术发展，进入第三个时段后，学术积累和学术繁荣已经到了相当高的层次。进入第三个时段后，学术渐渐由量的追求转到向深度和厚重发展[①]，这既是学术界有识之士大力呼吁和自觉追求的结果，也是学术自身发展的规律使然（任何事物的发展在积累到一定量的时候必然会寻求质的突破）。如果说第一时段和第二时段的关键词可以说主要是"数量""繁荣"的话，那么第三时段的关键词主要是"质量""深度""厚重"。马克思主义理论研究和建设工程的实施，对当代学术发展

---

① 比如第二时段在学术评价方面开始采用的定量分析逐渐暴露出简单化、表面化的缺陷，在第三时段遭到了猛烈抨击。

自身的反思和研究，乃至对反对学术浮华、惩治学术腐败的强烈呼吁，正是第三时段追求学术"深度"和"厚重"的具体表现。

补 论

将中国新时期30余年学术发展划分为三个时段，只是一个大致的、相对的划分，是着眼于其主要和基本的特点，实际上三个时段并无绝对的时间界限，是紧密联系、有机统一的。三个时段之间内在地表现出一种历史的和逻辑的统一，正因为第一时段的接续断裂、全面复苏，为第二时段打下了基础，提供了"蓄势"，才会有第二时段的空前繁荣、硕果累累。当在第二时段由于空前繁荣使学术成果达到较多的积累（其中也确有一些泡沫）时，人们（社会和学术界）自然会去追求学术的质量和深度，也顺理成章地会去追求深化，追求厚重，反对浮华，反对泡沫。

回眸中国新时期30余年学术发展，其中的经验很值得我们认真总结和思索。我想，下述几点是可以明显看到的。第一，必须坚持马克思主义的指导，要用马克思主义科学的世界观和方法论做指导，而不是教条地、僵化地照搬。第二，必须坚持"百家争鸣"的方针，必须给学者提供独立思考、不断创新的学术环境。第三，必须坚持理论联系实际，学术理论研究不能脱离时代和社会实际，一定要与时俱进。第四，学者必须追求崇高，必须有献身学术、追求真理的操守和勇气。

［原载《复旦学报》（社会科学版）2009 年第 4 期］

新时期学术规范讨论的历时性评述

2004 年 6 月 22 日，《高等学校哲学社会科学研究学术规范（试行）》（以下简称《学术规范》）经教育部社会科学委员会第一次全体会议讨论通过。这对中国学术界来说，是一件重要的、具有标志性意义的大事。这部《学术规范》的制定工作虽然启动于 2001 年，但追溯其源头背景，则可以说是建基于新时期以来学界关于学术规范的讨论。笔者在此特将十多年来学术界关于学术规范讨论的情况做一大致的梳理和评述。通常人们讲的"新时期"，是指 20 世纪 70 年代末"文革"结束之后的时期。由于学界关于学术规范的讨论是发端于 20 世纪 80 年代后期的事，所以这里所说的"新时期"并非指整个新时期，而是指新时期内的一个较长时段，具体说就是指从 20 世纪 80 年代后期开始的时期。新时期关于学术规范的讨论大致可以分为三个阶段：第一阶段为 80 年代后期至 90 年代前期，主要表现为少数先觉者率先倡导；第二阶段为 90 年代中期至新旧世纪之交，主要表现为在激烈批评学术腐败行为的同时呼吁建立；第三阶段为 21 世纪以后，主要表现为由以批评为主过渡到以建设为主。

第一阶段　少数先觉者率先倡导

20 世纪 90 年代中期以前，学术界并不太关注学术规范的问题，只有少数先觉的有识学者开始倡导建立学术规范。

陈平原是最早倡导建立学术规范的学者。[①] 1988 年 7 月，陈平原就撰写

---

①　在陈平原之前，姚椿龄在《中国社会科学》1987 年第 6 期发表了《我国外国问题学术书刊的注释要规范化》一文，但考虑到姚文是谈一个具体的学术规范问题，所以笔者以为最早把学术规范建设作为一个重要问题提出来的是陈平原。

了《关于"学术语法"——学术随感录（四）》。陈平原在该文中指出："做买卖得讲'商业道德'，做游戏得讲'游戏规则'，做学问当然也得讲'学术语法'。"陈平原这里讲的"学术语法"就是指学术规范。该文批评多种不讲"语法"的表现后，指出："处处讲'语法'，不敢越雷池半步者，未必就是好学者；可一点不讲'语法'，'病句'连篇的，大概也不会是好文章。"① 陈平原在1991年撰写的《学术史研究随想》对学术规范问题展开了进一步论述。他说："如果说80年代是学术史上充满激情和想象的变革时代，'跑野马'或者'学风空疏'都可以谅解；那么，90年代或许更需要自我约束的学术规范，借助于一系列没有多少诗意的程序化操作，努力将前此产生的'思想火花'转化为学术成果，这种日趋专业化的趋势，对许多缺乏必要的学术训练、单凭常识和灵感提问题的学者，将会是严峻的考验。"陈平原同时指出："'规范'虽则对建立学术秩序、发展常规研究有意义；但毕竟是一种束缚（尽管是必要的束缚），故成熟的学者往往部分逾越'规范'。表面上有些大学者做学问无法无天，从心所欲，其实也自有其内在理路，只不过稍微曲折隐晦罢了。就像中国诗人推崇'无法之法'，中国戏曲讲究'有训练的自由'一样。"② 陈平原在1992年又发表了《超越规则》一文，对建立学术规范与超越学术规范做了更为具体、系统的论述。陈平原在该文的开头写道："超越'规则'的前提是承认'规则'的存在；否则，没有'规则'，何来超越？可在现代中国，谈论学术规则，总给人'古典'、'死板'的感觉。尤其是以才子自许也以才子许人的文学研究界，更是推崇天马行空无所羁绊，不以操正步守规则为然。流风所及，文学史论著也都喜欢洋洋洒洒，放言高论。"陈平原还说："有位朋友半真半假地讲了一段有趣的话，说他敢与国外第一流学者对话，不敢与国外第二流学者辩论。因为第一流学者表达'思想'，而'思想'咱们有，好坏高低是另一回事，反正说上几句没问题。第二流学者讲'学问'，书没人家读得多，功夫也没人家下得深，一开口就露怯，因而不敢上阵。在我看来，目前中国学界最缺的，不是表达自家思想的第一流学者（真假不论），而是认认真真读书、训练有素的第二流学者。在文学研究领域，这个问题尤其突出。因为搞

---

① 陈平原：《关于"学术语法"——学术随感录（四）》，《瞭望周刊》1988年第38期。后收入《学者的人间情怀——跨世纪的文化选择》，珠海出版社，1995。

② 陈平原：《学术史研究随想》，载陈平原等主编《学人》第1辑，江苏文艺出版社，1991。

文学的，没几个不认为自己有点天赋。"①

　　紧随陈平原之后，蒋寅、许明、杨沐等人也对学术规范问题发表了看法。蒋寅在《学术史研究与学术规范化》中指出："回顾建国以来的学术发展，令人深切感到，学术规范化的问题也变得愈来愈突出，迫切需要尽快加以解决。近年来，学术书刊出版量激增，由于情报、信息流通、传递手段落后，学术研究中的重复现象比比皆是。更兼一些学者不遵循学术研究的一般规程，不掌握文献资料，不关心学科的发展，一味闭门造车，致将早已是老生常谈的东西矜为独得之秘。更有甚者，不尊重他人的劳动，引用别人研究成果不加说明，已为时下通行惯例；另一方面，批评别人观点也不注明出处，使读者不知何为前人定论，何为作者创见，只见一家之言，难验谁是谁非。这种一锅粥的学术，产生的只能是混乱、盲目和无聊的重复，让大量粗率、平庸的东西湮灭真正的精华，同时也给学术史研究造成极大的困难。"② 许明发表的《研究逻辑·学术规范·知识增长》，也表达了与蒋寅类似的观点。③ 杨沐发表了《我国音乐学学术论文写作中的一些问题》，该文包括如下三个小标题："格式问题——以注释为例"，"引文问题"，"实证问题"。

　　陈平原等先觉学者在 20 世纪 80 年代末期到 90 年代前期提出学术规范问题，是有其特定的历史文化背景的。我们知道，"文革"结束后的 20 世纪八九十年代，出现了学术的自觉与学者的自立，其突出表现是，学术摆脱了对政治的被动依附和跟从，具有了独立的品格和尊严；学者获得了自我的回归，具有了独立的人格和地位。陈平原等有识学者就是在上述背景下倡导建立学术规范的。在学术的草创时期，学术研究往往如"跑野马"般的无序，不大会有规范和程序，人们也难以想到学术研究需要规范和程序；在政治高压时期，一些学术争论往往由政治家、宣传家甚至领袖人物来做结论，政治家特别是领袖人物一做结论，人们的观点便一边倒（有的主动、有的被动），在这样的情况下，人们当然也难以想到（或者是不敢想到）学术规范问题。只有 20 世纪 80 年代中期以后，中国学术界既摆脱了政治的高压，又发展、积累到了一定程度后，才有可能提出学术规范的问题。因此，陈平原等在当时提出学术规范问题，是具有某种历史必然性的，是学术界的幸事和喜事。

---

① 陈平原：《超越规则》，《读书》1992 年第 12 期。
② 蒋寅：《学术史研究与学术规范化》，载陈平原等主编《学人》第 1 辑，江苏文艺出版社，1991。
③ 许明：《研究逻辑·学术规范·知识增长》，载陈平原等主编《学人》第 1 辑，江苏文艺出版社，1991。

第二阶段　在激烈批评腐败行为的同时呼吁建立

大约从 20 世纪 90 年代中期开始到新旧世纪之交，学术界反对学术腐败（或叫反对泡沫学术，或叫反对学风浮躁，或叫反对学术不端行为等）的呼声越来越强烈，不少学者在激烈地批评学术不端行为的同时积极倡导建立学术规范，以阻扼、控制学术不端行为的发生和蔓延。如果说，前述第一阶段关于学术规范的讨论是在发展中倡导建立的，那么，这一阶段关于学术规范讨论的特点则是在批判中呼吁建立的，就其呼吁的迫切性和影响的深广度来说，已大大超过前一阶段。

做得比较早的是《光明日报》《中国书评》《中华读书报》《历史研究》等报刊。《光明日报》在 1996 年 7 月 18 日第 1 版刊登《反对剽窃端正学风》及相关调查附记。同年 7 月 19 日，《光明日报》又在第 1 版刊登《北京学界人士谈反对剽窃端正学风加强作者自律建立学术规范》的报道。这是最早在批评学术不端行为的同时倡导建立学术规范的文章，可以说是学界关于学术规范讨论进入第二阶段的标志。7 月 19 日，《光明日报》还刊登了《湖北专家学者认为学术研究要杜绝造假之风》，也是在批评的同时倡导建立学术规范。《山西大学学报》1996 年第 2 期发表了伍铁平的文章《反对在学术著作中弄虚作假——评申小龙的〈文化语言学〉等"著"作》，该文批评申小龙的《文化语言学》"是一本错误百出，大量照搬自己著述，又有相当大的一部分是剽窃的书"，同时指出，"近年来学术界出现了一些令人痛心的不良现象。除著者本人应负责任外，出版社组稿不慎重，缺乏严格的审稿制度，也有不可推诿的责任"。这里讲的"审稿制度"其实也是学术规范的组成内容之一。《社会科学报》1996 年 12 月 19 日发表报道《学术研究要遵守规范》，该文说："复旦大学文科院系青年学者在一次座谈会上呼吁，要使哲学社会科学真正发展和繁荣起来，光有良好的外部环境是不够的，理论工作者必须要有社会责任感，学术活动一定要遵守学术规范。而目前学术研究中有许多不规范现象，比如抄袭和剽窃别人的学术成果，低水平的重复出版外国译著，学术项目和学术成果的评价缺乏合理的评价体系和权威性的评价机构，学术论争和批评流于形式化和情绪化，等等。"这里也是将倡导遵守学术规范和批评学术不端行为同时进行。

此后的四五年里，学术界对学术不端行为的批评与对建立学术规范的倡导，主要是从如下两个方面进行的。

一是反对浮躁学风，倡导实事求是的学风。《光明日报》1998 年 3 月 13 日发表报道《北京大学教授朱德生指出：学术研究必须实事求是》，文中说："北京大学哲学系教授朱德生指出，学术研究必须戒浮戒躁，提倡实事求是、脚踏实地的良好学风。""第一，解放思想，根本上讲就是实事求是。这是平凡的真理，但几十年来的马克思主义研究恰恰在这个问题上吃了不少苦头。我国人文社会科学发展有乐观的一面，也有不乐观的一面，即解放思想，实事求是还不够。邓小平理论、中国特色社会主义，讲到底是要理论联系实际，真正落到实处。形式主义和教条主义是要吃苦头的。""第二，要开创良好的学风，反对形式主义和教条主义。奴才思想太浓，学而优则仕，仕而优则学，更要批判。似乎谁的官大，真理就多。这种心态必须克服。""第三，要想实事求是，贯彻良好学风，做学问的人首先要做一个实事求是的人。""有些人是权术越来越多，学术越来越少。"《社会科学报》1998 年 11 月 26 日发表了冯光廉的文章《当今学界浮躁学风种种》，该文写道："当今学界浮躁学风主要有：不深入社会实际，不愿在材料的广为搜集和精心整理上下功夫；不积极地研究分析他人的学术成果，不清楚自己课题研究的历史和现状，匆匆选题、编撰，致使学术成果起点低，重复劳动；急于用'短平快'的方式从速推出，希冀一鸣惊人；不肯下大气力修改和校阅，错误百出；出版不久便急于托朋友写书评，或拉赞助开研讨会，渴求在短时间内造成巨大的学术反响。长此以往，后果堪忧。"《光明日报》1999 年 4 月 20 日《学者访谈》专栏发表了《关于"学术研究规范"的思考——访葛剑雄》，记者李向军在开头问道："《历史研究》去年第 1 期上刊载了您和曹树基博士的长篇书评，对一部有关中国历代人口统计资料研究的书提出了尖锐批评，在学术界引起了震动，也引出了关于'学术研究规范'的话题。最近，《中国社会科学》和《历史研究》编辑部特邀您参加'学术对话与学术规范'研讨会。能否请您谈谈学术研究规范应包含哪些内容？当前学术研究存在哪些不规范的现象？"葛剑雄在分析了学术规范包括两个方面的含义后，指出："现在学术界的违规现象很严重，有的人采用他人成果不注明出处，引文没有注释，不为自己的研究在学术史上定位，低水平重复，抄袭等等。居然还有学生抄袭本系老师的论文通过了答辩。最新的也是最恶劣的表现之一是学术包装，为水平不高的书开隆重的发布会，请名人名家题字题词，甚至有人化名捧自己的书，骂别人的书。有的年轻人文章引文很多，英文、古文一大堆，可他自己未必都看过。还有的人引《史记》、《汉书》，几百个注全是原始资料，我不信他看的全是原文，没看今人的文章。这样的学风很不好。"2000 年 8 月由鹭江出版社出版的《学术权力与民主——"长江〈读书〉奖"论争备忘》收入数十篇"长江《读书》奖"学术论争的文章，其中有多篇是在开展学术批评的同时谈学术规范的建立，如《从"长江读书奖"风波谈重视学术规范？》（黄进）、《评奖程序与学术规范》（余三定）、《从晕轮效应到健全学术成果评价机制——由"长江读书奖"所想到的》（吴忠民）、《必须改革学术评价机制》（仲伟民）等。此外，《光明日报》1999 年 1 月 29 日发表了《论学风》（李景源）；《江苏社会科学》1999 年第 6 期发表了《学风与学术规范》（王钟陵）；等等。上述都说明学术规范是针对学风不正的现象而提出来的。

二是批评学术腐败，呼吁用学术规范去抵制学术腐败。笔者见到的较早提出"学术腐败"一词的是《社会科学报》，该报 1997 年 6 月 26 日发表了蒋德海的《反腐败不应忽视学术领域》一文，该文指出：学术腐败在"目前主要表现为职称评审和学术成果评审的腐败。学术腐败在社会中具有极坏的作用：（1）导致职称贬值。一方面是大量不具备学术水平的人进入高级学术人员队伍，另一方面是真正有学术水平的人反而得不到职称，职称的学术意义日益淡化。（2）搞坏了学术空气，大量非学术因素进入学术领域，学术标准丧失，学术价值动摇，社会科学的科学性面临危机。（3）学术腐败弄乱了思想，干扰了精神文明建设。（4）学术腐败导致我国社会进步目标的扭曲，'科教兴国'，科教的核心是学术，没有学术文明，科教兴国就是一句空话。"该文还分析说，学术腐败产生的根源是"学术法制不健全"。为此，该文作者建议："（1）学术评委必须是卓有成就的专家和具有高尚德行的师长。（2）建立异地、异校审评制，严肃学术审评程序……在三级评审程序中，同一评委不能就同一对象评审两次。（3）严格评审责任机制，对有明显作弊现象的评委，施以有力度的惩戒。坚决抵制有偿评审，一旦发现有偿评审现象，评审即告无效。（4）建立学术职称升降制度，对不同的职称规定一定量的最低学术要求，凡是达不到这个最低要求的人，降一级职称；降职称两次以上者，可考虑调离原有工作岗位。同样地，对于符合标准的人，确保无条件升职。"这里讲的"学术法制"的内涵近于"学术规范"。该文还提出："对于具有明显学术腐败的人和现象，必须予以坚决的揭露和曝光，对于严重的学术腐败现象，必须追究其法律责任，这是学术反腐的基本要求。通过学术反腐，确立学术尊严，弘扬学术正气，从而推进精神文明。"《历史研究》1997年第2期发表的《必须遵守学术规范——从"强国之梦"系列丛书说起》（浩力）虽未提出"学术腐败"一词，但也是针对学术腐败现象而呼吁学术规范建设的，该文说："四川人民出版社出版的'强国之梦'系列丛书共有10本，其'总序'称是出自集体研究的成果，是关于中国近代历史的'学术著作'。但丛书中的某些'著作'，无视学术规范，实际是改编或拼装他人的学术成果。"该文在对其中几部书进行具体剖析后，指出："上述犯规情节中最严重的情况抄袭或剽窃，已经越出了学术规范的界限。它不仅违背了道德与良知，玷污了学术尊严，而且违反了法律规范，侵犯了他人的著作权，妨害了学术的正常发展。"

反学术腐败的声音，到21世纪初的2001年，达到了最激越的程度。《光明日报》2001年4月28日第1版发表报道《绝不让学术腐败渗入北大》，该文开头写道："'清除赝品拒绝平庸！'这是北京大学全体文科教师在今天召开的'树立北大文科精品意识'大会上做出的郑重承诺。据北京大学副校长何芳川介绍，这次大会是'文革'以来北京大学召开的一次最大规模的关于文科学术道德的大会。与会教师表示，在北大向世界一流大学迈进的进程中，绝不允许腐败渗入学术领域。""袁行霈教授说，目前社会上的浮躁风气和商业上的投机心理侵蚀着学术，一些学者忘记了学术的目的，或急功近利，粗制滥造，或媚于世俗，热衷炒作。有的人甚至丧失学术道德，以抄袭剽窃的手段换取一时的名利！"杨玉圣在《中华读书报》2001年5月23日发表了颇有影响的《学术腐败、学术打假与学术批评》，该文指出："如果说王海在商界打假是一种经济行为且名利大丰收的话，那么，伍铁平在语言学界打假获得了什么呢？从狭隘的功利的角度看，伍先生可谓'一无所获'，因为这只是一种学术行为。对于一个学者而言，时间是伍先生最大的损失，而且是无可挽回。但是，从学术发展的角度来看，伍先生的学术打假，反映了一个学者的良心和正义感，体现了学术的良知和精神。这是一个老学者的无私奉献。"《中国教育报》2001年8月9日又发表了杨玉圣的长篇答问录《让圣殿坚守纯洁——学术腐败问题答问录》，在"答问录"中，杨玉圣把学术腐败的表现概括为7种：①出版物低水平重复；

②制造学术泡沫；③搞假冒伪劣；④抄袭剽窃；⑤用权钱捞取学术职称；⑥高等教育和学位注水；⑦学术评审腐败。《人民日报》（海外版）2001年10月16日发表了张一兵的《反对学术腐败 树立精品意识 建构学术研究的规范平台》，该文说："现在问题的关键已经不仅仅是揭露、批判和'喊打'，倒真是要告诉人们应该如何规范自己的学术行为。以德治学的基础还是以法治学（在这一方面，我觉得国内的自然科学研究已经完成了新的研究规范的体制建构，这一平台与国际学界是直接并轨的）。这个'法'就是我这里所说的人文社会科学学术研究平台。依我的看法，这个平台应该包括两个主要建构向度：一是学术规范体系；二是客观的评价体系。"《光明日报》2001年12月25日《学界话题》专栏发表了《维护学术尊严反对学术腐败》的专题讨论，该次讨论由薄洁萍主持，参加讨论的有张保生、杨玉圣、葛剑雄、邓晓芒、王宁等学者，该次讨论达成了以下几个方面的共识："学术腐败是学术事业的大敌，它的出现与一些学者的自身素质有关，也与学术体制不够健全和不利的外部条件有关"；"具有正确的价值观是学者能够自律的基础。坚守学术伦理，是一个学者之所以能成其为学者的道义基础"；"学术评审制度应按程序正义来进行设计。严格遵守学术评审的程序是保持公正性的最重要的条件"；"广泛公开的学术批评是一个大环境问题，学者们在今天不仅要严守学者的职业道德，而且要坚决与学术腐败的各种现象作斗争"。

在这一阶段，还值得提到的是，先后出版了三本有关反对学术腐败的书，分别是《丑陋的学术人》《中国学术腐败批判》《溃疡——直面中国学术腐败》。

《羊城晚报》2002年1月17日发表的《用学术规范、学术批评医治学术腐败》（王笛）一文的标题可以用来作为对这一时期学界关于学术规范讨论的概括，就是说，从20世纪90年代中期到新旧世纪之交关于学术规范的讨论，是在反学术腐败中进行的，学界呼吁建立学术规范是为了抵制、医治学术腐败。当然，这一时期也发表了少量并不特别针对学术腐败主要从学理上探讨学术规范的文章，如《中国书评》1996年第10期发表了《对学术规范化问题的一些哲学思考》（童世骏），《光明日报》1998年4月24日发表了《关于大变革时期史学规范问题》（李振宏），《光明日报》1998年10月16日发表了《史学的规范与变革》（郭世佑），等等。《中国书评》还发表过其他若干文章。

第三阶段　在继续批评的同时，重点转到了"建设"上

2001 年，反学术腐败（或曰反对学术不端行为）声音在达到最激越程度的同时，也开始转入了着重于学术规范"建设"的阶段，即开始进入新时期学术规范讨论的第三阶段。如果说新时期关于学术规范讨论的第二阶段重点在"批判"学术腐败（在批判的同时也呼吁建立学术规范），那么，进入第三阶段后，则重点已转移到学术规范的具体"建设"上（对于学术腐败的批判也在继续进行）。

第三阶段的一个标志性事件就是教育部在 2001 年印发的《全国普通高等学校人文社会科学研究"十五"规划纲要》中，明确提出："要把学风建设列为科研队伍建设的重要内容。科研人员应正确认识学术发展中继承与创新的关系，尊重他人研究成果和知识产权，遵守学术规范，切实扭转无引文、无视前人研究基础、无新鲜经验和事实材料的空谈之风。"这是政府文件中第一次提出"遵守学术规范"的要求。2002 年 2 月，教育部发布了《关于加强学术道德建设的若干意见》（以下简称《若干意见》）。根据教育部的《若干意见》，北京大学、清华大学等一批大学相继制定了教师科研道德守则，如 2002 年 3 月北京大学第 451 次校长办公会通过了《北京大学教师学术道德规范》。2002 年 8 月，中国社会科学院党组审议通过并发布《中国社会科学院关于学风建设的决定》。2003 年 4 月，《人民音乐》《中央音乐学院学报》《中国音乐》等 16 家音乐理论期刊共同签署《关于加强学术道德建设的联合声明与建言》。2003 年 5 月，科学技术部、教育部、中国科学院、中国工程院和国家自然科学基金委员会联合发布《关于改进科学技术评价工作的决定》。

这一时期发表了许多从正面立论的关于学术规范建设的有分量的论文，如王振海的《学术研究规范化探讨》、张积玉的《学术规范体系论略》、陈克艰的《也谈"学术规范"》、曾业英的《关于历史研究的学术规范问题》、王笛的《学术规范与学术批评——谈中国问题与西方经验》、彭小瑜的《亟待正视的学术规范问题——由世界史和西学写作的注释体例谈起》、罗志田的《学术规范的主要目的是建设而非防弊——呼应王笛先生》、张亦工的《关于学术规范的杂谈》、俞吾金的《也谈学术规范、学术民主与学术自由》、赵振宇的《完善学术争鸣程序》、廖文根与任建民的《从制度上遏制

"学术腐败"——访国家自然科学基金委员会副主任李主其》、薄洁萍主持的《学界话题》专栏中的《学科发展与学科制度建设》、武宏志的《学术批评的基本规范》、赵树功的《学术规范研究：一门新学科创立的构想》、高晓清的《学术自由与学术规范》、袁伟时的《维护学术规范的两个问题》、葛兆光的《大胆想象终究还得小心求证——关于文史研究的学术规范》、陈学飞的《谈学术规范及其必要性》、向志柱的《关于当下学术规范的两个问题》、傅杰的《我们怎样倡导学术规范》、张维迎的《学术自由、"官本位"及学术规范》等。从上述列举的众多论文的标题可以看出，从正面立论来研究学术规范的"建设"，已经成为这一时段学界的主流。

还要提到的是，2002 年 3 月《光明日报》先后六次在第 1 版《新闻聚集》专栏以"呼吁学术道德　净化学术环境"为总题发表系列报道，分别是练玉春的《学术何以失范》（3 月 18 日）、朱振国的《建立学术规范刻不容缓》（3 月 19 日）、汪大勇的《学者要潜心做学问》（3 月 21 日）、刘茜的《还高校学术一片净土》、蔡闯的《加强自律　科学考评——高校负责人谈根治学术腐败》（3 月 27 日）、袁新文的《加强学风建设　塑造大学精神——访教育部副部长赵沁平》（3 月 29 日）。上述第一篇《学术何以失范》包括下列四个小标题："学术失范　触目惊心"，"学风浮躁　急功近利"，"学术规范　亟待养成"，"杜绝失范　呼唤自律"。第一篇是以批评"失范"为主，其他五篇也分别从不同角度探讨学术规范的建立。

进入 2004 年，学术规范讨论、学术规范建设进入了初步总结、初步定型的重要时期，也是学术界在学术规范方面总结性、建设性成果最多的时期。

2004 年的下述成果值得我们注意。5 月 15～16 日，在《云梦学刊》主办的"学术期刊发展战略研讨会"上，来自北京大学、清华大学、南京大学、中国社会科学院、上海社会科学院、中国政法大学、《历史研究》、《学术界》、《社会科学论坛》、《云梦学刊》等学术单位的 12 位学者共同签署《岳阳宣言——遵守学术规范、推动学术发展》。《岳阳宣言——遵守学术规范、推动学术发展》中提出："应共同倡导优良的学风，坚决反对学术腐败，坚决杜绝假冒伪劣。作为学术界的公共平台，学术媒体应联合起来，关注学术单位和个人的学术信用记录，建立学术信用评估体系。""哲学社会科学研究与自然科学研究一样也有其科学理论和方法论的支撑，应严格遵守学术规范。从问题的提出、课题的选择到学术论证、引文注释，研究者都应保持科学理性的精神和严谨求实的态度。"

6月22日，教育部社会科学委员会第一次全体会议讨论通过《高等学校哲学社会科学研究学术规范（试行）》（以下简称《规范》）。8月26日，教育部在北京举行新闻发布会，教育部社会科学研究与思想政治工作司司长、教育部社会科学委员会秘书长靳诺介绍了该《规范》的起草、修改过程："在教育部领导的直接关心下，2001年5月，《高等学校哲学社会科学研究学术规范研究》作为教育部人文社会科学研究'十五'规划项目正式批准立项。教育部社政司和高校社科科研管理研究会组织武汉大学、南京大学等高校的学者组成了课题组，开始了本规范的研究和起草工作。"《光明日报》2004年9月17日《光明视点》专栏的《学术研究：从"失范"到"规范"》（曹建文）文中说："教育部组织制订的《高等学校哲学社会科学研究规范（试行）》，经3年多的反复研究讨论，数易其稿，并经教育部社会科学委员会第一次全体会议99名委员投票一致通过，向社会正式公布。"该《规范》共七大部分、二十五条。除"总则"和"附则"外，其余五个部分分别是"基本规范"、"学术引文规范"、"学术成果规范"、"学术评价规范"和"学术批评规范"。可以说，这个《规范》是十几年学术界关于学术规范讨论的成果，没有此前十几年关于学术规范的讨论就不可能产生这个"集大成"式的成果。

《高等学校哲学社会科学研究学术规范（试行）》发布后，产生了强烈的社会反响，《光明日报》很有影响的《光明视点》专栏先后发表了两篇文章，一篇是2004年9月17日发表的《学术研究：从"失范"到"规范"》，另一篇是2004年10月13日发表的《惩戒学术不端 维护学术尊严》。2004年10月17日，在"首都中青年学者学术规范论坛"上，杨玉圣等32位学者自愿签署《关于恪守学术规范的十点倡议》。如果说《高等学校哲学社会科学研究学术规范（试行）》代表了政府管理部门对学术界的要求，因而带有某种"他律性"的话，那么，《关于恪守学术规范的十点倡议》则是学者们的自觉要求，表现出"自律性"的特点。

我们说，2004年是学术规范讨论、学术规范建设进入初步总结、初步定型的重要时期，还有一个重要表现，是这一年出现了关于这方面的若干重要著作。

《学术规范读本》是一部有关学术规范讨论的综合性大型文集，计有910千字。该书主编在"前言"中说："编撰本书时，我们有三个设想：一是为了学者和读者阅读与研究的便利，二是为了学术规范讨论和研究的进一步深化，三是为当代中国学术史、思想史积累第一手的文献素材。因此，在某种意义上，本书可以说是集学术前沿性、文献信息性、跨学科包容性等特色于一身。"① 类似的文集还有《中国学术规范化讨论文选》《拯救辞书——规范辨证、质量管窥及学术道德考量》《语言文字学辨伪集》等。《拯救辞书——规范辨证、质量管窥及学术道德考量》开头"编者的话"写道："'辞书规范'论争是自'王同亿抄袭'案以来辞书界涉及范围最广的一次论争，也是近年来在全社会产生了巨大影响的学术公案之一。迄今为止，这场论争虽然尚未尘埃落定，但它带给我们许多有益的启示，有必要编成文集出版。相信本文集的出版，将有助于人们对有关问题的深入探讨，也将最终有助于我们建立一个健康的学术文化环境。"②

与上述由论文汇辑而成的论文集比较起来，《学术规范导论》是学术规范讨论第三阶段更为重要、更值得重视的著作。《学术规范导论》的意义就在于，它是第一部系统论述学术规范的学术体系、主要原则以及人文社会科学主干学科规范的专门著作。该书包括上、中、下三篇，即上篇"学术规范概说"，中篇"学术规范的学科视界"③，下篇"学术规范文献选读"。该书由教育部社会科学研究与思想政治工作司（以下简称"教育部社政司"）、中国社会科学院、北京大学、北京师范大学、中国政法大学、中共中央党校、南开大学、复旦大学、上海社会科学院、南京大学、武汉大学、华中科技大学、河南大学、武汉音乐学院、杭州师范学院等单位不同学科的 20 位学者倾力合作而成。该书在合理借鉴国际学术规范经验的基础上，密切结合中国教育界、学术界的具体语境，初步构筑出了中国的学术规范体系。

综观学术规范讨论第三阶段的基本情况，我们可以看出如下较为明显的特点：一是学术规范"建设"成为学界的主调和主要行动，并且已取得了扎实的、可见的、多方面的学术规范建设的成果；二是在学术规范"建设"的过程中，是教育、学术的行政管理部门与学术界人士、学术媒体等联合互

---

① 杨玉圣、张保生主编《学术规范读本》，河南大学出版社，2004，第 2 页。
② 邢东田编《拯救辞书——规范辨证、质量管窥及学术道德考量》，学林出版社，2004，第 4～5 页。
③ 计含哲学、文学、汉语言文字学、历史学、中国史、世界史、考古学、新闻学与传播学、经济学、法学、社会学、国际问题研究、教育学、体育学、音乐学等 15 个学科。

动，齐头并进；三是在以"建设"为主调的同时，对学术不端（或曰失范、或曰腐败）行为的批判并未放松。

余 论

经过学术界十多年的讨论和努力，现在有了《高等学校哲学社会科学研究学术规范（试行）》这样"集大成"式的成果，也有了《学术规范导论》这样专门的系统的重要著作，等等，这些当然值得欣慰。但并非从此学界就万事大吉了，并非从此学术"失范"问题、学术腐败（或曰不端行为）问题就完全解决了。可以说，今后的任务更艰巨，今后的路还长。

《光明日报》2004 年 9 月 17 日《光明视点》专栏发表的曹建文的《学术研究：从"失范"到"规范"》对此有着清醒的认识，该文的最后一个小标题是"学术规范知易行难重在实践"。"知易行难"是对学术规范问题非常恰当的一个概括。该文引述北京大学中文系主任温儒敏的话说："这个《学术规范》的发布很有必要。现在的关键是我们如何在实践中多做一些扎实的建设性的工作，来逐步恢复与建设良好的学术氛围。"该文还引述杨玉圣的话说："有了这部《学术规范》，今后的迫切任务就是如何将它落在实处。"

我们有理由也有信心期待学术规范由"知"到"行"的全面落实。

（原载《云梦学刊》2005 年第 1 期，《新华文摘》2005 年第 6 期、《高校文科学术文摘》2005 年第 2 期、中国人民大学"复印报刊资料"《社会科学总论》2005 年第 2 期转载）

关于我国研究生教育问题讨论的评述

《光明日报》2006年11月17日第1版《光明聚焦》专栏特辟"提高研究生教育质量"专题报道（讨论），其中一篇短报道为《我国跻身研究生教育大国行列》（记者谢文、杜冰），该文写道："从国务院学位委员会办公室获悉：2005年我国在校全日制研究生规模达到98万人，实现了研究生教育的历史性飞跃，迅速跨入了研究生教育大国的行列。作为培养高层次专门人才的主渠道，我国研究生教育在过去20余年间向国家输送近16万名博士和120万名硕士，为建设创新型国家培养了大批拔尖创新人才。"《光明日报》该专题另一长篇报道为《警惕研究生教育"本科化"》（记者杨荣、余海波），该文前的"编者按"写道："应该清醒地看到，我国科技总体水平与发达国家还有较大差距，而创新型人才数量不足、质量不高是一个很大的制约因素。如何从促进中华民族的伟大复兴、建设创新型国家的战略高度，全面、科学、系统地审视我国研究生教育工作中存在的一些突出问题，采取有力措施，加以改进与提高，加速培养创新型人才，是研究生教育改革的重要工作。"

从上述两段引文可以看出，我国研究生教育取得了重大成就，但同时存在着突出问题，必须加以改进与提高。正是基于以上原因，近些年来，学术界、教育界展开了关于我国研究生教育的热烈讨论，讨论大致围绕"问题"与"改革建议"等方面进行。笔者在此对上述讨论做一粗略的评述。

关于我国研究生教育的总体评价

学界对我国研究生教育的总体评价，大多持肯定态度。

上文提到的《我国跻身研究生教育大国行列》一文明确肯定了我国研究生教育整体水平，该文写道："经过 20 多年的建设，我国夯实了科技创新平台和哲学社会科学创新基地，有力地提升了学位与研究生教育的整体水平。目前，我国已经形成了学科门类比较齐全、规模相当宏大的学位授权体系和研究生培养体系。大批高层次人才的进入，极大地改善了我国专业科技人才队伍、党政人才队伍和企业管理人才队伍的素质和结构，为我国现代化建设提供了人才保障和智力支持，有力推动了人才强国战略的实施。"该文还写道："我国从 20 世纪 80 年代中期先后开始培养工商管理硕士学位、法律专业硕士学位、教育专业硕士学位、工程硕士专业学位等 16 种应用型研究生。研究生教育的发展，向各条战线输送了大量急需的高层次专门人才，这些人才已经成为社会各条战线尤其是高教和科技战线的重要力量，大大促进了我国教育和科技事业的发展。"

中国工程院院士谢和平从宏观（全国）与微观（所在的四川大学）两个角度对研究生教育的总体情况做出了肯定性评价。他说：

> 近年来我国研究生教育发展很快，这是国家、社会和经济发展的需要。从研究生导师队伍、科研环境等方面来看，我们有条件、有能力来保障并不断提升研究生的培养质量。因此，从研究生教育整体上来讲，"营养不良、急功近利"现象是不存在的。上个世纪 90 年代以前，我国高校的导师都是由国务院学位委员会审批的，原因是我国过去还没有学位教育，大多数教授没有接受过硕士、博士生培养的经历。目前具有硕士学位以上老师的比例已大幅度提高，并且他们大都具有较高的学术水平和科研能力。以我校为例，在师资队伍方面：2000 年我校具有硕士及以上学位的教师占专任教师总人数的 61%，到 2005 年，这一比例已上升到了 84%。在科研条件方面：2000 年我校的科研设备共有近 3 万件，总价值为 2.8 亿元；而到了 2005 年，我校的科研设备达到了 6 万余件，总价值为 6.8 亿元。作为全国高校的一个缩影，从以上我校数据可以看出，近年来我国高校的师资队伍水平、科研条件、实验室建设等方面都取得了长足的发展，这就为研究生教育的蓬勃发展提供了坚实的基础和保障。[1]

---

① 朱振国、侯宏虹：《如何解决研究生培养中的问题》，《光明日报》2006 年 4 月 5 日，第 6版。以下引文仅第一次出现时标明出处，其余不再另注。

还有人总结说："随着时代的进步和经济社会的发展，我国在研究生教育方面取得了显著的成就：研究生教师队伍学历逐步提高，结构逐步优化，研究生的经费投入越来越多，研究生招生规模也越来越大。"①

分析以上引述可以看出，学界对我国研究生教育的总体肯定主要基于下述几个方面：其一，研究生教育规模的迅速扩大（包括教师和学生）；其二，经费投入越来越多；其三，学科体系越来越齐备；等等。

上述肯定主要着眼于数量、规模等偏向外在的层次，当涉及偏向内在的质量层次时，则有论者非常担忧也非常直率地提出了看法。中国人民大学教授顾海兵说："我国的研究生总体质量严重下降，这已是不争的事实。我国研究生质量严重下降的根源，在于形成于计划经济时代的研究生教育制度，没有能够随着向市场经济体制的转轨而与时俱进，因而大大滞后于社会发展的要求。"②《北京周报》2006 年 1 月 15 日的报道《中国重点大学研究生教育质量令人担忧》（记者吕翎）开头写道："中国重点大学的研究生教育质量令人担忧，存在着以量代质的现象，在政策中存在重物轻人的倾向。这是上海交大高等教育研究所副所长杨颉率领的课题组在 11 月举行的中国高等教育学会教育学专业委员会 2005 年度学术年会上，提交的对教育部直属的 71 所高校的教学质量、科研质量和服务社会质量进行分析后得出的结论。"《中国青年报》2006 年 10 月 18 日发表《搞不懂，研究生教育图的是什么?》（唐昊）一文指出："过去 10 年，我国研究生数量大幅增加，但随之而来的就业压力让这些高学历人才也开始饱受争议，对研究生教育的负面评价层出不穷。在近日召开的中国科学技术大学学位与研究生教育第四次工作会议上，中科大常务副校长侯建国说，'目前，国内大学教育高中化、研究生教育本科化的趋势已经出现。'并称这种教育模式威胁到研究生创新能力。"

关于研究生考试录取的评论

"研究生教育"作为一种最高层次的教育，实际上包括"考试录取"（简称"考录"）与"学习培养"（简称"培养"）两大内容。我们先看关于

① 罗向阳：《我国的研究生教育：问题与对策》，罗向阳的博客，2005 年 11 月 9 日。
② 顾海兵：《研究生教育制度必须改革》，《南方周末》2002 年 8 月 1 日，第 5 版。

研究生考录问题的讨论。

顾海兵《研究生教育制度必须改革》讲的第一个问题就是"考录制度"。该文写道："相对于已经受到越来越多社会批评的高考制度，我国的研究生考试与录取制度受到的讨论与责备还不多见。实际上，研究生考录和培养制度所存在的问题对我国教育的发展、对我国经济的可持续发展具有更大的负面影响。"该文具体列举、分析研究生考录制度四个方面的问题，依次是："1. 研究生招生规模增长速度过快，以至于有'大跃进'的症状"；"2. '3＋2'或'2＋3'式的统一考试制度即使学校丧失了招生自主权，又使学校之间产生了不公平竞争"；"3. 研考时间的确定不符合有关法规"；"4. 复试录取过程背离公开、公正、公平原则"。关于第三点，该文分析道：

> 依据有关法规，具有下一级学位的才有资格报考上一级学位，如学士报考硕士生、硕士报考博士生。但目前的情况是：每年1月份或3月份考研时，应届考生实际上并没有本科毕业或硕士毕业，他们仍处于论文写作阶段，因此，他们并不是合格的考生。不排除出现这样的情况：考上了研究生却没有取得学士学位或硕士学位。这一点与高考不同。高考是在学生毕业会考之后，因此是合法的。令人忧虑的是，由于研考时正值论文写作阶段，因而考研实际上已严重冲击了学位论文的写作。随着考研竞争加剧，学生毕业论文质量日益下降已是不争的事实。

针对上述问题，顾海兵在该文中提出了关于研究生考录制度改革的建议。该文写道：

> 笔者的意见是：（1）取消全国的统一研考制度，由各个高校决定研究生录取是否采取笔试制度及采用怎样的笔试制度。同时相应取消所谓的复试。在这一点上要相信高校，给予高校充分招生权。（2）政府教育部门不能既做领队、运动员，又做裁判员，其任务就是监督，如研究生的权利是否得到保证，录取过程是否公正等。（3）学校确定各院系招生规模上限，具体录取由各院系采用口试，当场打分方法。可以由7~9名教授、副教授组成若干个口试委员会，借用体育比赛做法，去

掉最高分与最低分，再取平均分作为考试成绩。彻底改变目前由某个所谓博导垄断出题、评分、录取等各种权力的做法。（4）录取从宽，培养从严，宽进严出，交费读书，使真正有志于研究的人进来学习。重视专家推荐意见，要求每个考研者至少有3个专家推荐信（对不实推荐者要亮黄牌）。专家推荐信中要对被推荐者进行排序打分，充分借鉴国外经验。（5）如果仍采用全国统一研考，则必须改变研考时间，先毕业后研考。比如研考时间应推迟半年，改为每年的7月份以后，可以选择8月下旬或9月份，入学时间相应推迟，可改为次年过完春节后入学。这样也有利于学校均衡安排工作。

《新京报》2005年12月25日刊登了对多位学者访谈的文章即《研究生制度反思：选拔程序与价值趋向的悖论》（陈宝成、苏婧），在"全国统考有待改革"的小标题下，劳凯声做了如下回答：

> 在选拔人才的时候有两个方面是需要兼顾的，一是公平，在选拔人才的时候要设计一套使大多数人感觉满意、公平的制度规则；二是效率，要能够最有效地识别选拔优秀人才。目前我们的研究生选拔制度还没有很好地适应这两个方面的要求。比如考试更多体现了考生死记硬背的功夫，而研究生更应该具备的学术基础和科研能力则很难通过现在的考试体现出来。推荐则容易产生许多黑箱操作的问题，这就容易造成信息不对称。

关于全国统考的问题，劳凯声从利、弊两个方面做了分析，他说：

> 从可操作性来说，全国一张卷子有利于统一标准，有利于选拔时相互比较。在我国目前过分看重考试成绩的情况下，这可能是必然的选择。国外虽然也有研究生的考试，但那只是一种资格参考，并不决定考生是否能够进入研究生行列。还有其他方面的考核指标，可以说国外实行的是对考生各个方面的综合考查最后决定是否录取。

关于全国统考外语的问题，周洪宇既做了分析，也提出了可供选择的具体建议，他说：

外语课改革可以考虑根据不同学校的不同专业学科和学位类型，由学校决定划分分数线。这就和我前边说的学位教育有关了。为什么陈丹青事件引起那么大的反响？很大程度上是因为现行考试体制没有充分重视应用型专业之于统一考试的特殊性。所以我觉得，对于这样的专业而言，外语考试成绩一是可供参考而不是必达指标，二是可以由学校或者导师自主决定分数线，三是可以不考英语。我更倾向于第一种做法。

对于研究生招生数量问题，《新京报》2005年5月16日发表的《教育时评：给泡沫化的研究生教育浇一瓢凉水》（丁东）一文指出：

要想让中国研究生教育质量恢复到上世纪80年代的水平，实在想不出有什么可行的办法。从眼前看，行政主管部门起码应当下一个决心，不论博士研究生，还是硕士研究生，招生数量的扩张应当赶快刹车了。这虽然不是什么治本之策，至少也可以给研究生教育的泡沫化浇一瓢凉水。

此外，还有不少学者对研究生（特别是博士研究生）招生过程中的钱学交易、权学交易给予了痛斥。

关于研究生学习培养的评论

已故中国科学院院士邹承鲁生前撰写、逝世后发表的《研究生培养问题》一文中写道：

自从上个世纪70年代末我国实行学位制度以来，20余年来取得了很大的成绩，我国自己培养的大量博士和硕士学位获得者不仅已经在国内各条战线上发挥了重要作用，而且不少人在国际活动中也获得了国际学术界认可。但是由于现行学位制度上存在的一些缺陷，以及近年来社会风气的影响，我国目前在高级学位的颁发上还存在不少问题，导致我国博士和硕士学位总体水平有所下降，在国际上引起了不少议论。[1]

---

[1] 邹承鲁：《研究生培养问题》，《光明日报》2006年11月24日，第2版。

杨振宁在东南大学演讲时也说："中国高校对中国发展做出的贡献远远要比美国最好的高校对美国做出的贡献大。但是，在研究生教育方面，中国确实和国外不少国家存在着很大的差距。"①

邹承鲁和杨振宁的看法具有代表性，具体而言，关于研究生培养问题，学界主要围绕下列几个方面展开了讨论。

1. 关于研究生培养年限问题

近年来，一些学校的某些专业把硕士研究生的培养年限由三年改为两年，据《北京晚报》2005 年 5 月 9 日报道，自北京大学经济学院和光华管理学院首先将全日制硕士研究生的学习年限调整为两年后，从 2005 年起，包括心理学系、新闻与传播学院、国际关系学院等在内的社会科学各院系，硕士研究生的基本学习年限由三年改为两年。对此，丁东在《教育时评：给泡沫化的研究生教育浇一瓢凉水》中指出：

> 这引起了一些人的担忧，怕因此而降低研究生教育的质量。在我看来，由于十几年来，尤其是近几年研究生教育的轻率扩张（我不说盲目扩张，因为其中有明确的趋利目的），质量已经明显下降。缩短硕士生的学习年限，不过是给学校增加了进一步扩招研究生的机会。问题不是出在研究生教育年限的长短上，而是出在研究生教育机制的某些缺陷上。②

潘懋元在《研究生教育如何看》一文中用"'一刀切'不可取"来回答研究生培养年限问题，他说：

> 按照联合国教科文组织 1997 年修改的《国际教育标准分类》，将相当于硕士阶段视为本科生培养的高级阶段，这样，两年的时间是足够的。有的国家，大学学习年限较长，前一阶段是普通高等教育，结束后继续学习专门化理论，毕业之后就是硕士。在我国，硕士是作为一个完整的独立培养阶段，硕士生入学后，第一学年的很多时间会花在英语和政治

---

① 转引自杨荣、余海波《警惕研究生教育"本科化"》，《光明日报》2006 年 11 月 17 日，第 7 版。
② 丁东：《教育时评：给泡沫化的研究生教育浇一瓢凉水》，《新京报》2005 年 5 月 16 日，第 3 版。

的学习上，同时毕业论文也要花费半年到一年的时间，学生真正用来深入专门课程的学习的时间不多，两年或者两年半时间完成学业非常困难。厦门大学一些试行两年或两年半教育的学科专业目前只好又回到三年。

现在博士生培养年限一般院校为三年，在职攻博为四年，国家的培养经费按三年拨，学校为学生提供的宿舍也只有三年。这就使一些尚未合格的博士生只好如期毕业，他们的培养质量成了问题。博士生的成长有快有慢，研究的课题有长有短，"一刀切"的培养模式并不符合博士生培养的规律。北大的博士生培养年限为四年比较合适，但以社科类与非社科类划分年限长短的做法，我认为并不合适。

关于硕博连读问题，潘懋元在上文中也提出了自己的疑惑，他说：

现在提倡硕博连读，对于这种做法，我有些疑惑。博士生需要的是一种创造性思维，而一个学生是否具有创造性思维，是否能够成为博士生的培养对象，在本科学习时是很难判断的。本科阶段学业成绩优秀的学生并不一定能够成为博士生培养的对象。[①]

2. 关于研究生课程教学问题

《光明日报》2006 年 11 月 17 日《警惕研究生教育"本科化"》的标题即表明了一种观点，该文写道："在日益火爆的考研背后，研究生教育质量备受关注。'目前，国内大学教育高中化、研究生教育本科化的趋势已经出现。'在今年召开的中国科学技术大学学位与研究生教育工作会议上，中科大常务副校长侯建国如是说。"该文还写道："11 月 7 日晚，华东师范大学历史系教授许纪霖在接受记者采访时说：'现在的研究生教育已经逐渐成为学士后教育。'"

顾海兵在《研究生教育制度必须改革》一文中用了"研究生，特别是博士生几乎是处于放羊状态"这样不无夸张的小标题来形容研究生的教学状况。该文说："复旦大学杨福家教授前不久转述谢希德教授的一句话很能说明这一问题。这句话就是：'真是弄不懂了，现在博士生怎么比小学生还要轻松啊。'"

---

① 潘懋元：《研究生教育如何看》，《人民日报》2006 年 8 月 17 日，第 7 版。

罗向阳在《我国的研究生教育：问题与对策》一文中以"课程安排的随意性"为小标题概括研究生课程教学中的问题，并指出其主要表现在："教学内容非系统化""教学时间的随意性""教学方式的形式化"。其中关于"教学内容非系统化"，该文是这样分析的：

> 教学内容非系统化。研究生导师相对较大的自主权利遮蔽了研究生老师选择教学内容的自利倾向。一些教师并不是从学科的逻辑结构出发，而是立足于自己的现实，选择教学内容根据自己的偏好，诸如只选择本人感兴趣的内容，或者只是选择自己已经研究或正着手研究或将来要研究的领域，还有的教师只将那些他能熟练驾驭的内容拿到课堂上与学生讨论。这些都人为地打破了学科的逻辑体系，不利于研究生形成科学的认知结构和理论体系。

北京大学陈平原对研究生教学中的讨论课特别推崇。他在《"学术文"的研习与追慕——"现代中国学术"开场白》一文中专列了一个小标题"何谓'Seminar'"，他写道：

> 什么叫"德、美两国大学之Seminar"？简单地说，就是讨论课，师生在一起坐而论道；而不是演讲课，任凭教授一个人唱独角戏。演讲课上，教授妙语连珠，挥汗如雨，博得满堂掌声；学生不必怎么动脑筋，只是一个旁观者，闭着眼睛也能过关。讨论课则不一样，学生是课堂的主体，必须在教授的指挥、引导下，围绕相关论题，阅读文献，搜集资料，参与辩难，并最终完成研究报告。一个关注知识的传播，一个注重研究能力的培养，后者无疑更适应于研究生教学。可在很多大学里，教务部门担心老师们偷懒，要求老师一定要站在讲台上，对着几十乃至上百名博士硕士生，哇啦哇啦地讲满两个小时。似乎只有这样，才是认真负责。如此规章制度，把博士生当中学生教，把大学教授当公司职员管，效果很不好。①

---

① 陈平原：《"学术文"的研习与追慕——"现代中国学术"开场白》，《云梦学刊》2007年第1期。

邓正来在《中国研究生教育的反思与批判》一文中尖锐地指出了学术讨论在研究生教学活动中严重缺位的情况，他说：

> 颇为遗憾的是，如果我们对中国当下研究生教育的课程设置和教学活动进行观察，那么我们就很容易发现这样一种普遍且明显的现象，即上述对研究生和教授都有助益的学术讨论在硕士和博士研究生的教学活动和学习活动中则处于严重缺位的状况。在我看来，这个问题已经严重到了这样一个地步，即我们现在必须直面的甚至可以说不再是学术讨论缺位这个问题了，而毋宁是我们的硕士和博士研究生还有没有进行学术讨论的能力这个问题。[1]

邓正来还进一步分析指出，造成研究生教学活动中学术讨论严重缺位的原因，从根本上说是下述两种错误观念的盛行和落实导致的，这两种错误观念分别是："行政与学术不分"，"辈分与学术不分"。

3. 关于学位论文完成的问题

《中华人民共和国学位条例暂行实施办法》写道："硕士学位论文对所研究的课题应当有新的见解，表明作者具有从事科学研究工作或独立担负专门技术工作的能力。""硕士和博士学位的申请者，都必须有学术论文，并应进行答辩。其中博士学位论文应表明作者具有独立从事科学研究工作的能力，并在科学或专门技术上做出创造性的成果。"国家对学位论文的要求是明确的，但现实情况令人担忧。

《光明日报》2006年6月14日《观察》专栏发表长文《研究生学位论文质量亟待提高》（罗炬杉、金勇），其标题即表达了看法和态度，该文既提出问题，又分析原因，并提出改进建议。该文写道：

> 扩招后的研究生学位论文处于什么水平？近日，南开大学28名博士研究生因论文原因不能毕业，首次大范围地暴露出研究生学位论文质量问题。那么学校、学生又是如何看待学位论文？为此，笔者走访了北京的部分高校。在采访中发现，因论文质量延期毕业或不能毕业的学生在高校并非个案。硕士论文质量滑坡、漠视论文等现象令人担

---

① 邓正来：《中国研究生教育的反思与批判》，邓正来的博客，2006年8月8日。

忧：学位论文这个被认为学业结晶的成果，并没能给学业如期画上完美句号。

该文第一个小标题为"三年学业成果 三个月完成"，在这个小标题下，该文写道：

> 笔者走访了北京多所高校，对数十名研究生进行了采访。他们普遍认为，研究生阶段最关键的事情，一是找工作，二是写毕业论文。在这过程中，与找工作的热度相比，毕业论文往往被冷落，一些学生对论文的轻视令人吃惊。据记者了解，大多高校规定：研究生论文从开题到答辩之间有一年多时间。但当记者问"一般花多少时间写论文"时，得到的回答却出乎意料：三个月左右吧！有学生告诉记者，他所知道的写论文最短纪录是四周！一位不愿意透露姓名的学生坦言，现在，学校把就业率放在第一位，再说扩招后研究生增多、导师忙于课题，也没时间仔细看论文，只要写出来，基本上都能通过。

该文在第二部分（小标题为"学位论文是如何写成的"）中写道：

> 问及"毕业论文采取什么方式去写"时，不少学生的第一反应是：到图书馆、网站去找资料"借鉴"。在文科类学生中，听到最多的是这样一种写法：书上抄一点、个人编一点、相关学科论文引用一点，这样就能达到及格线。

该文在回答"论文质量下滑，哪个环节出了错"时，引用了各方代表的看法，其中一位已毕业的研究生如是说："如果仅仅把论文质量下滑归咎于学生有失公允，对论文不重视是一个社会问题，涉及学生、校方和社会三个方面，关系到管理机制和用人机制存在的种种弊端。现在的就业压力太大，对毕业生来说，把求职简历写好比把论文写好应该更关键。"

该文指出："研究生毕业论文质量滑坡已成为一个比较普遍的问题，如不引起重视，势必会影响高校的育人质量。"那么如何处理论文与就业之间的关系呢？该文写道：

> 美国一位研究大学教育的学者布鲁姆曾指出，硕士学位本身如果已不再是学术有造诣的标志，而仅仅意味着能过上一种收入可观的生活。这无疑是研究生教育的退化和悲哀，是对研究生教育固有理念的破坏。我们应引以为鉴，端正心态，切实重视论文写作。另一方面，导师也应严格管理，真正起到督促和指导作用。盼望研究生面孔在变得越来越年轻的同时，论文质量也能越来越高。

《研究生教育制度必须改革》则从培养制度的角度，对研究生学位论文完成的问题提出了直率批评："论文开题、答辩、毕业学位授予等，一方面是该严的没有严起来，另一方面该松的又没有松起来。"该文指出，其存在的主要问题有：①答辩前必须有论文发表的规定是不科学的；②论文开题过于繁杂；③规定论文字数有违科学要求；④论文答辩走过场；⑤全校性的学位评定委员会不应介入具体的学位论文审核事务。

许章润有针对性地提出了"学位论文的人身专属性"的命题，他明确肯定："学位论文总是与特定个体的人身相连，具有不可让渡性。学徒过程不可替代，冶炼成型的心智无法转让，学力是自家的体格，如何借与别人让与别人，别人又如何借得如何受得呢？也就因此，学位论文要自己亲力亲为，而不能东拼西凑做文抄公，也不能用已有作品充数，或者更有甚焉，如刻下中国的官爷或者款爷一般倩手捉刀。至于搬演'克莱顿'，已属奇门遁甲，融合中西文明另创一派，不在讨论之列。"许章润还提出，"学位论文不得联名发表，亦为通则"。① 这里的"联名发表"包括"不少学位候选人在读期间将论文分章节发表，与导师联署"。

4. 关于学位与发表论文挂钩的问题

《光明日报》2006 年 1 月 5 日《观察》专栏发表了《硕士学位与发表论文"脱钩"激起涟漪》（曹继军、张琛）一文，该文写道："上海财经大学从本学期开始，取消硕士研究生学位与公开发表论文挂钩，即取消硕士研究生在校期间必须在公开发行的学术期刊上独立发表一篇学术论文才能获得

---

① 许章润：《学位论文的人身专属性——祝贺学术批评网创办五周年》，《社会科学论坛》2006 年第 5 期。

硕士学位的规定。"20 世纪 90 年代初，为了鼓励研究生搞科研，上海财经大学在全国较早实行硕士学位与发表学术论文"挂钩"；而现在，上海财经大学又在全国率先实行硕士学位与发表学术论文"脱钩"。对此，上海财经大学研究生部主任陈启杰解释是："因为我们意识到，今天'挂钩'的做法已经背离了当年的初衷。"陈启杰说："将学位与发表论文脱钩，是经过多方论证和长期考虑后做出的决定，整个酝酿过程有 2～3 年，这是一个水到渠成的决定。"陈启杰还解释道："硕士学位和发表论文脱钩之后，学校的科研力量和教学质量并不会因此受损，因为在'脱钩'的同时，学校出台了相应措施，鼓励学生进行科研。"

《硕士学位与发表论文"脱钩"激起涟漪》文末的"链接"中引述了多位有代表性人士的意见，几乎都赞同"脱钩"。这里列举其中两位的意见，国务院学位委员会办公室主任杨卫曾说，《中华人民共和国学位条例》和《中华人民共和国教育部关于修订研究生培养方案的指导意见》都没有研究生发表论文的具体规定，国务院学位委员会办公室从来没有过这样的要求。复旦大学教授朱立元说，为了提高研究生培养质量，学校不是不可以向研究生提出一些条例以外的学术上的要求，但要合情合理，经过努力能够做到，像现在这样设置的"论文门槛"，既不符合国情，也不符合民（研究生）情，建议坚决改革，尽快撤除。

潘懋元在《研究生教育如何看》对博士研究生要求在核心期刊上发表论文的规定也提出了不同看法，他说：

> 现在的规定是，老师晋级、研究生毕业都需要在学术核心期刊上发表论文，目前出版的核心期刊有限，如果二十多万副教授和二十多万在学博士生都要在核心期刊发表论文若干篇，刊物不够。为能达到晋级或者毕业条件，就会助长不正之风。同时，一些期刊借故征收版面费，有些刊物为了满足日益增长的需求，从双月刊变成月刊，再变成半月刊，刊物越来越厚，文章的质量也就无法保证。我认为研究生授予学位，应当严格审查其学位论文；教师晋级，应该严格审查其代表作；不必刚性规定多少篇论文，在什么刊物上发表。

5. 关于研究生管理的问题

《研究生教育制度必须改革》尖锐地提出现在的研究生管理"依旧是计

划经济式的培养管理"，该文具体说：

> 比如，研究生还没入学、课程学习还不知怎样时就去制订所谓的培养方案、培养计划，还要进行各种签字，完全是多余的、不切实际的，是有违教育改革大方向的。教育改革的大方向就是素质教育、快乐教育、自主教育，就是尽量给予学生以自由（在完成规定的学分条件下），不应使学生成为老师的仆人。学生应拥有在全系范围内、全校范围内、甚至全国范围内选择论文指导教师的权利。教师根本不应在什么培养计划上签字，这种签字有何依据、有何作用呢？难道教师是保姆、是老板？所谓导师每两周与硕士生谈话一次，每次不少于 2 小时更是形式主义、背离科学。组织针对博士生的导师指导小组更是不可思议。因为导师与小组的关系不清，小组的权责不清。如果是人人负责，则其结果必然是无人负责；如果是一人负责，则结果必然是封闭垄断，况且在学习阶段并不需要什么指导。

邹承鲁《研究生培养问题》一文最后一个小标题是"研究生管理制度问题"，该文认为："当前研究生管理制度为教育部门和招生单位的方便考虑过多，为保护研究生的利益考虑不够。"该文提出建设性意见：

> 学生应该参与管理。首先，从招考一直到毕业授予学位的整个过程应该透明化，避免暗箱操作，让学生普遍了解整个过程的各个方面。在必要的环节上，研究生或研究生代表要有充分的发言权。单位研究生管理委员会应该有学生代表参加，从本单位研究生日常工作的考核，到答辩准备情况及安排，力图反映广大研究生的心声。对于研究生人数较多的导师，在处理研究生事务时，应考虑吸收高年级的研究生参加，此举不失为及时听取意见、改进工作的好办法。

关于研究生导师与导师制的评论

《研究生教育制度必须改革》对我国现行的研究生导师制提出了尖锐批评，该文说：

目前中国的现实却是：研究生在没有来上课之前、被录取之前、报考之前就必须决定谁做他的指导老师（中国人简称为导师），而学校也每年在教师中筛选审批谁可以做导师，甚至在教授、副教授之中搞出"博导"、"硕导"之类的头衔。显然这些做法都是计划经济式的，有违市场经济规则。实际上，研究生选择指导教师至少应该在完成课程学习之后，现在连课都没上就已经定下了导师，是否有点太匆忙？是否把学校变成了封建式的作坊？更为可笑的是，有些高校把兼职教授送给了高级官员之后，又把所谓的博导头衔送给了他们，或者我们的一些教授从政之后仍称自己为教授、博导。比如，笔者所看到的《中国工商管理研究》2002 年某期中就有这样一句话：作者系××财经政法大学教授、博士生导师、××省工商行政管理局副局长。这样公开的官学不分、以官谋学，甚至以此为荣，是反科学反规则的。在加入世贸组织之后，在特别强调国际通则的今天，我们现在依然沿袭旧有的制度，合适吗？

该文基于上述分析提出建议："彻底取消所谓的导师遴选或导师资格审批制度"；"研究生论文指导教师必须在修完全部课程之后确定"；等等。

《教育时评：给泡沫化的研究生教育浇一瓢凉水》把我国 20 世纪七八十年代以来的研究生导师群体分为前、后两个时期做了评析，关于前期，该文说：

在中国，研究生教育的历史虽然可以追溯到民国时期，但成规模的发展始于 1978 年。开始只有硕士研究生，上世纪 80 年代初招收第一批博士研究生。当时不论对导师资格的认定，还是对考生的选拔，都极为慎重。苏州大学钱仲联教授，只申请硕士生导师。钱钟书是学科评议组成员，提出如果钱仲联只能指导硕士生，我们都没有资格做博导，这才将钱仲联评定为博导。那时研究生教育的质量，可以说比起欧美发达国家都不逊色。

关于后期，该文说：

上世纪 90 年代以后，老一代专家退休的退休，谢世的谢世，他们的弟子成了新一代博导。社会风气变了，新一代人的行为方式也大不相同。像钱仲联那样自律的学者已经难得一见，常见的是不管学术水准怎么样，都要千方百计弄个博导当当。尤其是一些身居领导岗位的学者，在这方面更是"当仁不让"，使得博导的数量很快膨胀起来，普遍的学术水准随之下滑。现在，一些地方院校，主要政绩目标就是建立和增加博士点，为此不惜重金"公关"。有的送名贵字画，有的请评议组成员出国考察。前些时候，有个朋友告诉我，他们学校的方法是把申请材料放在笔记本电脑里，送材料时连电脑一起赠送。连导师都不讲学术水准，学生的学术水准下滑还有什么奇怪？中国这一次研究生教育的恢复，才二十几年的时间，就出现了这些问题，不能不让人惋惜。

一个导师指导的研究生数量过多，也是不少论者批评的问题。《警惕研究生教育"本科化"》中说："据有关统计，导师人均指导的研究生数为 16 人，其中 16.8% 的导师指导的研究生数量在 30 人以上。""一些人读研三年，见不到几次导师，更遑论让导师'耳提面命'、'言传身教'了。"《中国青年报》2006 年 12 月 15 日发表的《博士生的压力与困惑》（祝楚华等）一文在"难见导师难出成果"小标题下写道：

> 何军（化名）是武汉某高校传播学博士生。读博一年多来，何军很少有机会与导师就学术研究方面的问题交流。"只有逢年过节我们才能聚在一起聊一聊。"

罗向阳在《我国的研究生教育：问题与对策》甚至用了"师生关系恶化"（具体表现为"师生关系淡化"和"师生关系雇用化"）这样极端化的评语来评论时下导师与研究生的关系。

潘懋元在《研究生教育如何看》中则认为要冷静、宽容地分析导师指导研究生过多的问题，他认为"不能完全责怪导师"，他说：

> 西安交通大学出现一位导师带二十多位研究生而无法顾及的问题，不能完全责怪老师。近年来，研究生招生的增长率太快，主要原因之一

是社会对学历的要求高了。一位教师带多少研究生，并不是教师们自己决定的，他们按照学校的分配数字带学生，而学校是按照有关主管部门的计划分配给院系的，教师并没有太多的自主权。教师带的学生过多是研究生招生计划不顾及实际的师资力量的结果。有的学校为了能够招更多的硕士生，将一些并不够格的教师提升为硕士生导师，客观上也让研究生的培养质量有所下降。

在《如何解决研究生培养中的问题》一文中特别谈到了导师队伍的师德建设问题，他在回答记者提问时回答道：

> "学高为师，身正为范"，作为高水平人才的培养者，研究生导师不但要学高，而且要身正，必须要对自己的品行严格要求，戒除浮躁、急功近利和随波逐流心理，尊重科学规律和教育规律，恪守学术道德和教育规范。

作为四川大学校长，谢和平谈了他加强导师队伍建设的打算，他说：

> 为了进一步提高研究生培养质量，我校将进一步加强研究生导师队伍建设。首先，强调研究生导师不是一种身份或荣誉称号，而是一个岗位，具有导师资格并不等于就能进入导师岗位；第二，我们要求所有导师必须要有科研经费，没有科研经费就不能招生、不能上岗；第三，对一些特别优秀的青年教师实行激励机制，只要是具有副教授职称、博士学位，拥有一流的学术成就，有固定的研究方向，有研究项目和经费，就可以进入博导岗位。[①]

《光明日报》2005 年 1 月 11 日《光明对话》专栏发表的《博士生培养要把质量关》（曹建文）有一个小标题为"严格博士生导师遴选"，几位学者对博士生导师提出了看法和要求。孙正聿说："'导师'不同于'教师'，重点不在于'教'而在于'导'，也就是'引导'博士生学会'研究'、善

---

① 朱振国、侯宏虹：《如何解决研究生培养中的问题》，《光明日报》2006 年 4 月 5 日，第 6 版。

于'研究'。这就要求'导师'本身既有坚实的研究领域和丰厚的研究成果，又有丰富的研究经验和真切的研究心得，这两方面是缺一不可的。"孙正聿还将博士生导师的"引导"具体分为"学科引导""学术引导""学问引导"三个方面。郭世佑说："博导的学品与素养与博士生的培养质量存在密切的关联。""博士生导师要通过教书育人、言传身教来引导学生，要不断提高自己的学术水平和知识结构，要注重师能与师德的统一。"欧阳康认为，"还是应当仍然坚持严格的博士生导师遴选制度"。

此外，学界对研究生导师遴选和聘任中的腐败问题批评得十分尖锐。杨玉圣在《让圣殿坚守纯洁——学术腐败问题答问录》中所列学术腐败的第五种现象是"用权钱捞取学术职称"，他说：

> 有一些非学术界的人，利用手中的权力或金钱关系，堂而皇之地当上了一些大学的客座教授、名誉教授、兼职教授、博士生导师，捞取学术荣誉、文化资本和社会地位。在读到伍铁平教授的《学术界不存在骗子吗？》一文以后，不少学者指出，现在学术界不是有没有骗子的问题，而是有多少骗子的问题。①

结束语

以上评述的是近几年来学界对我国研究生教育中一些重要问题的讨论。

这里还要特别补充关于"真的假学位"与"假的真学位"的批评分析。这是一种切中时弊的说法，在邹承鲁《研究生培养问题》一文中有关于此问题的专门评析：

> 现在社会上流传着一种说法——"不怕真的假学位，就怕假的真学位"。所谓"真的假学位"，是指学位证书确实是假的，是市场上买来的假货，但买假者肚里还是有真才实学的。这种假货不难识别，只要通过电话、信件或其他通讯方式联系学位授予单位即可验证真假。所谓

---

① 杨玉圣：《让圣殿坚守纯洁——学术腐败问题答问录》，《中国教育报》2001 年 8 月 9 日，第 3 版。

"假的真学位"，是指学位证书确实是真的，是学位授予单位所发，但学位获得者并未在授予单位真正读过（完）学位课程，也没有亲自撰写过学位论文，一切都由他人代劳，论文评审和答辩自然完全流于形式。这种学位从形式上来说是真的，经得起用任何方式通过学位授予单位进行验证，但从实质内容来说又完全是假的，是学位获得者与学位授予单位进行的一场权钱或身份的交易。

此外，近年学界关于我国研究生教育的讨论，还涉及维护研究生权益、研究生教育质量评估、研究生招生"并轨"（即不分公费生和自费生）、研究生就业压力等问题，限于篇幅，这里从略。

（原载《云梦学刊》2007年第2期，《新华文摘》2007年第12期、《高校文科学术文摘》2007年第3期、中国人民大学"复印报刊资料"《高等教育》2007年第5期等转载）

关于我国新时期学术评价讨论的评述

在中国当代学术发展史上，学术评价是到新时期才出现的重要新现象（笔者这里说的学术评价是指专门的甚至是专业化的学术评价，至于隐性的、潜在的、零散的学术评价活动则可能早就有了）。在新时期，学术评价从其出现之日（大致在 20 世纪 90 年代中后期）起就伴随着不同意见和争论，进入 21 世纪以后学术评价问题在学术界引起了越来越多、越来越强烈的争论。学术评价及其讨论在新时期的学术发展中产生了重要的影响，且越到近期影响越大。经过细致考察和粗略梳理，笔者发现新时期关于学术评价问题的讨论主要是围绕下述五个方面的问题展开的。

关于学术评价的界定

什么是学术评价，学术界对于这个问题的解释和界定不尽相同。"百度百科"的解释是："学术评价实际上就是要将学术研究成果排排坐吃果果，分成三六九等。学术评价的基本方法有两种，一是基于内容的学术评价，即基于学术发展的内在规律和学科本身的逻辑结构的评价方法；另一种是基于形式的评价方法，即游离于学术研究之外，客观描述学术研究成果的外在特征和学术成果之间的形式联系，从而描绘出学术研究的形式化图景，从而达到学术评估的目的。这两种方法显然有主次之分，但又是相辅相成的，基于内容的评价显然是一种最符合逻辑的评价，形式化评价本质上是基于内容分析的评价方法的一种工具和补充方法。"① 刘明的解释是："现代意义上的学术评价，即由学术共同体主持，以学术水准为对象，以推动学术的继承与创

---

① 百度百科，http：//baike. baidu. com/view/664684. htm。以下引文出自"百度百科"的均同此。

新为目的，与资源配置相联系，与物质－精神激励相结合，与学者学衔－地位挂钩的学术评价。"① 刘明进一步分析说："学术评价问题，说到底是个分配正义问题。所谓分配的正义，就是'对物质、利益和社会责任的公平配置'。学术评价的目的，就是期望学术劳动能够得到与其贡献相当的正当的回报，包括职称的评聘、荣誉的授予及经费的资助，并赋予其相应的社会责任。这里的关键是，如何做出'给予每个人以其应得的'的判断，如何进行'分配'。"② 刘明在该书另一处还说："所谓'学术评价'，就是对于学术这一思想游戏的产品，做出优劣高下的评判。"③ 叶继元的解释是："根据全信息理论，任何信息和知识都可以分成形式（语法）、内容（语义）和效用（语用）三个要素。学术评价可以被理解成是对评价客体生产出的知识的量和质的评价问题，而质又可以从知识的内容（含义）和效用（价值）上反映出来，因此从知识的形式、内容、效用三要素可以推广出'三位一体'的新概念组合：形式评价、内容评价和效用评价。"④

上述三种关于学术评价的解释和界定，都有一定的科学性，都有其成立的理由，只是各有其侧重点。"百度百科"的界定侧重在学术评价的目的和结果，即要"分成三六九等"，并在此基础上分析了学术评价的两种主要方法；刘明的界定是从多方位进行的，包括学术评价的主体（"学术共同体"）、标准（"学术水准"）、目的和作用等方面，进而阐述了学术评价的实质；叶继元的定义引进全信息理论，试图把握住学术评价的本质特征。总之，"百度百科"的定义简洁、直观、通俗，刘明的定义具有描述性的特点，叶继元的定义较具学理性、理论性。

关于学术评价基本内容的论述

关于学术评价的基本内容（包括从哪些方面开展学术评价及如何开展学术评价等）的分析和论述甚多，也较为繁复，这里对应本文第一部分中关于学术评价界定的三种有代表性的观点依次分述如下。

---

① 刘明：《学术评价制度批判》，长江文艺出版社，2006，第3页。
② 刘明：《学术评价制度批判》，长江文艺出版社，2006，第4页。
③ 刘明：《学术评价制度批判》，长江文艺出版社，2006，第82页。
④ 叶继元：《概念创新是构建合理学术评价体系的基础》，《中国社会科学报》2010年4月20日，第17版。

如前所述，"百度百科"在关于学术评价的定义中已经指出了学术评价的基本方法有两种：一种是基于内容的学术评价，另一种是基于形式的学术评价。所以其关于学术评价基本内容的论述就是围绕这两点展开的。"百度百科"首先论述了基于内容的学术评价，写道："基于内容的评价模式就是以学术成果的内容特征来评价学术成果。显然，基于内容的评价模式是最符合逻辑的学术评价方式。基于内容的评价模式的先决条件是评价人应该能够读懂和理解学术成果的内容，应该对相关的学术领域有深刻的了解和非凡的洞察力。而要满足这样的条件，评价人非该领域的专家莫属。所以，基于内容的学术评价本质上就是专家评价，或同行评价。许多学术刊物采用的专家审稿就是一种典型的基于内容的学术评价方式。""百度百科"接着说："在各种基于内容的学术评价方法中，最典型的评价模式是学术综述，这是学术评价的最好方法。某一学科里的专家将近期这个领域里的研究情况作一总结，分析出某一时期本学科的重要进展和未来发展趋势，显而易见，这本身也是一种学术研究。""百度百科"还分析说：基于内容的学术评价方法"也具有一定的局限性，主要体现在这种评价方法往往受到评议人主观因素的影响。基于内容的评价主要依托评价人对内容的理解，这往往受制于评价人学识、兴趣、情感等等个人因素的影响。这些因素会降低学术评价的准确性、公正性。为了尽量降低这种主观因素的影响，基于内容的评价往往需要多个评价人从不同的方面进行评价，就像一篇论文会有若干个专家评审一样，这样会有效降低主观因素对学术评价所产生的负面影响"。"百度百科"接着论述基于形式的学术评价，写道："基于形式的学术评价和基于内容的评价方法相反，它主要利用学术研究成果的客观性参量来描述学术成果的客观特征及其与其他成果之间的相关关系，从而达到评价的目的。这些客观性参量主要包括三个方面：数量参量、聚类参量和关联参量。""数量参量描述了学术成果的数量特征，即同一个研究者的相关研究成果的数量。"聚类参量"指的是学术成果是否聚类于相关的研究成果，这项指标描述了学术成果被同行认可的程度"。关联参量"是指学术研究成果与其他研究成果的相关关系，这个参数描述了该项研究成果对其他研究成果的影响，即描述了这项成果的影响力"。"研究成果的相关性指标主要是通过研究论文的引文特征表征出来的。我们知道，一个符合学术规范的研究论文总有引文部分来指示该论文和其他论文的逻辑关系，这是现代学术研究的基本范式。"

刘明在《学术评价制度批判》中先分析了学术评价的特点和施行时的困难，然后说："人文社会科学的研究总是受到特定的文化传统和社会环境的制约，其成果的非实验性、范式的多重性，内行与外行界线模糊，使这种专业活动在谋求实体正义方面产生了更大的困难。因此，关注结果的实体正义不得不退居其次，而程序正义的重要性如是而彰显出来。"接下来，刘明分析说："学术评价作为学术活动的重要方面，它的开展取决于两个要素，一是评价制度，二是评价者。两者的关系类似于法律和道德的关系。国家的治理首先要有一部良法，而法律需要人去执行，所以执法者的道德对于法治的实现也有重要意义，不过两者不能等量齐观。法毕竟是第一位的，道德则只是与执法者的自由裁量权相联系。同样，公正公平的学术评价活动的开展，首先需要我们制定一套好的制度，好的制度本身就意味着，只有那些既具公信力又具鉴别力的学者才有资格出任评价者的角色，而且会预设一系列机制，以防范评价者滥用公共权力。在此前提下，要求学者具有超出一般民众的道德操守，才能保证良性的评价制度的实施。"① 刘明继续具体分析说："需要建构一个以学术评价制度为中心的三圈层制度研究体系：最内圈是核心层，即学术评价制度本身，它包括三个侧面，即宏观的学术机构评价，中观的学者评价，及微观的学术成果评价；中圈是环境层，即学术活动的内环境，它包括学术理念、学术机构的权力结构、学科结构与教学模式，等等；外圈是社会层，即学术活动发生的社会政治经济结构、意识形态取向、文化背景与道德状况，等等。"②

叶继元根据他自己所界定的学术评价是形式评价、内容评价和效用评价"三位一体"的观点，在《概念创新是构建合理学术评价体系的基础》一文中依次对形式评价、内容评价和效用评价进行了分析。叶继元说："所谓形式评价是指评价主体对评价客体内含知识的外部特征的评价，它既包含同行的定性评价，也包含定量评价，但最终的评价可用数字、数据反映，包括发表论著数、被引用数、被文摘量、获奖数、发表字数、获专利数、发表成果的级别、院士和教授人数等。形式评价也有同行评价，但不是直接对评价对象内容质量、效用的评价，而是与内容质量、效用评价有密切关联，它在一定程度上可以反映评价对象的知识含量，是一种简单易行、粗略、可测试、可核实的评价。根据一定的评价目的，如对成果一般性、非精确地评价，或

---

① 刘明：《学术评价制度批判》，长江文艺出版社，2006，第4页。
② 刘明：《学术评价制度批判》，长江文艺出版社，2006，第5页。

对宏观、中观总体的估价（直接的评价因工作量太大不可能进行），此种评价是有效的，或是最不坏的评价方法。""所谓内容评价是指评价主体对评价客体内含知识的本身特征的评价，由同行专家通过直接观察、阅读、讨论来进行。为了计算的方便，可能也会将定性评价转换成数字，但最终的评价通常用文字或数字加文字来反映……它是针对某一评价目的对知识内容的逻辑性、合理性、价值等的直接评价，是一种费时费力测试，核实更花时间，但却精细、较为可信、可靠的评价。""所谓效用评价是指实践、时间、历史对评价客体实际作用、价值的验证或最终评价。它既强调用一段时间、有限的实践、已有的历史事实来评价，更注重长时间、更多实践和事实的评价。它既依赖于学术共同体的评价（因学术共同体最能认定实践，事实的意义），但又有独立性，不以任何人的主观意志为转移。在社会科学领域，其效用常表现为被社会机构作为有关政策、措施出台的依据，以及这些政策、措施实施后的结果；在人文学科，其效用则常表现为精神产品及其对人们思想、观念、社会风气、舆论等产生的作用。由于此种评价包含着无限的过程，因此它是一种'进行时'加上'未完成时'。"叶继元进一步分析说："目前应用于人文社会科学的三种基本评价方法：文献计量方法、同行评议法和实践、时间最终评价法，大体可分别对应于形式评价、内容评价和效用评价。这三种学术评价都不同程度地包含定性定量评价，因此从定性还是定量的角度，很难说清文献计量方法、同行评议法和实践、时间最终评价法这三种方法的优劣和适当的使用范围，但用形式评价、内容评价和效用评价来解释则容易很多。""只有学术共同体才有资格进行学术评价的命题是成立的，它与文献计量学的评价、定量评价不是'二元'对立的关系……同理，那种将同行评价与实践、历史、时间最终评价对立的观点也是片面的，同行专家在最终评价中也发挥着主导作用，因为具有求真务实精神和专业知识的特质，使得同行专家在长时间的历史河流中比社会大众更能看清'实践'的意义，更能识别非共识成果是否真的具有创新性。"

综合比较上述三种观点，可以看出，"百度百科"提出的"基于内容的学术评价"和"基于形式的学术评价"的观点，是学术界较早的、通常的、具有较普遍影响的看法；刘明在提出"评价制度"和"评价者"这两个作为前提的要素基础上，进而提出要建立"以学术评价制度为中心的三圈层制度"的观点，颇具创新性，也颇具学理意义；叶继元提出的形式评价、内容评价和效用评价"三位一体"的观点，既具创新性、学理性，也具有较强的可操作性。

关于新时期学术评价弊端的批评

如何看待和评价新时期学术评价的实际情况和实际效果，是一个争论甚为激烈的问题，以笔者的观察，从总体上看，可以说否定评价多于肯定评价，或者说批评看法多于表扬看法。考虑到批评新时期学术评价弊端方面的材料甚多，下面仿照抽样调查的方法，以两年左右为一个时段，抽取21世纪以来（实际也是新时期以来）若干有代表性的观点来做简略评述。

21世纪以来（实际也是新时期以来）较早对现行学术评价方法提出批评性看法的时间，可能是2000年（2000年既有人把它看作20世纪或者说上一个千年的最后一年，也有人将它看作新世纪、新千年的开始，笔者在这里将其模糊化）。《光明日报》2000年9月5日发表了学术随笔《谈谈科研成果的衡量》（王泽华），该文还没有直接使用"学术评价"这一术语，但其标题和文中所说的"科研成果的衡量"的内涵就类似于我们后来所说的"学术评价"。该文开头写道："学术规范是一个关系科研成果的度量衡问题，而且更是如何培养良好学风、造就高素质科研人员的关键性问题，因此，应引起高度重视。借鉴国际学术规范的一些做法，应注意矫正与防止以下几个方面的问题。"我们要注意该文中使用的"矫正"与"防止"这两个词语，"防止"是针对未来说的，而"矫正"则是针对已发生的事情说的，就是说该文已开始对"科研成果的衡量"（学术评价）方面的问题提出了批评。该文接下来从三个方面谈了需要"矫正"与"防止"的问题，其中的每一个问题都与学术评价相关联。该文认为，需要"矫正"与"防止"的三个问题依次是："重潜心研究科研成果，轻视价值评估体系"；"重获奖，轻同行专家评语与专家应用率、转载率"；"重成果申报立项与发表，轻成果后期的社会转化率"。从以上的引述中可以看出，后来比较严重的学术评价方面的问题有一些在当时已出现了端倪，并且已受到批评。

新时期较早对现行学术评价制度和方法明确提出批评的是李文海、张岂之等学者。《光明日报》2002年3月19日在《学界话题》专栏发表了《浮躁：学术创新的大敌——四教授畅谈学风问题》（主持人危兆盖，四教授分别为李文海、张岂之、章开沅、龚书铎），在"学风浮躁的原因"这个小标题下，李文海分析说："近几年学风浮躁问题之所以愈演愈烈，决非偶然。它既与学者个人的学术素养、学术品格有关，也与社会的环境、氛围有关，还与我们当前的人文心态和管理体制有关。我先谈点社会因素。对于当前的人文社会科学评估办法，学术界早就有不同的声音，很多人认为，当前的评估办法在一定程度上助长了学风浮躁。现在的评估体系、评价标准，很多是从工程建设或者是从工科那里简单搬过来的，没有考虑到人文社会科学的特点和人文社会科学建设的客观规律。因此，我认为，对于酿成学风浮躁的社会因素要高度重视。"张岂之紧接着说："学风浮躁的原因确实很复杂，我以为主要有五个方面。第一，人文社会科学评估体系存在明显缺陷。其表现，一是注重数量而不重质量，这就导致一些学人特别是中青年学人追求速度，而很难保持一种厚积薄发的治学心境。二是还没有找到一种公正、合理、科学的评估机制。三是学术界的商业炒作也给学术的健康发展带来危害。因此，如何建立一种适合我国人文社会科学实际的评估体系已非常迫切，需要学界共同研究。""四是学术道德本是治学的起码要求，但就目前情形而言，学术道德还没有成为学人的普遍自觉行为，一些学人的学术道德自律做得很不够。""五是我们当前还缺少一个让人潜心研究的学术环境……其一，我们每年都必须有若干论文发表，否则就填不好各种'表'，显示不出研究成绩，因此谁还能坚持'十年磨一剑'？五年磨一剑都不行。其二，教育行政管理机构每年都设有各种各样的'申请'，申请成功还要接受各种检查、评审，研究者自然要为此耗心费力，哪里还能坚持独立的学术研究？"李文海、张岂之这里使用的词语还是"学术评估"，他们当时讲的"学术评估"就是我们今天所说的"学术评价"，两人不约而同地指出，"学风浮躁"（如果借用今天流行的概念应该称之为"学术腐败"）产生的重要原因之一是"当前的人文社会科学评估办法"（张岂之称之为"人文社会科学评估体系"）"存在明显缺陷"。不过，上述对于"当前的人文社会科学评估办法"缺陷的批评还是放在批评"学风浮躁"的大题目之下，似乎还不能称之为对现行学术评价制度和方法缺陷的专题批评。

《光明日报》2004年9月17日《光明视点》专栏发表的该报记者曹建文的访谈《学术研究：从"失范"到"规范"》，可以看作较早对现行学术评价制度和方法缺陷提出专题批评的有代表性的文章。该文共有四个小标题，其中第三个小标题是"学术评价体制亟待改进"（批评学术评价方面的问题已经进入标题）。该小标题下的内容引述了纪宝成、杨玉圣、温儒敏、张保生四位学者的观点，其中写道："纪宝成教授曾在媒体上表示，目前的学术评价体制存在着一些亟待改进的弊端。并认为要防范学术失范行为、进一步发展和繁荣哲学社会科学，就亟须建立一套能够体现学术内在发展规律的学术评价机制，营造一个有利于人才脱颖而出的社会学术氛围，使得那些在本学科取得奠基性、开创性和前沿性成果的创新人才得到应有的学术荣誉和价值肯定。"杨玉圣的观点是："目前的学术评价机制确实存在一些问题和弊端，比如评职称，要求数量、学位，出多少书，有多少获奖成果、项目等，如果按这个标准，已故的学界泰斗钟敬文先生现在要评个教授都会很难了，这岂不是荒谬之极？""温儒敏教授也认为目前的学术评价机制确实有值得检讨改进的地方。"此前不久，2004年7月9日《人民日报》（海外版）发表了《科技论文：数量多而质量差》（康文华、张黛微）一文，该文指出："论文数量增加和科技竞争力落后形成明显反差，反映出我们的科技成果评价体系和人才培养机制还存在问题。一个博士生能否答辩和取得学位，首先考察的是在规定的学术刊物上发表论文的数量，而对这些论文的水平、质量和他的实际科技创新能力却缺乏客观的评价标准。这种用简单的数量作为评价标准，会把许多具有创新性、创新意欲的青年扼杀在一个封闭的空间里。"该文批评的矛头也是直指现行的学术评价机制。

对现行学术评价制度和方法的批评一直没有停止，且有越来越多、越来越激烈的趋势。黄安年在《云梦学刊》2006年第2期上发表了《违背学术规律，漠视个性与人性——评目前高校流行的"量化"管理制》一文，从题目上看其措辞就比四年前的李文海、张岂之激烈多了，且也比两年前的纪宝成、杨玉圣、温儒敏他们言辞激烈，但可以说是基本符合实际并抓住了问题的实质的。黄文写道："'一刀切'的数字量化模式下，就必然出现只管数量不顾质量、见物不见人的异化现象，从而有悖于学术的健康发展。把学术管理的标准化等同于一刀切，就可能完全忽视个性化、多元化和人性化，不顾不同学术领域、不同学校、不同单位和不同个人、不同时间的区别，其结果是加剧了本已矛盾激化的人际关系，搅乱了学术和教育工作，使得学术领域更加不和谐，而且从根本上损害了学术事业本身。""鉴于现行'一刀切'学术机制绝大部分是教育行政主管部门和各大学自上而下推行的，具有明显的有利于官方行政管理的机制，因而称之为学术行政化、官僚化，并不为过。""如学术机构的管理衙门化；职称评定、项目立项、评奖活动中的'赛跑'现象；学术评价中的官僚主义和形式主义；政府官员兼任学术项目主持人日益增多；政府官员兼任院校长的现象有增无减；学术刊物主编官员化倾向突出……"黄文对"量化"管理制的批评,包括了(或者说主要是)对"量化"学术评价机制的批评。刘明在《学术评价制度批判》中对现行学术评价定量化取向具体分析后概括出八大弊端,依次是:"激励短期行为""助长本位主义""强化长官意志""滋生学术掮客""扼杀学者个性""推动全民学术""诱发资源外流""误识良莠人才"。① 应该说,刘明的概括是比较深入、全面的,也是比较客观的。

2008 年,任继愈、陈平原等学者继续对现行学术评价制度和方法进行批评。《光明日报》2008 年 1 月 30 日发表该报记者王庆环的采访报道《著名学者呼唤扎实学术风气》,报道中有"让人堪忧的学术风气""现行学术体制需要反思"两个小标题。在第二个小标题里,王庆环首先引述了任继愈的看法:"就人文学科而言,用理工科的方法管理文科,动辄要求发表多少文章,不太科学。文科人才不像工程师那样,很快就能培养出来,他需要一个比较漫长的成长时间,文科的学问要强调坐冷板凳,要十年磨一剑,这样才能既做了学问,又培养了人才。"其后,该文又引述了陈平原的话,"严绍璗教授取得的成绩,让我们反思目前的学术体制。看看一二十年来的好的学术著作,都和以下几个因素关联:个人、长期经营、没有资助或极少资助。紧赶着出来的东西,没有太好的。反观我们的学术奖励机制,在理工、社会、人文三类学科中,最不适应这一机制的是人文学科。目前我们的学术奖励机制一般都是采取事先资助,为了得到资助,很多学者们不得不把大量的功夫花在申报项目和做项目计划上,没有项目也得想出项目来,是紧赶着做学问。但人文学科中有另外一种学者,他们不会事先有课题,是一步步按照兴趣做出来的,对这种比较低调、慢热型的学者,我们的激励机制应该考虑在事后给予物质上的奖励,这样大家才可能二十年磨一剑,否则的话,大家都会'短平快'。而北大这些年来还能做出一些事来,是因为针对人文学科的特点,北大采取了不是非常严格的学术评价机制"。任继愈、陈平原两位学者的用语比较温和,但批评现行的学术评价机制的态度是鲜明的。《人民日报》2008 年 3 月 26 日"文化新闻"版发表纪宝成的文章《大学评估太多了》,纪文用如下三个小标题来表达他的看法:"第一,评估太多太滥,缺乏总体设计";"第二,教育评估体系、方法单一,拉不开差距";"第三,评估造假,敷衍了事"。纪文虽然谈的

---

① 刘明:《学术评价制度批判》,长江文艺出版社,2006,第 48~55 页。

是大学评估，但这个问题和学术评价问题是无法分开的，在一定意义上，也可以说这是关于学术评价问题的看法。

2010 年前后，学术界对现行学术评价制度和方法问题的批评更为全面、激烈，在一定意义上也可以说更显力度和深度。2010 年，笔者与袁玉立在《学术界》第 7 期上发表《学术不端与学术规范、学术管理对谈》一文，提出了"学术评价过度症"的命题，指出："近年来，我国学术失范、不端乃至学术腐败的事件不断出现，有着多方面的、深层的原因，这已有很多人进行了探讨，为避免重复，我这里只想指出其中特别重要而又较少有人注意到的一点，那就是近年来存在的越来越严重的'学术评价过度症'，其严重程度与早些年公路的'三乱'（乱设卡、乱收费、乱罚款）相比，有过之而无不及……现在的情况真正像复旦大学校长杨玉良最近接受《中国青年报》记者采访时所批评的那样，'校园鼓乐齐鸣'、'闹哄哄'的。因此，我把这种现象概括为'学术评价过度症'，我自认为是非常准确的。"我们在文中将"学术评价过度症"的具体表现总结为如下几个方面："一是过分量化。……现在的问题是让量化走向了极端，给人的感觉是：学术评价就是量化，量化就是学术评价；学术水平就是数字，数字就是学术水平。……在高校管理界的眼中便是：学术统计数字就是政绩，政绩就是学术统计数字。这样，病态的'数字崇拜'、数字（学术）泡沫就自然地产生了。""二是时间周期上过分短暂。……这是学术评价上的急功近利所致，其作用是导致人们更加急功近利，形成恶性循环，致使学术界的学术风气越来越浮躁。""三是量化指标体系主观化、行政化。指标体系的设计首先不是着眼于尊重学术自身的特质和特点，而是首先考虑评价者操作的方便和领导掌握情况的方便，首先考虑追求政绩的需要。""四是已经造成了非常不良的负面效果。其最严重的后果是颠覆了学术研究的本来目的。学术研究的本来目的是发现本质，探索规律，追求真理，但在学术评价过度症的高压、逼迫之下，学术研究被异化成主要是为了迎合评价体系、追求评价指标、打造政绩的行政行为，评价不但成了学术研究的指挥棒、导航灯，而且成了学术研究的出发点和终极目的，甚至成为一些学者进行学术研究的终极价值追求，学术研究的神圣性和学者献身学术的崇高性被完全消解。其直接效果是导致了越来越严重的学风浮躁、学术泡沫乃至学术腐败，造成的结果是，评价（评估）热热闹闹，各项指标、数据不断膨胀，真正的学术研究则是越来越受伤害。"

关于 "CSSCI" 的争论

关于 "CSSCI" 的争论，是新时期关于学术评价问题讨论的典型个案，或者说是新时期关于学术评价问题讨论的特别重要的组成部分，它与新时期关于学术评价问题的讨论紧密相关，或者说交融在一起，但又具有相对的独立性。因此，笔者将其单独作为一个重要问题来评述。

笔者在此先提供一点相关背景资料。据《光明日报》2000 年 6 月 1 日发表的《〈中文社会科学引文索引〉面世》（记者宋喜群）报道，5 月 31 日上午，由南京大学和香港科技大学共同研制、开发的《中文社会科学引文索引》（CSSCI）光盘在京首发。文中说："引文索引思想最早在 1955 年由美国学者加菲尔德提出，有力地推动了科研工作的发展。南京大学根据当前中文信息资源建设的现状和信息服务的需要，于 1997 年底提出了研制开发电子版《中文社会科学引文索引》的设想，并于 1998 年在南京大学正式立项，1999 年 4 月南京大学与香港科技大学签订了共同研制开发的协议，同年 8 月该课题被列为教育部重大项目。"此后，《中文社会科学引文索引》每隔几年出版一个新的版本，每次出版都引来了不小的争论。2010年 1 月，2010～2011 年度《中文社会科学引文索引（CSSCI）来源期刊》的出版，更是引起了颇为激烈的争论，可谓引发了一场 "CSSCI 风波"（《人民日报》语）。

引发 2010 年前后这场影响甚大的 "CSSCI 风波" 的，首先是杨玉圣（学术批评网创办人暨主持人）2010 年 1 月 26 日发表于学术批评网的文章《炮轰 CSSCI（论纲）——兼论学术腐败》①。杨文开头就尖锐地指出："因为教育部实施学术 GDP 战略，强制在各高校推行以 CSSCI 发表文章为学术评价标准的权威指数，结果 CSSCI 成为 '学术界的窃国大盗'②。"杨文接着说："CSSCI 是否 '学术界的窃国大盗'，姑且不论，因为仁者见仁、智者见智。但是，CSSCI 确实是中国学术病态的写照。"接下去，杨文为 "CSSCI 确实是中国学术病态的写照" 这一观点提出了四点立论理由（论纲）。其一，"在 2010～2011 年度 CSSCI 中，来源期刊有明显的地域偏向，即凡是南

---

① 此文后收入河北人民出版社 2010 年 12 月出版的《学术共同体》一书。

② 此系杨玉圣引用他人的说法。

京地区的刊物应有尽有";其二,"有一些受到广泛批评、以收费而昭著的刊物被收入。可是,一些受到学界广泛好评的学术刊物居然被排斥在该来源期刊之外";其三,"2010~2011 年度 CSSCI,在学科分布方面,各大一级学科数量严重不平衡";其四,"作为教育部委托南京大学中国社会科学研究评价中心主持研制的有关人文社科学术期刊评价的参考体系,如前所说,CSSCI 业已异化为高校学术评价标准的权威(乃至唯一)指数"。同时,文中提到,CSSCI 还成为某些单位"敛财的工具"。

杨文在学术批评网上发表后,学术批评网等接着发表了多篇讨论文章,大多对杨文的观点或表示支持或做引申论述。同时,一些重要学术报刊也发表了不少讨论文章。限于篇幅,这里仅列举《光明日报》和《人民日报》发表的两篇具有代表性的文章。《光明日报》2010 年 5 月 18 日"理论周刊·学术"以整版篇幅发表了该报记者薄洁萍的文章《聚焦"中文社会科学引文索引":不能承受之重》。薄文有深入的背景挖掘,有多位专家观点的引述,亦有记者自己的分析和评论。薄文包括以下四个部分,即"何谓CSSCI""谁赋予了 CSSCI 魔力""CSSCI 的回归""学术评价,谁主沉浮"。薄洁萍在"何谓 CSSCI"部分写道:"CSSCI 是'中文社会科学引文索引'的英文缩写,由南京大学中国社会科学研究评价中心研制,它采用数据统计的客观指标,从文献计量学的角度为学术成果评价提供参照,揭示科研成果的实际影响力。""引文索引的主要功能是进行文献检索和科学研究关系的分析,是为科学研究与发展提供文献资料的重要检索工具,同时不可避免地延伸出一定的评价和推介功能。"薄洁萍在"谁赋予了 CSSCI 魔力"部分写道:"在当前学术界自主性评价地位不强、评价制度不完善的情况下,各科研和教育主管部门、各高校简单地把来源期刊与优秀期刊画了等号,把期刊评价等同于论文评价,把引文数据、来源期刊作为论文评价、期刊评价、作者评价、学术机构评价的最重要甚至唯一的标准,所谓'以刊评文'愈演愈烈。"薄洁萍在"CSSCI 的回归"部分写道:"如果要将主要用于检索和分析的引文索引改造为专门用于评价的数据库,则要对引文的性质和深度进行加工,研制出信息和知识含量更大的数据库,如'引文评价数据库'、'多元指标评价数据库'、'评价专家基本信息、评价意见数据库'等。""不论编制出的引文评价库知识含量多么高,都是为同行专家评价提供帮助,都不能完全代替同行专家的评价。""对 CSSCI 功能的认识,必须回归到它的设计者们最初的目的上,即还原到为科研和学术研究提供独特的文献服务这个层次上。"薄洁萍在"学术评价，谁主沉浮"部分写道："对人文社会科学成果的评价是非常复杂的工作，作为一种价值判断和历史评判，无法做到完全客观但又必须寻求共识；既要调动和激发学者的积极性、创造性，又要尊重人文社会科学自身的发展规律。""如何建立一个公正合理、科学完善的学术评价机制，如何切实促进人文社会科学研究、传播、管理、评价的良性循环，依然任重而道远。"由上述对薄文的摘引可以看出，薄文涉及了有关 CSSCI 争论的几个主要问题，论述冷静、客观，且其视野由关于CSSCI 争论的重要个案进入对整个人文社会科学成果评价机制的探讨，可以看作对 CSSCI 争论问题的系统小结。

《人民日报》2010 年 7 月 30 日发表了笔者《岂能"只认衣裳不认人"——"CSSCI 风波"引发的思考》一文。笔者指出，我们不应该把注意力放在 CSSCI 本身是否科学和准确的问题上（虽然 CSSCI 在科学性、客观性、准确性等方面的确存在一些问题。比如，来源期刊、评价因子等都值得商榷），而应该看到，"作为'CSSCI'研制方的南京大学中国社会科学研究评价中心只是一个科研机构，其主要工作是进行文献检索和科学研究关系分析，完全可以自主地开展研究，也完全可以根据所掌握的资料发布自己的观点和结论"。所以"问题的关键在于，它现在承担着重要的学术评价功能。所以，与其说人们对'CSSCI'不满，不如说是对'CSSCI'背后的学术评价机制存在质疑"。

接下来，笔者对 CSSCI 背后的学术评价机制问题进行了较为具体的分析和批评。文章写道："当前，一些部门和科研机构对学术成果的评价过于简单化和平面化，片面地将某项数据作为基地评估、成果评奖、项目立项、学科与专业建设、人才培养等方面的考核指标，这在无形中产生了许多负面影响。从眼前来看，会造成学术界病态的'学术评价崇拜'。比如，很多人眼睛只盯着'CSSCI'，使尽浑身解数使自己的文章上'CSSCI'，而在有意无意中忽视了论文的质量。而一些论文评价机构和评价者也不看论文质量如何，甚至完全不阅读论文，只在评基地、评项目、评职称时核对一下该论文是否发表在'CSSCI'来源期刊上。这就造成了学术评价和学术活动中'只认衣裳不认人'的弊端，即原本作为一种手段的学术评价机制反而成为学术研究的目的。从长远来看，过度抬高这种学术评价机制，有悖于学术研究的原初目的和终极追求，会消解学术研究的崇高性和严肃性。在过分重视学术评价的压力下，许多学者背离了独立思考、坚持真理的价值操守，主动迎合这种学术评价体系，结果造成原本是守护人类精神家园的人却失去了精神家园。这种学术评价机制，不论对学术还是对学者都是一种伤害。"可见，在笔者看来，"只认衣裳不认人"的弊端并非由 CSSCI 造成，而是当今的学术评价机制造成的。

关于改进学术评价的期待和建议

在正面讨论这个问题之前，笔者想先引用《光明日报》2004 年 6 月 27 日《高校哲学社科研究出台首部学术规范》中的两段话，一段是："刚刚成立的教育部社会科学委员会日前通过了《高等学校哲学社会科学研究学术规范》（以下简称《学术规范》），针对近年学界日渐盛行的造假、浮夸甚至剽窃、抄袭之风，这部学术活动的自律守则做出了明确而具体的制度约定。"另一段是："对于学术评价，《学术规范》规定应以学术价值或社会效益为基本标准。对基础研究成果的评价，应以学术积累和学术创新为主要尺度；对应用研究成果的评价，应注意其社会效益或经济效益。学术评价机构应坚持程序公正，标准合理，采用同行专家评审制，实行回避制度、民主表决制度，建立结果公示和意见反馈机制。"上述文字是七年前写下的，可以说，对当时学术界状况的分析是客观的，关于学术评价机制的要求也是正确的。可是，我们十分遗憾地看到，《学术规范》出台后，学术评价方面的问题并未见减少，反而是越来越严重了。因此，笔者特别赞同前引薄洁萍所说的话："如何建立一个公正合理、科学完善的学术评价机制……依然任重而道远。"应该肯定的是，薄洁萍所说的，是一种从现实出发的、实事求是的关于未来学术评价活动的分析和预测。

面对学术评价机制的种种问题和弊端，不少论者提出了积极的建议。黄安年在《违背学术规律，漠视个性与人性——评目前高校流行的"量化"管理制》一文的结尾，对如何建设和谐健康的学术研究新秩序提出了四点建议，其中第一点是："尊重学术研究规律，实事求是，制定学术研究管理的规定和制度，促进有利于学术自身运行规律的学术机制，淡化和废止那些体现长官意志的量化举措。"① 这里的要点在于希望"淡化和废止"学术评

---

① 黄安年：《违背学术规律，漠视个性与人性——评目前高校流行的"量代"管理制》，《云梦学刊》2006 年第 2 期。

价中的非科学的"量化举措"。《人民日报》2007年12月26日"文化新闻"版头条报道《学术造假拷问大学精神》（记者王有佳）的末尾写道："有关专家认为，制度建设最关键。首先，建立科学的学术评价机制和激励机制，同时增加评审的公开性和透明度；其次，制定学术规范，加强学术自律；在法律层面，要加强对社会危害大的学术造假者的法律制裁。"这里把建立科学的学术评价机制和激励机制摆在了学术制度建设的第一位。笔者与袁玉立在《学术不端与学术规范、学术管理对谈》中，就如何克服高校现行学术评价机制的弊端、推动高校以及整个社会学术的良性发展问题，分别对教育管理部门、高校、学者三方面提出了建议。我们认为："教育行政部门要坚决治理学术评价过度症！我的基本观点是，在目前学术生态平衡遭学术评价过度症严重破坏的现实情况下，必须下重药、猛药。我郑重建议：必须淡化、弱化学术评价，甚至建议暂停学术评价（比如暂停5~10年），以改良学术风气，恢复学术的生态平衡。在学术管理、学术评价方面，教育行政部门出台的政策越少越好，设的'法'越少越好，折腾的越少越好。""高校则要回归高校的本位、本色，即要把教学和学术研究作为自己的天职和永恒追求，要远离官本位，要抛弃单纯的'行政'管理方式，要抛弃学术管理中的单纯的数字追求和数字攀比，真正尊重学术、尊重学者、尊重学术规律，逐渐恢复高校校园里宁静、纯洁、神圣、学术至上的氛围。""学者要分流：'官'学者要认真当好'官'，即全力做好管理工作，不要以官谋学，对于管理者来说，管理就是自己的专业，管理就是自己的事业；真正的学者一定要为探索真理，追求真理而学术，一定要做有操守的学者，绝对不要把'学术'当成升官的敲门砖。"

（原载《云梦学刊》2011年第2期，《高等学校文科学术文摘》2011年第3期、中国人民大学"复印报刊资料"《社会科学总论》2011年第2期转载）

关于21世纪"学术大师"讨论的评述

近十多年特别是近几年来，关于"学术大师"的讨论成为学术界乃至社会的重要热点之一，值得我们认真梳理和总结。

一 关于"学术大师"含义的界定

什么是"学术大师"？什么样的人才能称得上是"学术大师"？学术大师应该具备什么样的条件、素质和品格？这些都是与"学术大师"含义的界定相关的问题，是此次"学术大师"讨论中论及的重要的、基础性的问题。

戴逸在《学术大师的标准》中指出，"称得上学术大师，应具备四个条件"。"第一，学术上博大精深。""第二，创造性的思想贡献。""第三，学术大师往往桃李满天下，学术上薪火相传，有许多的追随者、继承者。""第四，学术大师不仅学问高，而且道德也高。"戴逸进而认为，黄宗羲完全具备这些条件。①

2007年5月至8月，零点花园网开展了"谁是你心目中的大师"的专题有奖讨论。不少网友参与讨论，他们在回答"谁是你心目中的大师"的问题时，也分别对"学术大师"的含义做出了自己的界定。网名是"蓝皮鼠"的网友说，第一，学术大师应为国际著名教授或同领域公认的知名学者，学术水平在国际同领域处于领先地位，取得过国际公认的重要成就。具有前瞻性、战略性的眼光，能够把握国际科学发展的趋势，引领本学科保持或赶超国际领先水平，汇聚国际上本学科的学术骨干，解决对学科或国民经

---

① 戴逸：《学术大师的标准》，《光明日报》2005年8月18日，第7版。

济发展有重大影响的研究课题。第二,除了学术,大师还应该有高尚的品德。网友"tandong"说,陈寅恪。他所活动的时代,是中国变动最剧疾、最频仍的时代。他是新旧时代交替之际成长起来的学者、思想家中的一个。勤励教学,桃李天下,他在师生中享有"盖世奇才""教授的教授""太老师"等称誉。在清华校园里,不论是学生还是教授,凡是文史方面有疑难问题的人都向他请教,而且一定能得到满意的答复。大家称他为"活字典""活辞书"。他的课,研究院主任吴宓教授风雨无阻、堂堂必到。其他如朱自清等水准很高的教授,也常到教室听他讲学。哲学专家冯友兰,当时任清华大学秘书长、文学院院长,可每当陈寅恪上"中国哲学史"课时,冯友兰总是恭敬地陪着陈寅恪从教员休息室走出来,静静地坐在教室里听他讲课。网友"laowang"说,大师有着常人不能及的毅力、人格魅力、不屈不挠的奋斗精神和卓越的研究成果。网友"子手不与"说,要称得上大师,首先得为人处世上绝对过硬吧。然后在学术上不仅是自己的研究他人难以企及,而且要会细心栽培后生,令人心生蔚然才行,要不然,最多叫作大家吧。大师,很难的,一定要登峰造极的才行。

《云梦学刊》与《学术界》于 2011 年 6 月共同举办了"学术大师与当代学术发展论坛"。该论坛的学者发言后来以专题形式集中发表在《云梦学刊》2011 年第 4 期上。其中叶继元的《学术大师与学术大师的认定》对"学术大师"做出了如下界定:融合不同观点中合理的内核,我认为,学术大师是在一个学科或多个领域有原始创新的学术思想、理论体系的研究者,在学术发展十字路口具有里程碑、转折点、标志性学术成就的贡献者,对学术发展具有开创新的范式、导引学术方向的集大成者。其重点是有无实质性的学术贡献,以及人品道德。对学术大师,既不能"神化",也不能"俗化"。学术大师是"人",不是"神",在学术上、道德上、生活上等有可能存在不足,但不能因此而否认其在学术上做出的巨大贡献。同样,学术大师也不是一般的人,也不是但凡在学术上取得一点成绩、有所创新(不是原始创新)的学者都可以叫作学术大师。叶继元接下去做了具体分析:综合有关学术大师的各种标准或条件,可以归纳出学术大师认定的基本标准和根本标准。基本标准类似于"必要条件",不具备必要条件,肯定不能成为大师,但具备这些必要条件,未必一定是大师。根本标准类似于充分条件,是否为大师关键要看根本标准。我认为,学术大师的基本标准可以概括为八个字:正直、勤奋、聪颖、成果;根本标准则是衡量成果中的实质性学术贡献，这些贡献必须获得同行专家、学者的认可，并经实践、时间验证。所谓正直，是指学术大师必须实事求是、诚实守信，在充分尊重事实的基础上，拥有"独立之思想，自由之精神"，这里包含人品、道德的因素，但与一些空洞的、违反人性的戒律无关。所谓勤奋，是指学术大师必须长时期乃至终身关注某些学术问题，将百分之九十九的汗水用于学术，要有学术积累。所谓聪颖，是指在学术研究上具有悟性，有一些"天分"，能透过复杂的现象看到事物的本来面目或本质。所谓成果，是指以口头或文字表达过思想、理论等。这些基本标准仅是"门槛"，根据此门槛，人们很容易将那些明显不符合学术大师标准、滥竽充数者拉下来。但对于根本标准的认定则复杂许多。根本标准的认定，实际上涉及对学者及研究成果内容的实力评价和效用的实践、时间评价。这是一种费时费力的学术活动，需要评审专家细致的阅读与深入的分析、讨论，要确实其有无原始创新，并就其在思想、观点、体系、方法、资料、论证等哪个方面有原始创新取得大体共识，还要经过较长时间的实践检验。段钢的《学术大师与时代》认为，所谓学术大师，巨大的学术成就和深厚的学术功底以及具有学术创新等是根本。但是，大师形象的确立应该是立体的。真正的大师还需要经历德行的修炼才可称之为大师。德行不够如何配得大师之衔？传统中国文化几千年的积淀，浸润的是知识与德行的综合。

刘道玉在《什么样的人可以称为学术大师》中写道，《辞海》中的解释是：大师是"指有巨大成就而为人所宗仰的学者或艺术家"。大师至少要具备四个条件：第一，学术上博大精深，博古通今，是学术多面手，重要学术著作丰硕；第二，要有创造性的贡献，其成果对科学技术发展具有革命性作用；第三，必须是一个学派的首领，桃李满天下，拥有众多的拥戴者；第四，作为大师不仅学问高深，而且道德、人品堪为人师，对后人具有楷模作用。朱维铮《"大师"该由谁来封？》在做出词源意义上的探究后进一步对"大师"做出界定。该文写道："大师"一词，初见于《周礼》，说是周代宫廷的乐官长的职称。据清代经学家考证，"大师"就是《论语》所述教孔子学音乐并体悟天人关系的盲人艺术家。但孔子死了，鲁国衰乱，他们四散流亡异国，"大师"也成绝响。清代汉学复兴，民间经史学家按学问分等次，各学派的继往开来人物，被公认为大师，才给这个称号恢复了名誉。清末由日本借来"国学"一词，民初又突现"文化"的作用。因而，直到"破四旧"之前，学界约定俗成，凡称大师必合若干尺度。那尺度，简单地说，就是博古通今、学贯中西、德才学识兼备，不但于本门学科上为不世出的专家，并以卓特识见、新颖方法或指明未来取向，而受众多学者景仰。这里的裁判官，仅有一个，就是由时间体现的历史。

比较上述各位论者的观点，可以看出，对"学术大师"含义和标准的基本理解是大体一致的。或者如戴逸所说包括"学术上博大精深"，"创造性的思想贡献"，"学术大师往往桃李满天下，学术上薪火相传，有许多的追随者、继承者"，"学术大师不仅学问高，而且道德也高"。或者如段钢所说包括"巨大的学术成就""深厚的学术功底""学术创新""德行的修炼"。比较戴逸与段钢的观点，除表述上有所不同外，基本观点是一致的。只是戴逸多提了一项即"学术大师往往桃李满天下"（类似于刘道玉所说的"必须是一个学派的首领，桃李满天下，拥有众多的拥戴者"），相较而言，可能戴逸的表述更为全面。朱维铮则对"大师"做了词源意义上的探究。

与上述对"学术大师"进行正面界定不同，一些论者采用逆向思维的方式，采用"排除法"，即逐一排除某些被误认为或自认为是"学术大师"的人物。笔者在《"学术大师"辨析》一文中认为，在当今学术界有几类所谓的"学术大师"并不是真正意义上的学术大师，他们是学术名流、学术高管（高官）、学术掮客。笔者具体分析道，其一，学术名流不是"学术大师"。当今学术界，已被官场和商界习气严重浸染，学术炒作越来越厉害，学术泡沫、学术垃圾、"学术作秀"越来越多，各种媒体联手行动（炒作），造就了若干学术名流，他们或借助学术通俗化（包括"戏说"）的途径，或借助"口头艺术"的力量，使自己一时名气大振，能各领风骚三五天。他们离真正的"学术大师"可谓十万八千里。其二，学界高管（高官）不是"学术大师"。当今学界高管（高官）中包括了多种成分，其中的一部分人士早年曾是做学术研究的，并可能取得过一定的学术成果，但由于后来长期从事行政管理工作，已多年不再做学术研究，却在许多重大课题（项目）、重要奖项、大部头著作和论文中排名第一；还有一部分人士，从来就没有做过学问，一旦担任了学界高管（高官），一夜之间就变得"权大学问大"，都能优先获得学界的荣誉、名位、利益。上述两部分人士虽然在学术界位高权重，领衔制造了许多"学术政绩工程"，却永远也不可能成为学术大师。其三，学术掮客不是"学术大师"。学术掮客，也称"学术批发商""学术包工头"，严重的或可称为"学霸""学阀"。当今学术界有一部分人士，采取各种手段（或者说是不择手段）"公关"，弄到一个又一个的省级或国家级的研究课题，他自己并不真正去做研究，而是向"学术打工仔"或"学术民工"（主要是高校的青年教师和研究生等）发包，自己坐收渔利，不但赚得著作等身、名声显赫，而且大发科研课题（包括科研奖励）经费财。学术掮客发展到一定程度就有可能成为"学霸""学阀"。"学霸""学阀"往往在学界称霸一方，但与真正的学术大师风马牛不相及，只可能是日益败坏学术风气，因而阻遏学术大师的孕育和产生。①

阿里在《真正的"学术大师"是怎样一种人?》中写道，有人问我，真正的"学术大师"是怎样的一种人？我回答说，要回答这个问题，我们得先搞清楚哪些类型的人不是真正的"学术大师"。该文特别排除了下述两种类型的人："第一种类型的人，翻译型的学者""第二种类型的人，不是专家的学者"。②《重庆晨报》2009年9月9日发表了记者周睿题为《学术大师不是炒作出来的》的报道，该报道说："全国人大常委会副委员长、中国科协主席韩启德在昨日举行的科协年会开幕式上致辞，直言对现行科技评价体系，部分科技工作者有强烈的不信任感。"该报道正文包括六个部分，其中第三部分的小标题为"学术大师不是炒作出来的"。该部分引用韩启德的话说："学术大师，一流学术成果、优秀研究团队、高价值研究项目，不是由媒体来加封的，也不是哪一级组织决定的，更不可能是社会大众一人一票评选的。"韩启德在"学术大师"的认定方式上采用了"排除法"。

二　关于当今是否有"学术大师"存在

当今时代是否产生了"学术大师"，或者说是否有"学术大师"存在，大部分论者对此看法比较一致，即认为当今时代是一个大师缺席的时代。

我们先从"钱学森之问"说起。"钱学森之问"说的是2005年，温家

---

① 余三定:《"学术大师"辨析》,《云梦学刊》2011年第4期。
② 阿里:《真正的"学术大师"是怎样一种人?》,中国作家网, http://www.chinawriter.com.cn, 2011年4月15日。

宝在看望著名物理学家钱学森时，钱老曾发出这样的感慨：回过头来看，这么多年培养的学生，还没有哪一个的学术成就，能跟民国时期培养的大师相比！钱学森认为："现在中国没有完全发展起来，一个重要原因是没有一所大学能够按照培养科学技术发明创造人才的模式去办学，没有自己独特的创新的东西，老是'冒'不出杰出人才。"[1]《人民日报》2009 年 11 月 5 日发表的《钱学森最后一次谈话：中国大学缺乏创新精神》（涂元季、顾吉环、李明。这几位作者是钱学森生前身边的工作人员）一文中做了类似的记叙，我们可以向大家提供的，是钱老最后一次向我们做的系统谈话的一份整理稿：钱老谈科技创新人才的培养问题。那是于 2005 年 3 月 29 日下午在 301 医院谈的。后来钱老又多次谈到这个问题，包括在一些中央领导同志看望他时的谈话。那都是断断续续的，没有这一次系统而又全面。今天，我们把这份在保险柜里存放了好几年的谈话整理稿发表出来，也算是对广大读者，对所有敬仰、爱戴钱老的人的一个交代。该文在做了上述说明后，引述了钱学森的如下谈话："今天找你们来，想和你们说说我近来思考的一个问题，即人才培养问题。我想说的不是一般人才的培养问题，而是科技创新人才的培养问题。我认为这是我们国家长远发展的一个大问题。""今天，党和国家都很重视科技创新问题，投了不少钱搞什么'创新工程'、'创新计划'等等，这是必要的。但我觉得更重要的是要具有创新思想的人才。问题在于，中国还没有一所大学能够按照培养科学技术发明创造人才的模式去办学，都是些人云亦云、一般化的，没有自己独特的创新东西，受封建思想的影响，一直是这个样子。我看，这是中国当前的一个很大问题。"《为什么中国出不了大师：探讨钱学森之问》的"前言"的开头写道，钱学森之问，"'这是对我很大的刺痛，也是鞭策。'温家宝总理说出了很多教育工作者的感受。2010 年 5 月 4 日在与北京大学师生的座谈会上，温家宝总理语重心长地用钱学森的话让大家来反思。"[2] 从上文引述的多个材料可以看出，钱学森认为中国当代是一个大师缺失的时代，并且钱学森的看法得到了较多人的赞同。钱学森之问似乎主要是针对自然科学领域而言的，因此有论者明确地指出："前段时间，钱学森之问引起

① 李小彤：《直面"钱学森之问"拔苗助长产生不了顶尖人才》，《中国劳动保障报》2010 年 6 月 13 日，第 3 版。
② 石毓智：《为什么中国出不了大师：探讨钱学森之问》，科学出版社，2012，第 1 页。

了广泛的争论，那主要是自然科学领域的事情，在人文社科领域，这样的情况同样存在。"① 《关于"大师难产之问"的两点思考》亦指出，一段时间以来，学术界展开了一场关于"钱学森之问"的热烈讨论。钱老的问题，核心在于我们的学校为什么培养不出大师级的杰出人才，可以将其概括为"大师难产之问"。事实上，这个问题并不只是钱老一人在关注，学术界的其他有识之士也一直在思考和探讨。应该说，造成这个问题的原因错综复杂，除了对现实情况进行深入调研之外，如果对学术史和学术大师产生规律缺乏科学认识和准确把握，是很难对其进行较好解答的。② 《读〈陈寅恪与傅斯年〉》一文中表述了相类似的观点，"《陈寅恪与傅斯年》（修订版）的封面上有一句话：大师之后再无大师。黑色的封面上，陈寅恪与傅斯年表情肃穆，似在淡淡地诉说着那个早已远去的、大师蓬勃而起的时代，有着一种淡淡的哀伤……""什么是大师呢？一个时代有一个时代的认识。有人说，我们这个时代是没有大师的时代，而作为一种社会现象，我们这个时代又好像很热闹，不断会涌现出一些大师，而这些大师却又倏忽而起，倏忽而灭，最新的例证便是那个叫李一的人。"③ 作者实际上也认为当今是一个大师缺失的时代。朱维铮《"大师"该由谁来封？》写道，百年来中国风云变幻，社会政治的变动十分剧烈，有的人才学俱佳却经不起大浪淘沙，有的人妙笔生花而执舆论牛耳却缺乏学识创见，有的人善于制造轰动效应却投机成性而不断自我否定，有的人好在学界结党博取虚名却盖棺不能论定。诸如此类，通过时间历史的无情筛选，百年来在教科文卫领域，堪称合乎上述尺度的大师级学者，或许仅有百名左右。朱维铮在做了上述分析后，接着正面回答当今是否有学术大师的问题，朱维铮做了如下的判断：我相信中国可能有活着的大师，惜因寡闻而未见；我也相信达尔文的进化论，随着文化生存环境不断改善，未来大师必定越来越多。不过由生者来看，只见假大师得意，未见真大师发声，不禁想到马克思在《资本论》第一卷再版跋所揭示的，"公正无私的科学探讨让位于辩护士的坏心恶意"。④ 这是否意味着我们的学术评价机制，尚不足以判别真伪呢？朱维铮在此语气委婉地肯定"未见""有活着的大师"。刘道玉《我们需要培植大师滋生的土壤》表达了与朱维铮同样

---

① 俞立平：《人文社科领域学术大师为何缺乏？》，俞立平的博客，2011 年 11 月 6 日。
② 彭国华：《关于"大师难产之问"的两点思考》，《云梦学刊》2011 年第 4 期。
③ 岳南：《读〈陈寅恪与傅斯年〉》，《武汉晨报》2010 年 10 月 8 日，第 7 版。
④ 朱维铮：《"大师"该由谁来封？》，《人民日报》2009 年 3 月 2 日，第 7 版。

的看法，我国古代出现过许多大师，因为那时有安贫乐道的学者和滋生大师的土壤。近代也出现过一些大师，而现代的大师简直是寥若晨星。新中国成立 60 年来，我国培养出来的人，几乎没有一个是称得上大师的。这是值得我们深思的，特别是作为培养人才的高等学府，应当检讨我们的教育思想、教育制度和学术政策等。① 《我国学术大师产生的制约因素分析》（芦文慧、卢洋）比朱维铮文、刘道玉文说得更为明确和肯定：在我国，学术大师严重匮乏已是不争的事实，50 多年来，我们没有培养出一个像鲁迅、朱自清、钱钟书这样的文学大师，也没有培养出像邓稼先、钱学森、钱三强这样的科学大师，甚至也没有培养出一个像蔡元培、梅贻琦、晏阳初这样具有广泛而深远影响的教育家。②

有论者不是从一般的、宏观的角度谈论当今学术大师的缺失，而是从某个独特的角度来谈学术大师的缺失。《最缺的是思想大师》一文指出，不少人说，中国缺少大师，尤其当代，是一个大师断档的时代。所谓大师，其实是分领域、分学科的。这就是说，大师只是某一学科某一领域之巨匠、巨擘而已；世上过去没有，将来也不会有那种囊括人类所有知识、全部学问的百科大师。就其他领域来说，从近代到现代，再到当代，大师级人物还是可以扳起指头来历数的。比如，钱三强、钱学森乃物理学大师，华罗庚、陈景润乃数学大师，袁隆平乃农业科学大师，徐悲鸿、齐白石、张大千乃国画大师，梅兰芳、常香玉乃戏曲表演大师等。前几年，有关机构联合在网上进行近现代"国学大师"评选，120 万人参与 50 名候选人的票决，最后王国维、钱钟书、胡适、鲁迅、梁启超、蔡元培、章太炎、陈寅恪、郭沫若和冯友兰等 10 位当选。房连水文在做了上述评述后，展开分析道，各种大师虽不宜横比，但立足于中国的历史发展，立足于推进国家文明、社会进步这一视角，思想大师无疑是各门类大师中最有影响力、最难能可贵的助推者。思想大师是追求真理、追求正义、推动社会进步的代表人物，他有一系列表达思想的相关著述，他的大师名号来自广大民众的自发认可而绝不是哪一级权力的册封。接下来，房连水文的结论是：国学大师评选侧重于"国学"。国学是"包括哲学、历史学、考古学、文学、语言学等在内的传统的学术文化"，所以被认定为国学大师者并不等同于思想大师。郭沫若先生，在国学

① 刘道玉：《我们需要培植大师滋生的土壤》，《学习时报》2009 年 11 月 23 日，第 5 版。
② 芦文慧、卢洋：《我国学术大师产生的制约因素分析》，《黑龙江高教研究》2009 年第 9 期。

所包含的考古学、古语言学方面，他可称得上大师，但思想大师却是肯定算不得的，而与他同时代的鲁迅，在我看来就算一个。在房连水看来，当今缺少学术大师，而尤为我们值得注意的是："最缺的是思想大师"。①《中国现代文学研究有学术大师吗？》专门探讨中国现代文学研究界是否有学术大师的问题。该文的基本观点是：迄今为止，现代文学学科暂时还没有产生真正的学术大师。该文写道，这个结论虽然有些危言耸听，甚至易招致非议，却是建立在如下事实基础上的。其一，新中国成立以后，几代现代文学著名学者要么以作家身份名世，要么被广大读者和莘莘学子通过阅读教科书和报考研究生而认识，鲜有通过阅读体现他们学术思想的学术著述而被认识的。没有学术著述流传的学者能算学术大师吗？其二，既然许多学者以教科书闻名于读者，那么，教科书理应体现出他们的学术思想以及对现代文学学科的理论构建，可惜的是，在数不胜数的现代文学教科书中，除少数几种有些特点外，大多数现代文学教科书大同小异，以至于在大学课堂中给学生推荐几种不同特点的参考教科书都十分困难。这些教科书的编写者能称得上学术大师吗？其三，现代文学学者的研究成果仅仅得到同行的认可是远远不够的，作为学术大师，他们的成果不仅要得到同行的认可，还要受到普通读者的关注。在研究成果的普及性和社会影响力上，现代文学研究不如古典文学，也不如文艺理论，甚至比不上语言学。一些当代作家宣称，他们从来不读现代文学作品，更不看现代文学研究文章。且不论这些作家自身的弱点，从现代文学研究本身看，其是否也有值得我们认真反思和总结的地方呢？作为一门学科，没有自己的学术大师，就没有学科的学术经典化；没有学科的学术经典化，就没有学科的影响力和感召力。这不是简单指责当代作家浅薄就了事了的。② 林凌文发表在 2001 年，那时现代文学研究领域已取得了许多重要研究成果，但在是否有学术大师的问题上似乎还未发生根本性的变化。

有论者针对一些高校政绩工程的"大师计划"展开分析。《海归博士死于高校"大师梦"》写道：2009 年 9 月 17 日，在浙江大学任讲师的一名海归博士留下 6 页遗书后跳楼自杀。这位博士在遗书中说："国内学术圈的现实：残酷、无信、无情。"期望与现实的落差、回国后没有科研可做、每月除去房租只剩下 2000 元、超高的房价……被认为是海归博士自杀的原因。

---

① 房连水：《最缺的是思想大师》，《杂文月刊》2010 年 2 月上。
② 林凌：《中国现代文学研究有学术大师吗？》，《南京政治学院学报》2001 年第 6 期。

令人关注的是，他是浙江大学"1311 计划"引进的 1000 名学术骨干之一，这就让人纳闷，引进的"学术骨干"，回国后为何难以开展科研？为何待遇如此之差？浙江大学的"1311 计划"的名称其实已透露出答案。据悉，"1311 计划"的组成是，100 位大师，300 位核心人才，100 个创新团队，1000 个学术骨干。这里不妨简单算一下，100 位大师，按每位年薪 50 万元计算，就是 5000 万元，再按每位科研启动经费 200 万元计算，就是 2 亿元。也就是说，仅 100 位"大师"就要花去两亿多元。还需要继续计算 300 位核心人才和 100 个创新团队吗？这一路算下来，算到学术骨干，留下的资源就少得可怜了。在高校的"大师情结"之下，几乎所有的资源都朝少数的"大师级"人物集中，普通的教师，只能跟在"大师们"后面打工、卖苦力，只能拿着糊口的工资。在不能自主的科研中，学术的理想和激情渐渐丧失，他们所能生出的"理想"就是，有一天媳妇熬成婆，挤入"大师"队伍，然后拥有学术资源的配置权，再让一帮年轻人干活，自己坐享其成。也有的年轻人接受不了现实，比如这位博士，发出"残酷、无信、无情"之叹，做出极端之举。熊丙奇文非常担忧地分析道：我国高校近年来办学资金越来越充裕，但是，青年教师的生存状态并没有好转，原因就在于学术资源的配置掌握在行政权、学术权拥有者手中，以至普通教师与那些"大师级"教授的待遇差距极大。在中国高校的"大师计划"之下，有为的青年学者要么陷入焦虑，要么走上"运作大师路线"。这样的大学大师梦，也可能只是做梦了。这位海归博士的自杀，能否惊醒大学的美梦呢？在熊丙奇文中我们看到，高校"政绩工程"里的"大师"说穿了很多不过是"拥有学术资源的配置权"的"学阀"而已，靠"运作大师路线"产生的"大师"只能是"伪大师"。①

笔者在这里要提到一本题为《中国社会科学院学术大师治学录》的书，该书"后记"写道："本书介绍的三十四位学术大师，都是在中国社会科学院或其前身中国科学院哲学社会科学部工作过的、闻名于海内外的老一辈专家学者……他们为繁荣和发展中国的哲学社会科学事业和文化事业做出了不可磨灭的贡献。"② 粗看起来，从其书名就似乎能够知道该书编著者肯定当

---

① 熊丙奇：《海归博士死于高校"大师梦"》，《文摘报》2009 年 10 月 29 日，第 6 版。
② 中国社会科学院科研局编《中国社会科学院学术大师治学录》，中国社会科学出版社，1999，第 799 页。

今是有学术大师的，但仔细分析，情况并非如此。我们从书中看到，该书介绍的34位学术大师都是真正的"老一辈专家学者"，其中郭沫若、胡乔木、马洪等29位当时都已逝世，只有陈翰笙（1897～2004）、骆耕漠（1908～2008）、季羡林（1911～2009）、刘大年（1915～）、于光远（1915～）等5位当时还健在，这5位学术大师中最年轻的在当时也已经84岁了。可见，从该书的内容和观点中，我们并不能推出与"当今是一个大师缺席的时代"的看法相反的结论。

与上述种种大致相近的观点不太相同，还有一种看法是不必过于看重学术大师。《没有大师，就不能繁荣学术吗?》一文中写道，在有关"学术大师"的议论中，还有另外一个问题，就是似乎没有大师，学术就难以做出重大突破。有的学者还散布今不如昔的观点，认为过去有一批大师级学者，所以有许多重大创新，现在学者水平越来越低，难以产生一批大师级人物，学术鼎盛时期也就遥遥无期了。①

听了这样的议论，笔者就想起了鲁迅写的"九斤老太太"的说法，对此议论实在不敢苟同。我国现在的学术界虽然有比较严重的浮夸风气，还缺乏学问渊博的领军人物，但是，就整体水平来看，我们现在的学术界的集体智慧还是有上升趋势的，与我国进入盛世的总形势是一致的。另外，缺乏大师未必不能创新突破。史南飞文基于上述的分析，得出自己的结论是，我国的学术能不能繁荣，关键看是不是有真正的突破创新的贡献。至于这样的创新是学术大师做出的，还是其他什么人做出的，都不是问题。史南飞文也是肯定当今缺少学术大师的观点。史南飞观点的独特之处在于提出了没有大师也能做出重大创新。

上述多位论者的观点，虽然其论证的出发点、角度、侧重点、措辞程度、表述方式并不一致，但认为当今缺少学术大师是基本一致的。因此可以说，在这个问题上，学术界的基本看法是一致的。

三 关于当今"学术大师"缺失的原因

那么，是什么造成了当今"学术大师"的缺失呢? 不少论者对其原因

---

① 史南飞:《没有大师，就不能繁荣学术吗?》，红网，http://www.rednet.cn，2007年1月14日。

做出了有意义的探索。

有论者从科研体制、管理机制上寻找原因。《人民日报》2010 年 8 月 9 日发表了题为《科学家为什么想当官》（赵亚辉）的长篇采访，其中第六个小标题是"不改变过度行政化，很难出世界级的科学大师"，该部分引述了三位科学界人士的看法。第一位为某中心主任："现在科技界有个说法，叫做项目越来越多，成果越来越少；论文越来越多，创新越来越少；教授越来越多，大师越来越少。这确实让人深深忧虑，科技体制过度行政化是最重要的问题之一。我当过校长，是非常消耗精力的，中国的校长和国外的不一样，国外高校管理有固定的班子，校长是虚职，而国内校长是实职，事无巨细都得管，是非常牵扯精力的。我当时想继续搞科研，就得把所有业余时间都拿出来，即使这样想出好成果也几乎是不可能的。因为人的精力毕竟是有限的，这也是我现在不当校长的原因之一。"第二位为某常务副主任："在欧美，做学术是兴趣使然。科技体制过度行政化的状况不改善，要出世界级的科学大师是很难的。纵观世界近代的历史，每一个高速发展的大国，都在多个领域出现过影响世界的大师。改革开放 30 多年，中国发展很快，现在在经济上已经是世界第二大经济体。但让我们汗颜的是，别说在多个领域，就是在我们的优势领域，也没能出几个世界级的大师。如果这个方面不能取得突破，就不能说中国是世界强国。"第三位为某副所长："以我自身的经历看，做行政领导还是要付出很多的，我只是主管业务的副所长，就要花掉三分之一到一半的时间处理行政事务。当官时间长了，科研要想出真正含金量的成果，就会越来越难。我希望，国家应采取措施改变科学家热衷于'当官'的现状，切实保证中青年杰出学者能够回到实验室和科研一线，而不必担心其利益受损。只有这样，才能保证中国科技事业的健康发展，才能保证实现建设创新型国家的重任。"上述三位论者的看法基本一致，就是认为，造成当今大师缺少的原因，"科技体制过度行政化是最重要的问题之一"。《官本位下岂能产生学术大师》表达了与上述论者完全相同的看法，该文写道："时下，在我们的学术界，官学不分似乎只是一个潜规则，但在现实中这个倾向却愈演愈烈，而且行政权力远远大于学术权力；与钱学森相反，今天的学者们都很愿意当官，因为只有当官才有特权和资源，有自己的项目、经费、场地和人员；甚至大学的地位取决于大学校长的级别，学术带头人往往都有一定的行政职位。因为大凡科研立项、科研经费常常要由各层级领导部门审批，更大的科研立项要获得国家级科研经费，行政部门的审批者要看学术带头人的名气，而申请者更要会走'上层路线'……不能说所有的学子、学人都那么崇拜权力，但在行政权力远远大于学术权力的氛围里，在官本位思想的熏陶下，哪个人能做到不'人云亦云'、不'随大流'？哪个人敢当'想别人不敢想的，做别人不敢做'的'怪人'？当然，只能出现钱学森说的那种'大家见面都是客客气气'的人，当然，更不会有大师、顶尖帅才出现了。看来，要想真培养出具有创新精神的一代大师，归根结底还要有培育产生一代大师的学术氛围，在制度上更要创造扶持一代大师涌现的创新体制。"①

有论者从社会环境、总体氛围方面寻找原因。《著名学者呼唤扎实学术风气》报道了在北京大学举行的严绍璗《日藏汉籍善本书录》学术座谈会。该报道引述了任继愈、汤一介两位著名学者对学术风气的忧虑和批评。任继愈说："现在中国学术界学风浮躁，严绍璗是'二十年磨一剑'，可我们有一些学者是一年磨二十剑，甚至三十剑，真令人担忧。"作为"儒藏"总主编，汤一介正在领导着一个300多人的团体从事"儒藏"的编撰工作，他说："'儒藏'现已收到了160多部书稿，可真正能用的不多，甚至有50%要退稿，证明现在的学术风气不太好，我们也想了一些办法想补救，可聘请的一些专家很头疼，说书稿中的错误那么多，怎么审定？目前我国一年要出版新书约13万种，但其中很多是粗制滥造，彼此间抄来抄去，据说，目前出版界的压存很大。"② 《中国青年报》2006年6月18日发表了《我国学术人才成长环境宽严失当》（李健）一文，该文报道，日前，"中国科学院党组成员、中国科学技术大学党委书记郭传杰，在中国科学院研究生院主办的'中国科学与人文'论坛上说，我国学术界人才成长的环境宽严失当，该宽的地方不宽，该严的地方不严，到了比较浮躁、比较肤浅、比较浮夸的程度。郭传杰说，宽严失当的一种表现是，本该追求科研质量却变成了盲目追求科研数量。中国科学家在国际上发表论文，目前有很多杂志的编辑表示，凡是来自中国的论文首先要打一个问号，一些主编已经要求我们自己先把把关。科研论文数量的确上去了，特别是在国内，期刊越来越厚，文章越来越多，但质量并没有相应提高。其他国家的科研工作者长时间集中精力做一篇高质量论文，可我们把一篇文

---

① 梁若水：《官本位下岂能产生学术大师》，《中国青年报》2009年11月23日，第5版。
② 王庆环：《著名学者呼唤扎实学术风气》，《光明日报》2008年1月30日，第2版。

章拆成两三篇都很常见。'最近一项调查显示,77.39% 的院士对我国学术界目前的科研道德状况给予了"非常严峻"和"比较严峻"的评价。''现在有好多单位,科研人员拿到科研经费后做什么都行,听说有人为家里买电冰箱都用课题经费报销。我们国家本来科研经费就不足,在管理上再不严格,本该严格控制的科研经费就会失控。'"上文所引述的郭传杰的话,并非专门针对"学术大师"成长的环境而言,而是针对我国整个"学术界人才成长的环境"所说,但显然可以肯定,"学术大师"成长的环境是包含在整个"学术界人才成长的环境"中的。因此可以说,郭传杰上面的分析亦是对"学术大师"成长环境的分析。《量化崇拜难出学术大师》一文表达了和上文同样的观点,该文写道:"一段时间以来,我国的高等院校和科研机构都在积极推进量化考核,就是把学者的研究成果量化为一个个具体的数字,并将这些数字与学者的切身利益挂钩。表面上看,这种方法简单易行,是一种合理甚至公平的学术评价机制;但事实上,这样做是把复杂的智力劳动简化为单一的机器生产,抹杀了个人创造潜能的多样性。在这种评价机制下,追求数量的简单增加成了一些学者的唯一目标,而学术思考的深刻性、学术研究的创造性等被放到了次要地位。于是,一种学术拜物教粉墨登场了,这就是对 SCI、CSCI 等中外不同引文索引系统的崇拜。调查显示,国内绝大部分高等院校和科研院所都有类似的规定,凡是学者们发表的学术文章被收入了这些引文索引系统,在量化考核时就会比收入普通学术杂志的文章高出许多的分值。一时间,对于这些引文索引系统的盲目追逐,已经使得学者们沦为了生产论文的机器。"曹卫东文进一步分析说:"不仅如此,在数字化考核的驱使下,学术界还出现了畸形的恶性竞争。面对量化考核制度,学者们很难进行自我确认,他们的研究成果随时要接受数字的检测,学者们的自信正在受到严峻的挑战。加之量化评比和个人利益关系密切,学者们迫于无奈,只好把大部分的时间和精力都放到了争取课题和经费上。这样的恶性竞争不仅没有促进学术的发展,反而使许多高校教师产生了心理上的职业倦怠情绪。在这样的环境之下,孕育和产生一位以研究为旨趣,以思索为乐趣,以研究为志业的学术大师,又谈何容易呢?"①《大师贬值与学术评判失范》(钱建强)等文表达了与上文相同的观点。

---

① 曹卫东:《量化崇拜难出学术大师》,《人民日报》2006 年 11 月 9 日,第 7 版。

　　笔者在此还要特别提到一篇关于长篇小说《才子》的文学评论，该文学评论题为《"大师"生长的土壤》，也论述到当今缺少真正的"学术大师"的原因，文中写道："中国的确有过出大师的时代，但我们这个时代的毛病，是没有哺育大师的土壤，偏偏又生出许多大师来。史中兴写了一部名为《才子》的小说，讲的就是当今一位才子走向大师的成名之路，即使不读全书，只要读一读该书封面出版题记就可知这位才子生存在怎样一个时代，走的又是怎样的道路。题记写道：'这是个打开魔盒的年代，万类江天尽聒噪的年代，比新奇、比怪异的年代，形形色色精英才子繁殖的年代，各类大师批量生产的年代。本书主人公在这样的背景下，一路走来，穿行于妻子、情人、师友、权贵之间，如鱼得水，如日中天，一场大师赛，把他推到"天下无人不识君"的峰巅。'"郑重文进一步分析说："大师只是民间封号，人们对道德学养高尚的人，称之为大师，表达了一种敬仰之情。而今天把大师列为评定职称的等级，这个等级和官级一样，与经济利益相结合，有了官位和大师称号，其著作或作品就升价十倍，如此也就增加了大师的魔力。真一旦具有商品性，真和假也就共生了。《才子》中的主人公就是中了'商品性'这个魔，才千方百计地去钻营一个'大师'的称号。这也是当今产生冒牌大师的土壤。"①

　　有论者从全面、系统、综合性的角度来寻找原因。《人文社科领域学术大师为何缺乏？》对此做了较为全面的分析，该文概括出五个方面原因，原因之一，"相对人数与时间的因素"。"第一，解放前成名的一些大家由于时间的原因，正逐渐消失。第二，伴随新中国成长起来的一些学者，相比解放前的一些大家，人数要多一些，相对影响要小一些，加上一些学科学者知识老化，难以形成影响。第三，改革开放以后培养的一些学者，虽然是学术中坚，但影响力尚不如改革开放前培养的学者。第四，知名学者较多，互相相差不大，结果都难以形成一流学者。"原因之二，"学术传承的原因"。"由于'文革'破坏，很多学术研究没有得到良好的传承，即使如古典文学这样的经典也是如此。'文革'期间，哲学主要是马克思主义哲学，走向教条。至于经济学、管理学，改革开放前后基本理论、环境相差巨大，换句话说，在改革开放以前，中国并没有现代意义上的经济学与管理学。正是改革开放给人文社科带来活力，促进人文社科研究百花

---

　　①　郑重：《"大师"生长的土壤》，《中华读书报》2012 年 2 月 8 日，第 5 版。

齐放、百家争鸣的局面，经济基础决定上层建筑，绝对是真理。在人文社科很多学科，真正开始进入学术研究的黄金时代还是改革开放以后，30年时间，虽然有很大进步，但一流学者难以很多。"原因之三，"海归学者的影响力扩大尚需时日"。"改革开放以后，很多留学生学成回国，水平较高，但他们所学与中国国情有个适应过程，个人适应所在单位也有个过程，发挥影响力尚需要时间，这里暂且不讨论'桔在淮南则为桔，桔在淮北则为枳'的情况。成思危、林毅夫这样的大家毕竟少数。"原因之四，"学者个人的修为"。"一些学者尽管水平较高，影响较大，但不能免俗，拥有千万甚至上亿资产的不在少数，一些学者从法律角度也许财产来源正常，但从道德层面不好评价，必然降低其影响力。学者的人格魅力应该是一流大师的充分条件。"原因之五，"学术环境有所下降"。"学术评价制度诟病众多；社会浮躁，学者不能免俗，难以潜心研究；学者独立性越来越差；形式越来越规范，内容越来越苍白，如此等等。"① 《我国学术大师产生的制约因素分析》一文表述了与《人文社科领域学术大师为何缺乏？》一文相类似的看法，中国大陆大师难以产生的制约因素颇多，而传统文化、学术环境、相关制度的负面影响堪称"罪魁祸首"。"枪打出头鸟""学而优则仕""师道尊严""关系文化"等传统文化观念，学术自由环境缺乏、百家争鸣氛围不够、科研经费不足等学术环境，高考制度、人事制度改革的负面影响等因素严重地束缚着人的发展，影响了学者的研究兴趣、限制了学者的研究视域、妨碍了学者研究条件的改善、制约了人的创造力的有效发挥、挫伤了学者的研究积极性，最终导致我国大师难以产生。②

上述多位论者的观点，可以说在关于当今"学术大师"缺失原因的分析方面达到了较有深度的层次，其中俞立平和芦文慧、卢洋等人的文章具有综合性、概括性的特点，其他各文则有各自的侧重点。

四 关于"学术大师"产生的土壤和机制

当今缺失学术大师可谓是"不争的事实"，但人们期待出现学术大师，

---

① 俞立平：《人文社科领域学术大师为何缺乏？》，俞立平的博客，2011 年 10 月 23 日。
② 芦文慧、卢洋：《我国学术大师产生的制约因素分析》，《黑龙江高教研究》2009 年第 9 期。

时代呼唤学术大师，学术和社会的发展需要学术大师。那么，如何才能产生学术大师呢？学术大师的产生需要怎样的土壤和机制呢？不少论者提出了自己的有意义的见解。

有论者提出，我们需要培植大师滋生的土壤。《我们需要培植大师滋生的土壤》表达了如其标题所表述的明确观点。该文写道："大师究竟是如何培养或成长的呢？从整体上来说，大师的成长与所受的教育有着密切的关系，特别是良好的、开明的基础教育。但是，大师是不可能直接从大学里培养出来。例如，堪为大师的华罗庚、钱穆、叶圣陶、梁漱溟、贾兰坡、启功等都只有中学的学历，但他们却是名副其实的大师。因此，大师是自我成长的而不是刻意培养出来的，除了他们所具有的天资和个人努力以外，还需要有民主、自由的学术环境，要有宽松、宽厚和宽容的学术政策，要有甘当人梯的伯乐。作为个人，最重要的是要树立'以学术为终身志业'的理想，要有'出家人'那种执着的做学问精神，要有'板凳一坐十年冷'耐得住寂寞的毅力，要远离功利主义和尘世的干扰。有了这些条件，相信经过持久的努力，终会有一些大师成长出来！"①《宽松、宽容造就人文科学大师的土壤》一文认为，人文科学是研究人类的信仰、情感、道德和美感等的各门科学的总称。人文科学，说到底是以社会现象为研究对象的，本质上研究的是一个价值世界。该文进一步分析说："对人文科学而言，创新胜于一切，而创新需要宽松和宽容的学术氛围和社会氛围。有人说：'大师不在霓裳羽衣的舞台上，不在钻营逢迎的仕途上，不在争抢状元的形象工程里。真正的大师一定在凡人目力所不及的地方，在离经叛道不通世情的迂腐里，克难前行，坚韧进取，静静地修炼与成长。在没有权术与功利的地方，一定会有大师在静默生长！'此言极是，它告诉我们大师既需要自我耐得寂寞、苦心孤诣，又呼唤宽松、宽容的环境。否则，怎么保证人文科学研究的高质量？又怎造就人文科学大师？"②赵畅文在最后指出，有人担虑，在启功、季羡林、任继愈、杨宪益、钱钟书、钟敬文、张岱年等一批人文科学大师去世后，中国再难出人文科学大师，人文科学大师队伍会因此而后继乏人，其实大可不

---

① 刘道玉：《我们需要培植大师滋生的土壤》，《学习时报》2009年11月23日，第5版。
② 赵畅：《宽松、宽容造就人文科学大师的土壤》，《中国经济时报》2010年9月23日，第6版。

必。以宽松、宽容与期待,在寻求变革中呼唤未来人文科学大师的脱颖而出,这既是对前辈大师们最好的怀念,也可造就无以替代的环境条件。

有论者特别强调产生学术大师的环境(笔者认为"环境"一词与"土壤"词义相近)。《为什么中国出不了大师:探讨钱学森之问》一书有两章的标题依次是"出大师的校园环境""出大师的社会环境"。石毓智指出:大师不是天生的,也不是单靠自我奋斗就能成功的,必须有一个孕育成长的环境。他把这个环境分为大小两种:"大生态环境"指的是社会历史、文化传统等;"小生态环境"指的是大学(包括中小学)。在"出大师的校园环境"一章中,著者总结了如下几点:首先是让学生看到大师是什么样子。让年轻的学子知道,大师既不神秘,也不遥远。其次,宽松而温暖的校园气氛,平等而和谐的师生关系。再次,精良的图书情报资源和为师生着想的服务意识。最后,还有一个容易被人忽略的因素,那就是空间。这包括休息的空间、讨论的空间、吃饭的空间、散步休闲的空间等。在"出大师的社会环境"一章中,著者总结了如下十种因素:第一,大众的思想水准;第二,哲学传统;第三,科学研究的历史;第四,宗教信仰;第五,教育体制与目标;第六,家长和老师的期许;第七,科研管理与评价系统;第八,研究者的知识结构;第九,工作环境和科研条件;第十,道德风尚。①《学术大师的出现要靠什么》一文尤为重视宽松的环境,该文提出,学术大师的培养,不光是说在嘴上,不光是国家拿出几个钱来,更重要的则是要为学术大师的出现与发展创造一个宽松的环境,否则,无论我们的口号喊得多么动听,都是不可能产生非常有名的学术大师的。②《学术大师的"学术情谊"》提出了学术环境中一个不太被人注意的因素,即学者与学者、学派与学派之间的交锋与融合。该文写道,清人张潮《幽梦影》:"镜不能自照,衡不能自权,剑不能自击。"学术也是这样,学术思想的发展,学术大师的产生,得益于多种学术流派之间的学术争鸣等外力的影响,春秋战国时期的诸子百家即是如此。不同学术流派之间的学术争鸣,能让不同流派之间的学术思想得到交锋与融合,同流派的学术思想得到磨砺与传承,在这种交锋与磨砺中,才会产生真正的学术大师,因此也可谓"学不能自

---

① 参见石毓智《为什么中国出不了大师:探讨钱学森之问》,科学出版社,2012。

② 乾乾:《学术大师的出现要靠什么》,乾乾的博客,2006 年 11 月 28 日。

成""师不能自成"。① 上述石著所说的"校园环境"、"社会环境"和乾乾文所说的"宽松的环境"、朱平珍文所说的"交锋与融合"等，也就是刘道玉文所说的"大师滋生的土壤"和赵畅文所说的"造就人文科学大师的土壤"。

有论者提出要创造扶持一代大师涌现的创新体制。《官本位下岂能产生学术大师》写道："所谓在制度上要创造扶持一代大师涌现的创新体制，可改可变的地方也许千头万绪，但关键的一条也很简单明了：官学分家。在学术界，官学分家意味着：学术权力应该也可以远远大于行政权力，学术的事情真正由学者做主，科研课题只能由科学家决定，不能以行政手段简单决定科研工作的快慢，不能以官员的意志粗暴代替科研规律。唯有如此，官本位在学术界才能没有立锥之地，学者才能回归学术，专心学问，像爱因斯坦所说：以追求真理作为目标，而不仅仅把学术作为谋生手段，更不会把学术当成赚钱的手段。"② 梁若水文还对学术管理界提出忠告（或者说要求）：学术界的官员们当好服务员的本职角色就可以了，起码让学者们不再为课题经费疲于奔波，大可不必勉为其难的附庸学术之风雅。

有论者从学者自身的角度讨论怎样产生学术大师。汤一介分析说："我觉得人文学科要产生大师必须有三个条件。一是他要有浓厚的国学基础，他必须对中国自身文化有深刻理解和同情的态度；二是他必须对世界上的各种重要的学术潮流有广泛的知识和自己的思考；三是他必须非常关注学术自身，而不是把学术作为其它的工具，比方说作为政治的、赚钱的工具。只有坚持不懈地为学术而学术，才有可能产生大师。"③ 李铁映关于此方面的总结更为全面而具体，他在为《中国社会科学院学术大师治学录》所撰写的序中，将学术大师们的治学特点、治学经验概括为如下几个方面。第一是学术大师具有崇高的学术愿望。这种愿望是要使祖国尽快振兴起来的愿望，是要使中华民族永远立于世界民族之林的愿望。第二是敢于创新的精神。第三是实事求是的科学态度。第四是学术大师具有的深厚功底。第五是马克思主义的指导。李铁映还特别总结了学术大师们为人称道的优良学风：第一是有的放矢的学风；第二是研究工作要占有翔实资料的学风；第三是学术研究还

① 朱平珍：《学术大师的"学术情谊"》，《云梦学刊》2011 年第 4 期。
② 梁若水：《官本位下岂能产生学术大师》，《中国青年报》2009 年 11 月 23 日，第 5 版。
③ 樊克宁、夏杨：《汤一介：为学术而学术方可产生大师》，《羊城晚报》2010 年 4 月 2 日，第 3 版。

要有敢于自我批判的学风;第四是不畏艰险,勇于攀登的学风;第五是严谨的学风。①

另有论者用否定句式来表达关于"学术大师"产生的土壤和机制的看法。段钢的《学术大师与时代》一文中有一个小标题为"学术大师不是计划出来的",其中认为,人为的"人才"规划只是一厢情愿,因为自由的存在是大师出现的前提,大师的精神依靠是不容别人干涉的,他的精神追求是其学术积累的基石。精神、信仰可以计划吗?②《"学术大师与当代学术发展论坛"开幕式录音剪辑·陆勤毅的讲话》中说,学术大师第一不是"培养"出来的,第二不是"宣传"出来的,第三不是"评选"出来的。学术大师是"熬"出来的。这个"熬",包含的内容非常丰富,其中最重要的一个"熬",就是时间。③《学术大师与学术大师的产生》写道:"学术大师能通过现在流行的学术评价体系评出来吗?不能。学术大师是经历长期的社会历史实践的检验、考验而形成的,是学者长期艰苦奋斗的自然结果,决不是按照某类指标体系刻意追求而得到的。学术大师决不能用评职称、评奖、评项目等等现行评价制度、评价体系评审出来。绝不能将量化指标数据去套用。也不能通过某种方式如各种传媒炒作制作而成。通行的量化数据是学术情报信息,是学术研究的重要参考资料,它们的基本目的和功能应是服务于学术研究,而不是获取学术裁判权……学术大师决不是通过量化数据的排行榜排出来的,过去不是,将来也绝对不会。"④

五 结束语

在结束这篇述评文字的时候,我想特别引述《培养当代学术大师适逢其时》中的一段话,借以表达我们的期待和信心:"当代学术大师的产生需要一定的主客观条件。客观条件就是要有良好的现实环境,这个环境需要全社会共同营造;主观条件就是从事学术研究的人要不懈努力。能够成为学术

① 参见中国社会科学院科研局编《中国社会科学院学术大师治学录》,中国社会科学出版社,1999。
② 段钢:《学术大师与时代》,《云梦学刊》2011 年第 4 期。
③ 《"学术大师与当代学术发展论坛"开幕式录音剪辑·陆勤毅的讲话》,《云梦学刊》2011 年第 4 期。
④ 黄颂杰:《学术大师与学术大师的产生》,《云梦学刊》2011 年第 4 期。

大师的人应学识渊博、见解独到、思维活跃，勇于承担社会责任，具有深厚的人文精神与科学精神。我国哲学社会科学与自然科学的繁荣发展，迫切需要一批新的领头人，培养当代学术大师适逢其时。培养当代学术大师，一个重要方面是进一步贯彻尊重劳动、尊重知识、尊重人才、尊重创造的方针，进一步完善学术评价机制，对于在特定领域具有特殊才能的研究者给予适当倾斜，不断优化人才健康成长的学术生态环境。"①

（原载《云梦学刊》2012 年第 2 期，中国人民大学"复印报刊资料"《社会科学总论》2012 年第 3 期转载）

---

① 钟兴永：《培养当代学术大师适逢其时》，《人民日报》2011 年 7 月 7 日，第 7 版。

关于当今学术管理所存在问题讨论的评述

当今的人们有目共睹，学风浮躁、学术垃圾、学术造假乃至学术腐败等现象严重，并且有愈演愈烈之势。那么，其原因何在？人们从各方面去寻找原因，大家比较一致的看法是认为学术管理出了问题，是学术管理所存在的严重问题导致和促使了学风浮躁、学术垃圾、学术造假乃至学术腐败等现象。下面笔者就学术界关于当今学术管理所存在问题的讨论做一简要评述。需要说明的是，由于从学术研究从业人员的数量、学术研究的数量和学术研究的影响等各方面来看，高校都是学术研究的主体，这样，人们讲到学术管理时往往就是（或主要是）讲高校的学术管理。所以，本文中所讲的"学术管理"与"高校学术管理"大致是同义词。

关于学术管理概念的界定

关于学术管理概念的界定，大致包括描述性的定义和学理性的定义两种类型。

先看描述性的定义。有论者从学术管理的功能方面进行描述：学术管理，从总体上看，是对高校学术事务和学术活动的管理，是大学依据学术发展及大学学术的规律，组织与协调内部的学术资源（人、财、物）及对学术行为进行调控与规范，从而实现大学学术目标的过程。[①] 有论者从学术管理的职能和范围进行描述：学术管理的基本职能包括组织、指导、协调学术活动，制定学术规范，开展学术评价，做出学术决策，开展学术咨询，研究

---

① 参见甘宓《我国大学学术管理研究述评》，《四川省干部函授学院学报》2011年第1期。

指导学术道德建设，等等。① 有论者从学术管理的目的与目标的角度进行描述：学术管理是一个宏大的命题和课题，涉及众多的环节和任务，但"管好人"无疑是最核心的。所谓"管好人"，从根本上说，就是培养品学兼优、富有创见的学问家、教育家。在政府管理的问题上，我们现在正在强化"管理就是服务"的意识，努力实现从"管理型政府"向"服务型政府"的转变。受此启发，我想在学术管理中是不是也有一个增强服务意识，或者说把管理与服务统一起来的问题？这里所说的服务，一言以蔽之，即打造一张宁静的"书桌"，为学者们提供一个潜心开展教学科研的良好环境和氛围。② 有论者从学术管理的范围的角度进行描述，学术管理主要包括两个方面的内容，一是行政对学术的管理，二是社会对学术的管理（如出版社、期刊等都承担了部分学术管理职能）。加强学术管理，是规范学术研究，净化学术风气，促进学术繁荣发展的有效手段。实践证明，只有坚持以人为本的原则，切实贯彻"百花齐放，百家争鸣"的方针，切实按照学术发展规律从事学术管理，为学者营造良好的学术环境，才能促进学术的健康发展。③

再看有关学术管理的学理性的界定。蔡阿雄说，学术管理是指对学术事务与活动的管理。与行政管理不同，学术管理是以内容命名的，所谓学术事务是人们围绕知识创新所做的工作，如学术职称的评聘、科研成果的申报、科研经费的分配、科学研究的布局、科研政策的制定、学术梯队的配置等。而学术活动是指某一学科或某一科技工作领域围绕知识创新，特别是理论创新所进行的科学上的行为。美国当代高等教育理论家欧内斯特·博耶提出了四种既有区别又有联系的学术形式，即发现的学术、综合的学术、应用的学术和教学的学术，既拓宽了学术的概念范围，也使学术管理的内涵进一步得到丰富和深化。④ 蔡阿雄在上述界定的基础上进一步分析道，对学术管理内涵的界定应注意以下四点。一是学术管理与行政管理不是一对对称概念，不能并列同时使用。二是学术管理的主体由承担学术管理职能人员充任，可以是行政管理人员，也可以是教学科研人员，还可以由行政人员和教学科研人

---

① 参见程郁缀、刘曙光《关于学术管理的若干思考》，《云梦学刊》2012 年第 4 期。

② 参见彭国华《打造一张宁静的"书桌"》，《云梦学刊》2012 年第 4 期。

③ 参见钟兴永《学术管理中存在的问题与对策》，《人民日报》2012 年 6 月 21 日，第 7 版。

④ 参见蔡阿雄《浅论我国高校学术管理存在的问题及对策》，《文教资料》2011 年 2 月号上旬刊。

员共同充任，具体在一个国家或地区的高等教育中，学术管理的主体由谁充任是高等教育管理传统和社会政治、经济等多种因素相互作用的结果。三是学术管理可以有不同的管理方式和机制，一般而言有两种，即学术民主管理和学术行政管理。依据大学的性质及其运行逻辑，学术民主管理这一方式应是学术管理的传统，也是良性学术管理的关键标志。四是与学术管理和行政管理关系一样，学术权力和行政权力也不是对称的概念。

笔者认为，综合起来看，上述关于学术管理的描述性的界定，涉及了学术管理的所有重要方面，是颇为全面的；而上述关于学术管理的学理性界定和分析，可谓抓住了学术管理的本质特点和规律，是颇为准确的。

关于当今学术管理问题的概括和描述

当今学术管理存在较为严重的问题，是大多数论者共同的看法。但当对其进行具体分析和概括时又表现出不同的角度和侧重点，因而得出了不尽相同的结论。

关于当今学术管理问题的揭示，有的侧重于理论分析。有论者将"当前高校学术管理存在的问题"概括为四个方面。其一，"学术管理意识淡薄"。该论者认为，学术管理和行政管理是高等学校正常运行所必不可少的两大系统。然而，在高校的管理工作中，究竟哪些属于学术管理，哪些属于行政管理，认识上并不清晰。从表面上看，许多高校设有学术委员会等似乎与学术管理相关的管理机构，但这些机构的职责并不明确，且对于学术管理的重要性和独立性的认识不够，往往将其置于行政管理系统之下。在实际工作中，学术性机构和学术性委员会成为行政机构的"附庸"或"幌子"的现象也时有发生，这在一定程度上背离了大学自身的特点、职能、任务和其内在的发展逻辑。学术管理自身权责不清，加之行政管理的强渗透性，往往导致学术管理行政化、学术管理方式异化，即学术民主管理和学术行政管理错位、学术行政管理越位等。其二，"学术权力的迷失"。该论者认为，学术权力根据行使主体的不同，可以分为学术民主管理权力和学术行政管理权力，前者为教师民主管理机构和教师所享有，后者为行政管理机构和行政管理人员所行使。学术权力的迷失包括自我迷失和被动迷失。自我迷失表现为学术权力主动行政化，即将学术民主管理权力等同于行政权力，从而陷入行政管理模式中；被动迷失即行政权力膨胀，不断地侵蚀学术权力空间，具体表现在学校权力过于集中于行政系统，行政权力影响、包办学术事务的现象比较严重，而行使"学术权力"的机构亦带有明显的行政性倾向，乃至行政权力泛化，产生行政权力干预或取代学术权力的现象。其三，"学术组织建设滞后"。该论者认为，问题主要表现在两个方面。一是学术组织空置化。在实际工作中，学术性机构和学术性委员会经常成为行政机构的附属物，只有"形"而无"神"，没有实在意义。二是学术组织行政化。最能体现大学学术、大学学术民主管理的组织形式的"学术委员会"的成员几乎都是学校主要职能部门与院系的领导。其四，"学术评价制度缺陷明显"。其主要弊端表现在：一是学术评价体制方面，存在重数量量化、轻质量审核、急功近利的现象；二是学术评定标准方面，存在过分重视学术载体的级别，重理论成果轻实践成果，重科研成果轻教学成果的弊端；三是课题评审制度方面，主要表现为课题申报程序不够科学；四是学术评审程序不透明。①

笔者从分析学术管理的现状出发，将当前学术管理存在的现实问题梳理、总结为五个方面。其一，学术管理部门太过重视学术管理。近些年来，学术管理部门对学术管理非常重视，且可以说是越来越重视。学术管理部门对学术管理的重视，一方面的确推动了学术的发展和繁荣，如研究经费的增加、研究平台的增加、学术研究队伍的增加、学术成果数量的增加等，这是近些年来不争的事实；另一方面其负面影响也不小，甚至可以说其负面影响在不断加大，比如说"计划学术"、"审批学术"、"政绩学术"、学术研究"指标化"、学术界"官本位"、"全民学术"、"学术大跃进"、过分重视"学术评价"、学术评价等同于"记工分"等现象，就与学术管理界"太过重视"学术管理不无关系。现在的情况是，差不多已经发展到"学术研究"唯"学术管理"马首是瞻、"学术研究"服从"学术管理"的需要、"学术管理"牵着"学术研究"的鼻子跑、"学术研究"围着"学术管理"转的地步。其结果几乎是，"学术管理"越来越受重视，"学术研究"本身则越来越被忽视；"学术管理"越来越精细，"学术研究"本身越来越粗放（粗制滥造、学术泡沫、学术垃圾等）；"学术管理"越来越"科学"（某些评估、评价、评比打分的细则已经与自然科学没有区别），"学术研究"本身

---

① 参见蔡阿雄《浅论我国高校学术管理存在的问题及对策》，《文教资料》2011年2月号上旬刊。

越来越"人为"（如"人为"地设置为研究而研究的课题，在研究过程中"人为"地夸大或缩小数据乃至造假等）。如此下去，其结果可能是，"学术管理"上去了，"学术政绩"上去了；"学术风气"牺牲了，"学术"本身也牺牲了。其二，学术管理的方法太过繁杂。近年来，由于学术管理界越来越重视"学术管理"，理所当然"学术管理"的方法（门径、手段）便越来越多，越来越繁杂。在高校系统中，有各种级别（即行政级别）的研究课题、研究项目、研究基金，有各种级别的研究基地、研究平台、研究团队，有各种级别的研究计划、研究指标，有各种级别的验收、评估、评比、评奖，有各种级别的"建设工程""人才工程"，等等，可谓名目繁多，数不胜数。这样的结果是，高校的办公室、实验室经常有人在加班加点，甚至是通宵达旦，可他们并不是在做学术研究，而是在做迎合"学术管理"需要、为"学术管理"服务的材料（其中有相当比例是假材料）。因此，有人说，博士毕业到高校工作，要想成为合格、优秀的高校教师，大都要经历从"才子""才女"向"材子""材女"痛苦转变的过程。还有人说，高校的校园越来越大却难以放下一张安静的书桌。其三，管理界人士参与学术研究的太多。由于现在是"全民学术"时代，加之相当部分人从事学术研究仅仅（或主要）是为了借助学术研究去获取现实利益（包括金钱、名誉、权力、地位等），因此管理界人士参与学术研究者甚众，且有越来越多的趋势。我们看到，多数高校的学术委员会和学报编辑委员会就是全部由学校负责人和二级机构负责人组成的，科研成果奖、教学成果奖、重大（重要）科研项目如果没有重要的行政负责人主持就不可能取得，等等。这样就造成政学不分，造成一些管理界人士"权大学问大"，在学术项目、学术评奖、学术荣誉、学术权力、学术利益等方面"通吃"，而潜心研究学问的普通（真正的）学者反而得不到（或很难得到）学术资源的现象。其四，学术管理太过苛严。学术管理界对学术研究的管理、要求过严，给学术研究者施加了太大的压力。高校的主要工作和工作目标都是围绕着各种各样的检查、评估、验收、评价、评比、排名转，高校负责人和教师的绝大部分时间和精力（乃至兴奋点）被迫放在应对考核、统计、打分、评优上面。这样带来的最直接的后果是，在学术研究中急功近利、单纯追求数量、粗制滥造、简单重复、学术泡沫、学术垃圾、虚假繁荣，更严重的后果则是抄袭剽窃、弄虚作假、学术腐败。我们平心静气地想一想，买卖论文、帮助发表论文、办假学术刊物等居然成为一个社会的产业，世上还有比这更荒唐可笑的事吗？这样一来，学术研究的科学性、严肃性，学术研究者献身学术的庄重、崇高，已经被完全消解，学术研究已经被完全异化了。可以说，学术管理界为了政绩、为了数量、为了追求指标实行的"严"，对学术界的作用往往是极其负面的。其五，用于"计划学术"的经费过多。新时期以来特别是近几年来，学术经费不断增长甚至是快速增长，为学术研究提供了物质保障，也大大改善了学术研究者的研究条件，这无疑在一定程度上推动了学术的发展，无疑是好事，但是其负面作用也不可忽视。由于我们现在实行的主要是"计划学术""审批学术"，学术经费的分配权主要掌握在学术管理者的手中，所以得利的主要是学术管理者自己和一部分学阀、"学霸"、学术掮客乃至学术腐败者。鲁迅当年曾说过，为了在学术研究中不做傀儡，经济上必须自立。鲁迅当时的工资、讲学报酬、稿费（他的收入来源主要是上述三部分）都高，完全没有经济上的后顾之忧，所以他能冷静、独立地做他的学术研究，在成为文学大师的同时，又成为学术大师乃至思想大师。基于上述五个方面的分析，笔者认为其共同的问题是混淆了（甚至可以说颠倒了）本与末的关系。就是在学术研究行动中舍本逐末，即学术研究由"追求真理"（本）被异化为"追求指标"（末）。这使我想起了买椟还珠的故事。买椟还珠为我国古代成语，出自《韩非子》，原意是买来珠宝而只留下漂亮的盒子，不要里面真正价值高的珠宝。经常用来比喻没有眼光，取舍不当。笔者觉得，我们今天的学术管理乃至整个学术界在学术活动中最大的问题就是过分重视"椟"而丢掉了"珠"。[1]

有论者在分析学术期刊敛财乱象的严重问题时，从学术管理和学术管理界寻找产生问题的根源，指出期刊乱象的背后，是巨大的发论文需求。武汉大学信息管理学院教授沈阳在 2010 年估算，全国学术期刊一年只能发表论文 248 万篇，而有论文发表指标的人数达到 1180 万。"这其中的巨大落差导致问题丛生，包括论文买卖，假刊、一号多刊等期刊乱象，学术不端和学术泡沫等。"沈阳告诉《中国青年报》的记者。在他看来，巨大需求并不合理，"根据相关规定，我国只要参评职称的，可能都得要发论文，这导致医生、护士、记者、中小学教师，甚至国有煤矿工作人员都要发论文"。在这里我们看到，学术期刊敛财乱象的出现是错乱的学术评价体系所致；错乱的学术评价体系是学术管理界设的"法"太多所致。由此可见，学术期刊敛

① 参见余三定《反思当今学术管理与学术发展的若干关系》，《云梦学刊》2012 年第 4 期。

财乱象完全是学术管理界过度作为造成的。

有论者努力寻找出当今学术管理问题存在的根源。有论者分析指出，目前，中国的学术管理过程存在诸多的这样那样的问题，产生这一系列问题的根源在哪里？这些问题的本质是什么？该论者认为是学术管理的过度行政主导。学术管理的过度行政主导，是我国"官本位"现象在学术管理领域的表现，是高校行政化的必然结果。学术研究是一种创造性活动，有其特殊的发展规律，也需要特定的管理主体和特殊的管理方式与方法。行政机构作为对全社会进行行政管理的部门，有对学术进行行政管理的职能，但这种管理应该是宏观的、有限的，更多的、经常性的学术管理，应该由专门的学术组织、学术机构、学术人员来进行管理。所谓"过度行政主导"，就是行政部门过多地、过度地主导着经常性的学术管理。行政权力的过度介入，使得学术管理往往偏离学术发展的客观规律，演化出不利于学术发展的种种问题。接下去，该论者将不利于学术发展的种种问题概括为四个方面：一是学术研究人员考核的短期化；二是学术水平评价的数量化；三是学术人员在学术管理中的边缘化；四是学术活动的功利化。[①]

由以上的引述可以看出，学术界的有识之士对于当今学术管理及学术管理界存在的较为严重的问题，敢于正视，并做出了直率的批评和颇为深入、系统的分析。

关于改进当今学术管理的意见和建议

面对当今学术管理存在的种种颇为严重的问题和缺陷，不少论者在敢于正视、直率指出的同时，进而从不同角度提出了改进当今学术管理的有益意见和建议。

有论者提出，学术管理改革关键在于制度的创新。该论者进而具体分析说：首先，是整个高校学术功能的回归。高校是个学术组织，应当"以学术为本"，以学术作为广大师生的安身立命之本，把学术管理作为大学管理的核心和根本，这是各大学校长反复强调的办学理念。在《就任北京大学校长之演说》中，蔡元培指出，"大学者，研究高深学问者也"，在谈到发

[①] 参见杨欢进《过度行政主导：中国学术管理问题的本质》，《云梦学刊》2012 年第 4 期。

行《北京大学月刊》的必要性时，他又指出，"所谓大学者……实以是为共同研究学术之机关"，"大学者，'囊括大典，网罗众家'之学府也"。不仅大学教师要研究学问，学生在校求学也要以研究学问为本位，"大学学生，当以研究学术为天职，不当以大学为升官发财之阶梯"。胡适也特别强调大学要"争取学术独立"。其次，要营造一种良好的学术氛围。强调学术人员是学术管理的主体，实现民主管理，使学术活动与学术事务真正由学术人员自主决定。学术管理机构应确立正确的管理理念，学术管理是一种特殊的管理工作，它有着与其他管理工作迥然不同的内在逻辑和规律，它在根本上是学术活动的一部分，而不是行政活动。最后，要建立完善学术自律制度，使学术研究从重现实利益转变为重诚信和重学术自律，通过学者自律与制度他律、道德教育与法律究责的相互作用、相互促进来实现。①

有论者从学术管理的终极目的出发来谈学术管理的改进。有论者认为，学术管理的终极制度以学术为志业，还要求制度提供能够成为精神追求目标的保证。学术发展的进步不是靠学术管理制度推动的。学术管理者必须意识到，他们只是学术发展的服务者。良好的制度设计是学术发展的前提。否则，学术发展无章可依，就只能在压抑和困境中挣扎。一个好的适合学术发展的制度环境，首先应有宽松的治学氛围。依靠制度可以保证学者自由地表达思考。其次应有开明的学术管理机制。这种机制不是给人以束缚，而是在制度上解决学者的后顾之忧。最后，好的制度可以激发人们组成更多的学术共同体，而不是担心言论之后的各种负面影响。该论者还提出，学术制度环境的构建，必须坚持自由、平等的基本原则。学术制度保障的应是学术的自由和平等。然而，近十年以来，学术的权力对学术的资源进行没有监督的垄断，一些学官、学阀充斥整个学术生态环境。就学术生态来看，学术的制度环境将许多行政和经济领域的制度措施简单照搬过来，自然而然导致官僚世俗之气遍布学界。环境塑造人，反过来人也推动制度的运行，从而不断地进行恶性循环。由于利益的收买，没有人在乎是否背离了学术的初衷。诚然，什么样的制度取决于社会什么样的发展路向，而学术发展制度也是社会发展的伴生物。只有社会的发展认识到学术环境的重要性，才会为这一目标去努力建构一种适合学术发展的制度环境。这个环境就是以学术的发展需要为需

---

① 参见程郁缀、刘曙光《关于学术管理的若干思考》，《云梦学刊》2012年第4期。

要，而不是学术管理者不顾学术发展的好坏，打着学术的幌子换取利益。①有论者表达了与上述论者相似的看法，并进一步指出，我们实施学术管理的目的是促进学术的发展。那么，什么样的学术管理才能有力地促进学术发展呢？该论者认为，只有按照学术发展规律从事学术管理，才能有力地促进学术的发展。否则，如果无视学术发展规律，迷信管、卡、压的一套传统的管理方法，以为管得越严、卡得越死、压得越重就越灵，其结果必将事与愿违，必然阻碍学术的发展。显然，我们这里说的学术是指人文社会科学或哲学社会科学。②

笔者曾基于学术管理的现实状况，提出如下有针对性的建议，即学术管理界可以重视"学术"，但不要太过重视"学术管理"；学术管理界要删繁就简，少发文件，少出台政策，少"设"法，也就是少折腾；学术管理界人士要集中精力做好管理工作，尽可能少地直接参与学术研究；学术管理界对自身要求要"严"，对学术与学术界的管理则要"松"，这个"松"包括放松、宽松、轻松（"放松"就是希望学术管理界放松对学术界的要求和管理，"宽松"就是希望学术管理界营造出宽松的学术环境，"轻松"就是希望能让学术研究者以轻松的心境自如、自觉地开展真正的学术研究）；学术管理界要大大提高各高校（包括各学术单位）的下拨经费基数，大大提高高校教师（包括其他学术研究者）的工资待遇，而尽量减少用于"计划学术""审批学术"的经费。最后，笔者建议学术管理界一定要返归本真，返归正道，一定要舍"末"求"本"。③

有论者专门提出要把宽容与大爱应用于学术管理。该论者指出，宽容与大爱应用于学术管理，意味着对学术生产的个性及特点的尊重，意味着"管理者"与"被管理者"之间"同情的了解"，意味着管理的整个过程充满着温暖、呵护、欣赏、激励，等等。大家想想看，如果怀尔斯教授、纳什教授工作在中国的任何一所大学，他们的命运该是什么样的？该论者认为他们早就被一年一填表、三年一考核、五年一评比的学术体制淘汰出局了。中国道家哲学的创始人老子如果生活在现行的体制里，恐怕连副教授都评不上。因为他毕其一生，不过写出了区区五千言的《道德经》。然

---

① 参见段钢《学术发展的理想寻求》，《云梦学刊》2012年第4期。
② 参见董京泉《按学术发展规律引导和管理学术研究》，《云梦学刊》2012年第4期。
③ 参见余三定《反思当今学术管理与学术发展的若干关系》，《云梦学刊》2012年第4期。

而就是这五千言的《道德经》，深刻地影响了中国文化的走向，成为与《圣经》并列的世界文化经典。中国大学不缺乏优秀的人才，但缺乏优秀的管理者。在现行的学术管理体制下，中国许多优秀人才的才华被浪费掉了。他们不得不为填表而忙碌，为核心期刊或科研课题而忙碌，为获得体制内的重点学科、博士点的排位等而忙碌，在这样日复一日、年复一年的忙碌中，学者探究未知的强烈兴趣被淡化了，淡定从容的意志品质被削弱了，功利的学术压倒了从容的学术，量化考核的指挥棒制造了学人短视的目标和浮躁的心态。①

有论者提出学术管理应避免出现两种倾向，这两种倾向分别是：一是"学术审批化""指标化"；二是学术管理的自由化和放任化。按照第一种倾向，势必导致像目前学术界批判很多的学术管理的行政化问题；按照第二种倾向，学术研究就易成为个人的独白，公共化的平台就会丧失。后一条路固然显得超脱，但是把握不好就容易走向极端。② 有论者从否定、排除的角度提出改进学术管理的明确建议：杜绝近亲繁殖；杜绝既做裁判员又做运动员的现象；禁止以权谋学；取消诸多不必要、引发更多问题的评审制度；取消国家社会科学基金（包括国家自然科学基金中的管理科学基金），或对国家社会科学基金进行重大改革。③ 有论者以专题形式展开对"计划学术"的深入研究和直率批评，指出："每年最辛苦的大事，就是申请课题。拿得到拿不到，大有学问，除了众所周知的关系学之外，填表也是一项专门的学问，而且是大学问，你要仔细推敲课题指南的微言大义，熟悉流行的学术语言和关键词，非受过专门的训练，或几经挫折，否则无法窥得个中奥妙。最奇怪的是，课题申请不大赞成单兵作战，像自然科学一样，鼓励集体公关，相信'大跃进'时的群众智慧：三个臭皮匠，合成一个诸葛亮。明明大家都知道，人文研究最忌讳合作，只有个人独立的思考和探索，才有智性的突破。你看诺贝尔奖，物理、化学奖常常多人并列，哪有文学、经济学奖台上并列站两人的？我自己去书店买书，凡是见到两人以上合著的，一律敬而远之。不过，申请课题却容不得个人英雄主义，申请者名单最好像一支足球队，老中青三结合，前锋、后卫、守门的，各种风格、门

① 参见邢建昌《学术管理的理想境界》，《云梦学刊》2012 年第 4 期。
② 参见王巍《学术管理应树立明晰的边界意识》，《云梦学刊》2012 年第 4 期。
③ 参见顾海兵《中国的学术管理制度：问题与改革》，《社会科学论坛》2002 年第 7 期。

类齐全。当然，你要获得大资助，一定要报一个大课题，在时间、空间上无限延伸，最好从古论到今、从中国讲到世界。比如，搞历史研究的，最吃香就是××通史、××通志一类。否则报上去，管钱的会觉得气魄不大，价值有限，他们喜欢大词、大工程、大手笔，盛世修大典嘛。于是下面纷纷投其所好，立项题目一个比一个大，堪比南水北调、三峡水坝。况且，大工程最容易得奖，几乎所有的图书奖、学术奖都偏爱集体公关大项目。报了宏大课题，只要你做得出来，保证来年得大奖。一鸡两吃，何乐而不为？"①

有论者提出，高校学术管理改革特别重要的一点是要处理好行政权力与教授权力、学术权力的关系。该论者认为，要将教学与学术张扬为高校的最高价值，就必须对行政权力进行规范和限制，使其为教学与科研活动服务。大学作为大型教育机构，没有高效的行政管理是不行的，没有管理，大学就会成为一盘散沙。但行政权力不能凌驾于教学与学术之上，这就决定了权力必须有其明确的边界。近几年，民间经常探讨"教授治校"的可能，而开明的大学校长则主张校领导从学校学术委员会、学位评定委员会退出。其实，这些委员会一年开不了两次会，在学校权力格局中影响有限。真正的大学改革，是把过大的行政权力转移给学术组织和教授们，实现行政权力与学术权力的相互制衡。高校去行政化，实质就是实行民主管理与学术自治，把教授们的积极性与智慧调动起来。自治是一切组织的活力之源，大学教授是智识群体，无疑具备自治的能力。既然涉及"权"的此消彼长，高校"立宪"就不能由谁单方面说了算，而应是各方协商和谈判，达成妥协。如果以校长为代表的行政权力受到约束，客观上也就实现了高校的"管办分离"。②

从单纯学术管理界的视野跳出来，笔者曾从多方位的角度提出改进当今学术管理的意见和建议，认为，改进当今学术管理，教育管理部门、高校、学者各方应该同时努力。首先，教育行政部门要坚决治理学术评价过度症！笔者的基本观点是，在目前学术生态平衡遭学术评价过度症严重破坏的现实情况下，必须下重药、猛药。笔者郑重建议：必须淡化、弱化学术评价，甚至建议暂停学术评价（比如暂停5~10年），以改良学术风气，恢复学术的

---

① 参见许纪霖《计划学术何时休？》，《新闻周刊》2004年1月12日。

② 参见杨于泽《高校"宪章"的核心问题是规范权力》，《中国青年报》2012年1月11日。

生态平衡。在学术管理、学术评价方面，教育行政部门设的"法"越少越好，折腾得越少越好。其次，高校则要回归高校的本位、本色，即要把教学和学术研究作为自己的天职和永恒追求，要远离官本位，要抛弃单纯的"行政"管理方式，要抛弃学术管理中的单纯的数字追求和数字攀比，真正尊重学术、尊重学者、尊重学术规律。最后，学者要分流："官"学者要认真当好"官"，即全力做好管理工作，不要以官谋学；真正的学者一定要为探索真理，追求真理而做学术，一定要做有操守的学者。①

笔者认为，上述从不同角度提出来的关于改进当今学术管理的意见和建议有着如下的共同特点：其一，具有明显的现实针对性；其二，具有真正的建设性；其三，具有很强的可操作性。因此，上述意见和建议都是非常有益的、值得特别重视的。

补　论

笔者撰写的《做学问莫"买椟还珠"》一文在《人民日报》2013年4月16日"副刊"版（头条）《读书管见》专栏发表后，收到了许多学界朋友发来的手机信息，其中一位学界朋友的信息写道：《做学问莫"买椟还珠"》，已被新华网、求是理论网、光明网、全国哲学社会科学规划办公室网、中国经济网等200多家网站转载。其之所以如此受欢迎，是因为切中了学术界的时弊，说出了大家的心里话。还有一位学界朋友的信息写道：《做学问莫"买椟还珠"》所论切中学界时弊，殊值学界深思，亦可令学术管理者反省。笔者撰写本文的目的，别无他意，就是希望学术管理者能够反省，并进而由反省进入改进与改革。

（原载《云梦学刊》2013年第3期，中国人民大学"复印报刊资料"《社会科学总论》2013年第3期转载）

---

① 参见余三定、袁玉立《学术不端与学术规范、学术管理对谈》，《学术界》2010年第7期。

当代各重要学科的学术简史

——评《新中国社会科学五十年》

《新中国社会科学五十年》（中国社会科学院科研局编，中国社会科学出版社于 2000 年出版，共 547 千字，以下简称《五十年》）是中国社会科学院组织院内相关学科著名学者撰写的当代人文社会科学各重要学科的发展概要，即当代各重要学科的学术简史（学科史）。《五十年》视野开阔，构架宏大，史料扎实，论证有力。尽管距该书出版已近十年，但仍有重温的价值。

———

《五十年》前面有李铁映的代序《伟大的时代　辉煌的成就——新中国人文社会科学五十年》，书末有靳辉明的《新中国社会科学 50 年的回顾与反思》，这两篇长文实际是对中国当代学术史进行宏观、综合研究的专论，具有某种当代学术通史的特点和意义。

李铁映文除"结束语"外，主要包括三个部分。第一部分为"艰辛的历程　亲切的关怀"，李文在这部分将 50 年来新中国人文社会科学事业的发展历程大体分为三个阶段。第一阶段"奠基起步（1949～1965）"。这个阶段人文社会科学工作的重点是，确立马克思主义的指导地位，形成新的科研体系构架，创建科研和教学机构，培养新一代科研人才。这个阶段人文社会科学研究与教学队伍迅速壮大，在不少领域取得了较好的研究成果。此间也有过偏差和曲折，不少教训值得汲取，但成绩是主要的。第二阶段"严重挫折"（1966～1976）。这一阶段，学术风气很不正常，以僵化、教条主义的态度对待马克思主义的理论研究；对科学研究设置种种禁区，"双百"

方针实际上停止执行；人文社会科学研究主要围绕"以阶级斗争为纲"做注解。但有不少专家学者仍在艰难地坚持着自己的研究工作。第三阶段"发展繁荣（1978～现在）"（文中的"现在"即 1999 年）。这一阶段人文社会科学发展的主要特点是：冲破"左"的束缚，排除了"右"的干扰，从恢复走向繁荣。科研领域不断拓展，研究方法不断创新，科研机构不断充实，科研队伍不断壮大，对外交流合作日益增强，学术成果硕果累累。人文社会科学对我国改革开放和现代化建设，对物质文明和精神文明建设，产生了积极的推动作用。这一部分还特别论述了党的三代领导人对我国人文社会科学事业的高度重视和关怀。

李文第二部分为"光辉的业绩 重大的贡献"，肯定了我国人文社会科学研究事业在各个方面取得的显著进展，主要表现在：人文社会科学的研究机构和队伍迅速发展壮大，形成了由社会科学院系统、高等院校系统、党政部门（包括地方志）系统、党校系统和军队系统组成的五大人文社会科学研究大军；人文社会科学研究领域不断拓展和深化，已基本形成比较完整的学科体系；人文社会科学的研究方法取得重大突破和创新；我国人文社会科学的对外交流和合作不断扩大。接下来，李文用较多篇幅，总结了新中国50 年特别是改革开放 20 年来，中国人文社会科学工作者在一系列重大问题研究方面所取得的突破性进展，包括七个方面："研究和传播马克思主义取得显著成就"；"对确立社会主义初级阶段理论作了大量探索"；"对形成社会主义市场经济理论做出了重要贡献"；"社会主义法制建设中重大理论问题取得了重要进展"；"经济社会发展理论和发展战略的研究成绩斐然"；"中华文明和社会主义新文化建设的研究取得了巨大成就"；"国际问题研究取得了显著成效"。

李文第三部分为"宝贵的经验 深刻的启示"，认为认真总结 50 年积累的宝贵历史经验，对指导未来的发展具有重要的理论意义和实践价值。依次总结了如下七个方面的经验：必须坚持马克思列宁主义、毛泽东思想特别是邓小平理论的指导，坚持正确的政治方向；必须坚持解放思想、实事求是的思想路线，发扬理论联系实际的优良学风；必须以全面振兴中华民族为主要任务，体现鲜明的中国特色；必须坚持"双百"方针，创造良好的学术环境；必须尊重知识，尊重人才，努力造就一支高素质的科研队伍；必须加强和改善党和政府的领导，实现科学规范管理；必须坚持改革开放的基本方针，注重吸收人类社会所创造的一切优秀文明成果。

靳辉明文除对新中国社会科学做出回顾和总结外，还对新中国成立前的社会科学做了简要评述，特别是对"新的世纪中国社会科学发展的趋势和要研究的重大课题"表达了自己的看法，主要有以下三点。首先，面对新的世纪、新的实践，要充分认识社会科学的重要地位和巨大作用。其次，社会科学是意识形态的重要领域，它的发展状况，直接关系到我国社会主义现代化和建设有中国特色社会主义事业的大局。因此，党和国家的领导、重视和支持，是我国社会科学发展的重要保证。最后，新的历史时期要造就和培养与时代要求相符合的高素质的科研人才。

李铁映、靳辉明的两篇专论各有侧重，各有特点，共同展示了新中国50年来学术发展的鸟瞰图和简略的解剖图，有助于我们从整体上把握新中国的学术发展。

<h1 style="text-align:center">二</h1>

《五十年》的主体部分，是当代人文社会科学各主要学科的学术简史，每个学科一篇专论（其中哲学学科两篇），计有16个学科，分别是哲学、马克思主义、经济学、社会学、法学、政治学、历史学、世界史学、近代史学、考古学、民族学、宗教学、文学、外国文学、语言学和国际问题研究等。

这里先看有关文学学科的专论，由此窥一"斑"可见全"豹"，该文题为《文学科学的大踏步前进——对新中国50年文学研究的回顾》（张炯）。张文在开头即明确界定学科内涵，写道：文学作为国家规定的人文科学的一级学科，它涵盖文学理论、文艺美学、比较文学、文学批评、中国历代文学史、中国文学的文体研究、中国民间文学、中国儿童文学、中国各少数民族文学等二级学科。张文进一步明确说：本文就作者视野所及，尝试论述文学理论、文艺美学、比较文学和中国文学研究的各学科50年来发展的状况，概括其取得的巨大成绩和存在的问题以及主要的经验与教训。张文将新中国文学科学的发展分为三个阶段，即新中国成立初的17年、"文化大革命"的10年和社会主义新时期的20多年。它的发展有起有伏，即前后两头高，中间"文化大革命"低，呈马鞍形的态势。这种划分与李铁映文将整个中国当代学术发展史划分为三个阶段的观点是一致的。

张文从如下几个方面总结了新中国成立以来文学科学发展的重要成就。

其一，最重要的成就是进一步把文学科学奠定在现代科学成果的基础上，特别是奠定在马克思主义世界观和方法论的基础上，从而使整个学科产生了划时代的深刻变化；其二，全面地推进了文学理论的深入探讨，在继承古典文论，借鉴外国文论并总结本国文学实践经验的基础上，初步建立了有中国特色的以马克思主义为指导的当代文学理论的多层体系和多向度探索的格局；其三，在文学史研究领域也取得了前所未有的巨大成就，在不断推进中，对中华各民族文学发展的历史做了专题的和全面的研究，先后推出了不同的文体史、地区史、断代史、思潮史、性别和族别文学史以及通史，并加强了文学史学的建设；其四，文学批评以美学的历史的批评为主导，逐渐积极开展微观与宏观相结合的多层面、多方位、多方法的评论；其五，民间文学、少数民族文学、儿童文学和比较文学等，在新时期获得引人注目的发展；其六，大型工具书、选本与研究资料的收集、整理、编辑、出版逐渐形成规模，取得实绩。总之，新中国文学科学发展的巨大成就，主要表现在培养了知识结构互补的老中青数代研究人才的宏大队伍，建立起学科完备的文学研究的多层面、多方位的体系，大大丰富了我们对于文学科学特别是对中国文学的认识，从而为 21 世纪的继续前进奠定了扎实的基础。

在充分肯定、总结成就和经验的基础上，张文同时指出，还应该看到其中的不足以及所包含的经验和教训。张文指出，不必讳言，文学科学本来是应当做出更大成绩的。之所以没有做到，自有种种的原因，而最重要的原因恐怕是来自政治领域的某些错误和政治对文学学术的不当的干预与干扰。

我们再看有关历史学学科的专论，该文题为《回顾与总结：新中国历史学 50 年》（卢钟锋）。该文将新中国历史学分为"前 30 年"和"后 20 年"进行总结和研究。对新中国历史学的后 20 年（即改革开放以后的 20 年），卢文从七个方面进行总结和概括：开创新中国历史学全面发展的新局面；打破理论"禁区"，加强史学理论建设；打破史学"禁区"，深化对重大历史问题的研究；新中国历史学的结构性调整；高质量史学论著的问世；研究方法的多样性与学术交流的加强；开展人才培养的新途径与存在的问题。关于"存在的问题"，卢文明确地分析道："由于种种原因，目前的学术发展和社会主义现代化建设的需要之间还存在着较大差距。就历史学界而言，不良的学术风气在一定程度上制约着学术研究的健康发展。应该承认，20 年来，在鼓励学术创新，提倡方法多元的同时，忽视学风建设是我们的一个重大失误。而学风的好坏，是关系到历史研究发展前途和命运的根本大事，历史学工作者应该以对历史负责的态度，为加强学风建设做出实实在在的贡献。""除了学风问题外，我们还应该对中国传统文化采取正确的态度。"接着，卢文指出了在如何评价中国传统文化学术讨论中出现的两种错误倾向：一是"民族文化虚无主义"；二是"文化保守主义倾向"。

由上可见，坚持实事求是的学风，在认真总结 50 年本学科发展的主要成就和经验的同时，深入地分析其不足和教训；坚持纵横结合的研究方法，即在做出本学科纵向的历史勾勒的同时，全面、系统地论述本学科的主要成就和成果：这既是张文、卢文的特点，也是《五十年》其他学科史专论的共同特点。

三

综合起来看，《五十年》既有李铁映文、靳辉明文对新中国学术史进行宏观、综合的研究，又有多位学者对各主要学科发展史的具体论析，这样全书就较好地做到了宏观与微观、整体与部分的有机结合，互为烛照。可以说，李、靳两文为各学科史专论提供了宏观的参照和背景，而各学科史专论又为李、靳两文提供了实证和立论的依据。这样，从形式上看，这是一部研究当代主要学科发展史的论文集；从内容上看，也可以说这是一部初步形成了一定系统性、体系性的研究当代学术史的专著。

史论结合，实证与思辨的有机统一，也是《五十年》的重要特点。有关宗教学的专论《新中国宗教研究 50 年》（戴康生），将新中国成立至 1978 年的宗教研究分为两个时期，即 1949 年至 1966 年为"宗教研究的消沉时期"；"文革"十年为"宗教研究的停滞时期"。上述结论是建立在充分实证基础之上的。关于"消沉时期"，书中指出，这时期宗教研究方面公开发表的书籍、文章不多，有些是资料整理与汇集，有的则出自无神论宣传的需要或从路线斗争的角度对宗教进行批判。1964 年，一度有关于宗教、有神论观念与迷信关系的争论，不过很快就偃旗息鼓了。据不完全统计，1949 年发表的宗教文章有 18 篇，1957 年有 150 篇，到 1966 年则降为 6 篇。关于"停滞时期"，书中写道：这个时期，国内几乎看不到有关宗教研究的文章。1967 年至 1974 年间一篇也没有，其后零星地在一些报刊上可以看到有关破除迷信、无神论思想和"不怕鬼"的宣传性文章。也有少量文章论述帝国主义利用宗教的历史、农民起义与宗教的关系、宗教建筑考古等问题。戴文对1978年至1998年用了"宗教研究的复苏与发展"这样的标题来概括，其具体体现在：科研机构不断增加，队伍不断扩大，人才辈出；研究领域不断拓展，学科建设初具规模，研究方法日趋多元，科研手段明显改善；科研成果丰硕，并取得良好的社会效益；多渠道多形式的学术交流活动空前活跃。可以看出，《五十年》著者是在做了充分的资料准备即在充分占有史料的基础上，才展开研究，进行概括和提炼的。在当今学风浮躁的背景下，《五十年》著者们的努力特别显得难能可贵。

视野高远，背景开阔，是《五十年》的又一重要特点。《五十年》内容的主体是研究新中国50年的社会科学，但并非就"学科"论学科，而是将某一学科置于宏观的社会背景之下来考察，有的还上溯到"50年"前的学科渊源，或者展望未来。有关政治学的专论《50年来的中国政治学》（刘瀚、杨海蛟、张少瑜）在"发展历程"部分开头就指出，政治学是一门历史悠久的学科，经历了漫长的历史过程。在我国，它的发展可追溯到先秦诸子百家；鸦片战争后，西方文化传入中国，中国早期寻求强国富民的志士仁人大量传播西方资产阶级政治学；辛亥革命期间，以孙中山的三民主义、五权宪法为核心的资产阶级政治学说，是将西方政治学说中国化的一次尝试；与此同时，马克思主义政治学在中国得到传播，中国共产党人在革命斗争实践中把马克思主义普遍原理与中国的具体实践相结合，对阶级和阶级斗争、国家、政权、革命、政党、爱国主义、国际主义、革命的战略和策略进行了深刻的论述和发挥。上述回溯，为下文展开对"50年"政治学的系统论述打下了坚实的基础。该文的最后一部分为"问题及前景"。这样，全文就显示出一种打通古今、面向未来的开放性。有关世界史学的专论《新中国的世界史学》（朱希渊）同样显示出一种开阔的视野。由于我国的世界史学是在新中国成立后形成的一个新兴学科，该文自然没有对以前的追溯，但有对未来的展望。该文最后一部分为"我国世界史学发展的经验与前瞻"，其中写道：展望未来，我国的世界史学会怎样发展呢，它不应割断自己发展的历程，而应在继承传统的同时富有新的时代感。世界史学的根本任务是，通过对世界历史进程中经济、政治、社会、文化、艺术、科技以及不同民族、不同国家和不同地区相互影响与日趋紧密联系的具体研究，揭示人类历史的发展规律。由此出发，研究人类社会各个阶段、每个阶段的各个方面、各个方面的不同层次的问题，这是以往也是今后我国世界史研究的重要方面。在上述研究的基础上，构筑并撰写以中国学者的观点审视人类历史进程的《世界通史》将是本学科的一项重大课题。

四

2008 年是我国改革开放 30 年。各界都在回顾、总结改革开放 30 年的成就和经验，学术界也是一样的。不少重要报刊都辟出专版或专栏总结 30 年的学术发展，《人民日报》"学术动态"版从 2008 年 5 月 13 日开始开辟《哲学社会科学 30 年》专栏，先后发表了若干篇专论。编者在"开栏的话"中写道："今年是我国改革开放 30 周年。这 30 年，也是我国哲学社会科学焕发勃勃生机的 30 年。从真理标准问题大讨论到计划与市场关系认识的不断深化，从社会主义初级阶段理论的提出到科学发展观的形成……30 年来哲学社会科学充分发挥思想库和智囊团的作用，在推动我国历史上从未有过的大改革大开放中实现了自身的大发展大繁荣。为纪念改革开放 30 周年，本报自今日起在学术动态版开辟哲学社会科学 30 年专栏，陆续刊登回顾和总结相关学科发展和创新主要成果的文章，从学术研究的角度反映改革开放的伟大历程和巨大成就。"笔者的上述引文，既说明了《五十年》一书的重要意义和作用，也显示出《五十年》一书已走在前面，值得学界注意和重视。

（原载《中国政法大学学报》2009 年第 1 期）

当代重要学科学术史研究的开拓性成果

——《人民日报》的《走向繁荣·哲学社会科学60年》专栏综评

《人民日报》"理论·学术"版2009年7月17日开辟《走向繁荣·哲学社会科学60年》专栏，至同年10月30日告一段落。据笔者粗略统计，其间共发表了11篇文章，分别对中国当代60年哲学社会科学中的若干重要学科进行了系统、深入而精简的梳理和研究。上述文章可以说是当代若干重要学科学术史研究的开拓性成果，是当代学术史研究领域的重要收获，很值得当代学术界特别是当代学术史研究者关注、重视。因此，笔者特在此做一综评。

一　用心选择重要学科

《人民日报》"理论·学术"版在2009年7月17日《走向繁荣·哲学社会科学60年》专栏发表第一篇文章时，有一段编者的话表达了该栏目的宗旨："哲学社会科学是人们认识世界、改造世界的重要工具，是推动历史发展和社会进步的重要力量。新中国成立60年来，我们党和国家始终把繁荣发展哲学社会科学作为一项重大而紧迫的战略任务摆在重要位置。广大哲学社会科学工作者坚持解放思想、实事求是、与时俱进，不断推进学科体系、学术观点、研究方法创新，使我国哲学社会科学发展取得了辉煌成就，充分发挥了认识世界、传承文明、创新理论、咨政育人、服务社会的重要作用。本报自今日起在理论版开辟'走向繁荣·哲学社会科学60年'专栏，以反映哲学社会科学60年来的发展情况和丰硕成果。"从"编者的话"可以看出，"学科体系"、"学术观点"（学术成果）、"研究方法"是该栏目检视新中国哲学社会科学60年的几个重要视角和着力点；分学科依次展开专题论述则是其基本的步骤安排。

整个哲学社会科学有一个庞大的学科体系，所属学科众多，作为一家报纸的学术版不可能对每个学科都予以总结，当然只能有所选择。我们先按发表时间顺序将11篇文章排列如下：《马克思主义史学理论研究的丰硕成果》（于沛）、《当代中国马克思主义哲学的发展与创新》（郝立新）、《追寻从未间断的中国文化——新中国考古学的发展与贡献》（李伯谦）、《从"绝学"到"显学"——中国古文字学的繁荣发展》（李学勤）、《马克思主义经济学——随着经济实践的发展而发展和创新》（卫兴华）、《为建设和发展社会主义提供理论支撑——新中国成立以来的科学社会主义研究》（闫志民）、《唯物辩证法在中国化当代化中不断发展》（庞元正）、《新中国60年世界史学科的成长》（钱乘旦）、《在服务实践中不断开拓新的生长点——新中国成立以来的自然辩证法研究》（刘大椿）、《忠实记写新中国的光辉历程——中华人民共和国史研究的回顾与展望》（张星星）、《中国经济史学发展概览》（李根蟠）。

通过上述的文章标题可以看到，其所涉及的学科门类包括哲学、经济学、文学（从学科分类的逻辑上看，可以说"中国古文字学"从属于"文学"这一学科门类）、历史学等。如果再将整个哲学社会科学区分为"人文科学"与"社会科学"两大类的话，可以明显地看出，《走向繁荣·哲学社会科学60年》专栏的选题是以文、史、哲等人文科学为重点、为主体的。如果做进一步具体深入分析的话，笔者以为，从上述的文章标题可以看出，编者的选题似乎主要考虑如下三个方面的因素。其一，与马克思主义研究相关的学科是最重要的选题，这方面的选题是整个选题的主体部分。这方面的内容包括马克思主义哲学、马克思主义史学、马克思主义经济学、科学社会主义以及更加具体的唯物辩证法、自然辩证法等分支学科。因为马克思主义是我们的指导思想，自然应该侧重这方面的选题。正如2004年初中共中央《关于进一步繁荣发展哲学社会科学的意见》所指出的："繁荣发展哲学社会科学必须坚持马克思主义的指导地位。要用马克思列宁主义、毛泽东思想、邓小平理论和'三个代表'重要思想统领哲学社会科学工作，善于把马克思主义的基本原理同中国具体实际相结合，把马克思主义的立场、观点和方法贯穿到哲学社会科学工作中，用发展着的马克思主义指导哲学社会科学。绝不能搞指导思想多元化。"其二，具有强烈时代和社会现实意义的重要学科被选入。上述与马克思主义研究相关的学科同时是具有强烈时代和社会现实意义的学科。此外，如"中华人民共和国史研究"这一历史学中的重要分支学科，本身便是随中华人民共和国的诞生、发展而诞生、发展的新兴学科，其研究成果尤其具有强烈的社会现实意义。其三，具有独特的学科历史渊源、取得了空前发展的重要学科亦被选入。关于"中国古文字学"学科的文章，李学勤用了"从'绝学'到'显学'"这样非同一般的标题，因为在新中国成立前中国古文字学只有少数学者从事研究，因而有"绝学"之称；在新中国成立之后，这一学科得到空前发展，成为介于考古学、历史学和语言文字学之间的一个学术领域。"中国考古学"（《追寻从未间断的中国文化——新中国考古学的发展与贡献》）学科列入选题，是因为自新中国成立以来，开启了中国考古学的新时期，中国考古学发展迅速，收获巨大，有许多重大发现，取得了丰硕的研究成果。

从上述的简略分析可以看出，《走向繁荣·哲学社会科学60年》专栏所选择论析研究的学科都是特别重要的、具有代表性的学科。在无法对所有学科进行全面、系统论析研究的情况下，这种选择是很有道理也很有意义的。

还想指出的一点是，《走向繁荣·哲学社会科学60年》专栏文章的前面，都有简洁的"作者名片"，简要介绍作者的学术身份、主要研究方向和主要研究成果等，从其"作者名片"中可以看出，所有作者都是该学科的一流专家，从中也可看出编者的用心和努力。

二 全面总结主要学术成果

系统地总结各重要学科的主要学术成果，精简地概括其重要学术观点，是《走向繁荣·哲学社会科学60年》专栏文章的主体内容和贡献。其中有部分文章同时论析了学科发展、繁荣的大致历程。

由于60年的时间跨度较长，要在一篇篇幅不长的文章中完全地概括出某一学科的主要学术成果和重要学术观点，是很不容易的，于是多数文章没有采用历时性（即按时间顺序）的方法来进行论析，而是把新中国60年作为一个共时性的整体来论析。如，《追寻从未间断的中国文化——新中国考古学的发展与贡献》一文，用了多个并列性的小标题来总结新中国考古学的主要学术成果："发现了从旧石器时代到青铜器时代一系列重要遗址，建立了考古学分期标尺，理清了其发展谱系，证明从古至今中国文化的发展是一脉相承、不曾间断的";"提出了中国文明本土起源说和中国文明起源、形成、发展的多元一体模式";"经过 60 年研究，中国古代国家形态演进分为古国—方国—帝国三阶段说渐渐成为学术界的主流认识";"以考古发现为基础，经过整合考古材料和文献材料，中国考古学界提出了有充分依据的更为可信的中国上古史基本框架";"经济技术领域考古一直在中国考古学界占有重要地位，展示出中国古代高超的文明成果";"考古发现与研究证实，中国古代文化具有宽广胸怀，善于吸收消化外来文化的精华"。《马克思主义经济学——随着经济实践的发展而发展和创新》一文开头写道："新中国成立 60 年来，无论前 30 年的社会主义改造和建设，还是后 30 年的改革与发展，都是在马克思主义经济学的指导下进行的。随着经济实践的发展，马克思主义经济学也在不断发展和创新，在许多方面取得了突出成绩。"其正文由并列的六个小标题组成，依次是："关于政治经济学的研究对象与体系";"关于生产力和生产关系";"关于商品经济和市场经济";"关于劳动价值论";"关于新的经济学概念和理论";"关于中国特色社会主义经济理论"。在最后一个小标题中将中国特色社会主义经济理论概括为十个方面，精简而明了。可以说，上述六个小标题已经涵盖了马克思主义经济学在当代中国随着经济实践的发展而发展和创新的所有重要方面。《为建设和发展社会主义提供理论支撑——新中国成立以来的科学社会主义研究》一文包括三个小标题，依次是："对科学社会主义基本问题的研究";"对我国社会主义理论和实践的研究";"对国外社会主义的研究"。其中"对科学社会主义基本问题的研究"一部分主要有如下要点：关于社会主义代替资本主义的历史必然性问题；关于社会主义代替资本主义的过程和方式问题；关于资本主义及其与社会主义的关系问题；关于未来社会的发展阶段问题；关于社会主义的发展道路和模式问题。无论是从全文的总体来看，还是从某一部分的局部来看，都抓住了该学科的重点和关键。《忠实记写新中国的光辉历程——中华人民共和国史研究的回顾与展望》包括"主要成就""热点分析""思考与展望"，其在研究范式上与上述文章是相似的。

在多数文章采用共时性的整体论析方法的同时，有的文章则采用历时性（即按时间顺序）的方法来进行论析的。《新中国 60 年世界史学科的成长》第一个小标题为"世界史学科的起源"，该部分指出，"严格地说起来，中国人对外国历史的了解始于鸦片战争后"，中国人"对世界史的研究工作起源于 20 世纪 20、30 年代"。该文接着用了如下两个小标题："新中国成立初期世界史学科的发展";"改革开放以来世界史学科的巨大进展"。这实际上是把新中国 60 年世界史学科的成长过程大致分为两个时期。关于前一个时期,文中写道:"新中国成立后的十几年,是世界史学科诞生、成长的时期。"关于后一个时期,文中写道:"改革开放后,中国的学术研究迎来灿烂的春天。世界史学科越过它的幼年期,进入青春成长阶段,成为中国哲学社会科学的一个重要组成部分。"《中国经济史学发展概览》亦是采用上述的论析框架。首先论析新中国成立以前的中国经济史学,用了这样一个小标题:"马克思主义唯物史观传入中国——中国经济史学的形成"。接下去的两个小标题依次为:"编纂中国近代经济史——新中国经济史学的奠基";"拓展研究领域、创新研究方法——改革开放后中国经济史学的全方位发展"。上述文章是将整个中国经济史学的发展分为三个时期,其中将新中国经济史学的发展分为两个时期,这种分法很符合历史发展的实际。

还有文章是采用历时性与共时性相结合的方法来展开对对象的论述的。《当代中国马克思主义哲学的发展与创新》一文分为三个部分。第一部分"主题:凝炼时代精神、把握时代走向、解答时代课题",从总体上对当代中国马克思主义哲学的发展与创新做了精简概述。该部分指出:贯穿当代中国马克思主义哲学发展与创新过程的一个重要主题,就是适应当代社会和实践发展的需要,深入揭示当代社会和实践特别是我国社会和实践发展的本质与规律,挖掘、拓展和丰富马克思主义哲学的理论观点和方法,探究马克思主义哲学的新形态,创造性地运用马克思主义哲学分析和解答中国问题和全球性问题。围绕这一主题,当代中国马克思主义哲学积极应对国际国内形势深刻变化提出的新要求和新挑战,在解答当代科学技术革命浪潮、经济全球化进程和社会主义改革实践提出的新课题方面,在真理研究、价值研究、规律研究、实践观研究、主体性研究、思维方式研究、社会发展研究、人的发展研究和中国特色社会主义理论体系的哲学基础研究等领域都取得了重要进展。第二部分"主线:大力推进马克思主义哲学中国化",把"大力推进马克思主义哲学中国化"这条当代中国马克思主义哲学的发展与创新的"主线"划分为"新中国成立后的一段时间"和"改革开放以来"两个时间段来展开论析,给我们提供了一个大致的历时性的脉络。第三部分"主要成就:基本理论研究和现实问题研究双丰收",其要点包括"拓展了哲学研究的视野和领域""丰富和深化了对社会发展和人的发展的思考和认识""增强了研究的问题意识和现实取向"。这样,全文对当代中国马克思主义哲学这一学科的发展与创新问题，既做出了历时性的描述和总结，又做出了共时性的分析和概括。《在服务实践中不断开拓新的生长点——新中国成立以来的自然辩证法研究》一文的第一部分"基本脉络：把握时代发展要求，回答重大时代课题"，将新中国成立以来的自然辩证法研究分为四个时段，即"新中国成立后""党的十一届三中全会后""上世纪 80 年代中叶以来""新世纪新阶段"；第二部分"主要成果：学科分支逐渐齐全，研究领域不断拓展"，从四个方面对主要成果进行概述；第三部分"未来展望：坚持科学研究态度，拓展研究广度深度"，将学科史的研究延伸到了对未来的展望和期待，可谓别具一格。笔者以为，相较而言，采用历时性与共时性相结合的方法来展开对对象的论述，是更具挑战性的研究方式。

三　深入总结研究方法

深入分析总结各重要学科的研究方法和研究范式，是《走向繁荣·哲学社会科学 60 年》专栏文章的又一重要方面的内容和贡献。

可能是篇幅限制的原因，《走向繁荣·哲学社会科学 60 年》专栏的多数文章没有专列研究方法的小标题，但在总结该学科的主要学术成果、概括其重要学术观点时，总是涉及该学科研究方法的论析。《从"绝学"到"显学"——中国古文字学的繁荣发展》一文包括"基础工作取得重要进展""与考古学密切结合""学科新分支建立""古文字演变系谱贯通"四个小标题，其中前三个小标题都侧重于研究方法。我们来看标题"与考古学密切结合"中的论述："考古学的方法影响古文字学在青铜器和金文方面表现更加明显，这是因为青铜器本身乃是出土古器物的重要门类。经过众多学者长时间的努力，中原地区（广义的）青铜器的分期序列可以说大致清楚了，这对金文研究具有很大的推动作用。不少论者，例如刘启益的《西周纪年》等等，都把青铜器分期同金文分期结合起来，有许多创见。1996 年启动的'夏商周断代工程'，也以王世民等的《西周青铜器分期断代研究》为基础，参以历法研究，编制了'西周金文历谱'。其他地区的分期研究也正在进行中。这一类工作，有利于更准确地通过金文研究当时的历史。"这一段论述侧重对研究方法的分析。《在服务实践中不断开拓新的生长点——新中国成立以来的自然辩证法研究》一文第三部分（即最后一部分）"未来展望：坚持科学研究态度，拓展研究广度深度"，也侧重研究方法。该部分主要提出了两个方面的期待和展望，分别是"坚持科学研究态度"和"努力发掘新的生长点"，上述两个方面无一不与研究方法相关联。《忠实记写新中国的光辉历程——中华人民共和国史研究的回顾与展望》一文在第三部分"思考与展望"中共谈了四点，几乎都与研究方法有关。这四点分别是"明确学科定位""推进学科建设""拓宽研究视野""挖掘档案文献"。《唯物辩证法在中国化当代化中不断发展》一文分为"唯物辩证法中国化成果的介绍和普及""吸收现代科学成果推进唯物辩证法当代化""开展社会主义社会辩证法研究推进唯物辩证法中国化"三个部分。其中第二部分"吸收现代科学成果推进唯物辩证法当代化"，主要论析了两个方面，即"重点吸收系统科学研究成果丰富和发展唯物辩证法""吸收现代科学成果丰富和发展辩证决定论"，可以明显地看到，其着重点便是研究方法。

《走向繁荣·哲学社会科学60年》专栏中几篇研究新兴学科或发展历史较短学科的文章，还特别注意了对该学科的学科特性、学科定位的分析和概括。《新中国60年世界史学科的成长》一文对新中国的"世界史学科"的学科特性做了如下分析："改革开放以后，中国快步走向世界，中国人要放眼世界、发展中国。在这样的时代要求面前，世界史研究能发挥重大的作用，因而自萌生之日起就与生俱有的时代责任感在这一时期就表现得更为强烈。正因为如此，改革开放以来世界史学科的发展表现出关照现实、为中国现代化服务这一鲜明的学科特征。世界史研究者们强烈意识到中国正处在走向世界、实现中华民族伟大复兴的时刻，因此他们的研究就是要通过对人类历史的思考，为中国的发展提供借鉴。"上段论述不但准确地概括了新中国的"世界史学科"的学科特性，而且分析了其学科特性形成的原因及其重要意义。《忠实记写新中国的光辉历程——中华人民共和国史研究的回顾与展望》一文专门对"中华人民共和国史"的学科定位做出了论述："中华人民共和国史研究已经取得了引人瞩目的学术成果，形成了比较完善的学科体系。但是，目前在国家的学科目录中还没有中华人民共和国史的独立地位，这就影响和制约了该学科的进一步发展。中华人民共和国史是中华民族历史中划时代的新篇章。没有中华人民共和国史的中国历史不是一部完整的中国历史，无法充分展现中华民族全部的历史辉煌。应当正式明确中华人民共和国史的学科定位，以推进中华人民共和国史研究的独立发展，为繁荣中国历史科学做出积极贡献。"上文不仅将中华人民共和国史的学科定位提到了一个非常重要的高度，而且言之有理，很有说服力。

四 余议

在结束这篇综论文字的时候，笔者要表达一个小小的遗憾：《人民日报》的《走向繁荣·哲学社会科学 60 年》专栏总共发表了 11 篇文章，为数确实不多。虽然其作为报纸（非专门的学术刊物）可以理解所选文章较少的原因，但相对于众多的哲学社会科学的学科来说，相对于新中国巨大的学术成果、学术成就来说，笔者总觉得其反映的面、反映的量还是窄了点。

（原载《云梦学刊》2010 年第 2 期）

第二部分　学术评论

学者的社会责任感之实现

何谓学者？中国古代的"士"林文化就提出了要"兼济天下"，要"先天下之忧而忧，后天下之乐而乐"，而当代学者余英时亦引入西方观念，认为知识分子（学者）应当是"社会的良知""人类基本价值（如理性、自由、公正等）的维护者"。可见，学者应该关注社会、关怀民众，有社会责任感是毋庸置疑的。问题在于，学者如何实现自己的社会责任感，即通过何种途径、采用何种方式实现自己的社会责任感。笔者认为，这一点在当今时代特别值得探究、讨论。

当今社会存在一种普遍现象，就是不少学者从政意识特别强，这不但表现在行政机关里，而且非常普遍地表现在科研机构和高等学校里。在这些单位里，仿佛学者一旦取得较为突出的成就就必须安排相应的行政职务才行，一些博士、博士后进某单位工作也是提出安排某种行政职务作为前提条件的。这种风气大有愈演愈烈之势。形成这种现象的原因是多方面的，如社会上的"官本位"意识、以行政权力取代学术权威的不良现象等。但其中也与一些学者对社会责任感的狭隘理解分不开，一些学者甚至以为只有直接从政才是实现自己的人生价值，表达其社会责任感的唯一途径，这种观点是偏颇的。学者直接投身社会，直接参与现实的社会变革，固然有积极的一面，所谓翩翩君子谁不想振翅高飞，轰轰烈烈地大干一场，完成一个学者"立言""立功"的人生夙愿呢？但是，那种只盯着某个行政职务，进而演变成整天沉溺于如何最快速地掘取政治地位的思想和观点，不仅无异于一叶障目的褊狭，而且从根本上违背了一个学者，尤其是马克思主义学者所应当具备的社会责任感和素质要求。其实，学者实现自己社会责任感的重要和主要的途径，就是从学术的角度去研究现实社会提出的问题，并把自己的研究成果反馈给社会。也就是说，学者基本和主要的使命就是用自己的学术成果去作用、服务于社会。现当代的著名学者陈寅恪、钱钟书、冯友兰等都是这样。学者只有保持自己独立的学者身份，站在学术立场上发言，才可能做到客观公正，才不至于被现实的眼前利益左右，才不至于随波逐流。

总之，我认为，学者中可以有一部分人去从政，去直接参与现实的社会变革，去当政治家、宣传舆论家；但也要有一部分或更多的人冷静自持，自尊自信，坚守书斋，以治学为第一天职，这不是回避现实、放弃社会责任，而是更好地承担社会责任和角色道义。

（原载《湖南社会科学》2003 年第 6 期）

中国当代学术与传统学术的异同

笔者这里讲的传统学术，主要是指中国古代的学术。中国当代学术与传统学术的异同，是个很大的题目，笔者在此用描述性的语言谈点初步的看法。

一

中国当代与古代社会相比，有了很多发展和变化，甚至可以说有了本质性的不同。这自然也使中国当代学术产生许多与传统学术不同的地方。笔者以为以下两点是特别突出的。

其一，中国当代学术与传统学术相比，社会性大大加强。在中国古代，学术研究者往往是"退隐江湖"的出世者，且学者之间往往是师徒相传，在当时对社会的直接影响不大。这样给人的感觉是，学术界有时是游离于整个社会之外的，学术的发展与社会的发展仿佛是沿着各自的路径在往前走。中国当代的学术则具有十分强烈的社会性，带有意识形态性的学术研究成果都是因社会的需要而得出且都必然影响到社会，应用性学科的学术研究也是直接作用于社会，任何一种学术（文化）思想、学术（文化）思潮都与社会的发展变化分不开。

其二，中国古代学者比当代学者更自由。原因可能主要有两个。第一，我们现在的学术管理机构管得多，管得严，管得死。现在的学术管理机构除了用行政手段指挥学术研究外，还用基金、课题、项目、评估、评奖、验收等各种手段强化管理，形成了几乎无孔不入的管理网络。在古代，没有一个管理学术的庞大机构，古代学者具有相对自由的空间。第二，与经济有关系，与学者的社会地位有关系。传统的学者往往是"达则兼济天下，穷则独善其身"的。古代的一些学者在官场失意之后，可以退下来做学问，并且做出很好的学问，甚至可以做很多年。古代学者可以完全游离于体制之外，他们的家族往往很有钱，有一个经济上的支撑，做官不成可以做学问，家里完全能供养他做学问。即使不给他稿费，不给他 CSSCI 的评价，也不给他省部级、国家级奖励，他也可以照样做下去。古代学者可以真正做到清高，可以"清"而"高"。当代学者都处在社会之中，即都处在体制之内，不可能提着自己的头发离开地球，不存在退隐、出世的问题。当代学者想的都是要"达"，很少想到"穷则独善其身"，也很难做到清高，少数人想清高，结果是"清"而不"高"。

中国当代学术与传统学术相比，还有许多不同特点，比如学术分科越来越细，学术研究机构（包括高校）发挥的作用越来越大，学术研究手段越来越现代化，等等。

二

与任何事物都有其连续性、任何事物在发展变化中总保持某种稳定性一样，中国当代学术与传统学术也有不少相近、相同、相通的地方。下述两点是值得我们注意的。

其一，真正的学者特别是真正有成就的学者，都必须真正挚爱学术，把学问作为自己的事业追求和人生选择，有献身学术的勇气和毅力，有不受流俗影响的定力和韧性。一分耕耘，一分收获，绝不能投机取巧，更不能弄虚作假，在这一点上，古今中外概莫能外。古代的王船山、李贽等是这样，当代如冯友兰、张岱年、钱钟书等学术大师也是这样，他们身上体现出来的学术精神和人生境界是相通的、一致的，也可以说是永恒的。

其二，在一些具体问题上，当代学者与古代学者也有颇多相同的地方。比如，当代不少学者的学术情趣与清儒就比较接近。我们知道，清儒做学问的特点就是功底深，但是弱点也是只重功底。清儒考经订史，"不复措意于文词，由是学日进而文日退"。闻一多肯定清人研究《诗经》较为客观，但断言"训诂学不是诗"。朱自清批评清儒把诗歌只看成考据校勘或笺证的对象，是"把美人变成了骷髅"。诗歌研究本来是很有审美情趣的高境界活动，但如果像自然科学一样来研究，就会变成与医学解剖相似的纯技术性的工作。现在我们不少学者也没有了做学问的情趣，都是为了弄课题、占有资金，为了评职称、得奖，为了上 CSSCI。所以，现在不少学者做学问已经背离了学问的本来目的。对于真正的学者来说，做学问原本是一件很有情趣的事情，一件很有诗意的事情，一件很浪漫的事情，有如欣赏"美人"的审美欣赏，但在现在的学术评价机制下，其结果是"美人"看不到了，所见到的只是"骷髅"。

三

以上只是有关中国当代学术与传统学术异同的初步分析，笔者会继续思考这一问题，或许将来能写出一篇专题论文来。

（原载《云梦学刊》2009 年第 4 期）

必须治理"学术评价过度症"

　　我发言的题目是《必须治理"学术评价过度症"》，这是我在比较充分地观察了现实、掌握了较多材料并进行了认真思考后拟就的题目。我们今天研讨会的会标是"改进学术评价机制专题研讨会"，从表面上看我的题目似乎超越了会标的限定，但我认为实际上是一致的，那就是"治理"的目的是"改进"。目前情况下单提"改进"，恐怕不容易解决问题，我觉得，首先（第一位的）是要"治理"。整治的力度要像当年治理公路"三乱"（乱设卡、乱收费、乱罚款）一样，下大力气，花大工夫。

"学术评价过度症"的表现

　　现在的"学术评价过度症"的严重程度与当年公路的"三乱"相比，有过之而无不及。我长期在高校工作，可谓深受其扰（害），感受极深。我们长年累月为各种评估、检查、评比、评价、评奖、申报、统计所支配、左右，搞得应接不暇，自主性、主动性越来越少，真正用于做学术研究的时间和精力也越来越少。因此，我把这种现象概括为"学术评价过度症"是非常准确的。其具体表现可粗略总结为如下几个方面。

　　一是过分量化。在学术评价中，适当进行量化是有意义的，现在的问题是让量化走向了极端，给人的感觉是：评价就是量化，量化就是评价；学术水平就是数字，数字就是学术水平。以至于评价一个学者或评价一个学术研究单位的学术成就和学术水平，可以只看其论文数、著作数、科研项目数、获奖成果数及其行政级别，而完全不看其论文、著作、项目、成果的内在实质。

二是时间周期上过分短暂。如刚发表的文章和刚出版的著作就进行评价，每个高校教师都有年度学术考核，各种"人才计划"都有年度检查，各种项目、基地、中心、工程都有年度评估，等等。这是学术评价上的急功近利所致，其作用是导致人们更加急功近利，形成恶性循环。

三是量化指标体系主观化、行政化。指标体系的设计首先不是着眼于学术自身的特质和特点，而是考虑评价者操作的方便和领导掌握情况的方便。如过分求全，对一篇论文、一本著作的评价往往面面俱到；对一位学者的评价同样面面俱到，晋升高级技术职称，既有论文、著作要求，又有立项课题、获奖成果要求；在教授中定级别也是这样，某著名高校一知名学者不愿意去拉关系、走后门申请课题、申报评奖，而潜心做真正的学问，论文、著作都很突出，学术影响很大，可在教授定级评估中，因其缺少立项课题和获奖成果而被评价为学术水平低，被评定为低等级的教授。学术管理和学术评价越来越行政化，刊物、课题、评奖只看行政级别，往往是官大便学问大、行政级别高便学术水平高。

四是已经造成非常不良的后果。最严重的后果是颠覆了学术研究的本来目的。学术研究的本来目的是探索真理，追求真理，但在学术评价过度症的高压、逼迫之下，学术研究被异化成主要是为了迎合评价体系、追求评价指标的行政行为，评价不但成了学术研究的指挥棒、导航灯，而且成了学术研究的出发点和终极目的，学术研究的神圣性和学者献身学术的崇高性被完全消解。越来越严重的学风浮躁乃至学术腐败，造成的结果是，评价（评估）热热闹闹，各项指标、数据不断膨胀，真正的学术研究则越来越衰落。

治理 "学术评价过度症" 的建议

如何治理"学术评价过度症"？我的基本观点是，在目前学术生态平衡遭"学术评价过度症"严重破坏的情况下，必须下重药、猛药。我郑重建议，必须淡化、弱化学术评价，甚至建议暂停学术评价（比如暂停 5～10 年），以改良学术风气，恢复学术的生态平衡。

如果不能暂停学术评价，那么我建议必须努力做到以下几点。

第一，学术评价的标准、操作宜粗不宜细。学术评价应重在定性分析，重在质的评价。朱自清曾批评清儒把诗歌只看成考据校勘或笺证的对象乃是"把美人变成了骷髅"，学术评价如果过分量化、过分细化，把学术评价变成了一种纯技术性的工作，也无异于把有机体的、有生命的学术变成了"骷髅"。我在这里提倡努力做到科学精神与人文主义的有机结合。

第二，评价的周期要长。严格地说起来，根据实践是检验真理的唯一标准的命题，学术成果、学术水平也只能依靠社会实践来检验，主要依靠时间来检验。我建议对当下的学术成果只做评议、评论，不要做评判、评定；只对至少5年以前的学术成果进行评价、评判和评定。

第三，让行政权力远离学术评价。在学术评价的全过程中，要建立起学术的尊严，要让学术权威（学术威信）真正取代行政权力，特别是要重视同行专家的评价。一定要让学术评价活动成为真正的学术活动，而不要变成行政行为。

第四，学术评价的结果不要与金钱、待遇联系得太直接、太紧密。学术评价的结果与金钱、待遇要有一定的联系，但这种联系应该是隐性的、松散的、不斤斤计较的。这样才有可能避免急功近利、粗制滥造甚至弄虚作假的倾向。

结束语

我觉得，现在的学术评价、学术管理主观的、人为的东西太多，真正属于学术的东西太少，大大破坏了学术道德风气，破坏了学术生态平衡。所以，我呼吁现在特别要吸收老子的"无为"思想，从而做到"无为而无不为"（这句话中的前一个"为"含义是"妄为"，后一个"为"含义是"作为"），只有不"妄为"（乱来）才能做到有所作为。

（本文系 2009 年 2 月 21 日在中国社会科学院办公厅主办的"改进学术评价机制专题研讨会"上的发言整理稿）

找回失落了的学术情趣

学者做学问是应该有学术情趣的，或者说是应该感受和追求学术情趣的。那么，什么是学术情趣呢？这似乎是一个只能意会不适合言传的命题。我们先看下面的论述。

季羡林这样描述自己撰写《中国蔗糖史》的境况："在80岁到90岁这个10年内"，"颇有一些情节值得回忆，值得玩味。在长达两年的时间内，我每天跑一趟大图书馆，风雨无阻，寒暑无碍"。"我心中想到的只是大图书馆中的盈室满架的图书，鼻子里闻到的只有那里的书香。"

梁启超在《学问之趣味》中这样说："我是个主张趣味主义的人，倘若用化学化分'梁启超'这件东西，把里头所含一种原素名为'趣味'的抽出来，只怕所剩下的仅有个零了。我以为凡人必须常常生活于趣味之中，生活才有价值；若哭丧着脸挨过几十年，那么，生活便成沙漠，要他何用？"

钱钟书打比方说，他读书、做学术研究就像馋猫贪吃美食一样，快乐无比。林语堂说，他从来不知道什么叫苦，也从来不知道什么叫苦学。换言之，他所感受到的是"乐学"。

以上所引季羡林讲的"只有那里的书香"，梁启超讲的"学问之趣味"，钱钟书讲的"馋猫贪吃美食"，林语堂讲的"不知道什么叫苦学"，大致含义是相同或相通的，就是指学者的学术情趣。由此我们可以概括，学者的学术情趣，就是指学者挚爱自己的学术研究，全身心地投入自己的学术研究，在学术研究中感受到真正的乐趣、富有诗意的享受，进而能在学术研究中最大限度地发挥自己的聪明才智，发挥自己的生命潜能和创造力。

用上述的视角来看今天的学术界、今天的学者，会发现学者学术情趣的失落是相当普遍的现象，这在一些人的身上表现得尤为严重。可以肯定的是，如今有相当数量的学者已没有了对学术的挚爱，他们从事所谓的学术研究只是为了达到学术之外的目的，因而无法也不可能感受到学术研究的乐趣，学术研究对他们来说是真正的"苦差事"。当然，他们自然也很难做出有创造性的学术研究成果。

学术情趣的失落有着深层的社会原因，值得我们认真思考和探究。其中，深受实用主义价值观的影响，投机取巧，唯利是图，是学术情趣失落的重要原因。学术研究的本来目的是认识事物，发现规律，探求真理。但在实用主义价值观的支配下，一些人开展学术研究是"功夫在诗外"，是"人在曹营心在汉"，他们做学术研究或者是为了弄到学位、职称，或者是为了争得奖金、荣誉，或者是为了升官发财，对他们来说，做学术研究的过程是痛苦的（甚至是苦不堪言的），为了未来的学术之外的"快乐"，不得不硬着头皮去做。在这种情况下，学术情趣只能离他们十万八千里。

学术管理机构采用越来越行政化的管理方式来管理学术，是学者学术情趣失落的另一个重要原因。这在高校表现得尤为突出。近些年来，教育管理机构越来越强化对高校的行政管理甚至行政干涉，使得高校越来越像行政单位。很多高校常常被教育管理机构的各种申报、评估、检查、验收、评比、评价、评奖所支配、左右，搞得应接不暇。高校及高校学者的自主性、主动性越来越少，真正用于做学术研究的时间和精力也越来越少。其中，强化高校行政管理最突出的表现是学术评价中的过分量化。其实，学术管理机构适当进行量化是有意义的，现在的问题是让量化走向了极端，给人的感觉是：学术管理就是量化，量化就是学术管理；学术水平就是数字，数字就是学术水平。于是，这些年来，高校论文、学术著作的数量一直在以惊人的速度增长，这更加剧了学术研究领域急功近利的风气。两者之间形成一种恶性互动、恶性循环。可以肯定，那些只能制造无数只在填表时才有用的"学术垃圾"的学者，是不可能感受和体会到真正的学术情趣的。

学术不端和学术腐败，同样会导致学术情趣的失落。学术不端包括七拼八凑编教材，抄袭剽窃写论文，伪造学术经历，学术活动中拉关系、走后门，伪造或篡改原始实验数据，学术成果宣传中的浮夸与造假等。学术腐败最突出的特点是权学交易、钱学交易。如以权谋学（这个"学"包括学历学位、学术职称、学术荣誉等），以钱谋学，以行政权力取代学术权威（如"官大学问大"）等。从本质上看，学术不端和学术腐败现象是"反"学术的，是学术的死敌，当然就无从谈学术情趣了。

要想让学者找回失落了的学术情趣，或者说要让失落了的学术情趣回归学者，需要多方面的努力。一方面寄希望于社会大环境的改变、进步（如反腐败的不断深入、学术管理机构不断增进管理的科学性等），另一方面也有赖于学界、学者自身的努力。学者应该真正明确：认识事物、发现规律、探求真理是学者做学问的唯一目的，是学者最崇高的人生境界，也是社会需要学者的唯一原因和学者存在的唯一理由。北京大学中文系教授陈平原在《小说史：理论与实践》中写道："学者一旦真能沟通'学'与'道'，自有一种旁人无法理解的乐趣。这时候读书，不算什么苦差事，根本用不着'黄金屋'或'颜如玉'来当药引。"我想，如果我们的学者都能感受到陈平原所说的"旁人无法理解的乐趣"，也就意味着学者找回了失落的学术情趣。我们有充分的理由期待着！

（原载《中国社会科学报》2009 年 10 月 22 日）

三个"过分"破坏了学术生态平衡

首先，我们要肯定，今天的学术界，学术成就甚多，学术影响甚大，是谁也不能抹杀的。但其存在的问题也是大家有目共睹的，其最大的问题是学风浮躁、学术泡沫、学术不端乃至学术腐败严重地破坏了学术的生态平衡。学术研究的本来目的是发现真相，探求规律，探索真理，追求真理。学术生态平衡遭到破坏的最严重的后果是颠覆了学术研究的本来目的和终极价值追求，学术研究的神圣性和学者献身学术的崇高性被完全消解。笔者以为，造成学术生态平衡破坏的原因主要是当今存在三个"过分"（即过于、过头甚至是走向极端）的社会现象。

一是"过分"重视学术评价。可以毫不夸张地说，学术管理层对学术评价的"过分"重视和依赖，已经发展成了一种严重的、病态的"学术评价过度症"。在学术管理层"过分"重视学术评价的高压、逼迫之下，本来是以探索真理、追求真理为唯一目的和目标的学术研究被异化成为主要是了迎合评价体系、追求评价指标的行政行为。评价指标不但成了学术研究的指挥棒、导航灯、指路牌，而且成了学术研究的出发点和终极目的，成了学者投身学术研究的终极价值追求。有不少学术单位（特别是高校）管理层提出"缺什么就补什么"的行动口号，即仔细对照上级管理部门提出的学术评估指标体系，查看缺了什么项目就去努力补充什么项目，而这"缺"的什么往往是"省级""部级""国家级"的"什么"（包括论文发表等级、项目等级、获奖等级、评比等级等）。其造成的结果是，评价（评估）热热闹闹，各项指标、数据不断膨胀，"省级""部级""国家级"（类似于商业评比、商业炒作中的"省优""部优""国优"）的"什么"越来越多，真正的学术研究则越来越衰落，潜心学术研究的真正学者越来越少。

二是参与学术研究的人员数量"过分"膨胀。参与学术研究的人员数量

"过分"膨胀，准确地说，是指到学术研究、学术活动中去"分一杯羹"的人太多，即利用学术研究攫取名誉、地位、官职、金钱的人太多，而真正献身学术研究、追求真理的人少。由于一些人把"学习型政党"片面地理解为"学历型政党"，形成片面追求、追捧高学历的风气，一些官员追求虚假的"学者化""高学历化"；一些官员争相弄（与真正的"攻读"是两回事，所以用"弄"一词是比较恰当的）"硕士""博士"文凭；一些官员争相到高校担任"客座教授""博士生导师"，甚至想方设法争当"院士"；一些官员争相出版"著作"，发表"论文"；等等；上述种种不仅大量挤占甚至在一定程度上垄断了学术资金、学术资源，而且败坏了学术空气，滋生了学术腐败。另外，从事实际工作的人员（如从事基础教育的老师）晋升职称也要求发表论文，逼着他们不得已去撰写、发表论文。有人曾戏谑地说现在连幼儿园的阿姨也要求发表论文，其结果只能是制造大量的学术泡沫、学术垃圾。主要是上述两方面的原因致使"学术从业人员"过分膨胀，破坏了学术的生态平衡。

三是学术管理界对学术活动、学术研究"过分"重视。随着时代的发展，我们社会的经济越来越市场化，计划经济和行政审批所占的份额越来越小。然而，学术领域仿佛与此相反，似乎是越来越计划化、审批化，"计划学术""审批学术"越来越多。如在高校系统中，科研项目、课题、基金、获奖是依靠行政审批的，学术基地、学位点、"某某工程"是依靠行政审批的，"精品课程""教学名师""教学成果""论文水平"认定等也是依靠行政审批的，等等。"计划学术""审批学术"越来越强化的结果是行政权力完全取代学术权威，学术活动异化成了行政工作，逐渐形成"官大学问大"的思维定式，"官本位"意识越来越浓，其结果必然严重地破坏学术的生态平衡。

要恢复学术的生态平衡，我以为我们要学习老庄"无为而无不为"的思想。老庄"无为而无不为"思想中的前一个"为"意指妄为、乱来、胡来，后一个"为"才是指作为、有所作为。老庄的意思是说，做任何事情，只有不妄为才能真正有所作为。我以为，当今学术界存在的三个"过分"的社会现象，就是因为存在老庄"无为而无不为"思想中所说的前一个"为"，即妄为。我们真诚地期待学术管理界少一点妄为，少设一点"法"，少一点折腾，才能逐渐恢复学术的生态平衡。

（原载《中国社会科学报》2010 年 1 月 19 日）

岂能"只认衣裳不认人"

——"CSSCI 风波"引发的思考

近来，CSSCI 成为学术界热议的话题，并引发了一场不大不小的"风波"。CSSCI 是"中文社会科学引文索引"的英文缩写，由南京大学中国社会科学研究评价中心研制。它是一个从文献计量学的角度为学术成果提供参照、揭示科研成果实际影响力的引文数据库，是许多高校和研究机构对学术成果进行考核的重要指标。但一些学者表示，CSSCI 存在许多不科学、不合理的地方，如来源期刊不合理、学科分布不平衡等；有学者甚至建议，取消 CSSCI 的学术评价功能。

应该说，CSSCI 在科学性、客观性、准确性等方面的确存在一些问题。比如，来源期刊、评价因子等都值得商榷。作为 CSSCI 研制方的南京大学中国社会科学研究评价中心只是一个科研机构，其主要工作是进行文献检索和科学研究关系分析，可以自主地开展研究，也可以根据所掌握的资料发表自己的观点和结论。问题的关键在于，它现在承担着重要的学术评价功能。所以，与其说人们对 CSSCI 不满，不如说是对 CSSCI 背后的学术评价机制存在质疑。

当前，一些部门和科研机构对学术成果的评价过于简单化和平面化，片面地将某项数据作为基地评估、成果评奖、项目立项、学科与专业建设、人才培养等方面的考核指标，这在无形中产生了许多负面影响。从眼前来看，这会造成学术界病态的"学术评价崇拜"。比如，很多人眼睛只盯着 CSSCI，使尽浑身解数使自己的文章上 CSSCI 来源期刊，而在有意无意中忽视了论文的质量。而一些论文评价机构和评价者也不看论文质量如何，甚至完全不阅读论文，只在评基地、评项目、评职称时核对一下该论文是否发表在 CSSCI 来源期刊上。这就造成了学术评价和学术活动中"只认衣裳不认人"的弊端，即原本作为一种手段的学术评价机制反而成为学术研究的目的。从长远来看，过度抬高这种学术评价机制，有悖于学术研究的原初目的和终极追求，会消解学术研究的崇高性和严肃性。在过分重视学术评价的压力下，许多学者背离了独立思考、坚持真理的价值操守，主动迎合这种学术评价体系，造成原本是守护人类精神家园的人却失去了精神家园。这种学术评价机制，不论对学术还是对学者来说都是一种伤害。

平心而论，不能将这些问题全部归咎于学术评价机制本身。合理的学术评价机制可以有效地激发学术研究的活力，是必要的。关键在于如何使学术评价机制更加科学合理，更加公开透明。这就要求学术评价采取定量分析与定性分析有机结合的方式，科学设定各项指标参数，选取更多的评价视角，尽最大可能地反映学者的学术水平和学术贡献。同时，相关管理部门也不应过度依赖量化的指标体系，更不能依赖单一的指标体系，而应采取多方位、多角度、多层次的综合分析，特别是重视学界同行的评价，重视学术发展过程中的自然选择，重视实践和历史对学术成果的检验。

进一步来看，人文社会科学研究有着自身的发展规律。特别是对于那些从事基础学科、特殊学科研究的人来说，没有"十年磨一剑"的精神，恐怕难以取得什么大的成果。推动人文社会科学的持续健康发展，既需要建立公正合理的评价机制，也需要营造宽松平和的社会环境。

（原载《人民日报》2010 年 7 月 30 日，《新华文摘》2010 年第 21 期转载）

学者不可无宗主

关于学者的师承关系，清代学者章学诚的一句话特别精辟，他说："学者不可无宗主，而必不可有门户。"这里讲的"宗主"指的就是学者的师承关系。初看起来，前半句话中的"不可"一词似乎用得有点绝对，但反映了客观事实和规律。可以说，任何学者都离不开前辈学者的教育、引导和影响，某个学科领域的后辈学者与该学科领域的前辈学者之间往往存在或多或少、或长或短、或显或隐的师承关系。

师承关系在一定程度上承载和显示了学术史的延续和发展。著名的史学学者顾颉刚，早期曾提出"层累地造成的中国古史"的著名学说，创立了在现代学术史上产生重要影响的"古史辨"学派。顾颉刚身上的师承关系颇具代表性和典型性。往上（即所"承"、所受影响的一面）看，顾颉刚受章太炎、胡适等学者的影响甚大。顾颉刚在就读于北京大学哲学门时，听章太炎的国学演讲，对章太炎以古文经批判今文经产生兴趣并受其影响；顾颉刚后来听胡适的中国哲学史课，对胡适用西方理论解释中国哲学史非常喜欢，对胡适"大胆的假设，小心的求证"的治学方法更是非常信服，因而成为胡适的忠实弟子。在一定意义上可以说，如果没有章太炎特别是胡适的学术熏陶和学术影响，就很难产生顾颉刚的以疑古为特点的"古史辨"学派。往下（即所"师"、所施与影响的一面）看，顾颉刚在编撰《古史辨》和在燕京大学历史系教书时，也培养和影响了不少学术弟子，童书业、杨向奎、罗根泽、钱穆等历史学者就是其中有代表性的几位。

如果说，在顾颉刚及其与前辈、后辈学者的关系上表现出来的是若干个体学者之间的师承关系的话，那么从郭沫若对同代和后代学者的巨大影响中，我们可以看出学者之间的师承关系在一定程度上能够影响一个时代的学术风气、学术面貌和学术格局。郭沫若在新中国成立初期，学术兴趣主要集中在历史学领域，于1952年由上海新文艺出版社出版了《奴隶制时代》一书，郭沫若在该书"后记"中说："我现在把最近两年来所写出的有关中国古代的一些研究文字收辑成为这一个小集子。"收入《奴隶制时代》的大多为郭沫若撰写的学术论争文章。从《奴隶制时代》中可以看到，郭沫若在新中国成立初期的历史学学术论争中，往往认定自己的观点是辩证唯物主义和历史唯物主义的，而将对方的观点往不懂、不精、不通、不熟悉辩证唯物主义和历史唯物主义方面归类。在某些方面，郭沫若做得可能有点简单化，但显示出他是在自觉地努力用马克思主义指导历史研究。正是在郭沫若这位历史学界学术领袖的提倡和带动之下，辩证唯物主义和历史唯物主义渐渐成为新中国历史学界（乃至整个学术界）所推崇的具有决定意义的最高学术准则和指导思想。从上述的角度看，吕振羽、翦伯赞、侯外庐、尚钺、胡绳、吴泽、刘大年等马克思主义历史学学者在一定程度上与郭沫若都存在或隐或显的师承关系。

在很多情况下，学者的师承关系并非简单的、单一的、线型的联系，而是表现出多样性、丰富性和复杂性。当代著名美学学者叶朗的治学历程和治学成果就是这方面的典型代表。叶朗于20世纪50年代考入北京大学哲学系学习美学，幸运地遇到朱光潜、宗白华两位老师，叶朗并非只跟从某一位老师，而是同时受到了两位老师的教育、熏陶、影响。朱光潜治学严谨，一丝不苟，一步一个脚印地完成了多本大部头的美学著作；宗白华淡定随性，治学亦如"散步"，灵感常常妙手得之，充满审美情趣。叶朗可谓同时师承了朱光潜、宗白华两位老师。叶朗的《中国美学资料选编》（与于民合作完成）、《中国小说美学》、《中国美学史大纲》、《现代美学体系》（主编）、《中国历代美学文库》（总主编）等著作，资料扎实，论证严谨、深刻，富有体系性，这方面似乎主要是师承了朱光潜；叶朗的《胸中之竹》《欲罢不能》等著作文笔生动、潇洒，内蕴哲理，富有审美情趣和艺术感染力，这方面似乎主要是师承了宗白华；而叶朗的《美在意象》（又名《美学原理》）可谓进入了当代美学研究的最前沿和最高境界，则可以说是同时师承了朱光潜和宗白华。

整体地看，叶朗身上所表现出来的师承关系的多样性和丰富性，在学术界可以说是更为普遍的现象，也是真正的学者应该自觉努力去追求的。也许正是因为这样，章学诚在"学者不可无宗主"后，紧接着就说"而必不可

有门户"。笔者以为,"必不可有门户"正是说的学者师承关系的多样性和
丰富性。这也正合了杜甫所说的"转益多师是汝师",学诗要"转益多师",
治学同样要"转益多师"。

（原载《中国社会科学报》2010 年 12 月 9 日）

学术研究不能"指标化"

学术研究以追求真理为宗旨，目的在于获得对研究对象的正确认识，以此引导和促进社会发展与变革。然而，当前学术界存在管理行政化、研究成果政绩化、评价级别化等问题。学术研究由追求真理变为追求指标的现象带来了许多负面影响，亟须引起重视并加以纠正。

学术研究的"指标化"，大致有以下几种表现。

其一，过分重视评价指标。一些科研管理部门对评价指标过分重视，本来以探索规律、追求真理为宗旨的学术研究逐渐演变成迎合评价体系、追求评价指标的行政行为。在这种风气影响下，有的研究者倾向于选择性地开展研究：凡是评价指标体系中规定的就倾尽全力去做，甚至对照评价指标体系核查，缺什么就补什么；凡是评价指标体系中没有规定的就想方设法不做，哪怕这项研究课题再有意义、再有价值。这是一种典型的功利主义行为。

其二，单纯依赖量化评估。量化评估虽然便于考核和统计，但单纯依赖量化评估会带来只重数量、不顾质量的恶果。现在，有的高校在统计科研成绩、学术成果时完全是模式化、数字化的，只看拥有多少个国家级、省级、市级科研项目、课题、奖励、研究基地等。不可否认，这些课题与项目中有许多学术研究的精品力作，但也存在一些粗制滥造的赝品、次品。需要指出的是，设置研究课题、扶持研究基地等只是一种形式、一个平台，而不是最终目的，无论如何也无法替代学术研究本身。

其三，把学术研究"标签化"。在评价学术单位或个人的学术水平、学术研究质量时，不看学术成果的实际情况和实际内容，只看项目、获奖、论文、研究基地等"标签"是否为国家级、省级、市级，以及这种"标签"是否有足够的数量。这种"只认衣裳不认人"的直接后果，是学术研究、学术创新的"标签化"。

学术管理行政化、学术研究成果政绩化、学术评价级别化以及由此带来的学术研究"指标化"，导致有的学术研究者本末倒置、舍本逐末，不再扎扎实实做学问，而是想方设法去钻营和"公关"，以求获得国家级或省级、市级科研项目、课题、奖励、研究基地等。这不仅背离了学术研究的宗旨，而且容易滋长学术腐败。

应该看到，学术评价、学术评估、学术管理以及各种科研项目、课题、奖励、基地等都只是学术研究的外在依托，而追求和揭示真理才是学术研究的本质要求和根基所在。不论社会如何发展变化，这一点是始终不应改变的。只有坚持这个根本，人们才会将精力集中在提出新问题、发现新材料、做出新论证、得出新观点上，才会回归学术研究的本位。

让学术研究回归本位，走出舍本逐末的怪圈，需要多方面的共同努力。首先，相关管理部门应减少对学术研究的行政干预，减少乃至取消一些可有可无的检查和评估，为学术研究提供一个宽松的环境。其次，学术研究单位应避免搞"政绩工程"，真正尊重学术、尊重学者、遵循学术研究的规律。最后，学者自身应自尊、自重、自信、自强，淡泊名利、潜心治学，把追求真理作为学术研究的根本价值取向。

（原载《人民日报》2012 年 3 月 22 日）

反思当今学术管理与学术发展的若干关系

通过深入观察、分析、研究当今学术界的整体状况和发展趋势，笔者认为，当今学术管理与学术发展之间的若干关系值得我们冷静认识和深入反思。

对学术管理"重视"与"轻视"的关系

近些年来，学术管理部门对学术管理非常重视，可以说是越来越重视。学术管理部门对学术管理的重视，一方面的确推动了学术的发展和繁荣，如研究经费的增加、研究平台的增加、学术研究队伍的增加、学术成果数量的增加等，这是近些年来不争的事实；同时，其负面影响也不小，甚至可以说其负面影响在不断扩大，比如说"计划学术"、"审批学术"、"政绩学术"、学术研究"指标化"、学术界"官本位"、"全民学术"、"学术大跃进"、过分重视"学术评价"、学术评价等同于"记工分"等现象，就与学术管理界"太过重视"学术管理不无关系。现在的情况是，差不多已经发展到"学术研究"唯"学术管理"马首是瞻、"学术研究"服从"学术管理"的需要、"学术管理"牵着"学术研究"的鼻子跑、"学术研究"围着"学术管理"转的地步。其结果几乎是，"学术管理"越来越受重视，"学术研究"本身越来越被忽视；"学术管理"越来越精细，"学术研究"本身越来越粗放（粗制滥造、学术泡沫、学术垃圾等）；"学术管理"越来越"科学"（某些评估、评价、评比打分的细则已经与自然科学没有区别），"学术研究"本身越来越"人为"（如"人为"地设置为研究而研究的课题、研究过程中"人为"地夸大或缩小数据乃至造假等）。如此下去，其结果可能是，"学术管理"上去了，"学术政绩"上去了，"学术风气"牺牲了，学术本身也牺牲了。

基于上述情由，笔者建议学术管理界可以重视"学术"，但不要太过重视"学术管理"。

"学术管理"方法"繁"与"简"的关系

近些年来，由于学术管理界越来越重视"学术管理"，理所当然"学术管理"的方法（门径、手段）便越来越多，越来越繁杂。在高校系统中，有各种级别（即行政级别）的研究课题、研究项目、研究基金，有各种级别的研究基地、研究平台、研究团队，有各种级别的研究计划、研究指标，有各种级别的验收、评估、评比、评奖，有各种级别的"建设工程""人才工程"，等等，可谓名目繁多，数不胜数。这样的结果是，高校的办公室、实验室经常有人在加班加点，甚至是通宵达旦，可他们并不是在做学术研究，而是在做迎合"学术管理"需要、为"学术管理"服务的材料。因此，有人说，博士毕业到高校工作，要想成为合格、优秀的高校教师，大都要经历从"才子""才女"向"材子""材女"痛苦转变的过程。还有人说，高校的校园越来越大却难以放下一张安静的书桌。

基于上述情由，笔者建议学术管理界删繁就简，少发文件，少出台政策，少"设"法，也就是少折腾。

管理界人士参与学术研究"众"与"寡"的关系

由于现在是"全民学术"时代，加之相当部分人从事学术研究仅仅（或主要）是为了借助学术研究去获取现实利益（包括金钱、名誉、权力、地位等），因此管理界人士参与学术研究者甚众，且有越来越多的趋势。我们看到，多数高校的学术委员会和学报编辑委员会就是全部由学校负责人和二级机构负责人组成的，科研成果奖、教学成果奖、重大（重要）科研项目如果没有重要的行政负责人主持就不可能取得，等等。其中典型的例子是，有人做了十多年的政府官员还能申报并当选院士。这样就造成政学不分，造成一些管理界人士"权大学问大"，在学术项目、学术评奖、学术荣誉、学术权力、学术利益等方面"通吃"，而潜心研究学问的普通（真正的）学者反而得不到（或很难得到）学术资源的现象。

基于上述情由，笔者建议学术管理界人士要集中精力做好管理工作，尽可能少地直接参与学术研究。

学术管理"严"与"松"的关系

学术管理界对学术研究的管理、要求之严，给学术研究者施加的压力之大，从纵向看可谓史无前例，从横向看也可能是世所罕见。高校的主要工作和工作目标都是围绕着各种各样的检查、评估、验收、评价、评比、排名转，高校负责人和教师的绝大部分时间和精力（乃至兴奋点）被迫放在应对考核、统计、打分、评优上面。这样带来的最直接的后果是，在学术研究中急功近利、单纯追求数量、粗制滥造、简单重复、学术泡沫、学术垃圾、虚假繁荣，更严重的后果则是抄袭剽窃、弄虚作假、学术腐败。我们平心静气地想一想，买卖论文、帮助发表论文、办假学术刊物等居然成为一个社会的产业，世上还有比这更荒唐可笑的事吗？这样一来，学术研究的科学性、严肃性，学术研究者献身学术的庄重、崇高，已经被完全消解，学术研究已经被完全异化了。可以说，学术管理界为了政绩、为了数量、为了追求指标实行的"严"，对学术界的作用往往是"逼良为娼"。

基于上述情由，笔者建议学术管理界对自身要求要"严"，对学术与学术界的管理则要"松"，这个"松"包括放松、宽松、轻松。"放松"就是希望学术管理界放松对学术界的要求和管理；"宽松"就是希望学术管理界营造出宽松的学术环境；"轻松"就是希望能让学术研究者以轻松的心境自如、自觉地开展真正的学术研究。

学术研究经费"多"与"少"的关系

新时期以来特别是近几年来，学术经费不断增长甚至是快速增长，为学术研究提供了物质保障，也大大改善了学术研究者的研究条件，这无疑在一定程度上推动了学术的发展，无疑是好事，但是其负面作用也不可忽视。由于我们现在实行的主要是"计划学术""审批学术"，学术经费的分配权主要掌握在学术管理者的手中，所以得利的主要是学术管理者自己和一部分学阀、"学霸"、学术掮客乃至学术腐败者。鲁迅当年曾说过，为了在学术研究中不做傀儡，经济上必须自立。鲁迅当时的工资、讲学报酬、稿费（他的收入来源主要是上述三部分）都高，完全没有经济上的后顾之忧，所以他能冷静、独立地做他的学术研究，在成为文学大师的同时，又成为学术大师乃至思想大师。

基于上述情由，笔者建议学术管理界大大提高各高校（包括各学术单位）的下拨经费基数，大大提高高校教师（包括其他学术研究者）的工资待遇，而尽量减少用于"计划学术""审批学术"的经费。

（原载《云梦学刊》2012年第4期，《新华文摘》2012年第21期转载，《文摘报》《文汇读书周报》摘论点）

学术管理越来越精细 学术研究越来越粗放

最近，有学者呼吁，不要夸大学术腐败。他们认为，学术腐败不能与吏治腐败、司法腐败相提并论，夸大这一问题的严重性，无疑不利于学术界、科学界的健康发展。另外，还有一些论者甚至不同意使用"学术腐败"一词，实际也是认为学术腐败的程度并不严重。

我个人认为，中国当今的学术腐败越来越严重。相当多的学者与我有着相同的看法。中国政法大学教授杨玉圣说："如今世道变了，学术界也不是原先人们想象中的学术界了。无论是在大学、科研机构还是出版界、期刊界，不如人意之处越来越多。娱乐界，固然问题多多，但那本来就是'娱乐'人的。学术界现在也有向娱乐界转化的架势，也开始'娱乐'人了，不过是'黑色幽默'罢了。"

前一阵，匈牙利总统施米特·帕尔的博士论文涉嫌抄袭，最后不得不因巨大的压力而宣布辞职。再如俄罗斯、韩国等惩治起学术腐败来都毫不手软。我们经常会出现"板子高高举起，轻轻落下"的怪象，导致学术腐败有愈演愈烈之势。我们的"板子"为什么不敢或不能"重重落下"？这有多方面的原因，其中最重要的原因是如下两个方面。

一是人们对学术腐败持一种"见惯不怪"的容忍态度。这种现象是十分可怕的！这意味着对学术腐败"见惯不怪"已近乎成了一种集体无意识，人们已经觉得对其无可奈何、无能为力了，于是便也"不怪"了，甚至不以为耻了。"见惯不怪"还有一种十分突出的表现是"集体学术腐败"（或者叫作"有组织的学术腐败"）。在高校，为了本校的课题、项目、获奖、人才计划，甚至为了评到院士，集体造假、集体"公关"早已不是个别现象。这里被颠覆的不只是正常的学术价值观，同时被颠覆的也包括正常的普遍的社会价值观和人生价值观。二是学术管理者（界）自己也参与腐败，甚至比学术研究者（界）更腐败，比如有的管理者大搞"权学交易"，凭借手中的权力在学术界"通吃"，即学术课题（项目）、学术评奖、学术荣誉、学术职务、学术权力、学术利益"通吃"。学术管理界自身的情况如此，怎么可能下真力气去查处、整治学术腐败呢？记得某年，管理者曾组织过声势浩大的清查干部"假文凭"的运动，但由于清查者自己也有不少假文凭，清查活动最后便不了了之了。

当下的学术腐败严重，其中一个重要原因是学术管理体制出了问题。学术管理体制的问题具体表现为"计划学术""审批学术""政绩学术"，学术研究目标"指标化"、学术评价"数量化"。

我们先看"计划学术"。我们现在的经济越来越市场化，可学术似乎在沿着相反的方向走，即越来越"计划化"。现在高校的"项目（课题）计划""人才计划""研究基地（平台）计划""工程计划"名目繁多、数不胜数，全部由各级相关行政管理部门下达。人们看待其重要性和意义的大小只有一个标准，就是看下达相关计划的行政级别。"审批学术"与"计划学术"是紧密联系在一起的，有"行政计划"自然有"行政审批"，便也自然有了向行政审批者和行政审批机关的"公关"、送礼、行贿的学术腐败行为。

"政绩学术"。现在不少高校和学术单位的负责人之所以重视学术，并非他们真正热爱学术、要献身学术，而是因为自己的政绩，即为了自己的升迁。有高校负责人在教师大会上公开说，凡属上级评估指标体系中规定了的"学术"，我们就认定其为学术；凡属上级评估指标体系中没有规定的"学术"，哪怕你的研究课题再有意义、哪怕你做得再好，我们也不认定其为学术。与其说这是为了所谓"学术"，不如说是为了"政绩"。

学术研究目标"指标化"。学术管理机构热衷于下达各种各样的"学术指标"，热衷于制定各种各样琐碎得不能再琐碎的指标体系，使学术研究者被他们牵着鼻子走，被迫围着他们转。学术评价"数量化"，则把学术评价等同于"记工分"，只重数量，不看质量。现在的情况是，"学术研究"服从"学术管理"的需要，"学术管理"牵着"学术研究"的鼻子跑，"学术研究"围着"学术管理"转。其结果几乎是，"学术管理"越来越受重视，"学术研究"本身越来越被忽视；"学术管理"越来越精细，"学术研究"本身越来越粗放（粗制滥造、学术泡沫、学术垃圾等）；"学术管理"越来越"科学"（某些评估、评价、评比打分的细则已经与自然科学没有区别），"学术研究"本身越来越"人为"（如"人为"地设置为研究而研究的课题、研究过程中"人为"地夸大或缩小数据乃至造假等）。如此下去，其结果可能是，"学术管理"上去了，"学术政绩"上去了，学术腐败越来越严重了，"学术风气"牺牲了，学者异化了，学术本身也牺牲了。

（原载《北京日报》2013 年 4 月 8 日）

做学问莫"买椟还珠"

目前，学风浮躁、学术垃圾、学术造假等现象原因何在？我认为，学术评价体系的错乱是一个重要原因。之所以要用"错乱"一词来描述目前的学术评价体系，是因为它已经大大超出了正常范围，呈现病态。

其一，过分量化，太重数量。当前在学术评价方面，"数量崇拜"近乎狂热。据《中国青年报》报道，有的地方的护士提高职称都需要写多少篇论文，还有的说幼儿园的阿姨也被要求发表论文。即便以具体事务、实践工作为主的党政干部，也热衷于发表论文、著书立说。我们的高校管理部门对高校的评估、检查、验收名目繁多，花样迭出，而大多数的评估、检查、验收都是充分量化、数字挂帅。其结果是不少高校在学术研究方面的各种统计数字不断攀升，而质量和内涵则令人忧虑。好在还有北京大学等知名高校可以抵御世俗的"数量崇拜"，坚持做真正的学术研究。北大中文系主任陈跃红不久前说：最近教育部的一个讨论显示，按照人均科研量、人均发表量、人均经费量计算，北大中文系可能会排在很多院校后边，但有一个指标北大中文系超过其他院校，那就是论文发表的被关注、被引用率是全国最高的，排在第二的也只相当于北大中文系的一半，"发表论文要关心的不应是数量多少，而是它在社会上有没有引起反应"。①

其二，级别崇拜，太重"衣裳"。在当今的学术评价中，与"数量崇拜"紧密相连的是"级别崇拜"。高校管理部门制定的各种评估、检查、验收细则，在评价学术单位或个人的学术水平、学术研究质量时，基本不看学

---

① 何瑞涓：《中国学术需要成为元话语的创造者》，《中国艺术报》2012 年 12 月 21 日，第 3 版。

术成果的实际情况和实质内容，只看项目、获奖、论文、研究基地、平台、团队等的"标签"是否为国家级、省级、市级。在具体的论文统计和评价中，也不看重论文本身的质量和水平，只看重文章是否发表在 CSSCI（中文社会科学引文索引）来源期刊。这样"只认衣裳不认人"，催生了不少学术不端行为，甚至还造成一些骗子去办假"C刊"的现象。

其三，本末倒置，违拗常理。当前学术评价体系存在的一个问题是，迫使学术研究者在具体的学术研究行动中舍本逐末，学术研究由"追求真理"到被异化为"追求指标""追求数量"。也就是说，本来是以探索真理、追求真理为唯一目的和目标的学术研究被异化为主要为了迎合评价体系、追求评价指标的功利行为。迎合学术评价的"指标"甚至被某些学者、研究者当作学术研究的出发点和终极追求，这样就消解了学术研究的神圣性、崇高性和严肃性。这实际上完全变成了"买椟还珠"故事所描述的情况：只留下漂亮的盒子，而不要里面真正价值高的珠宝。我觉得，今天学术评价体系的最大问题就是过分重视"椟"而忽略了"珠"。

面对学术评价标准的错乱，我们该怎么办？我认为，必须下重药、猛药。我建议，应该淡化、弱化学术评价，让那些靠搞学术评价活动捞钱、发横财的机构和人士转行去做实实在在的学术研究工作，以改良学术风气，恢复学术生态平衡。在学术评价方面，学术管理部门出台的政策越少越好，设的"法"越少越好，"折腾"得越少越好。对此，我们还可以将学术界与文学界进行类比。在文学界，并没有人（机构）去对众多文学刊物人为地划出类似"C刊"之类的"高规格"刊物，但文学界刊物在社会中的影响、知名度和权威性在读者的自然选择中分出了高低；并没有人（机构）去对众多文学家（作家）进行量化的僵硬考核，但作家的水平、成就、影响也在读者阅读的自然选择中形成了。通过对学术界与文学界的比较，我们可以借用一个比喻来说明当今的学术评价体系：其就像各种激素、化肥一样刺激着学术成果疯长，看起来蓬蓬勃勃，实际上却缺少内涵和营养。

（原载《人民日报》2013年4月16日，《高等学校文科学术文摘》2013年第5期转载）

课题申报"一女二嫁"，当休矣

　　近年来，科研课题申报中出现的"一女二嫁"现象，是指同一申报者的同一课题重复申报，造成同一课题既是省级（或部级）课题又是国家级课题的不正常（不正当）现象。实际上，"一女二嫁"并非最严重的现象，还有不少"一女三嫁""一女四嫁"甚至更多"嫁"的现象，笔者看到最多的一项成果是"一女六嫁"（代表该成果的著作标明为校级、某基地、某重点学科、省级、部级、国家级等）。不过，笔者在此按照学术界约定俗成的表述方式，将"一女数嫁"称为"一女二嫁"（这里的"二"实际是泛指，既指"二"，也指"多"）。为什么在科研课题申报中会出现"一女二嫁"现象呢？这有多方面的原因。笔者认为，学术管理的"计划化"、学术评价的"数量化"、学术研究目标的"利益化"三者形成的合力是最重要的原因。

学术管理的"计划化"

　　学术管理的"计划化"是科研课题申报中"一女二嫁"现象产生的最重要原因。我们当今社会的经济越来越市场化，可学术管理却在沿着相反的方向走，即越来越"计划化"。现在高校的"项目（课题）计划""人才计划""研究基地（平台）计划""工程计划"名目繁多，让人眼花缭乱，而上述所有的种种"计划"中都包含课题。学术管理界对学术进行管理的过程和目的，仿佛就是对"计划学术"的种种项目（课题）进行"行政审批"，于是"计划学术""审批学术""政绩学术"就成为自然而然的东西了。"计划学术"注重的是"计划"、"审批"和"政绩"，而对学术本身并不重视。

在"计划学术"的控制和指挥下，人们注重的是所获得"计划"的"多"与"少"和所贴"行政级别标签"的"高"与"低"，而对于课题的实际内容和水平已不再在意，或者说已无暇顾及。正是这种"计划学术""审批学术""政绩学术"，为科研课题申报中的"一女二嫁"现象提供了前提、基础和土壤。

学术评价的"数量化"

学术评价的"数量化"是科研课题申报中的"一女二嫁"现象产生的又一重要原因。受"计划学术""审批学术"等学术管理体制的制约和影响，现在我们的学术评价明显地存在两方面的问题。一是过分重视学术评价，以致本末倒置，对学术评价的重视大大超过了对学术研究本身的重视，已经到了学术研究被学术评价牵着鼻子走或者说是学术研究被迫去迎合学术评价体系的荒唐程度。二是在具体的学术评价行动中过分量化，让量化走向了极端，给人的感觉是，学术评价就是量化，量化就是学术评价；学术水平就是数字，数字就是学术水平。在学术管理界的眼中便是，学术统计数字就是政绩，政绩就是学术统计数字。"一女二嫁"可以轻而易举地使数字由"一"变成"二"、变成"三"甚至更多，使数字在学术评价（学术评比）中成倍（甚至成数倍）地增长。这样，上述这种学术评价中的"数字崇拜"便不可避免地会催生出科研课题申报中的"一女二嫁"现象。

学术研究目标的"利益化"

学术研究目标的"利益化"是科研课题申报中的"一女二嫁"现象产生的第三个重要原因。在"计划学术"和学术评价"数量化"的裹挟之下，学术研究出现了异化，这就是混淆（甚至可以说颠倒）了本与末的关系，就是在学术研究行动中舍本逐末，即学术研究由"追求真理"（本）被异化为"追求指标"（末）。在学术研究目标"利益化"的驱动下，学术单位和学者（我们暂且还称其为"学者"吧）结成了共同的利益联盟，自然而然地会高度一致。因为"一生二（甚至更多）"（即科研课题申报中的"一女二嫁"现象）对于学术单位来说，可以让体现政绩的"数字"得到提升；

对于学者来说，不仅可以证明自己的"学术水平"上升，获得学术荣誉，而且可以获得看得见的、直接的经济利益（现在职称、待遇的提高基本上与科研课题的数量密切相关）。

据笔者所见，在科研课题申报中还有一种隐性的"一女二嫁"现象，那就是有些申报者将同一课题换用不同的题目进行申报。这些申报者所申报的多个不同级别的课题，如果单从题目上看仿佛是不同的课题，但从实际内容看则是同一个课题。现在，人们已经注意到了科研课题申报中的"一女二嫁"现象，并开始想办法阻止其发生，但在现实中并不能真正解决问题，因为这些"办法"只是治标。要从根本上解决问题，就要治"本"，必须下大力气改革"计划学术""审批学术"的学术管理体制，必须下大力气革除学术评价的"数量化"。

（原载《北京日报》2014 年 2 月 10 日）

当前学者"文化身份"的错位现象

对"文化身份"我们很难下一个学理上的定义，但是我们可以对它进行一些描述性的表达。我觉得学术研究者应该归类到知识分子这一大类，那么作为知识分子的"学术研究者"和普通老百姓（比如工人、农民）、官员有什么区别呢？从上述这样比较的角度来看，我觉得作为知识分子的"学术研究者"应该至少具有如下四个方面的特质（特点）：第一，献身学术，自觉追求学问；第二，不盲从迷信，坚持独立思考；第三，有担当精神，有自觉的社会责任感（余英时讲过"知识分子是社会的良知"，陈平原曾经提出"人间情怀"的命题，他认为知识分子保有"人间情怀"就是能自觉、主动去关心时代，关心社会）；第四，追求理想，追求梦想。

如果按照上述四个要素（特质）来看我们今天知识分子特别是高校知识分子（学术研究者）的现状，我认为其存在比较严重的错位现象，即文化身份的认同异化了，相当一部分知识分子的文化身份发生了错位。我长期在高校工作，既做管理工作，又做学术研究和教学工作，感受可能比专门做学术研究和教学的同仁还要深一些。据我的观察，学术研究者的文化身份的错位也主要表现在四个方面。

第一，由献身学术、自觉追求学问错位为努力（甚至可以说是一门心思）追求管理界"批发"（即行政审批）的种种标签。标签种类繁多，诸如什么"人才工程""基地""团队""项目""中心"等。其实还是那几个人，做的还是那些事情。他们一旦获得了学术和高等教育管理部门"批发"的某种标签，就顿时身价百倍，不但金钱多了，而且地位也大大提高。我们看到的情况是，现在经济是越来越市场化，学术和高等教育的管理则是越来越计划化、越来越行政审批化。近来，由于习近平总书记领导的党中央坚持反对形式主义等"四风"，有一些在过去大肆"批发"的"人人喊打"的"学术标签"不得不取消了，但管理层又在挖空心思设新的"法"。现在许多人追求的已经不是真正的学问了，而是追求管理界所"批发"的标签和由此带来的利益，这就是错位。当然也有少数有识之士没有错位。笔者的一位朋友在某大学做副校长，他攻读了博士学位以后对我说，他觉得他读博士最大的收获就是明白了什么叫作学问，他认为自己难以做出真正的学问（有创造性的学问），更不愿意随波逐流去追求那些学术"标签"，因此从此放弃做学问。我听了很感动和感慨，认为他不是消极，而是真正懂得了什么是学问，他对学问抱有真诚的敬畏之心。他认为为了学问以外的东西（比如管理界"批发"的各种"标签"）去做那些所谓的学问不如不做。他的行为是崇高的，是脱俗的。所以我说要向他致以由衷的敬意。

第二，由独立思考错位为人云亦云。现在的学术研究者处在"项目化生存时代"，认为有项目就有一切，所以许多学术研究者不再（也不需要）独立思考，只一门心思去领会领导讲话、钻研课题指南、研习申报表样品、猜度评委的嗜好。某高校科研管理负责人在会上向本校的科研项目申报者说：我们要预测（估计）有哪些人当评委，我们要先看他们的科研成果（著作、论文等），要深入理解他们的观点，要揣度他们的嗜好，我们要在课题申报材料中尽可能引用他们的"语录"，要投其所好。这就是说不要（不用）独立思考，而是要人云亦云，尽力追赶潮流、时俗，甚至可以说越是独立思考越不行。我想，"钱学森之问"提出为什么当代缺少学术大师，缺少独立思考应该是其中的重要原因之一。

第三，由有担当精神错位为随波逐流。担当精神就是要自觉做社会的良知，甚至要有力挽狂澜的勇气和毅力；现在不少人却错位为随波逐流了。现在许多的学术研究者已经渐渐适应（或者说是完全适应）了当今学术管理的潮流和"游戏"规则，许多人是其中的受益者、得利者甚至是飞黄腾达者。假如有一天当今的学术管理规划不存在了。我们的许多的学术研究者可能会很不适应、会很失落、会觉得无所事事了。许多的学术研究者已经被锻造到了这种境地，其实是十分可怕和可悲的。

第四，由追求理想错位为急功近利。现在的不少学术研究者已经没有了追求理想、追求梦想的兴趣和耐心，整天想的是怎么想方设法（甚至是不择手段）尽快弄到更多、更高级别的项目、课题、奖项、经费等。学术研究者的急功近利是谁逼的呢？就是当今这个存在多种弊端的学术评价机制。

笔者在《谁在推动学术评价走向疯狂》一文中写道："是谁在推动学术评价走向疯狂呢？笔者经过认真、长期、细致的观察、调查、分析，发现主要是下面三股势力或称三方面的利益集团为了自己的利益，不遗余力地推动学术评价走向疯狂。这三方面的利益集团就是学术评价机构、学术管理界、学术'掮客'。"①

（原载《北京日报》2015 年 3 月 2 日，《高等学校文科学术文摘》2015年第 3 期转载）

---

① 余三定：《谁在推动学术评价走向疯狂》，《云梦学刊》2013 年第 4 期。

剖析"项目至上"的负面影响

　　讨论科研项目与中国当代学术发展的关系，我觉得首先要对"科研项目"做一个比较清晰的分析和界定。我认为，在学术界特别是在高校，"项目"这个概念有广义和狭义之分：狭义的"项目"是指科研项目；广义的"项目"则包罗甚广（甚至可以说是包罗万象）。比如，除了科研项目外，还有各种人才项目（某高校组织硕士导师申报填表时所列举的供填表者选择填写的人才项目居然有二十多个类别）、各种基地项目、各种平台项目、各种中心项目、各种团队（除了一般"团队"还有"创新团队"，除了"科研团队"还有"教学团队"）项目、各种工程（除了一般"工程"还有"创新工程"）项目、各种奖励项目等。中国的学术界（特别是中国高校）就是靠项目管理，项目无处不在，已经到了高校离开项目就不能发展、高校教师离开项目就不能生存的极端境地（荒唐境地）。有人说，原来中国人见了面第一句话是"你吃饭了吗？"现在中国高校老师见面后第一句话则是"你在做什么项目？"正是由于看到并深深地感受到了上述的现实情况，笔者认为，中国的学术界（特别是中国高校）目前已经走向了极端，走到了非常荒唐的境地，那就是项目主导一切、支配一切，"项目至上"。

　　我们看到，20 世纪 90 年代中期及其以前（包括"文革"以前），我国在古籍整理、外文著作翻译等方面的项目经费投入较多，确实取得了很大的成绩，取得了很好的效果。但是，20 世纪 90 年代中期以后，学术管理界将科研经费的项目管理推展到"项目至上"的境地，情况就发生了巨大的变化。"项目至上"除了给学术管理界带来热闹、带来政绩、带来统计数字、带来学术垃圾（虚假繁荣）外，其负面影响主要表现在以下四个方面。

　　其一，"项目至上"与独立思考相对立。在"项目至上"的主宰之下，学者不需要，也不能独立思考了。学者不需要通过独立探索、独立思考去发现问题、提出问题（提出研究课题）。项目申报者（学者）全力考虑的问题是如何领会"项目指南"、如何迎合"项目指南"的意图和思想。

其二，"项目至上"是计划经济（行政审批）的一个典型表现，也可以说是计划经济（行政审批）的最后堡垒。近十多年来，在中国特色社会主义理论的指导下，社会的经济越来越市场化，我们的学术管理却越来越计划化。"项目至上"带来的最突出的负面影响就是强化行政审批，逼迫高校和高校教师"跑项目"，而强化行政审批、逼迫高校和高校教师"跑项目"的结果则是推动权力寻租，导致学术腐败。

其三，"项目至上"倡导的价值观就是待遇至上。因为现在中国高校教师的所有待遇都是和项目（包括狭义和广义的"项目"）挂钩的，中国高校教师如果有项目就有待遇，没有项目就没有待遇。这样便渐渐导致（逼迫）许多高校教师一门心思追求项目（即"跑项目"）。我们清楚地看到，到了这个时候（在这种境况下），这些高校教师追求项目（即"跑项目"）的出发点并不是追求学术，而主要是追求待遇。这就又带来了一个明显后果，即消解了学术研究的神圣性，消解了学者献身学术的崇高性。

其四，"项目至上"彻底打击了学者的自信心、自尊心。早些年（那时学术界还没有发展到"项目至上"的极端、荒唐的境地），有些学者为了做真正的、能够独立思考的学术研究，就不去申报任何项目（中国科学院《自然辩证法通讯》主编李醒民等多位知名学者就是这样做的），他们取得了很优秀的学术成果，获得了学术界人士的广泛尊敬。由于学术成果突出，他们在评职称等方面也基本没有受到影响。近些年来，由于学术界走到了"项目至上"的极端、荒唐的境地，学术管理界制定的政策仿佛是要给学者（特别是高校教师）布下天罗地网，从而做到"天网恢恢，疏而不漏"，比如某省制定的政策是：任何高校教师如果要评职称，那你就不但要有科研项目，而且要有教改项目，否则你在其他方面再突出、再优秀也评不上副教授、教授。这就是说，你如果不去"跑项目"（而且是要同时"跑"科研项目和教改项目），那你就走投无路。在这种境况下，学者的自信心、自尊心可以说是被彻底地打击到了。

（原载《云梦学刊》2014 年第 4 期，中国人民大学"复印报刊资料"《社会科学总论》2014 年第 4 期转载）

近些年学术著作出版弊端分析

我国新时期以来，学术著作出版取得了巨大的成绩，这是有目共睹的；与此同时，其弊端也日益显现出来，这同样（甚至可以说更加）值得我们的注意和重视。我在这里着重对近些年学术著作出版的弊端展开分析。我认为，近些年学术著作出版弊端突出地表现在以下几个方面。

其一，受学术"行政化"、高校"行政化"的影响，学术著作过分追求"行政"标签。学术著作的创新、水平、质量等本来与"行政"级别没有太大关系，但受当今社会学术"行政化"、高校"行政化"的影响，许多人（特别是学术管理界和学术评价机构）对学术著作自身的创新、水平、质量等内在的方面并不关注，重点甚至全力关注的是该学术著作是什么级别的科研项目、出版该著作的出版社是什么级别、该著作出版后在什么级别的报刊发表了书评（包括什么级别的研讨会和报道）、该著作出版后获得了什么级别的奖励（包括获得什么级别的领导批示）等。

其二，选题跟风，雷同化现象严重。学术著作选题跟风主要是"跟"两个方面的"风"：一是跟时政方面的风，一旦社会上出现某个热门话题（论题），一时间关于某个热门话题（论题）的书就会像"井喷"一样出现；二是跟"畅销书"的风，一旦某个或某方面选题的书畅销，模仿其的"东施"书（或称"孪生姊妹"书）就会大批量出现。这样就造成很多的所谓"学术著作"选题重复、内容雷同，甚至"千书一面"。

其三，数量太大，垃圾书多。在当今疯狂的学术评价机制逼迫下，学术著作的出版宗旨（目的）已经异化，即由追求真理、发表独到的学术见解异化为主要（甚至是完全）是追求利益。当今学术著作出版所追求的主要是两方面的利益：一是评职称，这类所谓的"学术著作"被人称为"职称"

书；二是"科研课题"的结项。这两个方面的"学术著作"数量庞大，但垃圾居多。

其四，更有甚者，抄袭剽窃。据我的观察，学术著作的抄袭剽窃主要有以下四种情况：一是自己抄自己的，在论文发表中表现为一稿多投（发），在学术著作出版中表现为换个书名重新出版（这和"再版"完全不同）；二是抄自己的译著，把自己若干年前翻译的著作中的内容抄入自己的"著作"中；三是抄别人的，包括直接抄和变相抄；四是请人代写，现在网上代写论文和著作的广告众多，正是上述现象的反映。

（原载《云梦学刊》2015 年第 4 期）

学术期刊存在的主要问题小议

在新时期的学术发展中，学术期刊为学术的发展、繁荣提供了平台和基础，我们不能设想没有学术期刊的学术发展、繁荣，因此可以说，学术期刊在新时期对推动学术的发展、繁荣起到了重要作用，这是我们必须首先肯定的。但是，我们同时也要看到，学术期刊实际也存在不少问题，必须引起我们的高度关注和重视。根据笔者的观察，学术期刊存在的主要问题表现在如下几个方面。

其一，形式雷同，甚至有"千刊一面"的现象。这一点在高校社科学报中表现得尤为突出，我们的高校社科学报大多是按学科类别设置栏目，而我们的学科类别又是根据教育部规定的学科目录确定的，这样我们的高校社科学报在栏目设置上就大部分差不多，看了一本刊物就相当于看了很多本刊物，这就形成了被人批评的学术刊物"千刊一面"的现象。同时，由于这些刊物还要发表为数不少的职称文章（老师为评职称而写的应景文章），所以就自觉不自觉地制造了不少学术泡沫、学术垃圾。

其二，学术刊物被学术评价机制牵着鼻子走。学术评价本来是为学术刊物的发展、学术的发展服务的，现在则差不多颠倒过来了，学术刊物被迫跟着学术评价机制跑，学术评价机制怎么评我们的学术刊物就怎么办，学术刊物不断地被学术评价机制牵着鼻子走。比如，学术评价机制要评价学术刊物的转载转摘率，学术刊物的主办者就拼命与转载转摘报刊拉关系，以期尽可能多地转载转摘所在刊物发表的文章；学术评价机制统计影响因子，学术刊物就把多家刊物组织起来互相引用甚至用做假引用的办法来对付。笔者曾经看到一家学术刊物的工作规划，所列各条都是针对评价机制，真可谓是"上有政策，下有对策"。我们办学术刊物本来是为了探寻研究对象的规律，追求真理，结果被异化成了迎合评价机制（学术评价的指标体系）、跟着学术评价指标体系跑，这是很荒唐的。

其三，滋生学术腐败。学术刊物的编辑原来被认为是"为他人作嫁衣裳"的奉献者，现在则俨然成了大权在握的"编辑老爷"，不乏作者向他们拉关系、行贿，某些编辑就利用手中掌握的编辑、发稿权收取好处费（这实际上就是受贿）。还有的学术刊物则采用收取版面费的方式获取利益，你出多少钱我就给你发多少字的稿子。早些年，曾有学术刊物招聘主编，其中最重要的一条就是看应聘者能给该学术刊物所在单位带来多少经济上的收入，最后是允诺给单位带来最高收入者获聘。上述种种，都是学术腐败的典型表现。

学术刊物存在的问题还表现在其他方面，但上述是最主要的方面，值得我们特别注意、高度重视。

（原载《云梦学刊》2016 年第 4 期，《高等学校文科学术文摘》2016 年第 5 期收入"学术卡片"，《北京大学学报》2016 年第 6 期摘论点）

建议少读畅销书

今天讨论读书的话题，我认为，我们除了要积极提倡全民热爱读书外，还有一个特别重要的问题，那就是：我们怎么选择书读。我个人认为，"选择书读"是和"热爱读书"同样重要的问题。如何选择书读，我们可以提出多方面的建议，但在目前的情况下，我认为其中特别重要的一条是，建议有水平的读者少读畅销书。

我曾经在《我的快乐读书观》一文中说过："有一种书我不主动购买收藏，就是畅销书我不收藏。特别畅销的书我特别不收藏。"① 收藏书是为了阅读，不收藏畅销书就是不读畅销书，就是希望有水平的读者不要跟着畅销书跑。

为什么今天建议少读畅销书？我的理由主要有三点。其一，在今天这种社会环境和条件下，很多畅销书是被书商炒作出来的。被炒作出来的畅销书虽然名气很大、很花哨，但内容很一般、很肤浅，或者很差劲、很糟糕，甚至很坏。比如，《无毒一身轻》②《把吃出来的病吃回去》③ 被书商炒作得发行量多达数百万册，后来才知道作者不过是江湖骗子（甚至是犯罪分子），书中的内容是胡说八道。还有《学习的革命》④ 虽然书商炒作得特别厉害，也炒作得特别成功，引得许多善良的家长纷纷掏钱为自己的小孩购买，而其内容其实空疏得很，很快就成了过眼云烟。其二，畅销书不一定是读者最多的书。有的人跟着书商的炒作跑，把畅销书几本甚至几十本的买回去，除了

① 余三定：《我的快乐读书观》，《云梦学刊》2009 年第 2 期，《新华文摘》2009 年第 11 期等转载。
② 林光常：《无毒一身轻》，国际文化出版公司，2004。
③ 张悟本：《把吃出来的病吃回去》，人民日报出版社，2009。
④ 〔美〕沃斯、〔新西兰〕德莱顿：《学习的革命》，顾瑞荣等译，上海三联书店，1998。

家里摆一本外，就是送给亲戚朋友；亲戚朋友接到赠书后也不看，也是摆在那里。有的单位甚至把畅销书当作礼品或福利成批买了送人。我 20 世纪 90 年代末期在某大学开会，得到的礼品就是《学习的革命》一书。所以，发行量大的畅销书读者并不一定特别多，往往是一些不太畅销的好书可能读者还多一些，因为这些书的购买者是为了自己阅读而购买的，他们买回去是一定会阅读的。其三，有些畅销书是普及型、通俗性的读物（这些书不能说它们不好），可能适合普通民众的阅读，但不一定适合有较高水平的读者阅读。因此，我认为，如果一味地被书商牵着鼻子跑，大量阅读"垃圾书"（无用或有害的书），那么真会出现当年毛泽东所说的"书读得越多越蠢"的现象，真会出现"开卷不一定有益"的现象。

那么，到底什么是我们应该选择阅读的好书（有益书）呢？我想用一句话来回答，就是要阅读经典，包括学术经典和文学经典（古今中外的文学名著）。

（原载《岳阳日报》2015 年 10 月 29 日）

文化让我们获得精神上的满足和依归

《文化自觉 文化自信 文化自强——对繁荣发展中国特色社会主义文化的思考》在论述文化地位认识上的高度自觉时，非常全面、辩证而深刻。① 云文依次论述了文化与社会、文化与人、文化与经济发展的紧密联系及文化对后三者产生的巨大作用。作为读者，笔者难以对这一分论题做全面的分析，只想就文中关于文化与人（人心、人生、民生等）的紧密关系的论述谈谈自己的阅读感受和理解。

云文开头就从两个方面做出明确的概括和肯定："文化既是凝聚人心的精神纽带，又直接关系民生幸福。"接着对我们过往的文化观念进行反思（也可以说是反省），冷静而深刻地指出，"我们以往比较多地强调文化的教育教化功能，对文化与民生的关系认识不深"。云文在上述深刻反思的基础上进而展开正面的论述："文化是维系一个社会团结和睦的精神力量，无疑应当重视发挥文化教育人、引导人的作用。同时也要看到，文化之于人类，应当是一种精神上的内在需求、普遍需求，也是终生相伴的需求。""人们需要通过文化来启蒙心智、认识社会、获得思想上的教益，也需要通过文化愉悦身心、陶冶性情、获得精神上的满足和依归。如果没有精神文化上的充实和丰盈，就不能说有真正幸福的生活和美好的人生。"笔者以为，云文关于这个问题论述得最有新意、最为深刻、最有意义之处，就是明确肯定了人们需要通过文化"愉悦身心、陶冶性情、获得精神上的满足和依归"。作为学界的一员，笔者深深地觉得，对于学者和学术界来说，这一点显得尤为重要。

---

① 云杉：《文化自觉 文化自信 文化自强——对繁荣发展中国特色社会主义文化的思考》，《红旗文稿》2010 年第 15~17 期。以下简称云文。

　　真正的学者自然会有自己的学术目标、学术理想、学术追求、学术操守。其作为学者的一种精神上的内在需求、作为学者献身学术而内蕴的精神力量，与学者的价值观念、人生信仰、理想追求是紧密相连的。综合起来可以说，这些便是学者身上特有的学术精神和文化精神。老一代人文学者如胡绳、冯友兰、季羡林、任继愈等为国家富强、社会前进而献身学术，为追求真理而献身学术，分别在各自的研究领域取得了巨大的成果。他们在为国家、为社会做出了各自独特的学术贡献的同时，又较好地实现了自己的人生价值和人生理想。冯友兰九十岁（冯友兰是九十五岁辞世）以后双目失明，仍然继续著述（冯友兰自己口述，由助手帮助记录，然后和助手一同整理成书），当时有人问冯友兰为何要这样坚持，冯友兰回答说是"春蚕吐丝，欲罢不能"。可见，冯友兰等老一代人文学者由于有了追求真理、献身学术的学术精神和文化精神，他们在治学（在一般人眼中可能是"苦差事"）的同时便不知不觉愉悦了身心、陶冶了性情，获得了精神上的满足和依归，进而感受到了生活的充实、人生的美好、生命的魅力。由此也可看出，只有追求真理、献身学术的学术精神和文化精神才能让真正学者享受到"真正幸福的生活和美好的人生"。

　　观察今天的学术界，有些现象很值得我们注意和思考。笔者看到，当今学术界由于受商业经济的影响、受社会浮躁风气的影响或者说受社会不正之风的影响，真正的学术精神、学术文化失落的现象相当严重。学术精神、学术文化的失落，首先表现在学术追求（学术目标）的失落。学者做学术研究的终极目的本来是研究问题、发现规律、探求真理，可现在一些所谓学者的学术研究被异化成了适应（迎合）上级评估指标、政绩统计的非学术行为。学术精神、学术文化的失落，其次表现在学术情趣的失落。前述胡绳、冯友兰、季羡林、任继愈等学者都是真正地热爱学术研究的，因而都能在学术研究中感受和体会到研究的快乐、探索的快乐、发现的快乐，即能如梁启超所说保有"学问之趣味"（梁启超有一篇文章的题目为《学问之趣味》）。现在一些所谓学者的学术研究已毫无"学问之趣味"。学术研究对他们来说已毫无快乐可言，因而也毫无情趣可言。学术研究只是他们的敲门砖。他们只是借学术去追求学术之外的东西如地位（主要是行政级别）和金钱，等等。学术精神、学术文化的失落，更严重的是表现在某些人丢掉起码的学术准则、学术操守、学术良知而搞学术不端（或称学术腐败）。这部分人离我们所说的"愉悦身心、陶冶性情、获得精神上的满足和依归"更是相距十万八千里。由此我们可以看出，当今时代在学术界（乃至整个社会）建设真正的学术文化和学术精神，不仅是推动学术发展的需要，也是学者获得自我实现、获得精神上的满足和依归的需要。

恩格斯说过，"文化上的每一进步，都是迈向自由的一步"。不断地认识、遵从乃至驾驭必然，从而获得作为人的内在自由，是每位真正学者的向往和追求，学者要真正获得作为人的内在自由，要获得"真正幸福的生活和美好的人生"，就需要在整个学术界和社会中搞好学术文化的革新和建设，在整个学术界和社会中营造尊重学术、敬畏学术的文化氛围，同时也需要每位学者有献身学术、追求真理的勇气和精神（文化精神）。

（原载《社会科学报》2011 年 7 月 28 日，发表时题目被编者改为《寻找失落的学术精神》）

论学术创新的"本"与"末"

一 学术创新是学术研究的本质和根本价值

学术创新是学术研究的本质和根本价值。不断创新，是学术研究的本质特点；不断创新，也是学术研究存在的理由和必要性，即是其生命力之所在。

二 学术创新的"本"在于追求真理

学术创新的根本要义在于追求真理。或者说，学术创新最重要的特点是发现问题、揭示真相、探索规律、获得真理。具体来说，主要表现在，或提出新问题，或发现新材料，或做出新论证，或得出新观点。总之，是在追求真理的旅途中不断向前进步。

可以说，追求真理是学术创新的唯一目的和根本价值追求。

三 当今学术创新面临最严重的问题是舍本逐末

当今学术创新面临的最严重的问题是，在具体的学术研究行动中舍本逐末，即学术创新由"追求真理"（本）被异化为"追求指标"（末）。

第一，过分重视学术评价导致人们只看"指标"。今天已经发展成了一种严重的、病态的"学术评价过度症"，导致本来是以探索真理、追求真理为唯一目的和目标的学术研究被异化成主要是为了迎合评价体系、追求评价指标的行政行为，迎合学术评价的"指标"甚至因而成了学术研究的出发点和终极价值追求。

第二，学术评价中的单纯量化评估导致人们只看"指标"。如前所述，当今社会存在过分重视学术评价的问题，但这还只是问题的一个方面，问题的另一个方面是，具体的学术评价又实行的是单纯量化评估，由此必然带来只重数量、不顾质量的恶果，于是便自然地出现了"全民学术"、学术泡沫、学术垃圾、"学术大跃进"等荒唐现象。

第三，"计划学术"（又称"审批学术"）导致人们只看"指标"。我们今天社会的经济越来越市场化，越来越进步，而学术却仿佛循着相反的方向在走，即越来越"计划化"，越来越"行政审批化"。于是便必然性地出现了下列荒唐现象：人们在评价一个学术单位（或个人）的学术水平、学术创新情况时，可以完全不看实际情况和实际内容，而只看"标签"（即其项目、获奖、论文、研究基地等）是否国家级、省部级等。"计划学术"最直接的结果是学术研究、学术创新沦为学界高管（高官）的政绩工程（当然还包括越来越严重的学术腐败）。

四　学术创新一定要返回其本来的意义

笔者在此提三点建议。

第一，学界管理层要学习老庄"无为而无不为"的思想，即做任何事情，只有不妄为才能真正有所作为。因此，我们期望学术管理界减少对学术的行政性干预，给予学术界宽松的发展环境。具体说，就是要少设法，少出台政策，少折腾。

第二，由"计划学术"回归"自然学术"（或可称"自由学术""生态学术"）。随着经济的发展和社会的前进，政府当然要不断加大对学术研究和学术创新的投入，要不断提高学者的待遇，这方面应该主要通过提高学术单位的常规下拨经费和提高学者的基本工资去实现。

第三，弱化、淡化学术评价。笔者甚至建议暂停五年到十年的学术评价，以恢复学术的生态平衡。

（2011 年 9 月 24 日）

中国学术走向世界的三个维度

中国学术走向世界，我认为主要有三个维度（层次）。

第一，研究世界性的问题，即研究人类面临的、需要解决的共同问题。如社会的可持续发展、人道主义、和平与幸福、公平与正义、民主与自由、文明建设等。这方面遇到的困难主要是在价值观上，在有些问题上并非具有普适性。

第二，研究中国的问题，但有世界性的启示意义。这一点可以借用一句我们常说的话稍做修改来表述：既是本土的，又是超越本土的（不局限于本土的），才是世界性的。如研究中国的发展道路、中国发展模式、中国经验等。这方面遇到的困难主要是在把握"本土"与"超越本土"两者的关系方面容易走向偏颇。

第三，研究外国的问题，给中国和世界以借鉴。如研究某国的辉煌文学、某种思潮的形成和发展、某国的快速崛起等。这方面遇到的困难主要是在眼界和观念方面的缺陷。

（2012 年 9 月 2 日）

论故宫学的学科定位和学科特色

"故宫学"的概念和命题，是故宫博物院院长郑欣淼先生在充分占有资料并深入研究的基础上，于 2003 年 10 月提出的。此后至今，郑欣淼先生一直在进行故宫学的研究（也带动了其他学者参与研究），使该项研究越来越深入、越来越系统，成果越来越多，社会影响亦越来越大。为推进故宫学研究继续发展，我们有必要对故宫学的学科定位和学科特色进行探讨。

一　故宫学是一门真正意义上的学科

学术领域里的"学科"有其内在的含义和特点。与单个、零散的理论研究及具体的实证研究相比较，上升到（或者说凝练为）学科层次（高度）的学术研究，其基本特点在于能建立起符合逻辑的概念体系，能设计出反映客观规律和人类思维习惯的理论框架，能确定科学实用的研究方法。这就是说，"概念"、"理论框架"（知识系统）、"方法"是构成"学科"的三个关键词。

从上述的视角来看，由郑欣淼先生领衔的故宫研究，完全可以说具有了学科的特点，已经实现了学科的自觉，因此便完全可以用"故宫学"来命名。其一，故宫学的概念，既有"故宫""皇宫""宫廷文物珍藏"等具有独特性的概念，也有许多和其他学科通用的概念，如研究紫禁城古建筑（故宫），那就要使用建筑学、艺术学的概念；研究故宫博物院的收藏（古代艺术品及宫廷文化史迹等），那就要使用艺术学、考古学、历史学等多学科的概念。其二，郑欣淼先生曾分析说，故宫学的研究领域主要有六个方面，即紫禁城宫殿建筑群，文物典藏，宫廷历史文化遗存，明清档案，清宫典籍，故宫博物院的历史。这可以看作故宫学研究的理论框架（知识系统）。其三，郑欣淼先生还指出，由于故宫学是一门综合性的学科，在研究中就不能只用单学科的方法，而是需要运用历史学、考古学、文献学、建筑学、文学、美学及相关的自然科学等多学科的方法，即采用跨学科的研究方法。这可以说是初步解决了故宫学研究的方法问题。基于上述的分析，我们完全可以说，故宫学是一门真正意义上的学科。

二 故宫学的学科定位

对故宫学进行学科定位，的确是一件很复杂的事情。2011 年 2 月，国务院学位委员会第二十八次会议审议批准的《学位授予和人才培养学科目录（2011 年）》（以下简称《目录》），总计包括 13 个学科门类、110 个一级学科、300 多种二级学科。对照《目录》进行分析，我们可以看到对故宫学进行学科定位的复杂性。首先，从"学科门类"的角度来看，故宫学就与"文学""历史学""艺术学"等三个学科门类都紧密相关，而如果考虑到故宫学包含了科技因素，则其与"理学""工学"等学科门类也不无联系。其次，从"一级学科"的角度来看，故宫学与"文学"学科门类内的"中国语言文学""外国语言文学"，与"历史学"学科门类内的"考古学""中国史""世界史"，与"艺术学"学科门类内的"美术学""设计学"，与"理学""工学"学科门类内的多个一级学科都有联系。最后，从"二级学科"的角度来看，故宫学与"中国古代文学""考古学及博物馆学""历史文献学""建筑历史与理论""建筑设计及其理论"等多种二级学科紧密相关。因此，我很赞同郑欣淼先生的观点，故宫学的学科性质（学科定位）应该属于综合性学科，涉及历史、政治、建筑、器物、文献、艺术、文学、宗教、民俗、科技等学科。这就是说，故宫学的研究是一种跨学科的研究。

三 故宫学的学科特色

其一，故宫学是一门综合性的学科。郑欣淼先生提出故宫学的概念和命题时，就肯定故宫学是一门综合性的学科。我个人对此非常赞同，理由已在关于故宫学的学科定位中论述了。

其二，故宫学的研究必须采用多学科、跨学科的方法。正如上文郑欣淼先生指出的，对故宫学的研究，需要采用多学科、跨学科的方法。

其三，故宫学是一门新兴的独特学科。虽然关于故宫的研究早就有了，但把"故宫学"作为一门学科提出来则是始于 2003 年 10 月（如前所述，其是由郑欣淼先生提出的），对其许多方面的研究还刚刚提出或者说还刚刚起步，且可能还有一些暂未提出的问题需要研究。总之，故宫学是一门新兴的、年轻的学科。说故宫学是一门"独特"的学科，是说它类似于"红学"（《红楼梦》研究）、鲁迅学、敦煌学等，其研究对象是具体的、独特的，而非泛指性的。

其四，故宫学是一门具有无穷魅力的学科。正因为故宫学是一门初具雏形的、正在建设中的学科，对当代学者来说才特别具有挑战性，因而具有无穷的魅力。

（2011 年 11 月 2 日）

民国时期故宫学术研究的特点

"故宫学"作为一个命题（概念）是在 2003 年由郑欣淼先生提出来的。但关于故宫的学术研究则从民国时期，具体说就是从故宫博物院成立之日（1925）就开始了。民国时期关于故宫的学术研究表现为如下特点。

一是在研究力量的组成方面表现出初步的开放性。这一时期，故宫博物院力图努力做到院内的研究力量与社会的研究力量相结合。作为故宫博物院创始人之一的李煜瀛，在商组"办理清室善后委员会"时，就明确提出要"多延揽学者专家，为学术公开张本"，后又提出，故宫博物院"学术之发展，当与北平各文化机关协力进行"。① 据《紫禁城的黎明》所载，当时北京大学研究所国学门就为故宫的学术研究出力甚大，还聘请社会上颇有名望的专家学者参与故宫的学术研究。②

二是在研究角度和研究视野方面表现出初步的多学科性。故宫博物院在1935 年成立了书画、陶瓷、铜器、美术品、图书、史料、戏曲乐器、宗教经像法器、建筑物保存设计等十个专门委员会，从这十个专门委员会的名称就可看出其多学科的特点。故宫研究的多学科特点是建立在其研究对象的丰富性基础之上的。这一时期还出现了对故宫博物院自身发展历程进行回顾和研究的成果，如李煜瀛的《故宫博物院记略》。

三是其研究重点主要放在资料的收集、整理上。这一时期故宫学术研究比较侧重的是对清宫档案的整理及档案管理的探索。这一时期先后出版了《掌故汇编》（后改名为《文献丛编》）计 58 辑，编印《史料旬刊》计 40期，汇编了《筹办夷务始末》《清代文字狱档》《故宫俄文史料——清康熙

---

① 参见李煜瀛《故宫博物院记略》，《故宫周刊》1924 年第 2 期。
② 吴十洲：《紫禁城的黎明》，文物出版社，1998。

间俄国来文原档》等史料。据不完全统计，这一时期共编辑出版各类档案史料书刊达54种，358册，约1200万字。其中影响最大的是1929年10月10日创办的《故宫周刊》（连续出版510期）。《故宫周刊》图文并重，汇集故宫资料整理的成果。与"整理"性的成果相比较，这一时期"研究"性的成果相对较少。

四是产生了若干有影响的著名学者。陈垣、单士元、单士魁、李煜瀛、方甦生等就是故宫学术研究的有代表性的著名学者。其中陈垣曾任图书馆馆长，他是中国近代史上全面调查研究《四库全书》的第一人，撰写了许多关于《四库全书》的论文。

五是还处在故宫研究的起步阶段。这一时期对故宫的研究由于是以"整理（资料）"为重点（在抗日战争时期一度被迫变为以"保护"为主，如故宫文物南迁，学术研究几乎停止）的，所以许多研究刚刚开始，有的研究尚未涉及，系统、全面研究的成果不多。总之，民国时期故宫的学术研究还处在起步阶段，但也正是这一起步阶段为后来的研究打下了较为坚实的基础。

（2011年11月10日）

中文专业的无穷魅力与独特优势

根据安排，要我来和中文系 2012 级新生进行一次交流，并且要求我谈谈对中文专业的看法。作为在高校学习中文专业，毕业后又在高校中文专业任教 30 多年的老师，我当然很乐意就这个问题与大家交换看法。我的基本看法是，中文专业有着无穷的魅力与独特的优势。围绕上述基本观点我想谈两个方面的看法：第一个方面就是，我所认识的中文专业的专业特点，也就是我所看到的中文专业的魅力和优势；第二个方面就是，谈谈我对中文专业学生搞好学习的建议。

一 关于中文专业的魅力与优势

关于中文专业的专业特点，即中文专业的魅力和优势，我想既针对一般情况谈，又针对特殊情况（即针对湖南理工学院的具体情况）谈。我认为中文专业有四个方面的特点，即四个方面的魅力和优势。

1. 中文专业是一个基础学科

与基础学科相对的就是应用学科。基础指建筑底部与地基接触的承重构件，它的作用是把建筑上部的荷载传给地基。因此，地基必须坚固、稳定而且可靠。什么是基础学科，美国国家科学基金会（NSF）在财源调查时对基础学科的定义是：基础学科的研究目的是获取被研究主体全面的知识和理解，而不是去研究该主体的实际应用。我们平常讲的一个概念叫"学术"。"学术"这个词拆开来讲，"学"讲的就是学问，"术"讲的就是方法。一般情况下，"学"就是基础性的东西，"术"就是应用性的东西。理工科里面最基础的专业，大家都知道是数学。基础专业和其他专业的关系就是，你基础打好了，学什么专业都行；你基础打不好，学其他专业就会有困难。就像我们建这个教学楼，你基础没打好，上面做得再好看，它也不牢固，还存在危险。

如何看待基础专业的特点和重要性，我想引用学界一位权威人士的话来回答，这位学界权威人士就是北京大学中文系的陈平原教授（他刚刚卸任北京大学中文系主任），陈平原教授曾经到我们中文系做过讲座，那是在1998年，当时真是盛况空前。陈平原教授有一篇文章叫《中文人的视野、责任与情怀》。① 这篇文章是他在2012年北京大学中文系举行毕业典礼时候的致辞。我念几段给大家听一下："也许你从小就喜欢文学，进入北大中文系，乃如愿以偿；也许你不是第一志愿进来的，一开始有点委屈。但这都没关系——四年乃至十年的熏陶，定能换来你一声'不虚此行'的感叹；而且，在今后漫长的岁月里，你会以曾就读北大中文系为荣、为傲。因为，有些大学乃至院系的好处，不是一眼就能看出来的。中文系的好看与耐看，必须浸润其间，才能逐渐体会到。""中文系的基本训练，本来就是为你的一生打底子，促成你日后的天马行空，逸兴遄飞。""各位，十年后归来，中文系的老师们，绝不会检查你是否腰缠千万。生活上过得去，精神上很充实，学术上有成绩，那是我们对于学生的期盼。是否发财，不应该是大学衡量学生成功与否的标准；起码，在中文系教授眼中，'贫穷'并不一定'意味着耻辱和失败'。"陈平原教授的基本意思就是，学中文的一定要有情怀，除了智商，情商也一定要高。而且中文系专业的魅力不是一眼就能看出来的，要经过一两年、三四年甚至更长时间才能显现。

据北京大学中文系的另一位老师说，在20世纪80年代中期以前，包括50年代、60年代前半期、70年代末期，高考时文科中的才子或者以"才子"自居的人，其第一志愿大都是北大中文。在北大校园内一说是学中文专业的，大家都会刮目相看。但是到了20世纪80年代中期以后一直到21世纪初，随着市场经济的发展，中文专业不再是"显学"（热门专业），以至文科的高分考生第一志愿很少报北大中文系，而是去报热门的应用型专业（如经济类、管理类、法律类等）。不过近年来情况慢慢回归正常，已有部分文科的高分考生第一志愿报考北大中文系。

陈平原教授在另一个地方说："这样来看'人文'②，你就明白其在现代

① 陈平原：《中文人的视野、责任与情怀》，《中华读书报》2012年7月4日，第3版。
② "人文"主要是指文、史、哲。——引者注

大学的位置：很难'实用'，但有'大用'。只是这个'大用'，不见得马上被承认，还可能因立场不同而异说纷呈。"① 由此可见，中文专业作为基础学科的特点，借用庄子的话就是"无用之用"，无用即是大用。

2. 中文专业最能做到将课内学习和课外学习相结合，最能做到将学习和娱乐、休闲相结合

我先讲一个我亲身经历过的故事。20 世纪 90 年代初期，那时我任中文系主任。在新生报到后的第一个晚自习，我到教室里去看看。看到一个学生在看一本长篇小说，我随意拿过来翻看。当我拿过来看的那一刻，那位同学马上站起来，他非常紧张地说："老师，是不是不准我们看小说啊?!"我把他从教室里叫出来，问他："你怎么会提出这样的问题？"他回答说："我们在中学的时候，老师不准我们看小说，谁如果看了小说，不但要挨批评，而且还要被没收小说。"原来，在中学阶段时，老师严格要求那位同学只能围绕课堂和考试学习，而看小说被认为是单纯的娱乐，会影响学习，所以是被禁止的。今天我要告诉大家的是，对于中文专业的学生来说，看小说就是专业学习，看得越多越好，并且老师会帮助你们看，告诉你们怎么看。

不仅看小说是这样，对于中文专业的学生来说，看电影、电视、戏曲等也既是休闲、娱乐，又是在进行专业学习。也是在 20 世纪 90 年代初期我当中文系主任的时候，还经历了这样一场小争论。那时候星期六上午还要上课。当时学校每周三和周六晚上放两场电影。那时电脑还没有普及，大家的主要娱乐活动就是看电影。每次放电影时，绝大部分人都去看电影了。在学校的一次系主任会上，某理科系的系主任提出了反对意见，他说："一个星期看两场电影，太影响同学们的学习了，这怎么行？"我马上反驳说："一个星期看两场电影当然可以！你不要把看电影仅仅看成娱乐，看电影既是娱乐，又是学习。"那位系主任又反驳我说："你们中文系的当然可以一个星期看两场电影，因为你们娱乐就是学习，学习就是娱乐。"你看，连理科系的系主任都知道，课内学习和课外学习相结合，学习和娱乐、休闲相结合，是中文专业的主要特点之一。

3. 中文专业的毕业生就业适应面广

在目前情况下，上大学考虑将来就业的问题，是完全可以理解的。我认为，相较而言，中文专业毕业生适应面非常广。在 2012 年新生报到的第一

---

① 陈平原：《大学三问》，《书城》2003 年第 7 期。

天，一位音乐系的新生来找我，说她想要转到中文系来就读。我问她为什么要转专业，她讲了两个理由。第一个理由，她说她最喜欢中文专业了，她在高中阶段就看完了《红楼梦》等不少中外名著。第二个理由，她说她现在学音乐，将来的就业面比较小，而学中文专业就会有很多选择，比如考研、考公务员、考选调生、考教师等。这就是一个音乐系的学生对中文专业的认识，应该说是比较客观的。

我们还看到，在中学里，一个中文背景的老师，让他去教其他课是可以的，只要是文科的课像历史课、政治课、地理课一般是没有问题的。但是如果反过来，让一个学历史或学政治或学地理的老师来教语文课，那一般是不行的。我再举一个我儿子的例子。我儿子当时是考入某师范大学的新闻学院，他自己选择了编辑出版专业。学了一年以后他要求转入中文专业，他的理由是中文专业的学生主要精力在学学识、打基础，而编辑出版专业（也包括其他新闻专业）的学生主要精力在学技术性的、操作层面的东西。于是我去找我儿子所在的新闻学院的院长。新闻学院院长是我的好友。他听说我儿子要从他领导的新闻学院编辑出版专业转到文学院中文专业去，他一点也不反感，反而非常高兴，甚至有点赞赏。新闻学院院长诚恳地告诉我，该校毕业生在新闻系统工作得最有成就的，不是学新闻专业的，而是学中文专业的。为什么呢？因为中文专业培养了学生的学识基础、人文素养。而新闻专业的学生大部分时间在学技术性、操作性的东西。技术性、操作性的东西可以在毕业后较短时间内学到，而学识、素养则需要长时间的积累。他说，在一般情况下，新闻专业的毕业生到新闻单位去工作，可能适应得很快，但是往往后劲不足；中文专业的毕业生适应可能慢一点，但往往后劲比较足，发展潜力较大。只是由于该师范大学的制度规范，我儿子转专业的愿望未能实现，至今仍有些遗憾。

4. 湖南理工学院中文专业有着非常好的学习环境和学习条件

首先，自然环境非常优美。湖南理工学院坐落在美丽的岳阳市南湖畔，湖岸线有五公里多，这在湖南省的高校中是绝无仅有的，在全国高校中也极为少见。南湖水面面积达 1200 公顷。湖面终年碧波荡漾，幽静雅洁，湖岸多湾，港湾曲折，有"一龙赶九龟"的地貌造型，现在被列为省自然风景保护区和国际龙舟赛场。唐代诗人李白《陪族叔刑部侍郎晔及中书贾舍人至游洞庭》："南湖秋水夜无烟，耐可乘流直上天？且就洞庭赊月色，将船买酒白云边。"李白的诗是对南湖的精彩描写。我曾经陪一位已经退休的领导和他的夫人到校园里的南湖边上散步。这位老领导以前到我们学校来过几次，对我们学校比较熟悉，走到哪里老领导总是回忆说这里原来是什么样子。他的夫人兴趣极浓，走着走着就忍不住埋怨她先生说："这么好的地方你怎么现在才带我来看呢！"后来，她又跟我说："你这个地方好是好，只是到处都是湖，如果有同学遇到问题想不开了要跳湖那怎么得了呢？"我笑着回答说："恰恰相反，我们有些同学如果想不开，只要跑到南湖边上一看可能就想得开了。因为在南湖畔可以让人感到真正的心旷神怡！"

其次，人文氛围好。岳阳是历史文化名城，文化积淀深厚，是出文人的地方。历史上的屈原、李白（多次来过岳阳）、杜甫（杜甫客死岳阳）、范仲淹等著名文人大家都熟悉，就不讲了。新时期，岳阳在戏剧、小说、诗歌、绘画、评论等方面产生了不少有影响、有成就的作家、艺术家，他们被誉为"文坛岳家军"。其中的代表性人物有创作《曹操与杨修》的陈亚先、创作《喜脉案》的吴傲君、创作《八品官》的甘征文、创作《镇长吃的农村粮》的段华、创作《那山　那人　那狗》的彭见明、创作《故乡》的彭东明、创作《通天人物》的艾湘涛、创作《红墙里的桑梓情》的张步真等。

最后，我们所在的中文专业经过四十余年的建设，已经形成了优良的学风，具备了较为雄厚的师资力量和较为全备的图书资料。

二　关于学好中文专业的建议

所谓学习建议就是谈学习方法。我提的学习建议只是供你们参考。有一句俗话说得好：千个师傅千个法。就是说各有各的方法，我说的方法可能对大家有参考作用。我一共有六条建议（希望）。

1. 认真听课

什么叫认真听课，就是听课的时候除了要全神贯注用心听外，还要做好笔记，并且听完课以后要认真做好老师布置的思考题（作业）。

2. 大量阅读

我希望同学们都能成为真正的读书人。我个人认为大学生甚至大学教师也不一定是真正的读书人。我认为，真正的"读书人"应该具备四个条件：一是真正喜欢读书；二是同时读专业以外的书（一个人如果只看专业书，那只能称他为"专业人士"，而不能称他为"读书人"）；三是具有一定的藏书（藏书多少都不要紧）；四是能写书，这个"写书"是广义的，包括写文章、写笔记、写日记、写博客等。学中文的人，除了要多读古今中外的文学名著外，还应该有广泛的阅读，特别是多读历史、哲学方面的书。关于大量阅读我还有一条建议，就是希望同学们到图书馆多看看报纸杂志。报纸杂志要看层次比较高的，少看或不看那些纯消遣性的。前几天我给中文专业大三的同学讲课的时候，我做了个调查，我说知道《新华文摘》的同学举手，结果居然有一些同学不知道有《新华文摘》这样一个高层次的刊物。接着，我让看过《新华文摘》的同学举手，结果只有一小半同学举手了。这说明中文专业的同学阅读量太少、阅读面太窄。

3. 选择好书读

我曾经在北京的一个座谈会上听过《读书》杂志前主编沈昌文的发言，发言的题目为《书读得越多越蠢》。这个题目其实是引用毛泽东的话，毛泽东当时讲"书读得越多越蠢"指的是读死书、死读书，而沈昌文讲的意思是，不加选择地乱读，就会越读越蠢，因为有的低层次的、庸俗的书会降低我们的品位，会把我们的人生境界降低，当然会读得越多越愚蠢。2012年上半年我看到一篇文章，与沈昌文的观点很相似，该文的题目是《误读书比不读书更可怕》。该文写道："阅读缺失固然很糟糕，但有一种比不读书更糟糕的结果，即误读书。实际上，读书不是问题，读什么书和怎样读书才是问题。"① 所以同学们一定要选好书读。

那么，什么样的书是"好书"呢？对于这个问题，我想先用排除法来回答，即回答哪些书（"不好"的书）不要去读。我在这里引用两篇文章的观点。一篇是《焚书取暖，你想先烧哪本？》。该文写道："如遭遇一场千年不遇的极寒，你被迫躲进图书馆，只能焚书取暖，你会先烧哪些书？作家马伯庸的选择是将成功学、励志书、生活保健书、明星自传等列为首选。近日，马伯庸的一篇短文《焚书指南》在网上引起热烈讨论。许多网友认为这类图书太多太滥又缺乏营养，烧了也不可惜。"② 另一篇是《多少"应景书"，过把瘾就死》。该文写道："这些年书市颇多'应景书'，上架快下架也快，畅销容易常销难。不少应景书赶火爆新闻事件的场，追一次性行情，加上质量粗糙，过不了多久便进了冷宫。"③ 我个人很赞同上述两文的看法，

---

① 张田勘：《误读书比不读书更可怕》，《中国青年报》2012年5月4日，第5版。

② 张贺：《焚书取暖，你想先烧哪本？》，《人民日报》2012年8月13日，第11版。

③ 范昕：《多少"应景书"，过把瘾就死》，《文汇报》2012年8月17日，第6版。

我的观点比上述两文更加明确，我的观点是：不要读"畅销书"！理由有以下三点。第一，"畅销书"在我们现在的社会环境下，绝大部分是被炒作起来的，绝大部分华而不实，绝大部分是垃圾。第二，"畅销书"并不是读者最多的，销量多并不意味着读者多。不少人把"畅销书"买回去后，自己不看，而是将其作为礼品送给人家，而接受的人也不看，只是摆在家里。第三，我们大学生是文化层次较高的人，而"畅销书"是给一般老百姓看的，所以我们要少读或不读"畅销书"。

我现在从正面来回答什么样的书是"好书"。我借用一句话来回答："真正的读书就是读经典。"这是《在今天，该怎么做一个读书人》一文中的第一个小标题，该文写道："当今有一个概念叫'信息爆炸'，这是很多人说没有时间读书，或纷纷选择'快餐式阅读'的一个重要借口。但我完全不赞成这个判断，一个重要的原因在于，和'信息爆炸'几乎同样流行的高频词叫'泡沫'。这些'泡沫'本身并没有提供什么新知识和新经验，不符合'信息'的基本界定，所以如果只是'泡沫'喷涌和膨胀，就不能称作是'信息爆炸'。而之所以很难判断是否存在'信息爆炸'，是因为我还固执地相信知识的增长是有极限的。如同 GDP 不能代表经济真正的增长一样，借助现代传播技术而大量复制的意见和言论，尽管体量庞大，但却完全不同于知识本身的增长和进步。而那些在深层决定着各学科基本知识形态的东西，在我看来才是真正意义上的经典。一旦拂去熙熙攘攘的喧哗和骚动，它们的数量很有限，要读完也不是一件太难的事。""对经典的要求不仅是通读，要熟悉到如数家珍，而且还应当做枕边书反复读。""所以在我看来，真正的读书就是读经典。""而如果想尽可能少上当受骗，唯一的办法就是选择经典，特别是古人、前辈认可的经典。"① 我以为，我们中文专业的学生读经典，就是读古今中外的文学名著，如古代小说中的《红楼梦》《西游记》《三国演义》《水浒传》《儒林外史》《聊斋志异》等，古代戏剧方面的《西厢记》《牡丹亭》《桃花扇》等，古代诗词方面的李白、杜甫的诗等，还有现代文学、当代文学、外国文学中的名著等。就我个人的爱好来说，我最喜欢的经典，第一是《庄子》，第二是鲁迅的著作。

4. 注意锻炼自己的理性思辨能力

中文专业的同学阅读文学作品不能停留于单纯的感性欣赏，要在欣赏文

---

① 刘士林：《在今天，该怎么做一个读书人》，《光明日报》2012 年 7 月 3 日，第 7 版。

学作品的同时对作品有所评析和研究，从而上升到理性欣赏的高度。希望同学们平时的课外阅读除了阅读文学作品外，还要阅读相关的理论研究文章和著作。我建议同学们在候车和坐火车时，有意识地选择理论文本（包括论文和著作）阅读，这是锻炼理论思维的一种好方法。

5. 善于提问题

有一篇文章的题目是《学问学问，学本乎问》。该文写道："学问学问，学本乎问，非问无以成学。这一点，古今中外都有共识，中国古人有云：'学贵有疑，小疑则小进，大疑则大进。''疑'其实就是'问'，是人类打开知识大门的金钥匙，所以孔子'入太庙，每事问'。至于西方，英国哲学家弗·培根说过：'多问的人将多得。'为什么问比学重要？爱因斯坦回答：'提出一个问题往往比解决一个问题更重要，因为解决问题也许仅仅是一个教学上或实验上的技能而已。而提出新的问题、新的可能性，从新的角度去看旧的问题，都需要有创造性的想象力，而且标志着科学的真正进步。'""史学大师蒙文通晚年任教于四川大学，斯时他给学生的印象是——'先生身材不高，体态丰盈，美髯垂胸，两眼炯炯有神，持一根二尺来长的叶子烟杆，满面笑容，从容潇洒地走上讲台，大有学者、长者、尊者之风。'当然，更让学生大开眼界的是他的考试方式：蒙文通考试，不是老师出题考学生，而是学生出题问老师。考场也不在教室，而在川大旁边望江楼公园竹丛中的茶铺里。如何考呢？考试那天，学生按指定分组去陪蒙先生喝茶，喝茶之际，由学生向先生提问，蒙先生回答。这是一着高棋，说它高，首先是因为这种方式真正将学生变成了考试的'主体'，享有相当的自由度。其次，老师根据学生提问的水平，完全可以判定学生的专业水准。学生虽然变被动为主动了，但是如果没有掌握所学，没有读懂指定的参考书，一开口就要现相。所以，往往考生的题目一出口，先生即能考出学生的学识程度。更重要的，当然还是这种方式能真正培养出学生发现问题的能力，并在与老师的互动中逐渐培养出解决问题的能力。"①

6. 积极参与实践

我这里所说的"实践"包括三方面的含义。第一方面就是指动笔。这里说的动笔可以是在自己的书上做标记、写评语，可以是在读书笔记本上写提要、做摘录，还可以是写读后感和心得体会。第二方面是指可以尝试一下

---

① 孙玉祥：《学问学问，学本乎问》，《羊城晚报》2012 年 7 月 29 日，第 8 版。

"写",包括写小说,写散文,写评论,写小论文,等等。第三方面就是要把阅读与自己的人生实践联系起来。有一篇文章的题目是《"艺文儒术,斯之为盛"——宋人的读书境界》。该文有一部分专写"宋人读书追求高雅境界",文中写道:"两宋时期,不仅读书之风盛行,而且宋人读书多表现出一种对高雅境界的追求。这种高雅的境界,既有'治国平天下'的伟大理想,又有积极的入世情怀与执着追求修身齐家的精英品格;同时也有无数以读书为终身爱好、或以读书为乐的普通读书人。他们当中的许多人手不释卷,长年累月,坚持不辍;即使身处困境或逆境,仍是读书终日,以书疗饥,以书御寒。应该说,这就是读书的一种高雅的境界,是一种智慧的心态,是一种高尚的人文精神。"① 因此,我觉得一个人读书的时候一定要联系自己的人生进行思考,要不断地提高自己的生活情趣,不断地提高自己的人生境界。

(上文为 2012 年 9 月 12 日为湖南理工学院中文系 2012 级新生讲座的录音整理稿。感谢贺波彬等帮助整理,原载《大学生 GE 阅读》第 11 辑,中国传媒大学出版社,2014)

---

① 张全明:《"艺文儒术,斯之为盛"——宋人的读书境界》,《北京日报》2012 年 7 月 23 日,第 11 版。

当代作家要有自觉的社会责任感

——"文艺转型与文论创新"学术研讨会发言提纲

知识分子被认为是社会的良知，作家是知识分子的重要组成部分，当代作家也理所当然成为社会的良知。当代作家要真正成为社会的良知，就应该具有自觉的社会责任感。笔者认为，当代作家要有自觉的社会责任感，如下几点是特别重要的。

其一，要有信念向往，要有价值追求，要有理想憧憬。今天由于官场腐败，社会风气不好，许多东西被商品化了，人们普遍信奉"工具"理性（即只管、只顾眼前是否有用），不管、不顾其价值和意义。这样就导致文学的崇高性、人生的崇高性、人的崇高性被完全消解了。笔者呼吁今天的作家不要随波逐流，要有信念向往，要有价值追求，要在自己的作品中表现出真正的"人"（大写的人）的理想、信念和人生境界，要追求崇高，面向永恒。

其二，要有某种清高精神，要抵制流俗。作为知识分子的作家不仅要关注眼前利益，也要关注长远利益；不仅要关注自身利益，也要关注民众、民族乃至人类的利益。因此，一定要有某种抵制流俗的清高精神（脱俗精神）。但今天某些作家已失去了应有的精神境界。比如作协系统的官本位意识（一些作家为了争当作协主席、副主席而不择手段），某些作家为了评奖而冒险行贿，某些作家为了出名而浮夸、造假，等等，这些都是作家失去应有的清高而自甘堕落的表现。

其三，要独立思考。独立思考本来应是知识分子（包括作家）的天性和本质特点，但现在一些作家渐渐丧失了独立思考的能力。一些作家在创作中，或则曲解领导意图，或则为某些经济利益集团唱赞歌，或则在题材选择、故事情节安排、叙述方式上盲目"跟风"，造成创作的雷同化、公式化、模式化。

其四，要真诚关注下层民众。当今社会贫富悬殊给作家带来了很大的负面影响，一些作家羡慕乃至歌颂暴富、炫富。上述情况在一定范围内成为一种创作的时髦甚至风气，作家和作品都表现出明显的贵族化倾向。笔者认为，作家应该有自觉的人文精神和人道关怀，今天的作家要真诚关注下层民众，要真诚关注下岗工人、农民工、农村留守者、上访人员等下层（底层）民众的生活状况和生存状态。

（2011 年 11 月 24 日）

文艺评论现状的反思

我个人一直比较关注文艺批评的状况与发展。一般学者对文艺评论注重做纯理论的、富有思辨性的研究，并进而得出富有学理性的结论和观点，这方面的工作当然是很有意义的、应该有人去做的。不过，我个人愿意做点理论联系创作实际和评论实际的、具有实证意义的研究。我在这里主要谈谈当今文艺评论界存在的缺陷和问题。

根据观察，我感到，当今文艺评论领域存在不少的缺陷和问题，值得我们关注、分析、研究和改进，其主要表现在以下几个方面。

首先，在评论的方式上过分重视作品或作家的研讨会（座谈会）。一部作品或一个作家如果在省会城市或首都举行了研讨会，就会身价大增。而是否开研讨会则主要取决于经济因素或领导因素，往往谁有钱（或拉到了赞助），谁就可以开研讨会；或者是谁被领导看中了（也可能是因为和领导关系好），谁就可以开研讨会。作家或作品研讨会追求的是规格怎么样能更高，追求的是新闻性，是炒作效果。这样慢慢在圈子内形成某种"不成文"的看法：研讨会成功与否，要看是否请到了高级别的领导，看是否有大腕出席。作家或作品研讨会也追求行政级别，不知不觉坠入"官本位"的深渊。

其次，一些评论家往往不看作品（或者说不认真看作品）。评论家不看作品，有的是不想看，不愿看；有的是因为要"跑场子"，太忙，即使心里想看也没有时间看。据我的了解，常常有这样的情况：评论家参加研讨会时本来没有看作品却说看了作品，作家则是本来看了评论却说没有看评论（有的极端者甚至说从来不看评论）。评论家由于没有看作品（或者说没有认真看作品），因此在研讨会上的发言和评论文章就显得空泛，没有针对性，虽然架势很大，却缺少具体而扎实的内容。也许是受上述现象和其他社会现象的影响，当今高校师生（包括文学专业的师生）也较少认真阅读文学作品。2010 年，我曾经在《中国教育报》上发表一篇讨论此种现象的文章，文章题目是《高校师生为何疏离文学书籍》。

最后，文艺评论走向两个极端：或者是只说好话，一味地唱赞歌，即所谓"谀评"；或者是走向另一个极端，偏激而尖刻地只说缺点，即所谓"酷评"。"谀评"是因为评论家碍于所谓"友情"，或者是因为得了"劳务费"（红包）。座谈会上有时也说说作品或作家的缺点，但遵守"潜规则"：会上口头讲时可以谈缺点，到媒体公开发表时只能谈优点。这样，我们听到（研讨会上）或读到的许多评论往往是"好处说好，坏处也说好"，还有一种情况则是"好处说好，坏处不说"。某些评论家进行"酷评"，并非要发表真正的独特见解，而是为了吸引眼球，追求所谓的轰动效应。

（原载《云梦学刊》2014 年第 1 期）

文艺理论学科产生危机的社会原因分析

近年来，文艺理论学科产生了某种危机，可以说是有目共睹的。比如，文艺理论在学界、文艺界和社会都不受重视，文艺理论研究真正意义上的成果少、建树少、影响小，等等。其原因是多方面的，我这里只从社会的层面做点简要分析。我认为，文艺理论学科产生危机的社会原因主要有如下几个方面。

其一，缺少学者独立思考的社会氛围。当今科研体制普遍实行项目化管理，即学者普遍处在"项目化生存"时代，学者的注意力甚至全部的身心、情感都被吸引到钻研、理解和迎合"课题指南"。由于社会不鼓励、不支持学者独立思考，文艺理论研究界当然也难以取得有创见的理论成果。

其二，疯狂的学术评价机制逼迫学者急功近利，难以有时间独立思考。当今的学术评价已经走向疯狂，具体表现在过分行政化、过分数量化、周期过分短暂等。我在《谁在推动学术评价走向疯狂》中指出，主要是下面三股势力或称三方面的利益集团为了自己的利益，不遗余力地推动学术评价走向疯狂。这三方面的利益集团就是学术评价机构、学术管理界、学术"掮客"。在这种学术评价机制的逼迫下，学者难以做到不急功近利，所以少有学者能静下心来做真正的文艺理论方面的学术研究。

其三，实用主义的价值观支配学者由追求真理走向追求利益。我国当今学术管理体制的最大特点，就是设置花样繁多、让人眼花缭乱的项目、课题、"工程"、基地、奖励等引诱、支配学者围着其转。因为这些东西代表着各种实际的利益（金钱、名誉、地位），不少学者不自觉地逐渐由追求真理走向追求利益。由于相当多的学者一门心思追求看得见的利益，自然不会在学术研究、理论创新上下真功夫，在这样的情势下，文艺理论学科产生危机，便是毫不奇怪的了。

在这里需要说明的是，即使在当今这样一种学术生态遭受严重破坏的环境下，仍然有学者坚持操守，为追求真理而开展学术研究，只是这样的学者为数不多。

（原载《中国艺术报》2015 年 9 月 11 日）

论高校学报的特色栏目

　　教育部高校哲学社会科学名刊工程已正式启动，于2003年12月公布了首批入选名单（包括《北京大学学报》等11家）。"名刊工程是国家重点支持的、为进一步加强高校哲学社会科学研究、展示我国高校哲学社会科学研究成果的一个重大工程，也是教育部繁荣发展哲学社会科学行动计划中的一个重要组成部分。名刊工程的基本内涵是：通过国家（包括新闻出版总署、教育部和主办单位）的支持和期刊内部的改革，在5年时间内滚动推出20家左右能反映我国高校学术水平和学科特色、在国内外有较大影响的哲学社会科学期刊。其中，培育出5～10种国内一流、国际知名的社科学报，逐步改变目前高校社科学报'全、散、小、弱'的状况，实现'专、特、大、强'的目标。"名刊工程当然是非常有意义的，但对于占绝大多数的一般高校的学报来说，要进入名刊工程是不现实的，而应该另辟蹊径，开办特色栏目，将特色栏目办成优秀栏目和名栏目。

　　从最一般意义上说，特色是事物发展的普遍要求。大而言之，一个国家、一个民族要有自己的特色，我国提出的"要开创中国特色社会主义事业的新局面"就强调了"特色"；小而言之，一所高校、一个专业，也要走特色发展之路。对高校人文社科学报开办特色栏目的必要性和重要性，除了从上述的一般意义来认识外，笔者觉得还可以从下述几个方面来具体分析。

　　开办特色栏目是一般地方高校学报提高学术水平的有效途径。据统计，全国有近千家高校人文社科学报，其中绝大部分由一般地方高校主办。由于主客观因素的制约，这些由一般地方高校主办的人文社科学报要想从整体上树立自己的品牌，短时间里或者说更长时间里都是难以办到的。而如果走特色化发展道路，在刊物中开办一个或几个特色栏目，将特色栏目办成有较高学术水平和较大影响的品牌栏目，进而使特色栏目带动整个刊物学术水平和社会声誉的提高，这样则是较有可能做到的。同时，开办特色栏目也是推动整个高校学报界改革创新的有益探索。高校学报自诞生以来就以"全"为特征，不但整体上被称为"人文社会科学学报"，而且具体某一家学报也是"小而全"，几乎每一家学报都包括了人文社会科学的全部或大部分学科。由于平分力量，结果往往是"平分秋色"，成绩平平（平庸），"全"的结果是"小"而"弱"。特色栏目的设置或许可以改变学报的"老面孔"，打破学报的传统格局，进而推动学报的革新。正是基于上述的缘由，笔者很赞同龙协涛的观点："有些高校是普通学校，有些学报是普通学报，但它们的某一、二个栏目却办得极不普通，形成了鲜明的文化个性和特色，引起国内学术界乃至国际学术界的强烈关注。这是培育期刊品牌的可喜开端，是打破千刊一面僵局而凸显独特的'这一个'的生长点，是有望在期刊之林中实现'万绿丛中一点红'效应的必由之路。"

特色栏目的具体设置，要考虑多方面的因素，笔者以为，最重要的是下列三个方面。

第一，时代需要。时代需要既包括社会发展的需要，也包括学术发展的需要。《云梦学刊》的《当代学术史研究》就是基于上述考虑开设的重要特色栏目。在"文革"结束前很长一段时间里，学术受到政治的干扰和压抑，学者甚至丧失了自我；"文革"结束后，学术回归自身，出现了学术的自觉与学者的自立。为推进学术的进一步发展，促进学术总结自身、学者回瞻自我，于是我们开设了《当代学者研究》栏目，并从 2003 年第 1 期起改版为《当代学术史研究》。在这个栏目里，学者既是研究的主体，又是研究的客体（对象），即展开关于学术研究的学术研究，展开关于学者的学术研究。改版后的《当代学术史研究》实际包括三个方面的内容：其一，继续对当代一流学者做个案研究，注意将个体学者的研究置于宏观的学术史背景下来进行；其二，特别注意对当代学术现象、学术流变、学术争鸣做宏观扫描和整体研究；其三，开展充分摆事实、讲道理的学术批评。

第二，地域特点和历史传统。岳阳是屈原的归宿地。岳阳的汨罗江畔建有全国重点文物保护单位——屈子祠，基于这样的地域和历史文化背景，《云梦学刊》设立了另一个特色栏目《屈原研究》，先后发表了姜亮夫、汤炳正、竹治贞夫（日本）等数十位国内外屈原研究专家的论文，并刊登了最近 10 多年来中国屈原学会历届年会的综述。中国屈原学会会长汤炳正说，《云梦学刊》"所设特色栏目'屈原研究'，乃当前国内刊物之创举，并且办得颇有成绩。盖巴陵曾为屈原行吟之地，此一创举，实富有深刻的历史意义，其得到学术界的关注与支持是理所当然的"。

第三，**学科优势**。这主要是指某校在某一学科如果具有人才和科研的优势，可以考虑将该学科作为学报的特色栏目。要办好高校学报的特色栏目，必须要注意处理好下列矛盾和关系。其一，特色栏目与其他一般栏目的关系。必须坚持做到"有所为，有所不为"。特色栏目就是重点栏目，所以必须在突出重点的前提下兼顾一般，在篇幅、编排特别是编辑精力的投入方面都向特色栏目倾斜。《云梦学刊》有意将两个特色栏目安排在前面。其二，外稿与内稿的关系。如果说在当今的"全球化"时代高校学报必须开门办刊的话，那么对于特色栏目来说这一点显得尤为重要。笔者认为，如果说某家学报暂时还只能由某一高校来主办的话，那么特色栏目必须是由学术界的相关学科共同主办的。《云梦学刊》的特色栏目就是这样，两个栏目的外稿采用量都在80%以上，且先后刊登了港台地区及日本、韩国等学者的稿件。

（原载《云梦学刊》2004 年第 4 期，中国人民大学"复印报刊资料"《社会科学总论》2004 年第 3 期转载，《北京大学学报》2004 年第 5 期摘要）

处理好高校学报的三个矛盾

《云梦学刊》是湖南理工学院主办的人文社会科学学报（双月刊）。笔者多年来兼任该刊的责任编辑，并从 1998 年起担任该刊的主编。在办刊过程中，笔者深切地感到，办好高校学报，必然会面对三对矛盾，也就是说必须处理好三个方面的关系。

其一，"全"与"专"的矛盾。现在的高校，除了少量体育、音乐、美术等特殊专业院校外，一般高校都已是综合性（或曰多学科性）的院校，由这些高校主办的人文社会科学学报往往对应所在学校的文科专业学科。大多是一所高校有多少个文科专业学科，其学报便相应设置多少个栏目。由于平分力量、全面出击，容易导致"全"而"散"、"全"而"平"（成绩平平）甚至"全"而"弱"，由此也导致了高校学报"千刊一面"的毛病。解决这个矛盾的办法主要是"专"而"特"，就是在兼顾"全"的同时，突出专长和特色，特色栏目可以说是医治"全"而"弱"的有效药方。

特色栏目的设置，要考虑多方面的因素，最主要的是下列几个方面。一是时代的需要，包括社会发展的需要和学术发展的需要。《云梦学刊的当代学术史研究》就是基于上述考虑开设的特色栏目。二是地域特点和历史传统。岳阳是屈原的归宿地，建有全国重点文物保护单位——屈子祠，基于这样的地域和历史文化背景，《云梦学刊》设立了另一个特色栏目《屈原研究》。三是学科优势，即把与所在学校优势学科相对应的栏目办成特色栏目。

其二，"外稿"与"内稿"的矛盾。高校学报通常是由所在学校出人、出钱开办的，并被认为是所在学校展示其人才和科研实力的窗口，自然也被看作所在学校教师的科研园地，于是普遍的情况是以发"内稿"为主（有的绝大部分为"内稿"，甚至有的只发"内稿"）。这样的结果，不但导致了学报的自我封闭，而且严重影响其学术水平的提高。其实，学术期刊乃学术之公器，是学术界的公共平台，在当今信息化和全球化的时代，学术期刊更要面向整个学术界，向整个学术界开放。只有这样，才能推动学术发展，也才能提高学报自身的水平。《云梦学刊》近几年选编学术论文尽量打破"内稿"与"外稿"的框架，而把学术水平、学术质量作为最主要、最根本的标准。《云梦学刊》近年发表了不少来自北京大学、中国人民大学、复旦大学、中国社会科学院等高校和学术机构的著名学者的论文，总体上"外稿"的采用率大大高于"内稿"，《当代学术史研究》和《屈原研究》两个特色栏目的"外稿"用量更是在80%以上。

其三，"规范"与"逾越规范"的矛盾。在所有的学术期刊中，高校学报最早建立了完整的编辑规范，现在看来，在执行编辑规范方面也是做得最好的。编辑规范的建立与执行，无疑推动了学报编辑水平的提高和学术的发展，这是有目共睹的。但同时其也不无消极影响，即在一定程度上带来了对创造性和特殊性的束缚。所以，陈平原虽然最早提出要建立学术规范，但同时指出："'规范'虽然对建立学术秩序、发展常规研究有意义；但毕竟是一种束缚（尽管是必要的束缚），故成熟的学者往往部分逾越'规范'。表面上有些大学者做学问无法无天，从心所欲，其实也自有其内在理路，只不过稍微曲折隐晦罢了。就像中国诗人推崇'无法之法'，中国戏曲讲究'有训练的自由'一样。"① 陈平原这里讲的"规范"包括了编辑规范。《云梦学刊》发表学术论文是严格按照编辑规范进行的，但也有"逾越"规范的地方。比如，我们的学术动态、学术会议综述、学术笔谈等，就省去了"摘要""关键词"之类；我们在编辑学术会议综述和学术笔谈文字稿时，还配发了不少照片，在版式上也注意变化，以求新颖；我们还打算编发学术座谈（多人参与）、学术访谈（以被访者为主，以访问者为辅）、学术对谈（二人平等交流）等生动活泼的文稿。

（原载《学术界》2005 年第 6 期）

---

① 陈平原：《学术史研究随想》，载陈平原等主编《学人》第 1 辑，江苏文艺出版社，1991。

展开关于学术研究的"学术研究"

——《学术界》的突出特色

《学术界》自2000年第1期改版以来，在全国如林的学术刊物中可谓独标一格、不同凡俗，其成就是丰富的、多方面的。然就阅读感受来说，笔者觉得其最突出的特色是率先全方位、深入地展开关于学术研究的"学术研究"。学术研究本是去"研究"哲学及各门具体学科对象的特征、本质和规律的，但在《学术界》这里，学术研究自身也成为学术研究的对象。《学术界》对学术和学者自身进行回瞻、反思、研究和总结，从深层次上显示了学术的自觉和学术的发展。

《学术界》对学术研究的"学术研究"主要是从下列一些方面着手的。

第一，开展学术批评。学术批评是对学术的批和评，本应有褒有贬，实事求是，但这几年由于种种因素的影响，学术批评大多成了学术表扬，甚至是"他吹他擂"（个别是"自吹自擂"）。《学术界》特设《学术批评》专栏，每期以较大篇幅发表学术批评文章，真正做到了实事求是，既论功摆好，也攻瑕指谬；既开展批评，又允许反批评，允许被批评者回应。如2000年第5期刊登了张京华的《世纪之交的道家研究——读〈中国老学史〉与〈近现代的先秦道家研究〉》，2001年第1期便登出了熊铁基的《感谢与说明——对〈中国老学史〉批评的回应》，显示了真正的学术民主和在真理面前人人平等。特别是针对当前学术腐败严重的情况，《学术界》将揭露学界丑事、批判学术腐败作为重头戏，在学界产生了强烈震动，并引起了良好反响。如2000年第3期对"陈国生学术造假事件"的揭露就成了著名的学术打假事例。陈平原的《有感于学术腐败》和袁济喜的《学术腐败与道德危机》① 则由揭露进入深入的剖析和批判。笔者最近读到较有影响的《中国

---

① 两篇文章均刊登于《学术界》2000年第4期上。

学术腐败批判》① 一书，书中引用《学术界》2000 年批判学术腐败的材料有 7 处之多。《学术界》不只是积极地、实事求是地开展学术批评，而且是就学术批评自身的意义、特质、特点及操作规范等展开探讨。张茂泽的《论学术批评》和杨玉圣等关于学术批评是否应当署本名的讨论就是这方面的力作，前者对学术批评进行学理上的研究，写得很有学术性，后者则各抒己见，都写得简短而精到。

第二，进行学人研究。学人本是从事学术研究的主体，但在这里他自身及其研究成果也成了学术研究的对象。《学问人生》是学人研究的专栏，该专栏主要选择那些成就卓著的大家进行个案研究，研究既涉及学人的学术成就、治学特点、为学历程、在学术史上的地位等内容，亦包括学人的人生态度、人生境界、情感世界等方面。《学问人生》这个栏目标题便揭示了上述科学主义与人文主义相结合的方法论特点。写法上可谓不拘一格，郑元者的《"只要有路，我还将走下去"——蒋孔阳先生的最后十年》（2000 年第 3 期）对蒋孔阳的最后十年进行全方位综述；余秉颐的《出入东西哲学五十年——方东美的学术生涯》（2000 年第 2 期）是为后半辈子在台湾任教的方东美写了一份学术小传；杨玉圣的《程千帆先生的学问人生》（2001 年第 4 期）是以一次采访辐射开头进而写程千帆的治学特点；陈卫平的《从书中汲取智慧——冯契与读书》（2001 年第 3 期）从冯契读书的角度写他的治学。徐中玉的《回忆我的大学时代》（2001 年第 3 期）、王元化的《一九九一年回忆录》（2001 年第 2 期）是著名学人自己对自己的"研究"，读来真切而又亲切。《学问人生》专栏还发表了一些对学人做综合研究的论文，如陈平原的《从中大到北大》（2000 年第 3 期）对中大学人与北大学人做了整体比较；刘祚昌的《西南联大忆旧——兼论"西南联大精神"》（2000 年第 1 期）是对一代学人的综论。

第三，探讨学术规范的建设。据笔者所见，最早提出建立学术规范的文章是陈平原写于 1988 年 7 月的《关于"学术语法"》②。陈文讲的"学术语法"就是指学术规范。进入 20 世纪 90 年代以后，学术规范便成为学界的热门话题，学界召开过不少专题讨论会，《中国社会科学》《光明日报》《中国

---

① 杨守建：《中国学术腐败批判》，天津人民出版社，2001。
② 陈平原：《关于"学术语法"》，《学者的人间情怀——跨世纪的文化选择》，珠海出版社，1995。

书评》《学人》《中国社会科学季刊》《中华读书报》等陆续刊登了大量的讨论文章。《学术界》2000 年第 5 期发表了井建斌《学术规范与学风建设——九十年代中国学术界新的关注热点》可谓适时而出。在这方面《学术界》有两类文章值得特别注意。一类是借用任东来文章的题目《在学术批评中确立规范》（2000 年第 3 期）。任东来说："问题不在于重新设计一套新的学术规范，而在于如何在学术活动中贯彻已有的学术规范，维护这些学术规范的严肃性和权威性。在这里，开展充分的多样化的学术批评才是问题的关键。"这就是说学术规范的建设不是单纯"建设"的问题，而是要在批评（批判）中建设，所以蓝勇评陈国生学术造假事件文章的正标题是《维护学术规范与学术道德》。另一类是对学术规范的多层性含义做了较为深入的探讨。2001 年第 1 期《学人论语》栏目由 7 篇文章组成了"学术创新与规范笔谈"，其中顾肃的《当代学术：着意创新与遵守规范的统一》、殷德生的《对学术规范的疑虑——从九十年代的学术转向谈起》等文对学术规范的学理探讨是相当深入、精当的。学术规范主要包括基本原则性规范和技术操作性规范。前者如许苏民说的："学者要非真不言、非全真不言，这其实是一个学术规范问题，也是学术规范中最重要的一条。"① 后者如杨玉圣提出学术批评的署本名问题，刘绪贻提出的"应当改变学术期刊等级制的'土政策'"（2000 年第 1 期）、叶继元等提出的"论文评价与期刊评价"二者不相等（2001 年第 3 期）问题②，都是很具现实性和建设性的。

第四，开展学术史研究。比起对学人的个案研究，学术史的研究可能是难度更大也是更高层次的研究。有学者说："现在已经有人认识到，从方法论与认识增长的角度全新回顾历史（学术史），是我们推进学术研究进程的一个不可跨越的阶段。"③ 庞元正的《建国五十年来马克思主义哲学发展的三大问题》（2000 年第 1 期）是一篇研究当代学术史（马克思主义哲学学科史）的颇有分量之作，该文对新中国成立 50 年来马克思主义哲学的发展做出了初步的历史性的总结和前瞻，论述了三个关涉全局的重大问题。如果说，在研究视角和方法方面，庞文重在学术史的总结（也包括前瞻），那么

---

① 许苏民：《新千年到来之际的反思——鸟瞰历史进程，评说当今学界》，《学术界》2001 年第 2 期。
② 2001 年第 4 期有讨论专辑"关于核心期刊的研究与讨论"。
③ 靳大成：《关于现代学术史的思考提纲之一》，载陈平原等主编《学人》第 1 辑，江苏文艺出版社，1991。

李少兵的《中华人民共和国史研究的新趋势》（2001 年第 2 期）则重在学术史的前瞻（当然也包括总结）。陈平原说："学术史的主要功用，还不在于对具体学人或著作的褒贬抑扬，而是通过'分源别流'，让后学了解一代学术发展的脉络和走向；通过描述学术进程的连续性，鼓励和引导后来者尽快进入某一学术传统，免去许多暗中摸索的工夫。"① 可见，学术史研究无论是对总结过去，还是开启未来，都是很重要的。从这样的角度看，笔者觉得《学术界》对学术史（特别是现当代学术史）的研究今后应更予以重视和加强。

由上可见，《学术界》在对学术研究自身进行"学术研究"方面有着充分的自觉性，已取得了突出成绩，成了该刊物突出的特色。我们期望能坚持下去并不断发展，期望在学术史研究方面有所加强，并期望能开辟一些新的研究侧面和领域，如关于学术成果的评估机制问题，关于社科规划课题的申报、审批程序的公正性问题，关于各类专业技术职务评审标准和评审程序的问题，等等。

（原载《学术界》2001 年第 6 期）

---

① 陈平原：《学术史研究随想》，载陈平原等主编《学人》第 1 辑，江苏文艺出版社，1991。

彰显特色　追求厚重

——我看《石河子大学学报》

近几年来，我是《石河子大学学报》（哲学社会科学版）的热心读者，我的南湖藏书楼收藏有《石河子大学学报》近三年的合订本，我曾到《石河子大学学报》编辑部参加过办刊交流座谈会，可以说对《石河子大学学报》较为了解。下面我以《石河子大学学报》2011 年第 1、2、3 期为例，谈谈我的初步看法。

一

我认为《石河子大学学报》表现出明显的办刊特色，其特色主要表现在两个方面，即西部研究的特色和充分开放办刊的特色。

其西部研究的特色，最突出地表现在其专门设立特色栏目《西部研究》。《西部研究》栏目可以说是该刊最重要的栏目，被放置在该刊首要栏目的位置。① 《西部研究》栏目内再分设两个小栏目，即《新疆经济研究》和《屯垦研究》。我们知道，在古代的多个朝代（时期），特别是在当代历史上，"屯垦"在新疆的经济和社会发展中发挥了极为重要的作用，有许多问题值得深入研究，因此在新疆重点高校的学报开设《屯垦研究》小栏目是很有意义的。开设《新疆经济研究》小栏目可以说是当代高校主动为区域和地方经济社会发展服务的自觉行动。将《西部研究》栏目下设的两个小栏目联系起来看，我以为，如果说《屯垦研究》侧重在回顾历史、探索历史方面的话，那么《新疆经济研究》则侧重在面向时代、开拓未来，两

① 这 3 期仅第 2 期安排了《本刊特稿》栏目作为第一的位置，这是临时举措。

者相辅相成，相得益彰。

其充分开放办刊的特色主要表现在稿源的广泛性方面。笔者进行了粗略统计，这3期刊物每期各发了24篇文章，其中第1期发外稿16篇、内稿8篇，第2期发外稿18篇、内稿6篇，第3期发外稿20篇、内稿4篇。可以看出，外稿占了大多数。外稿稿源地亦分布较为广泛，既有来自北京大学、南京大学、南开大学、武汉大学、中共中央党校、中国社会科学院等著名高校（学术单位）学者撰写的稿子，也有来自地方一般高校（学术单位）学者撰写的稿子。上述情况充分显示了《石河子大学学报》的办刊者具有宏阔的学术视野、开放的心胸和气度。高校学报本来应该是公共的学术平台，应该面向整个学术界开放，应该和整个学术界对话。但在现实中，许多高校学报俨然成了主办学校的"自留地"，很少发校外学者的稿子，极端者甚至校外学者稿子一篇不发。在这样的现实背景下看《石河子大学学报》的做法，笔者觉得难能可贵，其做法特别值得赞赏，也特别值得其他高校学报办刊者学习。

二

仔细分析，可以看出，《石河子大学学报》的栏目设置是经过认真考虑后确定的。

将特色栏目（也是重点栏目）《西部研究》置于刊首，并且特为其安排"栏目主持"①，显示了该栏目的重要，也表明了办刊者对该栏目的重视和投入。在《西部研究》栏目之后，依次设置《哲学研究》《政治研究》《法律研究》《经济研究》《文学研究》《历史研究》等栏目，大致是按学科门类设置。这种设置在目前情况下是比较合理可行的。笔者还注意到，在第2期曾将《政治研究》栏目置于《哲学研究》栏目的前面，但到第3期又恢复了正常的次序。

除上述常设栏目外，《石河子大学学报》还有《教育研究》（第1、2期）、《翻译研究》（第2期）、《学术信息》（第3期）等非常设栏目（或称临时栏目）。临时栏目的设置，一方面显示了办刊者视稿源而定栏目、从实际出发的工作精神，同时这样也给刊物带来了一定程度的变化，给读者带来了某种新鲜感。

---

① 其他栏目均未设"栏目主持"。

三

从编辑和印制的角度看，《石河子大学学报》的质量可以说是比较高的。

其所发论文的标题、作者署名、单位和邮政编码的标注，其摘要、关键词的撰写、翻译、编排，其作者简介所含的各要素，其参考文献的编排，等等，都是符合高校学报的编辑规范的，从中可以看出办刊者认真细致的工作精神。

《石河子大学学报》的封面设计和装帧淡雅、简洁、大方，已初步形成自己的风格。

四

笔者在此提几点建议，仅供参考。

其一，建议在选题上，可有意识地组织某些重要的专题讨论。

其二，建议在适当的时候将每期页码增加到 160 页。理由有二：一是 160 页是现在大多数高校学报通行的页码数；二是石河子大学自身的科研实力强，且《石河子大学学报》又能做到充分开放办刊，在这种情况下，稿源会充足。

其三，建议充分利用封三的版面。《石河子大学学报》封二利用得较好，这 3 期中封二有 2 期介绍石河子大学的重要学术单位，1 期为"本期特稿专家简介"。而这 3 期的封三有 2 期是重复刊登"投稿须知"，对版面有点浪费。建议封三可考虑刊登重要学术研讨会的简要报道（可同时配发研讨会照片）。

其四，建议在版式上做适当改进。一是目录页的重点文章可考虑用黑体字排出，使其更加醒目。二是在正文中可选择部分重点文章排通栏，这样在排版上可使整本刊物有所变化。

总之，我认为，彰显特色、追求厚重是《石河子大学学报》留给我的基本印象，同时也是我所期待的继续努力的方向。

［原载《石河子大学学报》（哲学社会科学版）2011 年第 6 期］

作为"另一幅笔墨"的《学术随感录》

北京大学教授陈平原在《学术随感录》（以下简称"陈著"）的《自序》中写道："之所以选择'随感'体式，跟我的学术经历有关。1988年七八月间，年轻气盛的我，一时兴起，写了一组纵论学界风尚的小文字，分别是：《告别"诗歌"走向"散文"》《"文摘综合症"》《"愤怒"与"穷"》《关于"学术语法"》《"不靠拼命靠长命"》《学问不等于人生》。最后一则给了《人民日报》，前5篇在《瞭望周刊》上发表时，均冠以'学术随感录'的副题。近年，《关于"学术语法"》一文，被作为倡导学术规范的发轫之作，得到较多的关注；而在我，这组文章的最大意义，是寻求专业著述之外的'另一幅笔墨'。"[1] 陈著使用的"笔墨"虽是"另一幅"，但围绕的话题还是学术，其最大的特点还是学术性。全书包括"学界观察""出版遐想""书林漫话"3辑，每辑又由3个略有区隔的专题构成。笔者在此也参照"随感"的体式，不对陈著做全面评论，只选择阅读时印象深的几点试做评析。

一 "关于学术史研究"

"关于学术史研究"是陈著中一篇文章的标题[2]，也是陈著第1辑"学界观察"的第一个专题。陈平原是新时期最早提出学术史研究并对现当代学术史研究做出了杰出贡献的学者，对学术史研究自身做出了深入探索，提

---

[1] 陈平原：《学术随感录》，河南大学出版社，2006，第1页。以下引文出自陈著的均不另加注。

[2] 其副标题为"答《文汇读书周报》记者问"，原载《文汇读书周报》1998年10月10日。

出了许多精到的看法。

关于学术史研究自身的内涵和意义，陈著做出了明确的界定和阐释。陈著写道："所谓学术史研究，说简单点，不外'辩章学术，考镜源流'。通过评判高下、辨别良莠、叙述师承、剖析潮流，让后学了解一代学术发展的脉络与走向，鼓励和引导其尽快进入某一学术传统，免去许多暗中摸索的工夫——此乃学术史的基本功用。"陈著还论述了学术史与思想史、文化史的紧密联系，陈著指出："无论是追溯学科之形成，分析理论框架之建构，还是评介具体的名家名著、学派体系，都无法脱离其所处时代的思想文化潮流。在这个意义上，学术史与思想史、文化史确实颇多牵连，不只是外部环境的共同制约，更有内在理路的相互交织。想象学术史研究可以关起门来，'就学问谈学问'，既不现实，也不可取。"

关于学术史研究的具体途径（具体构成），陈著论及了下述一些主要方面。陈著说："我想强调两点，一是做学术史研究，从具体的学者入手——类似以前的学案，这样的撰述，表面上不够高屋建瓴，但不无可取之处。王瑶先生和我先后主持的《中国文学研究现代化进程》正、续编，是以人物为中心的；这两本书对于大学生、研究生之'亲近学问'甚至'走进学术'，起很好的作用。以'学人'而不是'学问'来展开论述，好处是让我们很容易体悟到，学问中有人生、有情怀、有趣味、有境界，而不仅仅是纯粹的技术操作。另外，谈论学术史研究，现阶段最需要且最容易取得成绩的，是学科史的梳理。这一研究，配合各专门领域或课题，很容易展开，也较容易深入。"陈著同时写道："谈论学术史研究，我倾向于以问题为中心，而不是编写各种通史。自从有了'课题组'，有了'科研经费'，有了'造大船'等提法，'通史'这一著述体例特别吃香。从综合性的中国通史，到分科性质的教育通史、文学通史、学术通史等，全都是大部头的著作。表面上看，学界一片繁荣，拿出来的书，全都沉甸甸的，很有分量；可实际效果呢，不客气地说，'著述'变成了'编纂'。不能说学者不努力，或者毫无见地，只是那点独特的发现，在汇入'通史'这部大书时，被彻底'稀释'，以致被'淹没'了。"陈平原自己的《中国现代学术之建立——以章太炎、胡适之为中心》就是学术史研究领域"以问题为中心"的典范性著作。陈著还指出：学术史，"广义的，包括当代学术批评"。综合以上引述可以看出，陈著论及的学术史研究的具体途径和体例，主要包括通史、学科史、"以问题为中心"的专题研究、学者研究（"学案"

体）等，广义的还包括"当代学术批评"。陈平原对"通史"性的学术史研究体例并不褒扬。

除了讨论一般的学术史研究外，陈著中还有专文研究"当代学术史"这一命题，这就是《"当代学术"能否成"史"》①。陈文首先提出"当代学术"能否成"史"的问题。陈文说："这个问题，来自上世纪八九十年代的文学研究界，那时有一场争论：'当代文学'到底应不应该写'史'。……那次讨论的结果，大部分人还是认同了'当代文学'可以而且应该成'史'；但讨论中反对派的意见，同样得到了充分重视。以北大中文系为例，'文学批评'与'文学史'，二者的区分，还是很清晰的。""这样的区分，同样适应于'学术批评'和'学术史'——二者既有联系，更有区别。这里所说的区别，在体例，在眼光，更在使用的尺度以及评价的立场。我强调这一点，是因为当代人写当代史，好处是感受真切，缺点则是分寸不好把握。"陈文还说："我之所以赞同从事当代学术史研究，很大原因在于它跟我们血肉相连，可以直接介入当下的社会文化变革，影响当下的学术思潮。"在肯定"当代学术"能够成"史"的基础上，陈文接着论述了"以问题为中心"、从学者入手和学科史梳理、学术史研究的课程建设等论题，并且特别谈到了当代"学术史的周边"问题。陈文写道："在我看来，学术史研究要'有精神'，而且'能落实'；而想做到这一点，必须上挂政治史，下连教育史。在当代中国生活过的人都明白，'学术'并不'纯粹'，与现实政治有着千丝万缕的联系。假如你一定要把自己封闭起来，追求不食人间烟火的'纯学术'，起码在人文学或社会科学这里，是行不通的。""至于为何需要'下连教育史'，理由很简单，对于知识生产来说，体制化的力量是很大的。从晚清开始建立的这一套学术体制，包括教学、撰述、评价、奖励等，影响非常深远。我们在学校教书，深知若离开课程设计、学科建设、教师选拔，还有学生的对话等，很难说清楚具体的学术潮流或著作体例。"陈文既论析了当代学术史与一般学术史的共同规律，更深入研究了当代学术史的特有规律和内在本质。

还有一个重要问题是，为何进入 20 世纪 90 年代后学术史研究会成为学界的热门话题，陈著对此也做出了回答。陈著说："一如黄宗羲之谈'明

---

① 原载《云梦学刊》2005 年第 4 期及《中国社会科学文摘》2005 年第 5 期、《新华文摘》2005 年第 19 期。

儒'、梁启超之谈'清学',今日之大谈学术史,也是基于继往开来的自我定位。意识到学术嬗变的契机,希望借'辨章学术,考镜源流'来获得方向感,并解决自身的困惑,这一研究策略,使得首先进入视野的,必定是与之血肉相连的'20世纪中国学术'。"陈平原在《关于学术史研究》中回答了自己做学术史研究的动机与追求,他说:"对我来说,'学术史'既是一项研究课题,也是一种自我训练;在触摸近百年学术传统的同时,不断调整研究思路,加深对中国历史文化的理解,甚至寻求安身立命的根基。因而,此举既牵涉才智,更关联心态与性情。这是一项实实在在的工作,需要热情,更需要恒心,能走多远就走多远,不假定研究的世界,也不预言前面是坟场还是鲜花。这种相对个人化的、与学界主潮若即若离的状态,是我的自觉选择,目的是保持独立思考的时间与空间。"① 可以说,陈平原选择学术史研究,既是在选择科研方向和选题,也是在寄托和表达他的"人间情怀"。

二 "反思'文学史'"

在上文中我们提到,陈平原是将学科史作为学术史的重要组成部分来看待的,自然的,陈平原作为主要研究文学的学者必然会特别关注文学的学科史。这便是陈著第1辑"学界观察"第二个专题的内容。《反思"文学史"》是该专题里的一篇文章标题②,其具体含义就是对"文学史"这一学科进行反思和研究,借用来作为本小节的标题是很恰当的。

《反思"文学史"》一文开头对"反思'文学史'"这一命题做了如下界定:"所谓反思'文学史',不是指具体作家作品的抑扬褒贬,而是思考整个学科的来龙去脉。将'文学史'置于现代中国学术发展的脉络上来考察,理解其得失与成败,对于今日中国学界来说,不无裨益;而对于刚刚入门的研究生来说,更是必不可少。"该文接下来就其"好处"(意义)做了如下几方面的论述:第一,学会用怀疑的眼光来审视以往的种种"定论",这对现代学者来说,是必不可少的基本功;第二,研究文学史,应当对研究

---

① 陈平原:《关于学术史研究》,《文汇读书周报》1998年10月10日,第8版。
② 该文是陈平原为北大中文系研究生开设的"中国文学研究百年"专题课上的开场白,原载《中华读书报》2000年3月22日。

对象和前辈学者抱有一种"了解之同情"的心态；第三，套用冯友兰先生的说法，研究学问要追求"接着讲"，而不自限于"照着讲"（冯友兰在《新理学》所说的"接着讲"，是指由研究哲学史转为哲学创作）；第四，反思"文学史"，或者说谈论学术史上的"文学史"，其目的是通过触摸历史来面向未来；第五，借助学术史研究，培养一种境界与情怀。

《"文学史"作为一门学科的建立》① 也是这一专题中的重要文章。陈文开头写道："对于今日中国的大学生来说，'文学史'既是一门必修课，也是一种不证自明的知识体系；而对于大学教授来说，撰写一部完整的可以作为教材的'文学史'，更是毕生的追求。"陈文认为，思考这一学科的建立，以及这一知识体系的诞生，有必要重新探讨晚清西方教育体制的引进对中国传统学术精神的冲击、"学部章程"等教育法规对于学术转向的诱导，以及文学史教科书编纂方式的流弊、西方（含日本）汉学家正面和负面影响。因此，陈文肯定："'文学史'作为一种'想象'，其确立以及变形，始终与大学教育（包括50年代以前的中学教育）密不可分，不只将其作为文学观念和知识体系来描述，更作为一种教育体制来把握，方能理解这一百年中国人的'文学史'建设。""'文学史'之迅速崛起，主要得益于教育改制。"上述可以说是从发生学的角度探讨"文学史"学科的建立。

在研究"文学史"这一学科时，陈平原谈到了个案研究（学案体）。陈著这样评价个案研究："不讲理论体系，而从个案研究入手，缺点是抽象程度不高，好处则是'有血有肉'。通过对前辈学者的体贴与追摹，通过对具体著作的学习与理解，比较容易'进入角色'。"如何做好个案研究，陈著比较强调下述两点。一是"学"与"人"不可分割。陈著认为，个案研究中，"学"与"人"往往不可分割，这样易于体会前辈学者的思路与情怀。理论框架与具体结论都可能过时，但在一流学者的研究和著述中所体现出来的情怀与境界历久弥新。所谓研究的"入流"，不只体现为以新方法、新材料研究新问题，更落实为学者的精神境界。陈平原特别指出："我之所以再三强调学术研究不仅是一个课题，而且更是一种极好的情感、心志以及学养的自我训练，原因就在这里。"陈著还写道："讲'学科'而注重'学人'，目的是强调学问中有人生、有情怀、有趣味、有境界，而不仅仅是纯粹的技

① 原载《中华读书报》1996年7月10日，第7版。

术操作。"二是立足个案分析，着眼的却是学术思潮变迁。王瑶和陈平原分别主编的《中国文学研究现代化进程》和《中国文学研究现代化进程二编》都是个案研究的成功之作，陈平原在《〈中国文学研究现代化进程二编〉后记》中概括该书的特点："虽立足于个案分析，着眼的却是学术思潮的变迁。因此研究者既需要对对象充分了解与尊重，更需要有鲜明的问题意识。"比起大部头综合性著述来，"这种透过具体学者治学道路的描述及成败得失的分析，'勾勒出近百年学术史的某一侧面'，气魄虽不够宏大，其细腻与深沉，却也别具风韵"。

三 "读书与知书"

"读书与知书"是陈著第 3 辑"书林漫话"中一篇文章的标题，该文副标题为"读《书林清话》"①。陈文开头写道："读书当然不能不知书，故梁启超作《国学入门书要目及其读法》，列入'论刻书源流及掌故'的《书林清话》。有感于叶昌炽《藏书记事诗》'限于本例，不及刻书源流与夫校勘家掌故'，叶德辉起而'补其缺略'，撰成这第一部初见规模的中国书史（《书林清话·叙》）。"由上述引文可以看出，陈平原这里所说的"知书"主要是"知"书的流源，而且主要着眼于版本目录学。笔者在此借用陈平原的文章标题，是要对"知书"做广义的理解，包括"知"读书的方法、"知"评书的方法、"知"藏书的方法等。

关于读书的方法，陈著中有一篇专文，题目是《读书无诀窍》，似乎是对读书方法（"诀窍"）进行了彻底颠覆和解构。在笔者看来，陈平原所说的"无诀窍"正是一种"大诀窍"、大智慧。陈文中叙述作者大学期间有过一次读书经验介绍："那次演讲中，最受欢迎的是质疑传统的金字塔读书法，建议像农民挖树兜那样，确定目标后，根据诸多树根的走向阅读、思考、开掘；而在某一领域里只要连续挖上几个树兜，相关知识就能联上网。"1977级大学生有独特的生活经历做底，且时间紧迫，采用上述方法应该说是切实可行的，且效果显著。陈文结尾写道："读书是自己的事，别人帮不了多少忙。……这并非故作高论，而是认定读书一事讲求的是自得；世上有值得倾听的读书甘苦，但无可供传授的读书诀窍。我能讲清楚自家的经历与困惑，

① 原载《东方纪事》1989 年第 1 期。

至于对听者有无帮助，说不准，那得看各人修行。你我都有关于读书的切身体会，但别人的体会只适应于别人，再好我也无法拷贝。听'成功人士'讲读书，惟一的作用在于引起读书的兴致、勾起见贤思齐的愿望，以及促成认真的自我反省。如此而已，岂有他哉！"笔者认为，"读书是自己的事""读书一事讲求的是自得"，这便是真正读书人读书的"大诀窍"、大智慧。

陈著还论到"作为有趣的闲书翻阅"的读书方法。当代史学家陈垣曾对《书林清话》以笔记体著述表示惋惜："书是很好，只是体例太差。"陈平原认为："以史学著作评价，这话当代没错；可作为有趣的闲书翻阅，笔记体著述形式则另有一种魅力。没必要正襟危坐从头到尾顺着读，尽可挑自己感兴趣的条目跳着读。随时可以放下，当然也随时可以重新拣起。"翻阅"有趣的闲书"应该成为一种读书的方法甚至是一种读书境界。陈著在另一处还提出，"凭趣味读书往往有真感觉、真收获"。

陈平原是重视评书的，他在谈论关于"读者"的话题时，对读者进行了区分。他说："在我心目中，有两种读者，一种是一般读者，其购买与阅读，乃纯粹的文学消费；另一种则是理想读者，不只阅读，还批评、传播、再创造。如果举例，前者为上海的店员，后者则是北京的大学生。""理想读者"要能对书进行"批评"（陈平原这里所说的"批评"虽然是对文学批评说的，但也包括一般的书评），从中可看出陈平原对书评的看重。

关于书评的策略（方法）和类型，陈著中有过几处论述。在《如何面对先贤——"中国现代学术精典丛书"简介》① 中，提出撰写书评"有三种论述策略可供选择："上策'全面评价'，中策'简要介绍'，下策'借题发挥'。"在《"学术之窗"小引》② 中提出："目前中国的学术界与出版业，最缺乏或者说最急需的，很可能不是评奖，而是众多适时且到位的书评。我说的'到位'，指的是有明确的拟想读者和论述策略，而且具备可操作性。"陈文接着提出了"同样必不可少"的"三种大相径庭的书评"："第一种，是专家写给专家读的。这种同行评议，专业化程度很高，外行连'看热闹'的资格都没有，更不要说'一窥门道'。第二种，是记者写给公众读的。代表公众趣味来选择图书，追求的是及时传递出版信息。并不忌讳'卑之无甚高论'。第三种，是文化人写给文化人读的——如此立说，颇有

---

① 原载《好书》1997 年 11 月、12 月号。

② 原载《博览群书》1999 年第 9 期。

同义反复之嫌。其实,奥秘正在如此。'文化人'是个极不确定的称谓,不受阶层、职业、学历等的限制,只要具备一定的文化水准和阅读能力,谁都可以'自由出入'。正因为'广阔天地,大有作为',作者和读者均有极大的自主性和流动性,文章自然也就五花八门,争奇斗艳了。"陈文进一步肯定:"这第三类的书评特别要紧,尤其对于专业著述的介绍与传播来说,更是举足轻重。记者关注热点,专家心无旁骛,只有'文化人'可以上蹿下跳,穿越学科边界,游走于专家与大众之间,将一部分专业著述介绍给专家以外的读者。"①

对于书评的一些不良习气,陈著提出了中肯的批评。陈著指出:"现在的报刊编辑,似乎倾向于将'书评'当'文章'来要求与欣赏。这就出现一种大趋势,那就是文章越写越好看,评价也越来越离谱。这当然和编辑的业务素质有关,既没有时间读原书,也没能力断高低,惟一说得清楚的,大概就是文章好看不好看了。"基于上述分析,陈著正面立论:"批评,尤其是图书批评,第一位的要求应该是准确,而后才是文字生动活泼。"陈著还直率地指出:"'瞎捧'与'酷评',表面上形同水火,但二者有一点相同,那就是'无实事求是之意,有哗众取宠之心'。"正是"瞎捧"和"酷评"对"批评的信誉"造成了很大的伤害,所以陈著提出"必须直面批评的危机"。

关于藏书话题,陈著所论不多,但极为精当,有两点特别值得我们咀嚼、体会。一是关于藏书存留问题的见解。《书林清话》"藏书家印记之语"条,讥笑那些预先诅骂可能卖掉祖宗藏书的不肖子孙"不孝""不如禽犊"的前代藏书家"不达"。"藏书与藏书法名画不同,子孙能读贻之,不能读则及身而散之,亦人生大快意事,此吾生平所持论也。"陈著接着议论道:"好书存留天地间,流入他人书房,总比被不读书的子孙白白糟蹋好。"陈著并且赞叹:"如此襟怀,如此见识,古往今来藏书家中尚不多见。"二是提出"藏书楼与学术史"的命题。陈著评谭卓垣的《清代藏书楼发展史》一文用了"藏书楼与学术史"②做标题,该文指出,清代"大部分著名藏书家的贡献主要体现在藏书目录、读书记、书史著作的撰述,以及翻刻书籍因而促成文献的保存与学术的普及上。也就是说,清代藏书家的主要贡献是间接

---

① 原载《博览群书》1999 年第 9 期。
② 原载《东方纪事》1989 年第 2 期。

促成了学术的繁荣，而不是直接介入学术研究"。该文还指出："随着学术资料的急剧增多，许多新的研究领域正在开拓（如考古、地理和天文），已有的研究课题也日益深化，这是清代学术之所以走向综合并取得很大成绩的一个重要原因。"

（原载《中国政法大学学报》2007 年第 2 期）

坚守知识分子的操守和立场

——读谢泳有感

虽然早就喜欢阅读谢泳的文章和著作，但与他相识还是有赖于杨玉圣。20世纪末，我在华中师范大学出版社出版了《学术的自觉与学者的自立：当代学者研究》一书，因佩服玉圣的学术批评和学术书评，寄了一册给未曾谋面的玉圣请求指教。后来和玉圣在北京见面，玉圣对我说你的书应该寄一册给《黄河》的谢泳。于是给谢泳寄去拙著，不久即收到谢泳手写的回信，自然十分高兴。2004年10月17日，我应玉圣等朋友之邀，在北京参加"首都中青年学者学术规范论坛"，有幸在论坛上见到谢泳，并一同参与签署了《关于恪守学术规范的十点倡议》。谢泳给我的印象是率真、诚挚的，他壮实的身材中透着一股儒雅之气。

谢泳的主要研究方向为中国现当代知识分子问题，他已经取得了令学界和社会瞩目的成果。早些年我读过他的《西南联大与中国现代知识分子》《逝去的年代——中国自由主义知识分子的命运》等著作，近年又读到他的《储安平与〈观察〉》《清华三才子》等著作。10多年来，我以较多精力进行当代学术史的研究（当代学者的个案研究是其中的最重要组成部分）。由此我想到了一个问题，"学者研究"与"知识分子研究"（或者说"学者"与"知识分子"）之间有何相同与相异之处呢？学者和知识分子都是文化层次特别高且对文化的发展、积淀做出了贡献的人们，如此去看两者的相同之处大致不会错。至于两者的相异之处，则要复杂一些。从外在因素看，"知识分子"的外延当大于"学者"，除了"学者"外，还有文学家、艺术家、编辑家等都可以归入"知识分子"之列。但我想，"学者"与"知识分子"之间还应该有着更为内在、更为本质的不同之处。

"学者"与"知识分子"之间更为内在、更为本质的不同之处在哪里呢？英国学者弗兰克·富里迪《知识分子都到哪里去了？》一书的观点值得我们注意。该书中"怎样才是知识分子？"一节写道："对知识分子的定义依据的常常是他们的职业。有时人们提出用大脑工作的人就是从事知识分子工作——在西方，越来越少的人从事体力劳动，因此那里成千上万的人从事着知识分子工作。……然而，从事非体力职业的人并不必然就是知识分子。……定义知识分子，不是他们做什么工作，而是他们的行为方式，他们看待自己的方式，以及他们维护的价值。"该书还写道："甚至成为一名学者也不直接等于成为一个知识分子。就如法国社会学家皮埃尔·布尔迪尼所说的，如想'拥有知识分子这一头衔'，文化生产者'必须要把他们在特定的文化领域里的特殊专长和权威用于这一领域之外的政治活动'。从布尔迪尼的观点来看，像爱因斯坦这样的人在跨出他的专业领域（物理学）时，运用了知识分子的权威，对国际政治状况做出评论。"该书引用鲍曼的话说："'成为知识分子'这句话所意味的是，要超越对自己的职业或艺术流派的偏爱和专注，关注真理、正义和时代趣味这些全球性的问题。"该书继续写道："难怪知识分子最赞许的一个美德，是有能力追求独立和自由的生活。""自现代社会以来，知识分子的权威就来源于他们声称一切言行都是为了社会整体利益。"① 读过上述引文，我们对"学者"与"知识分子"的本质区别应该是比较明了的了。"学者"可以为学术而学术，可以躲在书斋"两耳不闻窗外事"，但"知识分子"必须主动担当道义，必须有自觉的社会责任感。"学者"可以只坚持科学主义，而"知识分子"必须有人文精神，或者说是科学主义与人文精神的有机结合。我想，谢泳这些年来专注于中国现当代知识分子（知识分子问题）的研究，既是对过去极左专制主义扼压知识分子的深刻批判，也是对当今相当一部分"知识分子"为升官、发财而抛弃知识分子良知的有力抨击。谢泳在现实中不慕虚荣，不随流俗，始终保持公正的学术立场，保持对历史、社会的人道关怀，以自己的研究成果促使人们深入地反思，也表现出了他对知识分子操守和立场的自觉且坚韧不拔的坚守。

这里还要特别指出谢泳研究方法上的突出特点，那就是对材料的充分掌握，在尽可能充分地掌握材料的基础上做出自己的分析和论述。谢泳在

---

① 〔英〕弗兰克·富里迪：《知识分子都到哪里去了？》，戴从容译，江苏人民出版社，2005，第29～30页。

《清华三才子》的"后记"中写道，"材料力求新，努力选择不常见的史料。观点试图平实，尽可能理解这些历史人物个人选择的复杂性"。① 谢泳的《五十年代的四个著名知识分子》就是由于发掘了新的材料才得出了新的更加正确的看法，他在该文中写道："我们以目前所见的公开史料来判断中国现代知识分子的思想状态，常常会得不到整体的印象。比如我们常常听到的对于钱钟书的那些评价，就不能反映钱先生真实的内心世界，以为钱先生是一个世故的老人，是一个软弱的知识分子，只看见沉默的钱先生，而没有看见直言的钱先生。梁思成和谢冰心，过去在我的印象中，都是文弱书生，但后来看到了一些材料，感到梁先生不是那样简单的人，陈寅恪也不是我们想象的那样，他们在五十年代，特别是反右前，都有非常精彩的言论。"②

（2007 年 5 月 6 日）

---

① 谢泳：《清华三才子》，新华出版社，2006，第 223 页。
② 谢泳：《五十年代的四个著名知识分子》，《随笔》2005 年第 1 期。

"论"与"史"的有机结合

——评王先霈《中国文化与中国艺术心理思想》

王先霈的《中国文化与中国艺术心理思想》①（以下简称"王著"）是一部全面系统而深入地研究中国艺术心理思想的著作。说王著全面、系统，是因为其涉及了中国古代的主要历史时期，研究到了中国古代所有重要的艺术心理思想；说王著深入，是因为其是将中国艺术心理思想放置于中国文化（乃至中国历史、中国社会）、中国文化心理这样广阔的宏观背景下来展开研究的，在研究方法上是以现代心理学理论做参照和导引的，是与古代及现代的艺术活动实际有机结合的。在一定程度上可以说，王著对于帮助我们进一步理解和把握中国文化史、中国哲学史、中国艺术及艺术理论发展史都是很有参考和启发意义的。因此，我们既可以说王著是一部研究中国艺术心理思想的别开生面的著作，也可以说其是一部研究中国文化、中国哲学的高水平著作。

一

王著除"绪论"外，计五编（共15章），其所论及的历史时间，大致分为春秋战国时期、两汉时期、魏晋南北朝时期、隋唐时期、宋元明清时期等五大历史时段。王著五编的标题依次为"中国艺术心理思想的源头""从外部向内部的转变""玄风影响下人性的自觉与诗性的自觉""佛学对艺术心理思想的影响""理学与反理学思潮下的艺术心理思想"。

---

① 王先霈：《中国文化与中国艺术心理思想》，湖北教育出版社，2006。以下引文出自王著的不再加注。

从上述五编的标题可以看出，王著没有采用一般人通常采用的单纯以时间概念作为一编的标题（那是一种外在的，也是简单的分编方式），而是将这一时段最重要、最有代表性的艺术心理学理论标示出来，或将这一时段在中国艺术心理思想发展史上的重要地位概括出来，使其作为一编的标题。王著注重的不是对外在的时间流程的叙述，注重的是对中国艺术心理思想重要问题的深入研究和把握。

中国古代的艺术心理学思想，亦如中国古代各种文化学术思想一样，在春秋战国时期就形成了它的"基因"，奠定了基础。正是基于这样的客观事实，王著用"中国艺术心理思想的源头"作为这一编的标题。虽然春秋战国时期形成的儒、道、墨、法、名及阴阳家诸家都对当时和后世产生了巨大的影响，但正如王著所指出的，"更加直接、更加深入地论及艺术心理，并且对后世产生持续影响的，是儒道两家，它们分别开创了中国艺术心理思想的两大潮流"。因此，第一编包括如下三章："由和而乐——儒家艺术心理思想的基调"；"由忘到适——道家艺术心理思想的基调"；"从哲学的体验论到艺术的体验论"（儒家和道家都有体验论）。

汉代在经济文化发展的背景下，文学艺术有较大的发展。汉代有一大批以著述为毕生事业的人，有长期从事文学艺术创作的人。那么，激励与支持作者写作的心理力量何在？文学艺术作品的创作动机、创作的心理动力自然成为一个研究的课题。于是，王著便有了第二编的第一章（全书第四章）"作者的社会态度与艺术创作心理动力——'发愤'说的心理学内涵"。同时，在汉代，经学家把《诗三百》作为经典，逐篇逐句地研究，在对《诗经》的研究中，在具体细致地研究"起兴"这种诗歌创作手法的时候，提出了诗思、诗情的发生，审美冲动和艺术构思的触发问题。这样，王著便有了第二编的第二章（全书第五章）"作家的自然观与艺术创作的心理动力——兴论的心理学内涵"。王著指出："两汉时期，已经开始把文学艺术作为独立的精神现象对待，虽然开始还是常常从社会政治的眼光出发，但也触及到艺术的内部规律和艺术心理的内部规律。这一时期，艺术心理学思想经历了从外部即非审美的角度向内部即探索艺术自身规律的角度的转变，当然还只是初步的转变。"

魏晋南北朝时期，若干并立的政权长期相互争斗，传统思想的禁锢被大大削弱，文人、学人的独立意识增强。在这种社会和文化的整体发展和进步之中，哲学的思辨性大大加强，文学艺术在精神文化中的独立性日益明显。

这一时期的文学创作，以及书法、绘画、雕塑等，都有了巨大的变化和进步，给艺术心理学思想的创新提供了土壤。王著指出："正是由于有了上述客观环境的变化，数百年间，艺术心理学思想获得系统的、深入的研究，体现中华民族的特色的艺术心理学思想体系，开始呈现出基本轮廓。魏晋六朝时期的艺术心理学思想，更切近艺术的创作和欣赏的实践，与现代心理学、与现代文艺学也较便于沟通。这时期艺术心理学思想突出的特色是，人性的觉醒和诗性的觉醒。"第三编包括"才气论""言意之辨和声无哀乐论""神思论"三章。

隋唐时期，佛教在中国获得极大的发展，佛教作为不可忽视的社会力量，对中国许多文人、一些优秀的诗人和画家，产生了重要影响。隋唐佛教的一大特征是宗派的形成，其中与文学思想关系最深的是禅宗。王著指出："总而言之，佛学，隋唐宋三代的佛学，与文学创作心理，与艺术心理学思想，有着相当密切的关系。"第四编包括"自性与佛性""顿悟与渐悟""境与味"三章。

宋元明清时期，理学长期被统治者大力推行，成为正统思想。理学对文艺创作、美学思想和艺术心理学思想，产生了深刻的影响。王著写道："理学对人的思维、人的心理所作的系统研究，给中国古代艺术心理学思想提出了若干新的课题，提供了新的资源，增添了许多新的内容。"王著还指出："从北宋到晚明，理学由极盛而逐渐衰落；同时，这也是中国社会经济、文化发生转折变化的时期，是中国古代文学体式发生巨大变革的时期。诗歌和散文实际上已经不再占据文坛主流，戏曲和小说蓬勃兴起并取得辉煌的成就。戏曲和小说创作心理，与诗歌和散文创作心理有很大差异，这些文学体式要求更加细腻、丰满、深入地描写人物心理。"第五编分为"以物观物、涵养性情与理学家的诗学""理学的情欲心理思想与艺术心理的关系""小说戏曲创作和接受心理中的理欲关系""狂禅作风与文学创作和批评态度"四章。

由上述对王著五编内容的简要评述可以看出，王著对中国艺术心理思想的所有重要问题都做出了深入的论析，并且其论析是将对象放置于中国社会发展和中国文化发展的宏观背景与宏观时间流程之上来进行的。也就是说，王著是以问题为中心、主干，同时又有时间线索、时间流程作为构架，因此从总体上看，王著对中国艺术心理思想的把握很好地做到了历史与逻辑的统一。正是由于这一点，使王著既不同于一般以"史"为名的著作，又区别于一般以"论"为名的著作,而兼具了两者之长,是"论"与"史"的有机结合。

二

王著不仅在论题上具有开拓性,在整体构架上也别具创意且逻辑严谨。同时,在对各个具体论题的论析上,王著也显现出其独特的视角和独到的见解,具有学术上的创新性。下面我们来具体看看王著关于几个重要问题的论析。

王著在"绪论"中载:

> 艺术心理在中国人的民族心理中,起到突出的作用。现代化的核心和关键是人的建设。为了人的精神的、心理的建设,不能不研究民族的心理的传统。本书题名"中国文化与中国艺术心理思想",主旨是讨论对中华民族的审美心理、艺术心理传统的认识与诠解。

这就是说,王著对中国艺术心理的诠解,是与对中国文化、中国人的民族心理的诠解紧密结合、有机交融在一起的。这是我们在阅读王著时要特别注意的。

王著"绪论"的第三节题为"中国文化和中国艺术心理",该节指出,"中华民族的艺术心理是中华民族全部共同心理的组成部分,是在中华文明、中华文化的形成和发展中长期孕育滋长的"。王著提出,考察中国艺术心理的民族特点,如下几点应予以特别注意。第一,中国文化思想体系,自古以伦理为中心。在中国古代,艺术心理受到伦理心理的强烈影响、制约。这在儒家的艺术心理思想中表现得最为明显。第二,中国的主流知识分子历代相承的对社会、对人生的超脱心理,从另一方面给民族艺术心理打下了深深的烙印。他们追求的理想心理状态是无待的,是逍遥的,是忘伦理、忘政治的,是超伦理、超政治的。他们从另一方面,创建了中国古代艺术心理学思想的又一种体系。第三,中国长期处于宗法社会,社会的组织形成与运作方式对不同艺术类型的生灭兴衰,对文体心理、形式美感,影响至大。第四,中国文学在很长时间里以抒情文学为主干、正宗,普遍尊崇的文学样式是诗歌。因此,在中国艺术心理思想史中,讲情感、讲艺术情感的内容特别丰富。第五，中国哲学方法论重内向认识、重瞬间体悟，而较轻外向认识、较轻精细持久的观察。这也必然影响到中国艺术心理思想。上述五点可以说抓住了中国艺术心理思想的本质特征，具有普遍的概括意义。

王著对兴、观、群、怨的心理学诠释是独到的，也是最切近真理的。孔子的，"诗可兴，可以观，可以群，可以怨"，学术界普遍认为这是孔子对文学艺术的社会作用的精辟概括。王著则在学术界共识的基础上深入一层具体指出，兴、观、群、怨四点，"都是诗歌（与音乐、舞蹈、礼仪结合的诗歌）对主体创作或欣赏者的心理作用。如果说，中和的目标是达到个体的心理平衡，那么兴、观、群、怨的目标便是达到社会的心理平衡，达到组成社会各个成员、各个群体之间的心理平衡"。强调"心理作用"，这就是王著对兴、观、群、怨的独到而深刻的解读。王著这样对"观"进行心理学诠释，"观，观察，审视，包括主体自己观看和指点别人观看两重意义。"王著指出，孔子所说的观，不是一般的看，不是看一般的事物。看寻常的对象叫视，看特别的对象叫观。王著写道："孔子说'诗可以观'，他指的是诗歌和一切艺术作品，能够展示人的心理、人的感情，作者的心理、作者的感情，群体的心理、群体的感情，社会的心理、社会的感情。这些，都是寻常难以直接'看'到的。"王著对兴、群、怨所做的心理学诠释也很新颖、独到。王著最后小结说："总之，兴、观、群、怨为的是消除、化解个体的和社会的消极情绪，引发和保持个体的和社会的积极情绪，并且是通过诗歌和音乐来达此目的，是从心理学角度对文学艺术社会功用的概括。""心理学角度"，是王著的独特之处，也是其深刻之处。

《庄子》一书中，关于"忘"的论述很多，一般认为，这主要是表达一种避世的人生观、世界观，所以许多论者都是从哲学、伦理学的角度来论述《庄子》的"忘"。王著第二章则另辟思路，从心理学的角度展开对"忘"的论析，王著认为，"忘""也包含有心理学思想的内容。甚至可以说，庄子的艺术心理思想，是围绕着'忘'而展开的，它告诉人们忘的必要、忘的难以实现以及如何向忘的境界靠拢的路径"。王著具体分析指出，"忘"包括三个层次。第一个层次就是"齐以静心"，"齐"就是斋戒。斋戒的第一步，是把不整齐、不专注的心思整齐、专注起来，这里涉及的是心理学中的注意（attention），即心理活动的指向和集中问题。忘掉应该忘掉的，记住应该记住的，这就是"注意"。"忘"的第二个层次是"欲言而忘言"，忘记是为了给记忆排除干扰，忘记的价值在于它是记忆的前提。在许多情况下，无意识或遗忘都意味着顺利，有意识或记忆都意味着困难，意味着障碍。"忘"的第三个层次是"吾丧我"。"吾丧我"，确认了两个自我。"我"是第一个自我，是世俗的、为功利欲念所支配的主体；"吾"是第二个自我，是超脱世俗功利心的、自由精神的主体。《庄子》讲的"丧"，不是片刻的凝心静思，而是整个地改变人生态度，这就更深地切入审美心理学。上述各个层次的"忘"，最后都是要达成主体的适。适，是心理的完全放松，没有任何负担，无忧无虑，无拘无束。适，能够给予主体心理上最大的自由，从而给主体思维的创造性提供最充分的拓展空间。王著进一步分析指出：适，是主体舒畅、自得，它有利于创造性的发挥，但如果主体有意识地追求适，对于客观的心理环境要求太多，就必定难以进入适的心态。所以，最好是连"适"与"不适"也忘记，随遇而可适，创作高潮出现的概率将大大增加。

　　类似上述对学术界已基本形成共识的命题，从心理学的角度对其做出新的、更深刻的诠释的例子，还可以举出许多来。

<h2 style="text-align:center">三</h2>

　　从研究方法的角度看，王著从研究对象出发，从表述的方便出发，自如地运用了多种方法，既有传统的也有现代的，既有本土的也有西方的。笔者以为，下述两个方面是特别值得我们注意的。

　　中西相较，古今对比，互为参照，相互烛照，是王著在研究方法上的突出特点。王著"绪论"中载："中国古代心理学思想，特别是有关艺术心理的思想，与西方迥然有别；而我们的叙述和议论却不能不以现代心理学的基础理论为参照和导引，这里显然存在思考和表述的双重困难。因为，现代心理学主要是由西方人建立的。从东方与西方、古代与现代的差异入手，也许能够触及我们的传统的精髓和它的弱点。"可以看出，王著是自觉地运用中西相较、古今对比的方法来研究问题的。

　　王著第一章在论析孔子的"诗可以观"时，一方面肯定其与现代西方理论的相通之处：儒家高度重视心理因素对于政治过程的影响和作用，甚至认为社会的心理可以决定某个政治制度的兴衰存亡。在现代，各种体制下的社会管理者，也都高度重视并且运用各自的方法把握社会心理动向。例如，G. 盖洛普 1935 年创办美国舆论研究所，其宗旨是"公正地衡量和报告关于当前的政治和社会问题的舆论"。盖洛普的报告也"可以观"，可以显示社会心理的若干侧面。另一方面，王著具体分析了两者的不同之处：孔子所处的时代条件和中华民族习惯的认知方式，决定了儒家的理论主张和当时及其后统治者的实践是另一种做法。他们不求数学般的精确的统计，而求敏锐深刻的感受；不求问卷，而求文学艺术作品。中国古代有关采诗制度的传说，这方面的记载在古籍中不少。中国古人不但采集民意的方式与现代西方人不同，而且采集的内容也与现代西方人不一样。盖洛普用的是统计分析，儒家要求的是情绪感应；盖洛普所要调查和报告的是公众对某一具体问题或事件的意见，古人"采诗"所要了解的是民众对国家、对统治当局的基本情感态度。盖洛普在更大程度上偏向于社会学方面，儒家则更偏向于心理学方面，是一种特殊的社会心理学方法。其他，如在第二章中指出，《庄子》所说的"忘"与詹姆斯心理学中的独特概念"缺口"（absence）的内涵有部分的重叠；在第三章中认定，西方的哲学和心理学论著较少谈到体验，较少对体验进行探讨，而在中国，"体"作为古代哲学方法论的范畴，经述长期演化，进而成为心理学和艺术心理学的范畴；在第六章将曹丕、刘勰等人提出的"气"与古希腊人提出的"气质"进行比较……都很有利于中西观点的互释与烛照。

立足现实，着力于研究传统，着眼于有益现代，是王著的又一突出特点。对此，王先需有着清醒的自觉意识，他在"绪论"中写道："选择此一课题，多少是根源于对艺术心理、审美心理在'数字化生存'的今天及今后的地位、命运与作用的期望与信心。"可以说，有益于当代，有益于今天，是王著的根本出发点，也是王著的根本意义。王著在对一些具体问题进行论述时，也很注意联系现实，注意用引申来解释当今艺术活动中的现实问题。第一章在论述孔子"诗可以观"时，借助其观点很好地解释了当今的流行音乐现象。王著指出，近些年，随着传播艺术的发展变化，大众艺术、大众文学地位日益突出，流行作品作为社会心理标志或样品的作用也日益受到重视，社会学家、心理学家、文艺学家从一件流行作品分析社会心理变化的趋向，是很正常的事。有人把现代流行音乐比作古代的民歌，民歌就是古代的流行音乐。王著认为，这种类比虽然有点简单化，但两者也有相同的性质：现代流行音乐与古代民歌都传达着若干社会文化和政治信息；古代民歌或现代音乐之所以能够在某一时期广泛流行，是社会大众选择的结果，这样，它就传达了大众的价值取向与意志、兴趣。这种对现实的解释应该说是很有说服力的。他在"后记"中写道："中国古代人对于艺术心理的论述，对现代人在社会的躁动中如何求取相对的宁静、恬适，是不无助益的，也可为心理学新的突破提供参考的思路。”就是说，王著在今天既有积极的社会意义、人生意义，又有重要的学术意义。

（原载《湖南社会科学》2007 年第 5 期，并以《史论兼备的心理学著作》为题摘要发表于《光明日报》2007 年 3 月 17 日）

喜欢理论　爱好思辨

　　对自己过去几十年的学习与学术活动做一个小结，我想以时间为顺序来写，会容易一些，也较为清晰。同时考虑到早期留存的资料较少，所以对早期的情况写得略微详细点。

中学阶段对哲学产生浓厚兴趣

　　1969年上半年，我进入岳阳县月田区中学读初中（我们那时就读的初中、高中是2年制，且是春季入学），我的各科成绩都好。我从初二第一学期开学第一天（1970年3月6日）开始写日记，一直坚持到今天。学哲学，用哲学，是那时的运动，也是我们重要的学习内容。我的日记中多处记录了阅读毛泽东哲学著作的情况。1970年9月16日记录反复读了毛泽东的《人的正确思想是从哪里来的?》，10月16~17日记录读毛泽东的《关于正确处理人民内部矛盾的问题》，10月24日记录读毛泽东的《新民主主义论》，10月27日记录读当月20日《湖南日报》的文章《认真学习毛主席光辉哲学思想让哲学变为群众手里的尖锐武器》，11月1日记录读毛泽东的《实践论》，11月9日记录读毛泽东的《矛盾论》，等等。此外，还有多处听哲学辅导报告的记录。"文革"中的学哲学，很多时候是把哲学原理变成了教条，但就我个人而言可能是"歪打正着"，即在无意中培养了我的理论兴趣，锻炼了我的思辨和说理能力。

　　1971年上学期至1972年下学期，我在月田区中学读高中（1973年1月，我高中毕业），这时我对哲学的兴趣趋浓。我在小学低年级就特别喜欢看连环画，大概从小学三年级开始喜欢读小说［我就读的初级小学——余家小学没有图书室，但我姐姐在我读小学三年级时升入了月田完全小学读五年级，此后她就开始借书（包括长篇小说）带回来给我看］。在小学高年级和整个初中阶段，我都喜欢看小说（虽然那时是"文革"期间的书荒时代，但我们还是想方设法弄到书看）。进入高中后，由于我对哲学的兴趣趋浓，很少看小说了，除了认真读"毛泽东的五篇哲学著作"及其辅导材料外，还半通不通地啃恩格斯的《路德维希·费尔巴哈和德国古典哲学的终结》《反杜林论》和列宁的《唯物主义和经验批判主义》等著作，那时有内部印的上述各种著作的辅导材料，我就配合着辅导材料读。在高中，我认真读过苏联著名哲学学者康斯坦丁诺夫的《历史唯物主义》《论马恩列斯》（以上两书都是我父亲在20世纪50年代买的，前者为精装横排版，后者为平装竖排本）和苏联的《政治经济学教科书》等大部头的书。当时的感觉是，《历史唯物主义》和《政治经济学教科书》这两本大部头的书比马克思、恩格斯的原著要容易懂些。我还经常跑到老师办公室去读上海《文汇报》上的理论文章，当时感觉《文汇报》上的理论文章深入浅出，有吸引力。有一件事至今记得，一次我到教我们语文课的胡松柏老师房间坐，看到了一本"文革"前出版的《哲学研究》杂志（现在已记不清是具体哪一期了，该刊"文革"中已停刊），当时真是喜出望外，立即和胡老师说想借看，胡老师稍微犹豫了一下便同意了，只是交代我不要再给别人看（现在想来这种在"文革"期间被停刊的杂志，实际上就是禁书，是不能外传的，胡老师当时借给做学生的我阅读是担了很大风险的，他交代我不要再给别人看也是顺理成章的）。我从胡老师处借到该期刊物后，爱不释手，认认真真从第一页读到了最后一页，记得其中有一篇长文是艾思奇研究"辩证逻辑"问题的。高中时的同班同学许青也是一位哲学爱好者（许青的父亲许诺在20世纪40年代就是延安中央党校的教员，长期做理论研究工作，在哲学、文学、语言学、历史学等方面都有很深的造诣，在哲学方面尤有建树。在"文革"期间，许诺被赶回老家岳阳县月田区），许青有时会从家里带来他父亲收藏的哲学书籍给我阅读，有时则会把我们要询问的哲学问题带回家去向他父亲请教。

民办教师期间较多阅读哲学书籍

1973年1月，我高中毕业，同年2月开始在家乡岳阳县月田区月田公社月田大队中洲学校当民办老师，主要教数学课（我的数学成绩一直较好）和体育课，从教小学四年级开始，继而教小学五年级（那时小学是五年制）。随着我任教的这个班的学生升入初中，我开始教初中数学和体育。在这个班（中一班）初中期间，新生入学（招生）时间由春季改回夏季，所以他们读了两年半初中（按照当时的学制他们多读了一学期）。累积起来，我一共教了两年小学、三年零一个月的初中。在这五年多的时间里，我上课和劳动（那时我的节假日基本都在参加生产队的劳动）之余的时间基本用于阅读哲学方面的书籍和刊物。

1973年春节期间，我第一次到许青家里拜访，见到了久仰的许诺伯，甚感高兴和荣幸。我记忆中第一次看到最多的私家藏书就是那次在许诺伯家里，后来我在《南湖藏书楼》的"后记"中这样写道：当时许诺伯家里"有2个大书架、1个大书橱，全部装满了书，我清楚地记得他个人订阅的报刊杂志就有11种，我当时真是被惊呆了，觉得他怎么会有这么多书！坐在许诺伯的书房里我有一种特别幸福的感觉。在惊羡之中，我就想着自己不知什么时候也能有这么多藏书"。① 许诺伯家里的书主要是理论著作，尤以哲学著作为多。此后，我不时到许诺伯家里请教，到他家里看书，也先后借阅过《辩证唯物主义 历史唯物主义》（艾思奇著）、《高等学校哲学辅助教材》（内部印刷本）、《〈反杜林论〉札记》等著作。当时许诺伯正在撰写反驳、批评"真理是有阶级性的"观点（当时的中央文件和"两报一刊"的社论都认定"真理是有阶级性的"）的文章，但许诺伯不惧极左，独立思考，进行多方面论证，坚定地认为真理是没有阶级性的。② 许诺伯撰写了多篇文稿，他的每篇文稿都送了复写稿给我，并与我们多次讨论。现在想起来，我感到这无异于在上专题哲学课和哲学讨论课。

其间，我阅读了多方面的哲学书籍，哲学原理方面除上面提到的几本书外，还有《认识与真理》（张恩慈）、《简明哲学辞典》（〔苏联〕罗森塔尔和〔苏联〕尤金编）等；中国哲学史方面的有《简明中国哲学史》（杨荣国等）、《中国哲学史》（任继愈等）；西方哲学史方面的亦看过部分专题书籍。我还订阅过《北京大学学报》（社会科学版）、《吉林大学学报》（社会科学版）、《化石》（中国科学院主办，当时报纸上报道说毛泽东喜欢读《化石》，毛泽东说《化石》很好地宣传了马克思主义哲学，于是该刊还给毛泽

---

① 余三定：《南湖藏书楼》，北京大学出版社，2010。
② 关于此事我后来撰写了题为《真理标准讨论的先声》的文章发表于《东方文化》2002年第3期。

东专门印制了大字本）。我清楚地记得，我先从《北京大学学报》（社会科学版）读到了冯友兰《对孔子的批判及对我尊孔思想的自我批判》长文，后又从《光明日报》读到了该文的修改稿。

我那时的理想（梦想）就是努力在未来成为哲学家（今天看来当然显得幼稚可笑，但在当时确实是真诚的，在当时可能是"无知者无畏"吧），所以对这方面的信息和人物特别关注。一次，我在《湖南日报》读到关于益阳医药公司青年职工袁南生（后来成为北京大学博士，现在是中国驻美国旧金山领事馆总领事）认真学习马克思主义著作（特别是哲学著作）的报道后，主动向他写信表示敬意并向他请教。我们围绕学习马克思主义哲学的通信持续了五六年之久（顺便说一句，我们此后在较长时间里失去了联系，一直到今年春节期间才在朋友的帮助下第一次见面，谈起三十多年前的学习通信都感叹不已）。我和高中同学许青的家相隔虽然不超过二十公里，但有一段时间我们围绕学习马克思主义哲学的通信每个月都有两三封。那时，我还请木匠做了一个书柜，我在书柜的玻璃门上用红油漆写了四个宋体大字"攻读马列"。我曾做过报刊剪贴本，我在剪贴本封面上写的字是"认真看书学习，弄通马克思主义"。

上大学后钟情于文艺理论

我参加了"文革"后的第一次高考，考试成绩不错，平均每科（共四科）70多分（当时采用的是百分制），其中我的政治考了80多分（因为当时政治主要考马克思主义哲学、政治经济学、科学社会主义和少量时事政治，所以我考得很轻松），数学、历史地理也都考得不错，唯独语文只考了56分（据说我们学校当年的录取线是平均40多分）。当时的高考学校和专业准许填报三个志愿，我的三个专业志愿依次是哲学（某校）、政治经济学（某校）、中文（某校）。

1978年3月初（全国各高校的1977级学生是在1977年下半年参加高考的，所以都是推迟到1978年初入学的），我到岳阳师范高等专科学校（以下简称"岳阳师专"）中文专业报到，心里特别高兴。也许是（或者说肯定是）由于我一直以来喜欢理论，钻研哲学（当然这与任教我们的文艺理论课的李凌烟老师讲课既有深度，又能深入浅出、生动风趣分不开），所以上师专后我便特别喜欢文艺理论课（文艺理论课在中文专业的所有课程中是离哲学最近的课程），不但认真听课，认真阅读"参考书目"所指定的书籍，而且认真做好老师讲课时布置的思考题（思考题老师一般不要求做出书面作业）。李凌烟老师曾经让同学们传看我所做的思考题答卷。

在岳阳师专的三年，我在课余阅读了大量的文艺理论著作（包括马克思主义文论、中国历代文论和西方文论）和外国文学作品。同时，我还特别关注当时的热点（包括社会热点、思想热点、文艺热点等），比如1978年5月开始的关于"真理标准"问题的大讨论，我就特别关注，并阅读了大量的讨论文章，还将该讨论和许诺伯在"文革"期间关于"真理没有阶级性"的论证联系起来看，认为后者是前者的孕育与先声。还有当时关于文艺作品《班主任》《于无声处》《在社会的档案里》等的大讨论，我都特别注意，除认真阅读原作外，还认真阅读了大量的讨论文章，并做了不少笔记。

我开始练习写文艺理论和文艺评论文章。我的第一篇文艺理论文章是1979下半年写的《真实性是文艺批评的唯一标准》，这篇文章是针对"文艺批评的标准政治第一"观点而发，写了一万多字，先后投给《安徽文学》《湘江文学》《湘潭大学学报》等刊物，先后得到了编辑老师的热忱回信和鼓励。《湘潭大学学报》的主编史大浩老师写来长信告诉我要做哪些方面的修改，并说准备发表。但后来由于可以理解的原因未能发表（该文后来一直到20世纪80年代后期才发表），我对史大浩老师至今心存感激。同时，我积极撰写文学评论文章，由于李元洛老师的指导和帮助，1980年下半年在《湘江文学》先后发表了两篇文学评论文章。

在高校任教后致力于文艺理论和当代学术史的研究

可能是由于成绩特别是文艺理论成绩较好，1980年10月在岳阳师专中文系毕业后，我留校任教文艺理论课。由于我的工作和我的兴趣爱好高度一致，所以我对自己的工作十分满意，也十分努力。

也许是考虑到我只读了三年专科，基础肯定不扎实，需要继续学习和提高，所以学校送我外出学习多次，主要有：1982年下学期至1983年上学期在华中师范大学中文系进修文艺理论，指导老师主要有王先霈、张玉能教授等；1992年下学期至1993年上学期在北京大学哲学系做访问学者，在导师叶朗教授的指导下，学习和研究中国古代美学，那一年我在北京大学哲学系和中文系听了许多著名学者的课程或讲座；1995年下学期至1996年下学期在华中师范大学文学院读文艺学硕士课程，指导老师主要有王先霈、胡亚敏、赖力行教授等。此外，我还在国家高级教育行政学院、国家教委中南干训中心、中共湖南省委党校等处参加过 2~4 个月的学习。

我个人一直认为，今天的学者做学术研究，一定要自觉关注时代，主动关心现实，以自己的学术研究行动和研究成果积极参与现实变革，以有益于社会，服务于民众。在文艺理论和文艺评论方面，我除做基础性、一般性的纯理论研究外，还特别注意研究当下的文艺现象和文艺发展规律。因此，这些年来，我除出版多本文艺理论教材和著作外，还出版过《文坛岳家军论》《文艺湘军百家文库·余三定卷》等研究现实文艺现象的著作，并先后发表了《当代文学缺少鲜活的贪官典型》①《文学创新必须积极面对现实》②《2005 年：文学批评的"批评"》③ 等数十篇研究当下文艺现象和文艺问题的有影响的文章。

正是基于个人认定的当代人文学者的学术研究一定要有时代性、现实性的价值观，从 20 世纪 90 年代初开始，我的主要研究方向除了原来的文艺学（包括文学评论等）外，增加了当代学术史，先后在《人民日报》《光明日报》《中国社会科学报》《中国教育报》《文艺报》《北京日报》《社会科学报》《北京大学学报》《复旦学报》《中山大学学报》《学术界》《社会科学论坛》《云梦学刊》等发表了近百篇有关当代学术史研究和当代学术评论的论文，其中较有影响的有《新时期学术发展的回瞻与展望》④《量的扩张与质的提升——读〈新华文摘〉改版后的前八期》⑤《论高校学报的特色栏目》⑥《当代学术史著作评述》⑦《新时期学术规范讨论的历时性评述》⑧

① 原载《文艺报》2001 年 3 月 10 日，《作家文摘》2001 年 3 月 27 日、《新华文摘》2001 年第 6 期先后摘登，中国人民大学"复印报刊资料"《文艺理论》全文转载，并被选入白烨主编的《2001 中国年度文坛纪事》。

② 原载《北京大学学报》2003 年第 2 期，《新华文摘》2003 年第 8 期转载。

③ 原载《文艺报》2006 年 3 月 2 日，《中国社会科学文摘》2006 年第 3 期和《高校文科学术文摘》2006 年第 3 期同时转载。

④ 原载《光明日报》2004 年 2 月 24 日，《新华文摘》2004 年第 10 期、《中国社会科学文摘》2004 年第 3 期分别做论点摘编，《高校文科学术文摘》2004 年第 3 期、中国人民大学"复印报刊资料"《社会科学总论》2004 年第 2 期分别予以转载。

⑤ 原载《文艺报》2004 年 5 月 15 日，《新华文摘》2004 年第 13 期转载。

⑥ 原载《云梦学刊》2004 年第 4 期，中国人民大学"复印报刊资料"《社会科学总论》2004 年第 3 期转载，《北京大学学报》2004 年第 5 期摘要。

⑦ 原载《学术界》2004 年第 6 期，中国人民大学"复印报刊资料"《社会科学总论》2005 年第 1 期转载。

⑧ 原载《云梦学刊》2005 年第 1 期，《新华文摘》2005 年第 6 期、《高校文科学术文摘》2005 年第 2 期、中国人民大学"复印报刊资料"《社会科学总论》2005 年第 2 期转载。

《学术史："研究之研究"》① 《从学者自述类图书看学术大师的风采与神情》②《关于我国研究生教育问题讨论的评述》③《关于整治学术腐败讨论的评述》④ 《故宫学：故宫研究的新阶段》⑤ 《我的快乐读书观》⑥ 《接续断裂·空前繁荣·追求深化——回眸中国新时期30年学术发展》⑦《岂能"只认衣裳不认人"——"CSSCI"风波引发的思考》⑧ 《当代学术史研究：新兴的学科》⑨《反思当今学术管理与学术发展的若干关系》⑩《关于当今学术管理所存在问题讨论的评述》⑪ 《做学问莫"买椟还珠"》⑫ 《藏宝不若藏书》⑬。

在当代学术史研究方面，我先后出版了《学术的自觉与学者的自立：当代学者研究》（华中师范大学出版社，1998）、《许诺纪念文集》（人民日报出版社，2002）、《新时期学术发展的回瞻》（北京大学出版社，2005）、《当代学术史研究》（人民出版社，2009）、《当代学术史研究八年论坛》（南京大学出版社，2012）、《中国新时期学术热点研究》（北京大学出版社，2012）等相关著作。由我担任首席专家的湖南省社会科学研究基地"中国当代学术史研究基地"于2007年1月获得批准。我还将当代学术史研究的成果引入高校课堂。在近十年来，我与钟兴永、李灿朝、朱平珍等连续在湖南理工学院中文系本科生和湖南师范大学文艺学硕士生中开设了"当代学术史"课程。该课程于2006年6月被确定为湖南普通高校省级精品课程。我们的教改项目"'当代学术史'课程的创设与建构"于2007年1月获湖

① 原载《北京大学学报》2005年第5期。
② 原载《中国教育报》2006年6月29日，《新华文摘》2006年第18期转载。
③ 原载《云梦学刊》2007年第2期，《新华文摘》2007年第12期、《高校文科学术文摘》第3期、人民大学"复印报刊资料"《高等教育》2007年第5期同时转载。
④ 原载《云梦学刊》2008年第2期，《高校文科学术文摘》2008年第3期转载。
⑤ 原载《学术界》2009年第1期，《中国社会科学文摘》2009年第7期转载。
⑥ 原载《云梦学刊》2009年第2期，《新华文摘》2009年第11期转载，《书摘》2009年第8期、《教育文汇》2009年第8期等转载。
⑦ 原载《复旦学报》2009年第4期，《高校文科学术文摘》2009年第5期转载。
⑧ 原载《人民日报》2010年7月30日，《新华文摘》2010年第21期转载。
⑨ 原载《中山大学学报》2011年第2期，《新华文摘》2011年第3期转载。
⑩ 原载《云梦学刊》2012年第4期，《新华文摘》2012年第21期转载。
⑪ 原载《云梦学刊》2013年第3期，中国人民大学"复印报刊资料"《社会科学总论》2013年第3期转载。
⑫ 原载《人民日报》2013年4月16日，《高校文科学术文摘》2013年第5期转载。
⑬ 原载《人民日报》2014年1月21日，《新华文摘》2014年第7期转载。

南省高等教育省级教学成果三等奖。因此，《人民政协报》《社会科学论坛》《高教研究参考》等先后以"研究、编辑、教学三者良性互动"为题刊登了对我的访谈录（我主持的《云梦学刊》的《当代学术史研究》栏目入选教育部第三批"名栏工程"）。积极关注、追踪、研究学术热点，是我当代学术史研究方向的重要组成部分，是我用力甚勤、长期坚持不懈的一个研究领域。

（原载《东京文学》2014 年第 10 期）

以学术研究积极关注时代

——编辑《当代学术史研究》栏目的回顾和体会

从 1986 年起，我在湖南理工学院①中文系任教文艺学的同时，开始以业余时间兼任《云梦学刊》的责任编辑，为《云梦学刊》编辑稿件，前期主要负责编辑《美学文学艺术研究》《当代学者研究》栏目。1998 年至今，我一直担任《云梦学刊》主编，也一直同时兼任上述两个栏目②的责任编辑。我在担任《云梦学刊》主编并兼任《当代学术史研究》栏目责任编辑的十多年里，热情投入，积极探索，用功甚勤，并取得了一定的成绩，在学术界产生了较大的影响。我觉得，现在很有必要做初步的回顾和小结。在下文中，我将重点讲编辑《云梦学刊》2003 年第 1 期以来《当代学术史研究》栏目的情况，但由于《当代学术史研究》栏目与《当代学者研究》栏目有着内在的紧密联系（前者是承接后者而来的），所以在叙述时有时候可能会自然涉及《当代学术史研究》栏目之前的《当代学者研究》栏目。

自觉适应时代和社会的需要设置特色栏目

设置特色栏目是许多高校学报努力去做的，但各自考虑的角度不一样（即不同的学报是从不同的角度考虑问题，从总体上看便是从多种角度考虑问题），据笔者观察，主要有如下一些考虑角度：或者是基于学校所在地的历史和地域文化特色，或者是基于学校的学科和人才优势，或者是基于学校所依托的行业特色和自身的专业特色，等等。《云梦学刊》开办《当代学术

---

① 当时校名为岳阳师范高等专科学校，1999 年起校名为岳阳师范学院，2003 年起至今校名为湖南理工学院。

② 其中《当代学者研究》栏目从 2003 年第 1 期开始改版为《当代学术史研究》栏目。

史研究》栏目，与上述的种种出发点不尽相同，主要是考虑学术研究、学术刊物要自觉适应时代和社会的需要。笔者在《当代学术史研究：新兴的学科》中写道："我们知道，十年'文革'期间，学术受到政治的干扰和压抑，学者甚至丧失了自我，实际是中国学术的断裂期。改革开放三十余年的学术发展，从时序上来看是承接'文革'而来，因此，从总体上可以说，改革开放三十余年的学术发展是中国学术发展由接续断裂、全面复苏到空前活跃、硕果累累的繁荣期。改革开放三十余年这一时期，学术研究的成果、经验是非常丰富的，学术发展对推动社会发展的作用是巨大的；与此同时，其负面因素和教训（如从上世纪 90 年代后期以来的学风浮躁、学术不端乃至学术腐败行为）也是不可小看的。如果从整个'当代'的角度出发，将视线从新时期再往前推移，当代前十七年的成果与问题、经验与教训，'文革'十年的学术断裂，同样值得我们认真回顾和反思。因此可以说，为推进学术不断前进、健康发展，学术应该总结自身，学者应该回瞻自我。于是当代学术史研究引起了诸多学者不约而同的关注，带有必然性地成为了学术研究的重要主题和学术热点。从这样的角度看，可以说，当代学术史研究作为一个新兴的研究领域是应运而生，顺时而出。"① 由此可见，我们在《云梦学刊》开办《当代学术史研究》栏目真正是时代和社会的需要，真正地适逢其时。

我们在这里先对"当代学术史"概念做一个简要的辨析。"当代学术史"是由"学术史"和"当代"两个要素组成的。我们先看"学术史"这个要素。"学术史"就是关于学术研究的学术研究，或者说是关于研究的研究，即研究过往学术发展的成就、历程和轨迹。我们知道，学者是做学术研究的，当学者做学术研究时，学者是主体，学术研究的对象是客体（如文艺学研究的对象是客观存在的文艺现象，历史学研究的对象是客观存在的历史现象，等等）；但是在学术史的视野之下，学者（如文艺学学者、历史学学者等）也成了学术研究的对象，即学者的研究背景、研究活动、研究成果、社会影响和研究经验等成了研究对象，甚至学者的学习过程、治学经历乃至整个生平也成了研究对象，这个时候，学者就由研究主体（研究者）变成了研究客体（研究对象）。简而言之，学术史就是学术对自身的发展历

① 余三定：《当代学术史研究：新兴的学科》，《中山大学学报》（社会科学版）2011 年第 2 期。

程进行回顾、反思、分析和研究，从而总结出学术发展的成就，描绘出学术发展的轨迹，寻找出学术发展的规律性的东西来。学术史与思想史有着非常紧密的联系，学术史往往离不开思想史，"学术"如果没有"思想"就没有了内蕴，就没有了灵魂，就无深度和魅力可言；反之，"思想"如果没有"学术"做支撑也就没有了根基，没有了力量，就会显得苍白、肤浅。但学术史与思想史又有区别，思想史与社会现实、人生、人的情感、人的精神境界和价值追求联系得更为紧密。在一定程度上可以说，思想史人文精神更浓，学术史科学精神更重。笔者在《当代学术史研究：新兴的学科》中说："如果要从学科定位的角度对学术史进行学科归类的话，可以从三个方面考虑（即从三个方面做出假设）：一是将其归于'历史学'（作为一级学科的'历史学'其所属的学科门类亦称'历史学'）内的'专门史'这个二级学科，那就可以将其作为'专门史'这个二级学科下属的一个三级学科来看待；二是在'历史学'这个一级学科内将'学术史'增设为一个独立的二级学科，假如这样设定的话，'学术史'就成了和'专门史'相并列的二级学科；三是考虑到其涉及的范围甚广，从经验的角度可以将其划归入'社会科学总论'类，中国人民大学书报资料中心主办的'复印报刊资料'系列专题刊物中，有一种刊物名为《社会科学总论》，不少当代学术史研究方面的重要论文都被该刊选入。只是这'社会科学总论'没有其能对应从属的一级学科，它似乎与人文社会科学的所有一级学科都相联系。总之，在这个问题上还可进一步探讨。"上面是笔者三年多前关于"学术史"的学科定位所做的初步分析，今天关于这一问题也仍然处在探索的过程中。

我们再看"当代"这个要素。"当代"作为"学术史"前面的一个限定词，是一个时间概念，具体说是指 1949 年中华人民共和国成立至今。当然 1949 年只是一个大致的时间界限，因为学术的发展往往表现出连贯性，"当代"与此前的"现代"乃至更早的近代之间有着多方面的承续性。由上述简要分析可见，"当代学术史"有一个时间上的大致起点，但暂时还不能确定时间上的止点，其还是处在动态的、开放的发展过程中。

当代学术史研究的主要内容也需要做出辨析和概括。笔者以为，大致说来，当代学术史研究主要包括如下四个方面的内容。一是关于宏观的学术史的研究。包括对当代某个时期、某个时段或整个当代阶段的重要学术活动、学术思潮、学术争鸣、学术流变、学术发展、学术成果、学术积累、学术影响、未来的学术走向等整体、系统的综合性研究。如关于 20 世纪 50 年代前期新的学术范式的确立的研究，关于 20 世纪 50 年代对各种学术思潮的批判与斗争的研究，关于"文革"期间政治对学术的干扰、遏抑甚至扼杀的研究，关于新时期改革开放、思想解放对新时期学术发展产生的巨大影响的研究，关于新时期西方学术思潮引进历程及影响的研究，关于新时期学术规范讨论与建设的整体研究，关于新时期反对学术腐败的综合研究，关于新时期学术评价问题的研究，关于新时期"科研项目制"及其对学术发展影响的研究；当然也包括"中国当代学术发展史""中国新时期学术发展史"这样更为宏观、宏大的研究题目，等等。二是关于学科史的研究。比如当代社会学学科史、当代马克思主义哲学学科史、当代史学史、当代文艺学研究史、当代自然辩证法研究史、当代鲁迅学史、当代红学史等。学科史研究既可以是关于当代某个一级学科发展的研究，也可以是关于当代某个二级学科发展的研究，还可以是关于当代某个三级学科（具体学科方向）的研究。三是关于学者个案的研究。学者个案研究是当代学术史研究中的重要组成部分。如关于胡乔木、郭沫若、胡绳、冯友兰、朱光潜、杨晦、刘大杰、齐思和、周谷城、周扬、周一良、陈寅恪、钱钟书、季羡林、任继愈、李泽厚、汤一介、陈鼓应、叶朗、刘纲纪、陈平原、吴福辉、洪子诚等当代知名学者的研究。四是学术评论，或称学术批评。学术评论有点类似于文学评论，主要是针对当下的学术动态、学术现象展开分析、研究和评论，学术评论往往既有对正面现象的褒扬，也有对负面现象的剖析和批评。基于上述的分析，我们认为，我们把"当代学术史研究"界定为研究当代学术的发展，即关于当代学术研究的学术研究，是完全能够成立的。

发挥学术刊物编辑的自主性组稿

我认为，学术刊物编辑的自主性就是作为学术刊物编辑的自觉性，就是能自己把握自己、自己主宰自己，就是能独立思考、实事求是，一切为了客观真相，一切为了追求真理，绝对不会盲从，绝对不会迷信，绝对不会被流俗和时风牵着鼻子走。我在《"学术刊物编辑的自主性研讨会"发言选登·引言》中说："怎样做到具有学术刊物编辑的自主性。我以为，从根本上来说就是，学术刊物的编辑一方面要对抗流俗、时髦；另一方面，要主动关注时代、社会和学界发展动态，要主动和作者、读者联系、沟通、互动。"具体来说，我认为如下几方面是值得我们特别注意的。"首先，学术刊物编辑要坚持从学术立场、从学者立场出发办刊。作为学术刊物编辑应该在整个办刊过程中坚持学术的独立和尊严。真正的学术研究就是发现规律，追求真理。这种追求真理的学术立场是从根本上符合国家和人民利益的，是有利于社会发展和前进的。""其次，学术刊物编辑要在栏目设置方面做出特色。现在的学术刊物以综合性期刊居多，刊物栏目往往按学科设置，容易出现'千刊一面'的现象。一个学术刊物要形成自己的独特面貌和风格，在当前的情况下，设立特色栏目是一个重要的途径。""再次，学术刊物编辑要在选题方面做出探索。学术刊物编发稿件不能'望天收'，而要发挥自己的主动性、创造性，根据社会和学术发展的需要，自主提出专题讨论的选题，主动约稿、组稿。""其四，学术刊物编辑要在单篇论文的约稿方面发挥积极性、主动性。"① 在编辑《当代学术史研究》栏目的过程中，如何发挥学术刊物编辑的自主性，我们注意要从下面三个方面做出努力。

首先是研究方法的自觉。在开展"当代学术史研究"的过程中，我们从研究对象和自身的研究力量等方面的实际情况出发，自觉采用"以问题为中心"的研究方法。我们清醒地认识到，当代学术正处在动态的发展、变化、行进中，在目前情况下如果我们想要对整个当代学术发展做全面、系统的研究，进而写出一部有关当代学术发展的"通史"性的著作来，暂时还不具备条件，所以至今我们没有提出过要写"中国当代学术通史"的说法。但我们认为，我们可以先研究当代学术发展过程中的一些重要时段、重要争鸣、重要现象、重要问题、重要成果，这就是"以问题为中心"的研究。

那么，如何对当代学术史具体实施"以问题为中心"的研究呢？我们在具体实施中特别重要的一点，就是采用每年举办一次专题论坛（专题学术研讨会，每个研讨的专题都是一个重要的问题）的方式进行。从 2004 年开始，我刊每年举办一次有关当代学术史研究的专题论坛，每次集中讨论当代学术发展中的一个比较重要的问题，至今已经连续举办了 11 次。每次论坛我们都邀请重要学术单位（高校、社科联、社科院、重要媒体等）的知名学者参加。为方便不同地区的知名学者参加论坛，各次论坛我们都选择在不同的地方举行。下面我们依时间顺序对各次论坛做简要叙述。2004 年 5

---

① 余三定：《"学术刊物编辑的自主性研讨会"发言选登·引言》，《长沙大学学报》2012 年第 3 期。

月，在岳阳（湖南理工学院）举办了"学术期刊发展战略研讨会"，来自北京大学、中国社会科学院、南京大学、上海社会科学院、安徽省社科联、河北省社科联、湖南理工学院等学术单位的近 20 位学者参加，会上签署了《岳阳宣言——遵守学术规范、推动学术发展》；2005 年 6 月，在北京大学举办了"'当代学术史学科建设'研讨会"，来自北京大学、中国社会科学院、清华大学、教育部、光明日报社、中国教育报社、南京大学、上海社会科学院、安徽省社科联、河北省社科联、湖南理工学院等学术单位的近 30 位学者参加，会上提出要把"当代学术史"作为一门学科来研究和建设；2006 年 5 月，在中国社科院举办了"当代学术史研究论坛"，来自北京大学、中国社会科学院、清华大学、北京理工大学、光明日报社、中国教育报社、中国作家协会、《中国社会科学文摘》、南京大学、中山大学、上海社会科学院、安徽省社科联、河北省社科联、湖南理工学院等学术单位的近 30 位学者参加，该次论坛列出了当代学术发展中（也可以说是当代学术发展史上）10 个需要讨论的重要问题（此后的各次论坛大致是每次讨论其中的一个问题）；2007 年 5 月，在上海（与上海社会科学院联合）举办了"当代高等教育与当代学术发展论坛"（该次论坛讨论的主题是 2006 年在中国社科院"当代学术史研究论坛"中提出的重要问题之一），来自北京大学、中国社会科学院、南京大学、中山大学、《高校文科学术文摘》、复旦大学、华东师范大学、上海大学、上海师范大学、华东政法大学、上海政法学院、上海社会科学院、上海社联、安徽省社科联、河北省社科联、湖南理工学院等学术单位的 30 多位学者参加；2008 年 5 月，在广州（与《中山大学学报》联合）举办了"改革开放 30 年学术史研讨会"（这是为庆祝改革开放 30 年而举办的带有宏观性的当代学术史研讨会），来自北京大学、中国社会科学院、《新华文摘》、《高校文科学术文摘》、复旦大学、上海大学、上海社会科学院、南京大学、安徽省社科联、河北省社科联、中山大学、华南师范大学、暨南大学、广东省社科院、广东省社科联、湖南理工学院等学术单位的 40 多位学者参加；2009 年 5 月，在清华大学举办了"中国当代学术与传统学术论坛"（这次论坛讨论的主题亦是 2006 年在中国社科院"当代学术史研究论坛"中提出的重要问题之一），来自清华大学、北京大学、《人民日报》、中国社会科学院、全国社科规划办、中国作家协会、中国教育报社、南京大学、《高校文科学术文摘》、复旦大学、上海大学、上海社会科学院、安徽省社科联、河北省社科联、中山大学、华南师范大学、湖南理工学院等学术单位的 40 多位学者参加；2010 年 6 月，在天津（与《南开大学学报》联合）举办了"知名学府与当代学术发展论坛"，来自南开大学、天津大学、天津师范大学、天津外国语大学、天津社会科学院、天津市作家协会、北京大学、中国社会科学院、全国社科规划办、《人民日报》、《人民政协报》、南京大学、《高校文科学术文摘》、复旦大学、上海大学、安徽省社科联、河北省社科联、中山大学、华南师范大学、湖南理工学院等学术单位的 40 多位学者参加；2011 年 6 月，在合肥（与《学术界》联合）举办了"学术大师与当代学术发展论坛"，来自安徽省社科联、安徽省社科院、安徽大学、北京大学、《人民日报》、中国社会科学院、全国社科规划办、中国人民大学、山东大学、南京大学、《高校文科学术文摘》、复旦大学、上海大学、河北省社科联、中山大学、华南师范大学、湖南理工学院等学术单位的 40 多位学者参加；2012 年 5 月，在石家庄（与《社会科学论坛》联合）举办了"学术管理与当代学术发展论坛"，来自河北省社科联、河北省社科院、河北大学、河北师范大学、河北广播电视大学、北京大学、中国社会科学院、《人民日报》、中央党校、中国文联、全国社科规划办、南京大学、《高校文科学术文摘》、复旦大学、上海大学、天津师范大学、中山大学、华南师范大学、湖南理工学院等学术单位的 40 多位学者参加；2013 年 6 月，在武汉（与《华中师范大学学报》联合）举办了"学术评价与当代学术发展论坛"，来自湖北省社科联、湖北省社科院、华中科技大学、武汉大学、华中师范大学、湖北大学、中国地质大学、中南民族大学、北京大学、清华大学、中国社会科学院、中央党校、中国文联、全国社科规划办、乔治福克斯大学（美国）、《北京日报》、南京大学、《高校文科学术文摘》、复旦大学、上海大学、河北省社科联、中山大学、华南师范大学、河南大学、湖南理工学院等学术单位的 50 多位学者参加；2014 年 5 月，在上海（与《上海大学学报》联合）举办了"科研项目与当代学术发展论坛"，来自上海社联、上海社院、上海大学、华东师范大学、上海师范大学、同济大学、华东政法大学、《高校文科学术文摘》、上海建为集团、北京大学、清华大学、中国社会科学院、《人民日报》、中国文联、中国作协、全国社科规划办、《北京日报》、南京大学、中山大学、湖南理工学院等学术单位的 50 多位学者参加，会上与会部分学者签署了《上海共识——改革科研项目管理，推进当代学术发展》。

从上述列出的各次论坛的主题可以看出，我们每次论坛所选择的研讨主题都是当代学术发展中的重要问题。在各次论坛举行之前，我们在多方面征求学界人士意见的基础上确定主题。主题确定后，我们还会列出与主题相关的具体的"讨论参考题目"（最多的一次列出了 10 个讨论题目，最少的一次列出了 6 个讨论题目），如 2014 年 5 月在上海举办的"科研项目与当代学术发展论坛"，我们就列出了如下 6 个"讨论参考题目"：科研项目的基本特点、种类和在新时期的发展过程；当今科研项目对当代学术风气、学术发展的正面推动作用；当今科研项目对当代学术风气、学术发展的负面影响；科研项目的评价机制分析；如何改进科研项目的管理机制；关于《当代学术史研究》栏目的评论和建议。我们每次都尽可能早地将研讨主题及讨论参考题目告知应邀与会学者，让应邀与会学者提前做好研讨发言准备。在论坛举行时，应邀参加论坛的学者都能围绕主题认真研讨，畅所欲言，讲出自己的真实看法和见解，绝对不讲空话、套话。每次论坛结束后，我们会以最快的速度在当年的《云梦学刊》第 4 期（每年的 7 月 15 日出版）《当代学术史研究》栏目开辟专辑，刊登参加论坛的学者的发言稿及开幕式、闭幕式的"录音剪辑"。《云梦学刊》每年第 4 期《当代学术史研究》栏目的论坛专辑都引起了较好的社会反响，每次都会被重要文摘刊物转载和转摘，其中中国人民大学"报刊复印资料"《社会科学总论》最多的一次同时转载了 8 篇文章，《新华文摘》《中国社会科学文摘》最多的一次都同时转载了 3 篇文章，《高校文科学术文摘》也先后转载过多篇文章。论坛结束后，《人民日报》《光明日报》《中国教育报》《中国社会科学报》《人民政协报》《中国艺术报》《北京日报》《社会科学报》《高校文科学术文摘》《学术界》《社会科学论坛》等重要媒体都发表过多次专题报道。其中《人民日报》自 2010 年以来连续 5 年在"理论·学术"版发表专题报道（例如《人民日报》2014 年 7 月 18 日"理论·学术"版发表的该报记者李林宝撰写的关于我刊上海论坛专题报道，题为《学术评价应突出创新性——"科研项目与当代学术发展论坛"述要》），上海的《社会科学报》版面最大的一次用了第 1 版的上半版和第 2、第 3 两个整版刊登专题报道、摘登发言。

努力发挥学术刊物编辑的自主性，除了上述的每年组织一次专题论坛外，在单篇论文的约稿方面，我们也一直采取积极主动的态度。我们先后约到了任继愈、张岂之、陈平原、杨义、刘纲纪、王先霈、李剑鸣、黄颂杰、陈洪、程郁缀、陈跃红、张耀铭、许明、蒋寅、董乃斌、吴承学等数十位知名学者的论文发表在《当代学术史研究》栏目上。任继愈的论文在《当代学术史研究》栏目发表后，他还专门写信致谢。我曾先通过写信的方式向李学勤约稿，后登门约稿，他当时答应一定写稿，后来因为太忙未能给我刊写稿，但他在电话里对《当代学术史研究》栏目提出了很好的看法和建议。陈平原对《当代学术史研究》栏目给予了大力支持（为《当代学术史研究》栏目，我和他联系甚多）。陈平原不仅多次为《云梦学刊》的《当代学术史研究》栏目撰稿，参加《云梦学刊》围绕"当代学术史研究"举办的论坛，还先后四次组织他与夏晓虹指导的博士生们进行专题研讨（每次选择一个主题组织 6~8 篇文章一同发表于《云梦学刊》的《当代学术史研究》栏目上）。《当代学术史研究》已引起了在读研究生特别是博士生的关注和参与，《北京大学研究生学志》已连续 5 年在其每年的最后一期刊登《云梦学刊》的《当代学术史研究》栏目当年的总目录。《云梦学刊》的《当代学术史研究》栏目几乎每一期都会刊登由博士生撰写的水平较高的相关专题论文。《云梦学刊》的《当代学术史研究》栏目是完全开放的学术界的公共平台，这些年发表的论文外稿占到 95% 以上，其中主要是北京大学、清华大学、中国社科院、上海社科院、复旦大学、中山大学、南京大学、武汉大学、上海大学、华中师范大学等学术单位知名学者的来稿。

围绕栏目建设编辑出版专题论文集，是我们努力发挥学术刊物编辑自主性的第三个表现。我们先后编辑出版了两部《当代学术史研究》栏目的专题论文集。2008 年，我和《云梦学刊》的几位编辑在众多作者的支持下，将 2004~2007 年发表在《当代学术史研究》栏目的文章精选出三分之一，编成《当代学术史研究》（全书计 670 千字），并由人民出版社出版（2009）。2011 年，我和《云梦学刊》的几位编辑又在众多作者的支持下，将 2004~2011 年（计 8 年）发表在《云梦学刊》每年第 4 期《当代学术史研究》栏目的论坛专辑全部文本（包括参加论坛学者的发言稿及开幕式、闭幕式的"录音剪辑"）汇编成集，取书名为《当代学术史研究八年论坛》（全书计 670 千字），并由南京大学出版社出版（2012）。在《当代学术史研究八年论坛》中，我们还选登了 8 次论坛的彩色照片。以上两书出版后，《人民日报》《光明日报》《中华读书报》《中国教育报》《中国社会科学报》《人民政协报》《北京日报》《学术界》《社会科学论坛》《东方论坛》《湖南科技学院学报》等 10 多家重要媒体发表了书评。此外，我们编辑部还编辑出版了当代学者个案研究的文集《何光岳研究》（团结出版社，2008）。

编辑、科研、教学三者良性互动

笔者认为，科研、教学是高等学校教师的主要任务，因此高等学校学报的主编（包括编辑）在做编辑工作的时候，要将编辑工作与科研、教学工作有机结合起来，使三者互相促进，良性互动。

正是基于个人认定的当代人文学者的学术研究一定要有时代性、现实性的价值观和高等学校学报的主编（包括编辑）要努力将编辑工作与科研、教学工作有机结合起来的理念，从 20 世纪 90 年代初开始，我的主要研究方向除了原来的文艺学（包括文学评论等）外，增加了当代学术史，先后在《人民日报》《光明日报》《中国社会科学报》《人民政协报》《中国教育报》《文艺报》《中国艺术报》《北京日报》《社会科学报》《北京大学学报》《复旦学报》《中山大学学报》《学术界》《社会科学论坛》《云梦学刊》等发表了近百篇有关当代学术史研究和当代学术评论的论文，其中较有影响的有《新时期学术发展的回瞻与展望》① 《量的扩张与质的提升——读〈新华文摘〉改版后的前八期》② 《论高校学报的特色栏目》③ 《当代学术史著作评述》④ 《新时期学术规范讨论的历时性评述》⑤ 《学术史："研究之研究"》⑥ 《从学者自述类图书看学术大师的风采与神情》⑦ 《关于我国研究生教育问题讨论的评述》⑧ 《关于整治学术腐败讨论的评述》⑨ 《故宫学：故宫研究的新

---

① 原载《光明日报》2004 年 2 月 24 日，《新华文摘》2004 年第 10 期、《中国社会科学文摘》2004 年第 3 期分别做论点摘编，《高校文科学术文摘》2004 年第 3 期、中国人民大学"复印报刊资料"《社会科学总论》2004 年第 2 期分别予以转载。

② 原载《文艺报》2004 年 5 月 15 日，《新华文摘》2004 年第 13 期转载。

③ 原载《云梦学刊》2004 年第 4 期，中国人民大学"复印报刊资料"《社会科学总论》2004 年第 3 期转载，《北京大学学报》2004 年第 5 期摘要。

④ 原载《学术界》2004 年第 6 期，中国人民大学"复印报刊资料"《社会科学总论》2005 年第 1 期转载。

⑤ 原载《云梦学刊》2005 年第 1 期，《新华文摘》2005 年第 6 期、《高校文科学术文摘》2005 年第 2 期、中国人民大学"复印报刊资料"《社会科学总论》2005 年第 2 期转载。

⑥ 原载《北京大学学报》2005 年第 5 期。

⑦ 原载《中国教育报》2006 年 6 月 29 日，《新华文摘》2006 年第 18 期转载。

⑧ 原载《云梦学刊》2007 年第 2 期，《新华文摘》2007 年第 12 期、《高校文科学术文摘》2007 年第 3 期、中国人民大学"复印报刊资料"《高等教育》2007 年第 5 期同时转载。

⑨ 原载《云梦学刊》2008 年第 2 期，《高校文科学术文摘》2008 年第 3 期转载。

阶段》①《我的快乐读书观》②《接续断裂·空前繁荣·追求深化——回眸中国新时期 30 年学术发展》③《岂能"只认衣裳不认人"——"CSSCI"风波引发的思考》④《当代学术史研究：新兴的学科》⑤《反思当今学术管理与学术发展的若干关系》⑥《关于当今学术管理所存在问题讨论的评述》⑦《做学问莫"买椟还珠"》⑧《藏宝不若藏书》⑨。我关于当代学术史研究的论文总计有 9 篇被《新华文摘》转载，还有十几篇被《新华文摘》做论点摘编。

当代著名学者的个案研究，也是我用力甚勤的一个方面。自 20 世纪 80 年代后期以来，我先后撰写、发表了有关胡绳、叶朗、陈鼓应、陈平原、温儒敏、王富仁、罗成琰、李元洛、王一川、郑欣淼、董京泉、刘纲纪、王先霈、万俊人、易竹贤、张玉能等近 20 位学者的专题研究论文。上述论文约有一半发表在《云梦学刊》的《当代学术史研究》栏目，另外一半则分别发表在《学术界》《文艺报》《创作与评论》等报刊，其中有一篇为《中国社会科学文摘》转载，有多篇为中国人民大学"复印报刊资料"的不同专题转载，还有多篇为《新华文摘》《中国社会科学文摘》《高校文科学术文摘》《光明日报》《文摘报》等摘登论点。

在当代学术史研究方面，我先后出版了《学术的自觉与学者的自立：当代学者研究》（华中师范大学出版社，1998）、《许诺纪念文集》（人民日报出版社，2002，这是一部当代学者个案研究的文集）、《新时期学术发展的回瞻》（北京大学出版社，2005）、《中国新时期学术热点研究》（北京大学出版社，2012）等相关著作，前述的《当代学术史研究》《当代学术史研究八年论坛》两书均由笔者担任主编。上述各书出版后在学术界引起了较为强烈的反响。《中国新时期学术热点研究》出版后，20 多家重要学术媒体都发表了书评。其中《人民日报》（2013 年 4 月 25 日）发表了余晶的

① 原载《学术界》2009 年第 1 期，《中国社会科学文摘》2009 年第 7 期转载。
② 原载《云梦学刊》2009 年第 2 期，《新华文摘》2009 年第 11 期转载，《书摘》2009 年第 8 期、《教育文汇》2009 年第 8 期等转载。
③ 原载《复旦学报》2009 年第 4 期，《高校文科学术文摘》2009 年第 5 期转载。
④ 原载《人民日报》2010 年 7 月 30 日，《新华文摘》2010 年第 21 期转载。
⑤ 原载《中山大学学报》2011 年第 2 期，《新华文摘》2011 年第 3 期转载。
⑥ 原载《云梦学刊》2012 年第 4 期，《新华文摘》2012 年第 21 期转载。
⑦ 原载《云梦学刊》2013 年第 3 期，中国人民大学"复印报刊资料"《社会科学总论》2013 年第 3 期转载。
⑧ 原载《人民日报》2013 年 4 月 16 日，《高校文科学术文摘》2013 年第 5 期转载。
⑨ 原载《人民日报》2014 年 1 月 21 日，《新华文摘》2014 年第 7 期转载。

《〈中国新时期学术热点研究〉简评》。该书评指出"该书具有以下特点"。首先，"关注新时期重大学术热点问题。进入改革开放新时期以来，我国学术研究不断取得新进展。对其中的重大学术热点问题进行梳理和评析，是对新时期学术发展进行系统研究的基础环节和重要方面。该书瞄准新时期学术热点，对学术规范、学术评价、学术大师、研究生教育、反对学术腐败、中学语文教材编写等问题进行了较为系统的梳理。力求客观反映新时期学术热点的整体面貌"。其次，"该书注重从总体上进行当代中国学术史研究，不仅做了大量的资料查阅和文献整理工作，而且对这些资料和文献进行了深入的甄别和评述。比如，该书第四章'关于学术评价的讨论'中关于学术评价的界定、学术评价的基本内容、改进学术评价的建议等，资料翔实、论述全面，注意兼顾各方观点"。最后，"提出了一些当代学术史研究的新观点。比如，该书对改革开放30多年学术发展的轨迹进行梳理和界定，将其划分为三个时段：第一时段为1978年至上世纪80年代中期，特点是'接续断裂，学术研究全面复苏'；第二时段为上世纪80年代中期至90年代后期，特点是'空前繁荣，学术成就硕果累累'；第三时段为上世纪90年代后期至今，特点是'追求深化，学术事业在反对浮华中向前推进'。这些观点，有助于人们更好地把握当代中国学术史分期及各自特点"。我还注意组建当代学术史研究方面的学术团队。由我担任首席专家的湖南省社会科学研究基地"中国当代学术史研究基地"于2007年1月获得批准（该基地在评估检查上多次被评为优秀基地）。我以此为平台组织了一支由多人组成、多学科方向结合的中国当代学术史研究团队。

我还将当代学术史研究的成果引人高校课堂。10多年来，我与钟兴永、李灿朝、朱平珍等同仁连续在湖南理工学院中文系本科生和湖南师范大学文艺学硕士研究生中开设了"当代学术史"课程。该课程于2006年6月被确定为湖南普通高校省级精品课程。我们的教改项目"'当代学术史'课程的创设与建构"于2007年1月获湖南省高等教育省级教学成果三等奖。因此，《人民政协报》《社会科学论坛》《高教研究参考》等报刊先后以"研究、编辑、教学三者良性互动"为标题刊登了对我的访谈录。2012年下学期，在我给湖南师范大学2011级文艺学硕士研究生讲授完"当代学术史"课程后，湖南师范大学研究生处主办的报纸《研究生在线》（2012年11月3日）以整版篇幅发表了《坐而论道 起而行之——湖南师大2011级文艺学硕士研究生与余三定教授对谈录》（整理：杨水远），并配发了照片。

结束语

在结束这篇文字的时候，我要告知一个情况：《云梦学刊》的《当代学术史研究》栏目于 2014 年上半年入选教育部第三批"名栏工程"。教育部第三批"名栏工程"是 2014 年 1 月 6 日开始公示，2 月 25 日正式公布①，共有 25 家学报主办的 25 个栏目入选。2014 年 6 月 26 日，教育部高校哲学社会科学第三批名栏建设座谈会在教育部召开，会议由教育部社会科学司出版管理处调研员田敬诚主持，教育部社会科学司张东刚司长与 25 家入选"名栏工程"的学报主办单位的主管校领导签署了《教育部高校哲学社会科学名栏建设协议书》（以下简称《协议书》），我作为我们学校分管学报的校领导（我与《云梦学刊》是三重关系，即分管校领导、主编、栏目责任编辑）在《协议书》上签字后，委托《云梦学刊》副主编钟兴永呈交张东刚司长。我们有充分的自信，《云梦学刊》的《当代学术史研究》栏目未来一定会越办越好。

（原载《社会科学论坛》2016 年第 7 期）

---

① 参见教育部办公厅《关于公布教育部高校哲学社会科学学报名栏建设第三批入选栏目名单的通知》教社科厅函［2014］4 号。

第三部分　学人访谈

学者风范与学人本色

——陈平原教授访谈

余三定：我对您的学术研究一直比较关注，十多年前我曾写过一篇一万多字的文章，题目是《博取杂用　守旧出新——陈平原教授治学述略》，拙文对您早期的文学研究（其中的重点是中国现代文学研究）成就做了初步的梳理。我注意到，此后您的学术视野和研究范围已完全超越单纯的文学领域而进入多个重要领域，比如您对现代中国学术史、现代中国教育史特别是现当代中国大学教育以及当代（当下）的重要学术现象和文化现象等的研究，都取得了令人瞩目、影响巨大的成就。因此我以为，如果简单地称您为文学学者或文艺理论家的话并不全面，准确地说应该称您为"人文学者"。而且我以为，称您为"人文学者"，不仅是说您的研究视野开阔、研究范围宽广，更重要的是说您具有真诚的人文情怀。您曾提出过保持"学者的人间情怀"的观点，希望您能给予简略解说。

陈平原：从政或议政的知识者的命运，并非我关注的重心。我常想的是，选择"述学"的知识者，如何既保持其人间情怀，又发挥其专业特长。我的想法说来很简单，首先是为学术而学术，其次是保持人间情怀——前者是学者风范，后者是学人（从事学术研究的公民）本色。两者并行不悖，又不能互相混淆。这里有几个假设：第一，在实际生活中，有可能做到学术归学术，政治归政治；第二，作为学者，可以关心也可以不关心政治；第三，学者之关心政治，主要体现一种人间情怀而不是社会责任。相对来说，自然科学家和意识形态色彩不太明显的学科的专家，比较容易做到这一点，比如物理学家爱因斯坦和语言学家乔姆斯基都是既述学又议政，两者各自独立，互不相扰，可人文学者和社会科学家就比较难以做到这一点。不过，述学和议政，二者在价值取向和思维方式上有很大区别，这点还是分辨得清的。如 20 世纪 20 年代初，鲁迅在写作《热风》《呐喊》的同时，撰写《中国小说史略》。前两者主要表现作者的政治倾向和人间情怀（当然还有艺术感觉），后者则力图保持学术研究的冷静客观。从《小说史大略》到《中国小说史略》，一个突出的变化就是删去其中情绪化的表述，如批判清代的讽刺小说"嬉皮笑骂之情多，而共同忏悔之心少，文意不真挚，感人之力亦遂微矣"。熟悉鲁迅那一阶段的思想和创作的读者，都明白"共同忏悔"是那时鲁迅小说、杂文的一个关注点，可引入小说史著作则显得不大妥当。因中国历来缺少"忏悔录"，那么怎么能苛求清代讽刺小说。再说讽刺小说作为一种小说类型，本就很难表现"忏悔"。鲁迅将初稿中此类贴近现实思考的议论删去，表明他尊重"述学"与"议政"的区别。

余三定：您上面主要以鲁迅为例来客观地有力地阐述了作为真正学者保持"人间情怀"的重要性和必要性，我想进一步询问的是，您个人在这方面的向往和追求是怎样的？

陈平原：我个人更倾向于在从事学术研究的同时，保持一种人间情怀。我不谈学者的"社会责任"或"政治意识"，而谈"人间情怀"，主要基于如下考虑。首先，作为学者，对现实政治斗争采取关注而非直接介入的态度。这并非过分爱惜自己的羽毛，而是承认政治运作的复杂性。说白了，不是去当"国师"，不是"不出如苍生何"，不是因为真有治国方略才议政，而只是"有情""不忍"，基于道德良心不能不开口。这点跟传统士大夫不一样，在社会政治生活中，并不自居"中心位置"，不像《孟子》中公孙衍、张仪那样，"一怒而诸侯惧，安居而天下息"。读书人倘若过高估计自己在政治生活中的位置，除非不问政，否则开口即露导师心态，那很容易流于为抗议而抗议，或者"语不惊人死不休"。其次，万一我议政，那也只不过是保持古代读书人"以天下为己任"的精神，是道德自我完善的需要，而不是社会交给的"责任"。也许我没有独立的见解，为了这"责任"我得编出一套自己也不大相信的政治纲领；也许我不想介入某一政治活动，为了这"责任"我不能坐视不管……如此冠冕堂皇的"社会责任"，实在误人误己。那种以"社会的良心""大众的代言人"自居的读书人，我以为近乎自作多情。带着这种信念谈政治，老期待着"登高一呼，应者景从"的社会效果，最终只能被群众情绪所裹挟。最后，"明星学者"的专业特长在政治活动中往往毫无用处——这是两种不同的游戏，没必要硬给自己戴高帽。因此，读书人应学会在社会生活中作为普通人凭良知和道德"表态",而不过分追求"发言"的姿态和效果。若如是,则幸甚。

鲁迅常常是创造"新形式"的先锋

余三定:我注意到,您关于文学和文化乃至社会的研究总是自觉不自觉地联系到鲁迅,这大概是鲁迅既是文学巨人也是文化巨人,而您既研究文学也研究文化的原因吧。我至今清楚地记得,1993 年 5 月初在北大纪念"五四"的专题座谈会上(当时我在北大哲学系当访问学者),您的发言题目是《走出鲁迅时代》,大意是说我们至今还处在"鲁迅时代",因为鲁迅当年说的话至今仍富有生命力,鲁迅当年的许多观点我们还没有超越,所以您认为我们要用自己的努力(包括社会的、学术的)"走出鲁迅时代"。我知道您对文学的研究很重视研究范式的创新(比如您的《二十世纪中国小说史》第一卷就创造了一种新的小说史体例,它既不以具体的作家作品为中心,也不以借小说构建社会史为目的,而是自始至终围绕小说形式各个层面如文体、结构、风格、视角等的变化来展开论述。同时,抓住影响小说形式演变的重要文学现象,在韦勒克所称的"文学的内部研究"中引进文化和历史的因素,用您自己在该书《卷后语》的话说就是:"注重进程,消解大家。"又如您的《小说史:理论与实践》更是一部别开生面的著作,如果对它进行学术归类的话,可以说在它之前还没有过同类型的著作,它的研究对象、角度、重点、思路是全新的,它既非小说学的理论陈述,也非实证色彩浓厚的小说史专著,而是介于二者之间的一部关于小说史研究的专著,即是一部关于小说史理论或曰小说史学的专著)。与此同时,您对所研究的文学现象则很重视其文体的创新,希望您能以鲁迅为例谈谈对文体创新的看法。

陈平原:1933 年 3 月,鲁迅撰写日后被学界经常征引的《我怎么做起小说来》。作家如此坦率地自报家门,且所论大都切中肯綮,难怪研究者大喜过望。其中最受关注的,除了"说到'为什么'做小说罢,我仍抱着十多年前的'启蒙主义',以为必须是'为人生',而且要改良这人生",再就是关于"文体家"的自述:"我做完之后,总要看两遍,自己觉得拗口的,就增删几个字,一定要它读得顺口;没有适宜的白话,宁可引古语,希望总有人会懂,只有自己懂得或连自己也不懂的生造出来的字句,是不大用的。这一节,许多批评家之中,只有一个人看出来了,但他称我为 Stylist。"最早将鲁迅作为文体家（Stylist）来表彰的，当属黎锦明的《论体裁描写与中国新文艺》。可黎氏此文将 Stylist 译为体裁家，将"体裁的修养"与"描写的能力"分开论述，强调好的体裁必须配合好的描写，并从描写的角度批评伤感与溢恶、夸张与变形等。后者所涉及的本是文体学所要解决的难题，如今都划归了"描写"，那么所谓的"体裁"，已经不是 Style，而是 Gener——这从黎氏关于章回小说《儒林外史》的辨析中也不难看出。倒是鲁迅关于 Stylist 的解读，接近英文本身的含义。黎氏对 Stylist 的误读，其实很有代表性，因古代中国作为文章体式的"文体"，与西学东渐后引进的探究语言表达力的"文体"（Style），二者之间名同实异，但又不无相通处。直到今天，中国学界谈论文体，仍很少局限于语言表达，而往往兼及文类。如此半中不西或者说中西兼顾的批评术语，使我们得以将"Stylist"的命名，与"新形式"的论述相勾连。就在黎氏撰文的前几年，沈雁冰发表《读〈呐喊〉》，赞扬鲁迅在小说形式方面的创新：在中国新文坛上，鲁迅君常常是创造"新形式"的先锋，《呐喊》里的十多篇小说几乎一篇有一篇新形式，而这些新形式又莫不给青年作者以极大的影响，必然有多数人跟上去试验。鲁迅没有直接回应茅盾关于其小说"一篇有一篇新形式"的评述，但在《故事新编》的"序言"里，称此书"也还是速写居多，不足称为'文学概论'之所谓小说"，除顺手回敬成仿吾的批评外，也隐约可见其挑战常识、不以"文学概论"为写作圭臬的一贯思路。

余三定：希望您能具体谈谈鲁迅在文体创新方面的努力和成就。

陈平原：鲁迅本人的写作，同样以体式的特别著称，比如作为小说的《故事新编》，以及散文诗《野草》。《野草》最初连载于《语丝》时，是被视为散文的（虽然其中《我的失恋》标明"拟古的新打油诗"，《过客》则是剧本形式，可以直接转化为舞台演出）。等到鲁迅自己说，"有了小感触，就写些短文，夸大点说，就是散文诗"，大家这才恍然大悟，异口同声地谈论起散文诗来。鲁迅曾自嘲《朝花夕拾》乃是"从记忆中抄出来的"，"文体大概很杂乱"。其实，该书首尾贯通，一气呵成，无论体裁、语体还是风格，并不芜杂。要说文体上"很杂乱"的，应该是指此前此后出版的杂感集。《且介亭杂文》中的《忆韦素园君》《忆刘半农君》《阿金》等，乃地道的散文，可入《朝花夕拾》；《准风月谈》中的《夜颂》《秋夜纪游》则是很好的散文诗，可入《野草》。至于《门外文谈》，笔调是杂文的，结构上却近乎著作。文章体式不够统一，或者说不太理会时人所设定的各种文类及文体边界，此乃鲁迅著述的一大特征。轮到鲁迅为自家文章做鉴定，你会发现，他在"命名"时颇为踌躇。翻阅收入人民文学出版社 1981 年版《鲁迅全集》第四卷的《鲁迅著译书目》、第七卷的《自传》、第八卷的《鲁迅自传》和《自传》，其中提及短篇小说、散文诗、回忆记、纂辑以及译作、著述等，态度都很坚决；但在如何区分"论文"和"短评"的问题上，则始终拿不定主意。称《坟》为"论文集"，以便与《热风》以降的"短评"相区别，其实有些勉强。原刊《河南》的《人之历史》等四文，确系一般人想象中的"论文"；可《看镜有感》、《春末闲谈》、《灯下漫笔》以及《杂忆》等，从题目到笔法，均类似日后声名显赫的"杂感"。将《坟》的"前言""后记"对照阅读，会觉得很有意思。后者称，"在听到我的杂文已经印成一半的消息的时候"——显然当初鲁迅是将此书作为"杂文"看待，而不像日后那样将其断为"论文集"；前者则干脆直面此书体例上的不统一，"将这些体式上截然不同的东西"合在一起，只是一般意义上的文章结集，并没有什么冠冕堂皇的理由。反过来，鲁迅在日后出版众多"杂感集"，其中不难找到"违规者"。在《二心集》的"序言"中，鲁迅称，"此后也不想再编《坟》那样的论文集，和《壁下译丛》那样的译文集"，于是百无禁忌，在这回"杂文的结集"里，连朋友间的通信"也擅自一并编进去了"。其实，不只是朋友间的通信，《二心集》里，除作为主体的杂感外，既有论文（如《硬译与文学的阶级性》）、演讲（如《上海文艺之一瞥》）、传记（如《柔石小传》），也有译文（如《现代电影与有产阶级》）、答问（如《答北斗杂志问》）、序跋（如《〈艺术论〉译本序》）等，几乎无所不包。同样以说理而不是叙事、抒情为主要目标，"论文"与"杂文"的边界，其实并非不可逾越。鲁迅不愿把这一可以约略感知但又很难准确描述的"边界"绝对化，于是采用"编年文集"的办法，避免因过分清晰的分类而割裂思想或文章。对于像鲁迅这样因追求体式新颖而经常跨越文类边界的作家来说，这不失为一种有效的创举。在《〈且介亭杂文〉序言》里，鲁迅进一步阐释"分类"与"编年"两种结集方式各自的利弊，强调"分类有益于揣摩文章，编年有利于明白时势"。"只按作成的年月，不管文体，各种都夹在一处，于是成了'杂'"——如此纵论"古已有之"的"杂文"，恰好与《〈坟〉题记》的立意相通。也就是说，鲁迅谈"杂文"，有时指的是"不管文体"的文章结集方式，有时讲的又是日渐"侵入高尚的文学楼台去的"独立文类。

关于新时期三十余年文化之变

余三定：对于新时期三十余年的改革开放的发展历程，您认为从文化变迁的视角该怎么看？您不久前曾发表过一篇文章——《何为/何谓"成功"的文化断裂——重新审读五四新文化运动》，听上去似乎有些矛盾。"断裂"和"成功"，是很难放在一起的。

陈平原：首先需要说明，我所理解的"文化断裂"，并非善恶美丑的价值判断，而只是一种历史描述，即社会生活、思想道德、文学艺术等处在一种激烈动荡的状态。这既不是一个褒义词，也不是一个贬义词。接下来，才有所谓"成功"或"失败"的文化断裂。改革开放之前，我们特别强调各种形式的"革命"；之后，我们改变了这种独尊革命的思维方式，近些年则更多强调历史发展的"连续性"。可我认为，即便是"和谐社会"，也并不像桃花坞年画描述的那样"一团和气"，照样有各种各样的矛盾。历史本来就是由"演进"与"嬗变"、"延续"与"转型"之互相缠绕构成的，有断裂也有连续，这才是一个完整的历史。把历史进程想象成"一路顺风"，那是很不现实的。而且，没有任何跌宕起伏的历史，实在太无趣。正是各种各样的断裂，造成在某种意义上的间隔或跃进，这才是我们所需要的历史。在这个意义上，我说五四新文化运动是一个"成功"的文化断裂。其实，在20世纪的中国历史上，有好多类似的"断裂"。比如，1898年的戊戌变法，1905年的摒弃科举，还有废除帝制、全面抗战等，在思想文化上都造成某种断裂。新中国成立，"文化大革命"爆发等，也是如此。我们今天为何纪念改革开放？不也是承认那是对"文革"历史的否定？今天这个"断裂"获得大家的认可，承认它是对十年"文革"的终结，代表一个新时代的开始。

余三定：怎样理解一个新时代的开始？

陈平原：每次断裂，都假定自己是一个新时代的创造者。至于是不是成功的，那需要后人以及历史来做评价。现在纪念它，是因为我们认定，三十年前的那一场"断裂"，对于中国人来说具有深远的历史意义，其思想及社会转型是成功的，所以，值得我们追怀、赞叹。

三十余年风雨兼程，取得很大成绩，确实值得我们停下脚步，仔细盘点其功过得失。毫无疑问，三十余年前开始的那场变革，彻底改变了我们的生活方式、文化现实以及精神状态。比如说，如果你关注文学艺术，你会记得，1985 年是个关键的年份。那时候，"文革"以后培养的大学生开始走上历史舞台，如文学创作、电影艺术、人文研究等，好些"新潮"都是在1985 年涌现出来的。经历过对西方文学、学术的热烈拥抱，到这个时候，我们逐渐找到一种属于自己的表达方式。因此，1985 年对于文学艺术、人文学术而言，绝对是个重要年头。至于经济史或社会学家，你肯定关注1992 年。因为，在邓小平"南方谈话"以后，我们重新确定了政治路线，强调市场经济的重要性。如果你关注的是大学教育，我提醒你注意 1998 年。以前我们的口号是"建设世界一流的社会主义大学"，北京大学在百年校庆期间，在起草文件时，建议去掉"社会主义"四个字。因为，北大早就是一流的社会主义大学了。这个建议被高层接纳，江泽民总书记在代表中共中央做的报告里面，做出"建设世界一流大学"的战略决策。这可不仅仅是几个字的差异，此后中国大学的发展方向与目标，发生了根本性的变化。选择不同的"关键年份"，意味着你谈论"三十年"时的观察点，蕴含着某种特定的立场与思路。所以，所谓首尾完整的"三十年"，其实是一个假定的论述框架，里面有很多缝隙，进入以后，每个人都有自己的阅读与阐释方式，这才可能呈现千差万别、五彩斑斓的"三十年"。

充分正视我国目前办大学的"误区"

余三定：我在前面提到，您近十多年来对现代中国教育史特别是现当代中国大学教育一直在进行锲而不舍的研究，发表了许多独特的、深刻的见解和观点。其中您关于办大学的"误区"的分析就非常尖锐而深刻，希望您能具体谈谈。

陈平原：我以为，大学的一大特点，在于"接地气"，无法像工厂那样，引进整套设备，即便顺利引进，组装起来后，也很容易出毛病。有感于此，对眼下铺天盖地的"国际化"论述，我颇为担忧。比如，以下几个口号，在我看来属于认识上的"误区"，有澄清的必要。第一个误区：办大学就是要"与国际接轨"。可国外著名的大学并非只有一个模式，那么到底要用哪个"轨"，怎么"接"？认真学习当然可以，也很应该，但"接轨说"误尽苍生。某大学校长主持汉学家大会，说"我们也要办一流的汉学系"。初听此言，啼笑皆非——本国语言文学研究和外国语言文学研究，岂能相提并论！不过，这位校长并不美丽的"误会"，倒是说出了一个可怕的事实：今天的中国大学，正亦步亦趋地复制美国大学的模样。举个例子，几乎所有的中国大学都在鼓励用英文发表论文，理科迷信 SCI，文科推崇 SSCI 或 A&HCI；在聘任教授时，格外看好欧美名牌大学出身的；至于教育行政官员，更是开口哈佛，闭口耶鲁。第二个误区：办大学就是要"强强联手"。据说要建"世界一流大学"，最佳途径就是强强联手。因为，各种数字一下子就上去了。幸亏还没把北大、清华合起来。大学合并，有好有坏，但"强强"很难"联手"；一定要"合"，必定留下很多后遗症。过多的内耗，导致合并后的"大大学"需要十年、二十年的时间来调整、消化。需要的话，强弱合并还可行。因为，大学需要有主导风格，若强强合并，凡事都争抢固然不好，凡事都谦让也不行。第三个误区：办大学就是要"取长补短"。办大学，确实不能关起门来称大王，要努力开拓视野，多方取经，既借鉴国外著名大学，也学习国内兄弟院校。只是因为有各种评估及排名，这个"取长补短"的过程，不知不觉演变成缺什么（专业）补什么（专业），最终导致自家特色的泯灭。不要说与国外名校相比，比起 20 世纪 30 年代的北大、师大、清华、燕京、辅仁、协和（仅以北京地区为例），今天的中国大学，大都过于"面目模糊"——各校之间的差别，仅仅在于"级别"、"规模"及"经费"。让人担忧的是，这个"整合"的大趋势还在继续。第四个误区：办大学就是要努力"适应市场需要"。学生选择专业，有其盲目性，这可以理解，更可怕的是政府缺乏远见。在我看来，无论请进来还是送出去，都应该考虑国家需要——凡市场能解决的，不要再锦上添花。每年都有留学生拿中国政府的奖学金，进就业前景好的商学院或法学院，这实在不应该。欧美也是这样。政府或大学的奖学金，不是用来奖励选择热门专业的，而是用来调节社会需求的。你学古希腊的哲学或文学，就业前景不太好，却是整个人类文明必不可少的，那我奖励你。同样道理，用国家经费送出去的留学生，也应该有专业方面的要求。第五个误区：办大学就是要多跟国外名校签合作协议。恕我直言，很多协议属于空头支票，签了一大堆，很快束之高阁。所有的"合作"，必须落实到院系才比较可靠，而其中最为实惠的是"互派学生"。但这有个前提，得有经济实力支撑。北大中文系颇为"矜持"，不轻易签此类双边协议：一是有自信，愿意保守自家根基，很不喜欢那些故意自贬以讨好外国教授的说法；二是若无奖学金，让学生自费到国外游学一年半载，贫穷子弟做不到，很容易引起同学间的攀比。

余三定：作为中文系教授，面对浩浩荡荡的留学大潮，您有何感想和看法？

陈平原：这些年，我不得不再三辩解：不同学科的"国际化"，其方向、途径及有效性，不可一概而论。自然科学全世界的评价标准接近，学者们都在追求诺贝尔物理学奖、化学奖；社会科学次一等，但学术趣味、理论模型以及研究方法等，也都比较趋同。最麻烦的是人文学，各有自己的一套，所有的论述都跟自家的历史文化传统，甚至"一方水土"有密切的联系，难以割舍。而人文学里面的文学专业，因对各自所使用的"语言"有很深的依赖性，应该是最难"接轨"的了。所以，文学研究者的"不接轨""有隔阂"，不一定就是我们的问题。非要向美国大学看齐，用人家的语言及评价标准来规范自家行为，即便经过一番励精图治，收获若干掌声，也得扪心自问：我们是否过于委曲求全，乃至丧失了自家立场与根基？

倡导并积极探索文学讨论课

余三定：我在 2007 年 1 月 16 日的《人民日报》读到过您的散文《"专任教授"的骄傲》，该文写道："2006 年，我总共获得了国家、教育部、北京市、专业学会以及北京大学颁发的 6 个奖；其中，最让我牵挂的，是级别最低的'北大十佳教师'。因为，其他的奖都是肯定我的专业研究，只有这个是表彰我的教书育人。作为大学教师，我更看重'传道授业解惑'。"就是说您十分乐意当一位"专任教授"，您确实也是北大特别受欢迎的"专任教授"。我记得 1992～1993 年我在北大哲学系当访问学者时，每周都去听您的课，从未间断，至今仍觉得是一种美好的享受。您特别提倡文学教学的讨论课，希望您具体谈谈讨论课。

陈平原：讨论课就是德、美两国大学之"Seminar"。简单地说，就是师生在一起讨论，而不是演讲课，任凭教授一个人唱独角戏。在演讲课上，教授妙语连珠，挥汗如雨，博得满堂掌声；学生不必怎么动脑筋，只是一个旁观者，闭着眼睛也能过关。讨论课则不一样，学生是课堂的主体，必须在教授的指挥、引导下，围绕相关论题，阅读文献，搜集资料，互相辩难，并最终完成研究报告。一个关注知识的传播，一个注重研究能力的培养，后者无疑更适应于研究生教学。可在很多大学里，教务部门担心老师们偷懒，要求教师一定要站在讲台上，对着几十名乃至上百名博士生、硕士生，哇啦哇啦地讲满两个小时。似乎只有这样，才是认真负责的。如此规章制度，把博士生当中学生教，把大学教授当公司职员管，效果很不好。

余三定：请您谈谈北京大学的讨论课。

陈平原：在北大，由于实行比较彻底的学分制，学生可以自由选课，加上好多慕名而来的其他大学的教师及研究生，著名教授为研究生开设的专题课，往往变成了系列演讲。对此，我深感不安。我在好些国外大学讲过课，没有像在北大这么风光的。教授是风光了，讲到得意处，掌声雷动。可我知道，这对学生的培养很不利。想改变这个状态，很难。不说别的，教室就设计成这个样子，椅子是固定的，你只能站在凸起的讲台上演讲，无法坐下来跟学生一起讨论。我不止一次说过，北大要想成为一流大学，先从一件小事做起，那就是彻底改变后勤部门决定教学方式的陈规。呼吁了好些年，最近才得到校方的允诺，在新建的教学楼里，预留众多可以上 Seminar 的小教室。最近十几年，类似的讨论课，我试验过好多次，效果都很好——尽管因转移教室，不太符合学校的要求。考虑到北大的特殊情况，我只好妥协，一学期演讲式的大课，一学期讨论班的小课。

（原载《文艺报》2012 年 11 月 28 日）

"中国现代文学"学科的建构

——温儒敏教授访谈

余三定：1992～1993 年，我在北京大学哲学系当访问学者，跟随叶朗教授学习、研究中国美学。当时我在北京大学除了做专题研究外，主要是在哲学系选修中国哲学和中国美学的有关课程，但同时也到中文系选听了少量课程，其中就包括您给本科生和研究生分别讲授的中国现代文学的相关课程。我当时对您讲课的印象，就是觉得既形象生动，又有深度和力度。此后至今，我一直比较注意您的学术研究，阅读过您的不少论文和多部著作。我的看法是，您这些年的中国现代文学研究似乎包括了三个层次（三个维度）：第一个层次关于中国现代文学自身的研究，如关于中国现代文学重要作家、重要作品、重要文学现象等方面的继续深入的研究；第二个层次是关于"中国现代文学"学科的研究和建构；第三个层次是关于"中国现代文学"学科史的研究。您在第一个层次的研究中虽然也取得了杰出的研究成就，但我个人认为，您在第二、第三层次的研究更具探索性和开创性。所以，我想请您先谈谈"中国现代文学"学科建构的有关问题，比如您曾提出要找回中国现代文学研究的"魂"的命题。

温儒敏：首先就是怎样做到既回归学术，又不脱离现实关怀，能积极回应社会的需求，参与当代文化建设。作为一种尚未完成的历史，现代文学研究天然地和现实保持着血肉的关联。在政治化的年代里，这种研究之所以能成为"显学"，它的动力就来自现实的召唤。社会思潮或政治运动每一波浪潮的掀起，都总是拍打现代文学的堤岸，催迫文学史家不断去追溯历史原点，梳理解析百年来的"革命传统"，为共和国的"修史"做注脚。这是历史的设定，自然是有得有失的。而现今的情况大变，人们告别了革命，也告别以往过分意识形态化的治史方式，竭力要回归学术"正途"。在 20 世纪最后十多年里，这种躲避现实风云回归学术的渴求是那样强烈。无论是"重写文学史"、命名"二十世纪中国文学"还是呼唤"学术规范"，其实都是这种焦躁渴望的结果。

现在我们又遭遇另一种"结果"：呼唤"回归学术"的回声尚未消歇，学者们又陷入另一种尴尬。市场化这个"幽灵"在中国游荡，毫无疑问已经给我们这个古老的国度带来新机，给学术界包括人文学界带来某些新动力，但原先想象不到的巨大压力也伴随而来。拜金主义的流行，学术生产体制的僵硬制约，以及浮躁的学风，这些年学界中人都深有体会了。和前辈学者相比，当代学者的物质条件已大有改善，所处的学术生态却失衡了，从以往"过分意识形态化"到如今的"项目化生存"，刚解开一种束缚却又被绑上另一道绳索。还没等喘过气来，许多学人就再次感受到无奈：学问的尊严、使命感和批判精神正日渐抽空。现代文学研究很难说真的已经"回归学术"，可是对社会反应的敏感度弱了，发出的声音少了。

更让人忧虑的是，有些学科碰到一些必须解决而又难以解决的难题。近几年，社会上和文化学术界许多大的"潮动"，都在向现代文学研究者大声质询，包括：如何评价中国近百年来曲折多难的历史，如何看待这期间形成的"新传统"，数次革命的利弊如何衡定，新文化运动是否"割裂了传统"，新文化运动是否成为"激进主义"的渊薮，新文学到底有多大的文学价值，鲁迅的思想是否过于"偏狭"，等等。所有这些质疑都由来已久，且这几年因社会历史观的解构、松动与"平面化"，而重新点燃了激烈的争议。对"新传统"是蔑视抑或维护，其异见日趋对立。虽然很多偏激、片面的看法尚未完全进入学术领域，而只以社会言论的方式存在于媒体、网络等空间，但由此形成的流行价值观也影响着研究者特别是青年学者的好恶和判断。文化与社会转型所带来的价值危机、信仰危机以及历史虚无主义，直接造成了现代文学定位、"边界"及评价系统等方面的困扰。

面对这种情势，重新强调现代文学研究的"当代责任"，思考如何通过历史研究参与价值重建，是必要而紧迫的。"回归学术"不等于规避现实，这个学科本来就是很"现实"的，它的生命力就在于不断回应或参与社会现实。"现在"和"历史"总是构成不断的"对话"关系，如果说古典文学研究在这方面表现得不那么明显（其实也应当是有的），现代文学则是"本性"要求。正是这种"对话"使传统能够持续得到更新，也使得本学科研究具有"合法性"和持续的发展动力。面对近些年许多关于文化转型与困扰的讨论，包括那些试图颠覆"五四"与新文学的挑战，我们有必要重新思考现代文学研究的传统，以及这个研究领域如何保持活力的问题。也就是说，现代文学学科自身发展离不开对当下的"发言"，也离不开对传统资源的发掘、认识与阐释。

学者们越来越强烈地希望能找回现代文学研究的"魂"，和现实对话，参与当代价值重建。也许，在研究越来越"学院化""学科化"，越来越价值中立，思维越来越细碎化、平面化的状况下，重新审视现代文学的一些根本性问题，可能会有助于找回现代文学研究的"魂"。

余三定：您在关于"中国现代文学"学科特点的研究和学科体系的建构中，提出并论述过中国现代文学研究的"边界"问题，请问如何理解这一问题。

温儒敏：中国现代文学研究的"边界"问题，实际上包括两个方面的含义，即时间性的"边界"的拓展和"内容性"的"边界"的拓展。

其一，关于时间性的"边界"的拓展。"边界"的延伸首先是在时间上，其"起点"与"下限"这些年一直在讨论，而每一种设想背后都包含对现代文学内涵的重新认识。部分学者已试图把晚清、"十七年"、"文革"以及"新时期"统归为现代文学，随之便产生"打通式"研究以及专门关注"边界"地带的研究。在古代文学中，晚清这一段属于边缘，尚未充分开发，而晚清的文学"新变"，确实又与"五四"及其后的文学有千丝万缕的联系，是新文学运动的前奏或序幕，所以将它们连成一气做整体考察是必要而合理的。将晚清的文学"新变"纳入现代文学研究的视野，对这一学科的建设必定大有好处。不过仔细想来，这是以现代文学为本位的晚清研究。从现代文学立场看，晚清的"新变"还只是"量变"，离"五四"前后的"质变"还有一个过程。"五四"作为重大历史标志的地位，是晚清"新变"所不能取代的。现代文学史可以从晚清写起，但分水岭还是"五四"新文学运动。料想几百年后人们谈起19世纪和20世纪的中国文学，很多作家作品都必然"过滤"掉了，留下最深刻印象的恐怕还是"五四"。

研究"边界"往晚清的"前移"的学理根据不难找到，不过容易引起争议的还是评价标准问题。前些年，境外学者王德威提出"压抑的现代性"的概念，认为现代性特征早在晚清就出现了，并非"五四"前后才有，"没有晚清，何来五四"？这位研究者的论述不无道理。在晚清小说和文学翻译中，我们的确已可见到某些可解释为"现代性"的因素。王德威大概是看到"五四"传统太强大、被神圣化了，对其产生了怀疑，就试图颠覆以往过于强调的"五四"传统，办法是尽量模糊从晚清到"五四"的历史界线。王德威的研究还是立足于文本分析和原始材料的调查，他的设问也丰富了对文学史的理解，但也不免有"过度阐释"之嫌。这些年学界也有人批评王德威的论述"过犹不及"。但问题不在于"没有晚清，何来五四"的提法，而在于这提法引来许多蜂拥跟进的模仿者。多数"仿作"的路子大同小异，就是抓住晚清文学某些"个案分析"，并不顾及"个案"的代表性，便从中"提拔"所谓"现代性"因子，证说预设的命题，有点"穿鞋戴帽"。"没有晚清，何来五四"提出的初始含义及其学理背景被忽略了，大家很少注意这种"前移"也有其特定的价值标准，对"五四"历史价值的"降解"是"前移"的潜在意图。尽管如此，研究"边界"往晚清"前移"似乎已成态势，构成对既有文学史观的挑战。如果"前移"不满足于版图扩张，也不存心"降解""五四"，如果"前移"带来的是文学史观的适当调整而不是颠覆，这种研究就比较实事求是，有可能持续生长。

往晚清是"前移"，往当代则是"后挪"。20 世纪 70 年代末从现代文学学科专门独立出一个"当代文学"，本是研究范围的拓展，却带来两者"分家"之后的某些隔阂，以至在学科设定上只好使用"现当代文学"这个别扭的称谓。现在两者的重新融合，打通现代与当代，已大致形成共识，虽然在学科名称上还有待商榷。有的主张统称"20 世纪中国文学"，不过这种时间性称谓会有限制，21 世纪文学就包容不了，还不如仍叫"中国现代文学"。我们已经看到，这种"打通"带来许多新的学术发现。其中对于 20 世纪 40~50 年代的所谓现当代"转折期"，就已引起许多学者的兴趣，有可能产生许多新的题目。以往现代文学与当代文学的划分主要是政治性的、人为的，给学科发展带来许多麻烦，现在将现代文学与当代文学彼此"打通"不应当有什么大的障碍了。

其二，关于"内容性"的"边界"的拓展。"内容性"的"边界"，是往"内里"的延伸，即将鸳鸯蝴蝶派、武侠、言情、侦探、科幻以及旧体诗词等，纳入囊中。其中最有代表性的观点是范伯群提出的，他试图用"两翼说"支持通俗文学进入文学史，甚至与雅文学平起平坐。这引起不小的争论。范伯群不是坐而论道，他拿出了大部头的《中国现代通俗文学史》（插图本）。该书所描绘的现代通俗文学纷繁的历史图景果然令人耳目一新。他以《海上花列传》为现代通俗小说起点，以张爱玲、徐讦、无名氏收尾，勾勒另一条现代文学的"主线"。在方法上，该书对印刷文化有大幅描述，报刊梳理与潮流分析交错进行，在纯文学背景中评说通俗文学，论述知识精英文学与大众通俗文学的"互补"，努力将通俗文学整合到现代文学史的整体中。尽管范伯群对通俗文学"情有独钟"，他的工作具有开拓性，但支持这种工作的"两翼说"其实并未能形成完整有效的价值评判框架，只是提升通俗文学地位的一种策略。但这终究是一种可喜的推进。事实上，随着通俗文学研究的深入，如何突破原有新文学与通俗文学对立的框架，考察彼此之间渗透、影响的关系，一直是很多研究者关注的问题，也看得到逐步推进的实绩。

我还要指出的是，中国现代文学的"边界"问题和"价值尺度"问题紧密相关。无可否认，在现代文学近百年的历史发展中，始终存在多层次的价值观、世界观的差异与冲突。在新文学与通俗文学交锋的现象中，也不难看到这种矛盾冲突。有差异与冲突，这是基本的事实，也是文学史推进的动力。把文学史写成思想斗争史是太过分了，但文学史写作也不必去淡化、回避差异与冲突，因为那样反而可能丧失把握历史的丰富性。这些年常见有学者提出文学史写作中的"多元共生"，人们格外看重历史发展多方面构成的"合力"，这体现出一种在苛严时代过去之后比较宽容的态度。但"多元共生"如何在文学史研究的实践中体现，仍然是有相当难度的。难就难在把不同价值观、世界观或意识形态支配下的创作汇集到一起时，需要首先考虑到在哪一个价值层面上去统合，在何种意义上以何种形态去处理这种"汇集"。如果弄不好，可能就是面对诸多矛盾的一种拼凑与调和。说到底，现今非常要紧而又缺少的还是相对认可的价值评价标准问题。只有自己相信并确立了某种价值评价标准，"多元共生"才不流于相对主义，批判精神才不堕落为虚无。这其实也牵涉到现代文学学科"安身立命"的问题。

关于"中国现代文学"学科史的研究

余三定：我个人近几年来用较多精力研究中国当代学术史。我以为，当代某一学科发展史的研究和学者个案研究，都属于当代学术史研究的重要组成部分。学术史研究是关于学术发展过程的研究，即所谓"研究的研究"。您近几年来在"中国现代文学"学科史的研究方面（即我在前面说的您关于中国现代文学研究的第三个层次），也取得了不少引人注目的成就。您的著作《中国现当代文学学科概要》是这方面的代表性成果，希望您能谈谈撰写这本影响甚大的学科史著作的出发点和大致情况。

温儒敏：《中国现当代文学学科概要》是我多年来给研究生讲课的产物，我带着一些年轻学者共同完成了这本书。目的是对现当代文学研究的历史做一回顾评说，后来发现有些吃力不讨好，因为距离还不可能充分拉开，要品评学术，难免顾此失彼，甚至"得失人情"。但这个工作还是很有意思的，对于学生的学术训练尤为必要。让学生能尽快入门，获得更专业、更有学术自觉的眼光，就要领略各个阶段种种不同的方法理路，从学科评论的高度，了解现代文学研究发生发展的历史、现状、热点、难点以及前沿性课题。这等于在展示一张学术"地图"，研究者可以从中了解和测定自己的方位，起码可以从中获取某种学科史评价的信息。该书原是给研究生写的，因为论涉整个学科的历史与现状，并引发诸多新鲜的话题，也引起研究者的广泛关注。值得欣慰的是，一些大学现在也开设学科史这类选修课了。

余三定：从学术发展史（即从中国现代文学学科史）的角度看，您认为中国现代文学学科的学者不断传承和发展的大致轨迹是一种什么样的情况？

温儒敏：中国现代文学学科从建立到现在，有六十多年，前后大致有四代学者。20 世纪 50 年代之前，现代文学（或称"新文学"）研究还只是"潜学科"，真正成为一门独立的学科，是 1949 年新中国成立之后。20 世纪50 ~ 70 年代，现代文学研究配合共和国修史，进入大学的教学体制，一度成为"显学"。一般认为王瑶《中国新文学史稿》的出版，是这门学科成立的标志。通常又把王瑶那一代学者，包括李何林、唐弢等宗师，看作中国现代文学学科最初的开拓者与奠基人。他们是这个学科的第一代学者，一直到80 年代，都还有力地引导和支持着学科的复苏，对整个学科始终有覆盖性影响。

现代文学研究也走过坎坷曲折的路。"文革"期间，这个学科研究停顿，几乎遭受毁灭，直到 80 年代前期，受惠于思想解放的动力，才恢复元气，并取得在人文学界令人瞩目的实绩。第二代学者，主要就活跃于这个时段，充当了 80 年代以来学科复苏与发展的生力军，在 90 年代时，他们中许多人仍然担当许多大学与科研单位的学术领军人物。他们是承上启下的一代。

接踵而来的是第三代学者，基本上是"文革"后上大学或研究生的，这代学者有曲折的求学经历，丰富的人生阅历，富于学术个性与锐利的研究实力，后来各自在相关领域开拓新局面，所获也甚为突出。

近年来，第四代学者在学界崭露头角，有的已形成自己的格局，发挥着相当的影响力。他们很多是"60后"或"70后"，思想开阔，富于活力。目前，第一代学者大都离开了我们，第二代学者也年届古稀，他们中一些人精神矍铄，仍有坚实的著述出版。但活跃于学界的主要是第三、第四两代学者，而且重心正逐渐转向第四代。代际转移，学风流变，其变迁大势如大江推浪，对此真有沧桑之感。

我这里要特别对中国现代文学学科的第二代学者多说几句，第二代学者大多出生于20世纪二三十年代，上大学则在50年代，少数学者在60年代已经成名，但多数都是在八九十年代才大展宏图，成为专家。这一代学人有些共同的特点，是其他世代所没有的。他们求学的青春年代，经历了频繁的政治运动，生活艰难而动荡，命运把他们抛到严酷的时代大潮之中，他们身上的"学院气"和"贵族气"少一些，使命感却很强，是比较富于理想的一代，又是贴近现实、关注社会的一代。马克思主义的世界观与方法论从一开始就支撑着他们的治学，他们的文章一般不拘泥，较大气，善于从复杂的社会历史现象中提炼问题，把握文学的精神现象与时代内涵，给予明快的论说。90年代之后，他们纷纷反思自己的理路，方法上不无变通，每个人形成不同的风格，但过去积淀下来的那种明快、大气与贴近现实的特点，还是保留与贯穿在许多人的文章中。

关注我们的"文学生活"

余三定：您是特别有现实关怀的学者，并在不久前提出了非常有现实针对性、引起广泛影响的观点：关注我们的"文学生活"。您先在《人民日报》（2012年1月17日）发表专论《关注我们的"文学生活"》，呼吁文学研究要关注"文学生活"；不久后，您又发表长文《中国国民的"文学生活"》（《中华读书报》2012年8月24日）。希望您能具体阐释"文学生活"的含义。

温儒敏：通常说"文学生活"，大家都会有自己的理解，但作为一个学术性的概念，"文学生活"主要是指普通国民的文学阅读、文学消费、文学接受等活动，也牵涉到文学生产、传播、读者群、阅读风尚，以及社会生活各个领域文学渗透的现象，等等。所谓"普通国民的文学生活"，是相对专业的文学创作、批评等活动而言的。我们的研究主要关注普通国民的文学生活，或者与文学有关的社会生活。"文学生活"这概念既是文学的，又是社会学的，二合一，就是文学社会学。

余三定：那么，您认为今天的文学研究者应该如何关注"普通国民的文学生活"呢？

温儒敏：2009 年 9 月，在武汉召开的"现当代文学研究 60 年研讨会"上，我就提出过研究"文学生活"，主张走向"田野调查"，了解一般读者的文学诉求。2011 年，我到山东大学任教，和文学院同事黄万华、郑春、贺仲明等讨论学科发展，大家都认为对当前社会"文学生活"的调查研究，可能是一个学科生长点，也是现当代文学研究的一个突破口。山东大学的文科学科建设如何突破原来的格局，发挥新一代学者的潜力？那就要寻求新路，有一部分课题可以和社会生活联系得更紧密一点。大家对现有的文学史及现当代文学研究有些不满，主要是陈陈相因，只在作家作品—批评家（文学史家）这个圈子打转，很少关注社会上普通读者的反应，我称之为"内循环"式研究。其实普通读者的接受最能反映作品的实际效应，构成了真实的社会文学生活，理所当然要进入文学研究的视野。我们设想从"文学生活"的调查研究入手，把作品的生产、传播，特别是普通读者的反应纳入研究视野，让文学研究和教学更完整、全面，更有活力，这既可以为文化政策实施提供参照，又为学科建设拓展一个新局面。

余三定：据报道，您在山东大学开创性地组织了有关"文学生活"的"田野调查"，希望您能谈谈通过你们的"田野调查"发现了哪些引人注意的、有意思的情况和现象。

温儒敏：2012 年上学期，山东大学文学院组织过一次"文学生活"的调查，除了现当代文学研究所的十位教师，还动员全院数百名同学参加，利用寒假到十多个省市进行问卷调查。第一批调查报告包括《农民工当代文学阅读情况调查》等九个选题。

其中颇有意思的是贺仲明教授主持的调查，即《农民工当代文学阅读情况调查》，在大型企业、建筑业和城市摊贩等行业的 2000 多名农民工之中进行问卷，结果"每年文学作品阅读量"是：读 1~4 本的占 46.3%，读 5~10 本的占 19.5%。这明显高于一般国民人均读书 4.53 本的阅读量。而且农民工的数据是单指"文学阅读"。另一项调查（黄万华教授主持）也表明：业余时间较多用于阅读文学作品的农民工比例为 14%，高于职员阶层的 12% 和学生的 10%。什么原因？这是因为农民工的业余文化生活比一般城市居民单调，缺少选择性，阅读便成了主要的选择之一。但调查又表明，农民工文学读的主要是网络文学，占全部阅读的 84%，纯文学（特别是纸质作品）的比例是很小的。除了上网，农民工"读过的文学期刊"范围很小，《故事会》占 68.8%，《读者》占 53.2%，其他也是《知音》一类的通俗刊物，当代文学在农民工的阅读中只占极少量。调查之后的研究认为，农民工的文学阅读大都停留在中学语文曾涉及的范围，当代文学对农民工读者是缺少吸引力的，他们与当代文学的关系相当疏远。以往人们对农民工的文学阅读可能有这样那样的想象，有了调查的数据材料，就有比较实在的看法了。对其他阶层的"文学生活"也是如此，只有先靠调查，摸清状况，然后才谈得上研究。

语文课改与文学教育

余三定：我知道，《语文课改与文学教育》是您的一本重要著作，您还出版了《温儒敏论语文教育》和《温儒敏论语文教育二集》等著作，并且较长时间兼任北京大学语文教育研究所所长、教育部义务教育语文课程标准修订组召集人，还担任过人教版新课标《高中语文》教材执行主编等职，您为何一直非常关心大学语文教育特别是中学语文教育呢？

温儒敏：我在大学教书，常常给本科生上课，看到大学生的读写能力越来越差，更严重的问题，是没有读书的习惯，即使读，也就是一些流行读物，所谓素质教育只是空谈。大学教学的很多问题，其实是和中小学连带的，所以大学的老师也要多少关心一下基础教育。再说，我所从事的现当代文学史研究，和语文教育有密切的联系，我们有责任考虑自己的研究对于中小学语文教育的影响。所有大学中文系，包括像北大这样的综合大学的中文系，都应适当关注中小学语文课程改革，这是我们学科的"题中应有之义"。事实上，在过去，大学中文系许多著名的前辈学者，都曾涉足中小学语文，为中小学编教材，参与语文教学的讨论，在这个领域有过不可替代的贡献。但是现在大学学科分工越来越细，每个学者都一块做文章，加上高校的学术管理体制鼓励所谓"研究型"，教授们哪里还有精力放在中小学或者大学的语文上？即使在一些师范大学中文系，与中小学有关的学科（比如

"教学论")也被认为学术"含金量"低，是被边缘化了的。这很不正常，是我们的学术脱离实际的病象之一。有感于此，最近十多年我就用部分精力关注语文教育，鼓励和带动北大部分老师投入这方面，培养语文教育的博士生、硕士生。

余三定：多年来，语文教育改革一直有人在大声疾呼，可是至今效果甚微。您对未来的语文教育改革有怎样的期待和想法？

温儒敏：我对语文教育改革并没有失去信心。课改十年，阻力巨大，成效不见得那么大，但很多新的教学理念开始为公众所了解了。这一点还是要肯定的。用一句俗话来说，教育改革是个"系统工程"，得整个社会多方面入手来做，内外的工作都要有耐心，步步为营，稳步推进。有时恐怕还要有些平衡，进两步，退一步。具体到个人，则尽量少抱怨，从我做起，能做一点就是一点。我曾经在《温儒敏论语文教育》一书的底封写过这样一句话："在中国喊喊口号或者写些痛快文章容易，要改革就比想象难得多，在教育领域那怕是一寸的改革，都要付出巨大的代价。我们光是批评抱怨不行，还要了解社会，多做建设性工作。"

从关注"语文教育"到"文学生活"，我都是一个思路：希望自己从事的学术工作更贴近社会。

文学史是史学的分支之一

余三定：在同时代的学者中，您是公认的成就卓著者，我想大家都很想了解您的治学经历和经验。据说您认为自己治学成功的重要一点是"杂览"，请您具体谈谈。

温儒敏：在同代人中，我的经历没有什么特别的，但回想一下，有两点对我是有些影响的。一是读书比较杂。我1964年考入中国人民大学语文系，二年级时就碰上"文革"，停课闹革命，但也有"逍遥派"的缝隙，加上曾有两年我到天安门历史博物馆参加"毛主席去安源"展览工作，闲来无事，便杂览群书，古今中外文史政经抓到就读。"文革"破坏文化，但也并非完全没有个人阅读思考的空间。那时整理出版了"二十四史"，同步翻译了许多西方流行的作品，说是内部发行，可是都能找来看。像《麦田守望者》《多雪的冬天》《带星星的火车票》《第三帝国的灭亡》《拿破仑传》《西方哲学史》《中国哲学史》《政治经济学》等，我都读过。马恩四卷集、别

（别林斯基）车（车尔尼雪夫斯基）杜（杜列罗留波夫）、《论语》、《孟子》、《左传》、《史记》、《世说新语》、《红楼梦》等，也读过不止一遍。这种阅读目的性不强，不是为了上课拿学分，是"漫羡而无所归心"的"杂览"。阅读面广，有利于了解人情物理，知人论世。这种习惯延续到后来上研究生，有了专业指向了，但读书仍然很杂，数量也大。我的很多题目与研究冲动都来自这些"杂览"。

余三定：您硕博期间都是师从中国现代文学学科最初的开拓者与奠基人——王瑶先生，希望您能谈谈王瑶先生对您的影响。

温儒敏：我们上研究生时王瑶先生才65岁，比我现在的年龄还小，但感觉他是"老先生"了，特别敬畏。1978年秋天的一个夜晚，第一次在未名湖畔镜春园寓所见到王瑶先生，他不爱主动搭话，不客套，但很真实。有传说学生见到王瑶先生害怕，屁股只坐半个椅子。我虽不至于如此，但也有被王瑶先生批评得下不来台的时候。记得有一回向王瑶先生请教关于30年代左翼文学的问题，我正在侃侃陈述自己的观点，他突然离开话题，问我《子夜》是写于哪一年。我一时语塞，支支吾吾说是30年代初。王瑶先生非常严厉地说，像这样的基本史实是不可模糊的，因为直接关系到对作品内容的理解。这很难堪，但如同得了禅悟，懂得了文学史是史学的分支之一，材料的掌握和历史感的获得，是至关重要的。

后来师生熟悉了，我每十天半个月总到镜春园聆教。王瑶先生常常都是一个话题开始，接连转向其他多个话题，引经据典，越说越投入，也越兴奋。他拿着烟斗不停地抽，连喘带咳，说话就是停不下来。王瑶先生不迂阔，有历经磨难的练达，谈学论道潇洒通脱，诙谐幽默，透露人生的智慧，有时却也能感到一丝寂寞。我总看到先生在读报，大概也是保持生活的敏感吧，辅导学生时也喜欢联系现实，议论时政，品藻人物。先生是有些魏晋风度的，把学问做活了，可以知人论世，连类许多社会现象，可贵的是那种犀利的批判眼光。先生的名言是"不说白不说，说了也白说，白说也要说"，其意是知识分子总要有独特的功能。这种入世的和批判的精神，对我们做人做学问都有潜移默化的影响。

王瑶先生的指导表面上很随性自由，其实是讲究因材施教的。我上研究生第一年想找一个切入点，就注意到郁达夫。那时对这些领域的研究刚刚起步，一切都要从头摸起，我查阅大量资料，把郁达夫所有作品都找来看，居然编写了一本20多万字的《郁达夫年谱》，这在当时是第一部。我的第一篇比较正式的学术论文《论郁达夫的小说创作》，也发表于王瑶先生主编的《中国现代文学研究丛刊》（1980 年第 2 辑）。研究郁达夫这个作家，连带也就熟悉了许多现代文学的史实。王瑶先生对我这种注重第一手材料、注重文学史现象以及以点带面的治学方式是肯定的。当《郁达夫年谱》打算在香港出版时，王瑶先生还亲自写了序言。

（原载《文艺报》2012 年 12 月 12 日）

美学要关注人生关注艺术

——叶朗教授访谈

一部美学史主要是美学范畴发展的历史

朱平珍：著名哲学家冯友兰先生在其学术自传《三松堂自序》中讲过这样一段话："在40年代，我开始不满足于做一个哲学史家，而要做一个哲学家。哲学史家讲的是别人就某些哲学问题所想的；哲学家讲的则是他自己就某些哲学问题所想的。在我的《中国哲学史》里，我说过，近代中国哲学正在创造之中。到40年代，我就努力使自己成为近代中国哲学的创作者之一。"我想，如果根据冯友兰的话来进行类推的话，我们完全可以说，您是成就突出的美学史家，也是颇有建树的美学家，前者通过您的美学史研究而表现，后者通过您的美学创作而表现。我想先从您的美学史研究谈起。我知道，在美学史研究方面您先后出版过《中国小说美学》和《中国美学史大纲》等重要著作，您曾提出过一部美学史主要是美学范畴发展的历史的观点。请您给予简要阐述。

叶朗：我认为，一部美学史，主要就是美学范畴、美学命题的产生、发展、转化的历史。因此，我们写中国美学史，应该着重研究每个历史时期出现的美学范畴和美学命题。这样做，有助于我们把握中国古典美学的体系及其特点，有助于我们把握中国美学史的主要线索及其发展规律。从而使历史和逻辑统一起来。我把这种具有方法论意义的看法贯彻到《中国美学史大纲》的撰写中，使这部著作有着显著的"范畴史"的特点。该书对中国古典美学体系中的范畴、命题的理论含蕴及产生、衍变、发展的历史过程，做了明确、清晰的论析、展示。

我认为，中国古典美学的秘密不在表现论，而在元气论。西方的模仿说着眼于真实地再现具体的物象。而中国美学的元气论则着眼于整个宇宙、历史、人生，着眼于整个造化自然。中国美学要求艺术家不限于表现单个的对象，而要胸罗宇宙，思接千古，要仰观宇宙之大，俯察品类之盛，要窥见整个宇宙、历史、人生的奥秘。中国美学要求艺术作品的境界是一全幅的天地，要表现全宇宙的气韵、生命、生机，要蕴涵深沉的宇宙感、历史感、人生感，而不只是刻画单个的人体或物体。所以，中国古代的画家，即使是画一块石头、一个草虫、几只水鸟、几根竹子，都要表现整个宇宙的生气，都要使画面上流动宇宙的元气。我在《中国美学史大纲》中以"气"诊"道"，以"无"和"有"的统一释"道"，我认为道之为物的自然造化过程所具有的那种"妙"，以及我们对道的体会所达到的"妙悟"，总之一个"妙"的范畴，才是中国古代美学的中心范畴。只有从"妙"上着眼，才能说明为何中国艺术不满足于停顿在"美"的境界，而总要从意象超越进入意境这个有着浓厚形而上意味的境界。我就是在充分把握内涵"道"论的"元气论"这个中国美学的哲学根据的基础上，颇为透彻地分析了与其紧密相连（或者说由其派生）的"意象说""意境说""审美心胸论"。我试图从"元气论""意境说""意象说""审美心胸论"这"四大奇脉"入手，比较充分地展示出中国古典美学的外部轮廓和内在逻辑结构。

朱平珍：您上面所说可以看作对中国美学史的整体和宏观把握，希望您能结合具体内容或局部问题来谈谈。

叶朗：我们先看老子美学。从历史和逻辑相统一的角度看，老子美学是中国美学史的逻辑起点。我们知道，老子提出的一系列范畴，如"道""气""象""有""无""虚""实""味""妙""虚静""玄鉴""自然"等，对于中国古典美学形成自己的体系和特点，产生了巨大的影响。中国古典美学关于审美客体、审美观照、艺术创造和艺术生命的一系列特殊看法，关于"澄怀味"（"澄怀观道"）的理论，关于"气韵生动"的理论，关于"境生于象外"的理论，关于"平淡"和"朴拙"的理论，关于审美心胸的理论，等等，它们的思想发源地，就是老子美学。我们再看《管子》四篇（《心术上》《心术下》《白心》《内业》）。表面看来，《管子》四篇并没有直接谈到审美和艺术问题，前人都只肯定其在哲学史上的重要作用。其实，《管子》四篇提出的精气说，构成了中国美学思辨逻辑演进的重要环节。在中国古典美学体系中，"气"是一个十分重要的范畴，"气"本来是一个哲学范畴。但在魏晋以后，"气"转化成为美学范畴（当然它同时还是一个哲学范畴）。中国古典美学认为，宇宙的本体是"气"，艺术的生命也是"气"，艺术的创造和欣赏都离不开"气"。这个"气"的范畴，最早由老子提出，经过《管子》四篇的发挥，又经过荀子，到汉代王充就形成了元气自然论。就是在王充的元气自然论的直接影响下，魏晋南北朝时期出现了"气"的美学范畴。因此，《管子》四篇的精气说，不但是哲学史发展的重要环节，而且是美学史发展的重要环节，这个结论是非常令人信服的。

美在意象

朱平珍：您在 2009 年出版了《美学原理》，在 2010 年出版了彩色插图本《美在意象》（《美学原理》的另一种版本），您在书中提出了"美在意象"的影响甚大的观点，这可以说是您在"美学创作"方面的重要理论建树。请问您怎样理解"美在意象"的观点（或称命题）？

叶朗："意象"这个概念成为一个词之前，"意"与"象"分别使用在《山海经》中。将"意"与"象"放在一个句子中，最早出现于《周易系辞》。"意象"作为一个词最早可追溯到王充的《论衡》里，而正式把"意象"引入到文学理论中，则始于南朝的刘勰。刘勰之后，将意象理论作为理论范畴加以考察，可以说是在唐代确立起来的。在宋元时期得到进一步发展。为什么欣赏自然美会选择花朵、月亮，欣赏社会美会选择飞机、摩天大楼，欣赏人体美会选择身材高挑的美女呢？这是因为这些事物本身具有客观的审美性质。李斯托维尔曾说："审美的对立面和反面，也就是广义的美的对立面和反面，不是丑，而是审美上的冷淡，那种太单调、太平常、太陈腐或者令人太厌恶的东西，它们不能在我们的身上唤醒沉睡的艺术同情和形式欣赏的能力。"他认为，主体的"情"和"景"不是在任何情况下都能够交融、契合沟通的。那些平凡的、陈腐的、令人厌恶的"象"，根本不可能激起主体的美感，因而主体不可能进入审美活动，当然也就不可能产生"意象"。也就是说，审美主体选择的"象"不仅不会遏止消解美感的产生，而且会促使美感的发生，那么这就使得"象"要具有审美的性质。

同样是花卉，但对于高考落榜的学生来说，再鲜艳的花朵也无法进入他们的审美视野。同是一部《红楼梦》，看法却各有不同。不仅同一对象，不同的审美主体的审美存在个别差异，而且同一个人在不同的环境下也会存在审美差异。杜甫"我昔游锦城，结庐锦水边。有竹一顷馀，乔木上参天"，而以后对竹子的描写又有"新松恨不高千尺，恶竹应须斩万竿"，这些都说明了个人的审美经验的内容并不是固定不变的，而是具体的、变化的。

审美心理结构本质上是一种社会历史的产物，它所构成的审美经验是来自社会文化的，由这种审美经验提炼而成的审美观念、审美趣味、审美理想更直接地与一定的社会生活、一定的社会价值意识相联系，因而渗透着这种审美价值意识的审美心理经验，必然随着社会生活、文化心理的发展变化而发展变化，具有十分鲜明的时代、民族、阶级的情调和色彩。因此，在社会历史文化语境下，当具有审美性质的"象"符合主体之"意"，且主体对之进行审美观照并达到了景中含情、情中见景的完整的、充满意蕴的感性世界时，便形成了"意象"。

朱平珍：您在论述"美在意象"的观点时，很重视柳宗元"美不自美，因人而彰"的看法，希望您能对柳宗元的看法做出分析。

叶朗：唐代柳宗元在《邕州柳中丞作马退山茅亭记》中有这样一段表述："夫美不自美，因人而彰。兰亭也，不遭右军，则清湍修竹，芜没于空山矣。"在这里柳宗元提出了一个重要的思想：只有在审美活动中，通过审美主体的意识去发现"景"（清湍修竹），并"唤醒"它，"照亮"它，使这种自然之"景"由实在物变成一个完整的、有意蕴的、抽象的感性世界即"意象"时，自然之"景"才能够成为审美主体的审美对象，才能成为美。也就是说，"清湍修竹"作为自然的"景"是不依赖于审美主体而客观存在的，美并不在于外物自身，外物并不是因为其自身的审美性质就是美的（"美不自美"），美离不开人的审美体验，只有经过人的审美体验，自然景物才可能被彰显出来，"彰"就是彰显、发现、唤醒、照亮（"因人而彰"）。

无论是在东方，还是在西方，类似的说法有很多。孔子的"知者乐水，仁者乐山"，庄子的"山林与！皋壤与！使我欣欣然而乐与"，萨特也曾说："这颗灭寂了几千年的星，这一弯新月和这条阴沉的河流得以在一个统一的风景中显示出来，这个风景，如果我们弃之不顾，它就失去了见证者，停滞在永恒的默默无闻的状态之中。"这些表述都是说，美依赖于人的意识，有待于人去发现，去照亮，有待于人的"意"与自然的"象"的沟通契合。

对柳宗元的"美不自美，因人而彰"的命题，我们可以将其分为三个层面来理解。第一，美不是天生自在的，美离不开观赏者，而任何观赏者都带有创造性。美离不开人的审美活动，美在意象。这个意象世界不是一种物理实在，也不是抽象的理念世界，而是一个完整的充满意蕴的感性世界。用宗白华先生的话就是"主观的生命情调与客观的自然景象交融互渗，成就一个鸢飞鱼跃、活泼玲珑、渊然而深的灵境"。可见，自然界存在的物理之"象"（物）与情景交融形成在主体头脑中的抽象的"意象"之"象"是有明显区别的。太阳，作为物质实体的"象"，虽然具有审美性质，但未必能进入审美活动中。太阳在做农活的庄稼汉眼里，是"毒辣辣"的，不是美的。就是说，作为物质实体的"象"，它只有激发起欣赏者的美感，并使主观情感与之交融形成"审美意象"时，才是美的。不同的观赏者会形成不同的"审美意象"，因此"意象"包含着人的创造性。即使某一物具有审美性质，若无人欣赏，也不能成为美。美离不开观赏者，任何观赏者都带有创造性。第二，美并不是对任何人一样的。不同的观赏者由于个体审美理想、审美趣味的差异，即使面对同一"象"时，也会产生不同的"审美意象"。同样是秋天的枫叶，在不同人的眼里，则有着不一样的情怀。杜牧"停车坐爱枫林晚，霜叶红于二月花"，不难想象，杜牧在以一种悠然闲适的心情欣赏这随风飘洒的枫叶时，心中的枫叶早已变了模样，比那二月的鲜花还要红艳呢！此时的枫叶在杜牧眼里，是一个充满着收获与欢乐的意象世界。而在西厢记中则有"晓来谁染霜林醉，总是离人泪"，秋天来了，万物凋落，莺莺因爱而感伤，在她的眼里，秋天的枫叶像是被泪水染过一般，是一个充满伤感心碎的意象世界。而在戚继光那里则是"繁霜尽是心头血，洒向千峰秋叶丹"，这又是另一种意象世界。在国家存亡的危难之际，他抛开个人情愫，充满着忧国的情思，这里的枫叶又呈现出一种豪迈悲壮的感情色彩。同是枫叶，但是不同的人们形成的意象世界不同，给人的美也就不同。第三，美带有历史性。应站在社会历史性的高度，将个体的差异性放到整个人类社会历史的角度来加以考察，运用意象论阐释"美"。美带有历史性具体表现在审美的时代差异、审美的民族差异、审美的阶级差异等方面。

可见，在审美过程中，主体的"意"是在一定的社会文化环境中形成的，某个具体的个体（他）只能选择能够使自己产生美感的，符合他自己的审美经验的"象"来作为情感的寄托，从而达到寄情于景、情景交融的一气流通的"审美意象"之美的境界。而此时形成的"意象"不同于客观存在的物理之"象"，已是人们头脑中的"美之象"，它是具体的，是以个体存在的，是专属于他自己的美。

美学要关注人生、关注艺术

朱平珍：您多次提出美学要关注人生、关注艺术的看法，请问怎样理解？

叶朗：美学从朱光潜先生开始，包括宗白华先生，他们做美学有两个特点：一是美学关注人生，二是关注艺术。我们先看美学要关注人生。过去我们讲学习美学对做艺术创造和艺术欣赏有好处，这是对的。但是光这么说是不够的，最根本是使人们去追求一种更有意义、更有价值、更有情趣的人生，使人活得有意思、有味道。美学的每个环节都要指向人生，最后归结为提升人生境界。冯友兰先生说，中国传统哲学里最有价值的部分就是关于人生境界的理论，这个境界和美学有关系。学美学，进行审美教育，进行审美活动，最终是为了提升我们的人生境界，所以美学要和人生结合起来。

我们再看美学要关注艺术。美学和艺术结合，特别是和当代艺术结合，这一点我们过去做得也不够，我们的美学和艺术有点脱节了，对当代艺术也不关注。我想起了俄国革命民主主义者，他们代表了当时一种时代的精神，他们的思想引领了一个时代的艺术的潮流。我觉得我们新一代的美学也应该有这样的能力，要引导艺术的潮流，要关注艺术。我们现在有的媒体喜欢吹捧一些乌七八糟的东西，还有选秀节目，做做也无所谓，但是我觉得炒得那么热没有必要。可能我和一些人的审美趣味不一样，社会也许是多样化的包容的。但是我们应该更加关注那些埋头努力、真正体现时代精神、在艺术上可能会有发展前景的艺术家。我觉得我们这个时代是一个伟大的时代，虽然有很多的问题，如贫富差距等，但是不管怎么说，我们这个时代还是一个伟大的时代，这个伟大的时代必然会产生伟大的艺术。对于这一点我是有信心的。现在我看到一些人，也不光是年轻人，包括中年人，比如说北大塞克勒博物馆曾举办了一位青年画家的画展，画家名叫彭斯，我觉得他的油画很有意思，很有发展前途。另外还有一位名叫丁方，他的画早先是属于比较前卫的，后来他画山水，也画人物，他一次一次地行走，去过丝绸之路，玄奘走的路，海拔4000多米以上的高原，他去走那些路，感受就不一样，对中国文化的感受，对文化根底的感受，以及对宇宙的感受，近乎神性的感受，他看到的东西我们是看不到的，这样他的山水画才会有很多的创新。我们为他的画办了一个小型的沙龙。我觉得，现在确实有一批年轻的艺术家在发展着。最重要的，我觉得美学要关注当代艺术，我们应该让那些真正反映这个时代的艺术展现出来。我觉得要有反映时代的伟大的艺术。我们应该在这方面做一点推动的工作。

朱平珍：那么，您认为美学关注当代艺术当前最应该注意的是什么呢？

叶朗：美学关注当代艺术当前最应该注意的就是要主动去发现和评论、研究好的艺术作品。我们有好的东西，问题是我们要去发现。我们要在这方面做点工作，虽然我们力量有限。大学应该发出只有大学能够发出的声音，我们要从学术的角度平心静气地深入研究。你看爱因斯坦写的文章，爱因斯坦给别人写的回信，那么谦和，那么温柔敦厚，文质彬彬。给他写信的什么人都有，中学生，大学生，老百姓。一个老百姓说我生了个小孩，你是不是给他写几句话呢？爱因斯坦都给他们回信，非常认真，字斟句酌，语气那么谦和。这就是大人物。我想这个人太伟大了。我们过去有段时间批判温柔敦厚，我后来体会到要做到温柔敦厚非常不容易，那是非常高的境界，爱因斯坦就是这样。所以现在我提倡写文章一定要平心静气、温柔敦厚，把问题说清楚，围绕问题来说，其他的东西不要说。我们的美学要把当代真正有价值的艺术家照亮，把他们推出来，让大家知道他们，这在某种意义上也可以说是引导当代的艺术潮流，使全世界看到和重视能够真正反映我们时代精神、代表中国的国家形象的艺术作品。也就是说，让中国的艺术走向世界。

人应当追求"审美人生"

朱平珍：您富有创造性地将人生分为生活层面、事业层面、审美层面等三个层面，请您做出具体解释。

叶朗：我认为，人生可以分为生活层面、事业层面、审美层面等三个层面，这三个层面既相对独立，又有着紧密的理想，并且是成梯级往上延展的。追求生活丰裕、事业发展是人生的基础层面，但是我认为人生的完善，必须是在审美层面展开，人应当追求"审美人生"。生活、事业，是功利层面的人生，而审美是超功利的人生。审美人生，是诗意的人生，创造的人生，爱的人生。在审美人生这种最高的人生境界当中，人的心灵超越了个体生命的有限存在和有限意义，得到一种自由和解放。在这种最高的人生境界当中，人回到了自己的精神家园，从而确证自己的存在。

朱平珍：那么我们怎样在行动中去追求"审美人生"呢？

叶朗：审美人生的核心是诗意的人生。诗意的人生就是跳出"自我"，跳出主客二分的限隔，用审美的眼光和审美的心胸看待世界，照亮万物一体的生活世界，体验它的无限韵味和情趣，从而这"现在"，回到人的精神家园。换言之，审美人生是让自我体验到个人与世界的根本统一，从而扩大自我的人生境界，感受人生的情趣，确证自我生命的价值。更简单地讲，审美人生是让个人体验人生的根本意义和趣味的人生。"趣味"是人性的自然的要求，是人的生命的表现。

我们要在生活中表现出浓郁的审美人生意趣。待人接物，读书论学，都要"有趣"。我认为，一个人"无趣"，是其人生的很大缺陷，因为"趣味"来自跳出小我而复归于人生世界的整体感。一个人只有具备这种基于自我与人生世界的统一感，才能赋予他在跨越各人生阶段时始终保持着一种新鲜活泼的人生意趣，而且感染着、影响着与他接近的人们。这正如王羲之所说的："群籁虽参差，适我无非新。"

《文章选读》反映出一贯的审美追求

朱平珍：您在2012年出版了荟萃古今中外学者文人的佳作《文章选读》，希望您能谈谈编选这部书的出发点。

叶朗：我是怀抱着在全社会"创造一种新风气"的宗旨而编选《文章选读》的。我盼望，在这些前辈学者和当代学者（作家）的影响和启发下，读者朋友能有意识地去追求那种简洁、干净、明白、通畅、有思想、有学养、有情趣的文风，注重拓宽自己的胸襟，涵养自己的气象，提升自己的精神境界，从而远离当下某些人传播的装腔作势、义瘠辞肥、自吹自擂、存心卖弄、艰深晦涩、空洞无物，以及武断、骄横、偏狭、刻薄、油滑、谩骂等低级趣味和鄙俗文风。这里表述的编选《文章选读》的出发点，也反映出我一贯的审美追求，就是致力创造社会新风气，就是追求以审美人生为根本意蕴的人生境界。我编写此书的基本想法，是帮助人们"写好文章"，这可能与我对写文章的考究有关。我在给新入学的研究生讲演时，常常强调要注意文章的写作，文章的表达反映出一个人的思维水平和精神气质，我常以朱自清、朱光潜、傅雷这些大师的作品为例，请学生好好琢磨。朱光潜之后，美学界已很少有人能在学术著作和学术论文中写出那样明快优美的文字了。

朱平珍：希望您能简略谈谈《文章选读》的基本内容和特点。

叶朗：《文章选读》一书涉及历史、哲学、宗教、艺术等多学科的内容，并且延伸到自然科学领域，既有历史的环顾，又有面对现代人生活的沉思。在编选过程中，我曾面向不同类型的读者做过相关调查，为了凝结多学科的研究成果，曾约请北京大学以及学术界的同行几十人，在各自的学术背景基础上分别为我提供若干选文。进入初选的有近千篇古今中外的好文章，我在此基础上反复斟酌，最后成书时压缩为70多篇。我对入选的每一篇文章，每一段文字，甚至每一个基本知识点，每一处重要的修辞表达，都反复考究，看它是否适合进入一般读者尤其是年轻读者的阅读视野，是否能体现编选者的精神诉求。每篇之后还系以编者按，对所选作品做简短的评论和分析，力争片言只语，直击关键，晓谕一篇之警策，揭示语言背后的深刻内涵。

大学不是职业培训中心

朱平珍：我们知道，您1955年考入北京大学哲学系，毕业后留校任教至今，您讲的课受到历届学生（包括本科生、硕士生、博士生等）的广泛欢迎，您热爱大学教育，熟悉大学教育，希望您能谈谈关于大学教育的看法。

叶朗：我心目中的大学教育，从来不是也不应该是一个单纯的职业教育。我认为，大学不是职业培训中心。现在的人才问题被不少人归结为掌握技术的问题，这种认识是非常片面的。事实上，人才首先是一个文化素质和文化品格的问题，归根到底，这是一个教养的问题。人文教养会深刻地影响到一个社会的治、乱、兴、衰，而且通过塑造一个民族的文化品格的文化精神，对这个民族的发展产生深远的影响。现在社会上的很多弊病，都有迹可循，事出有因，而这个因就是教养。

朱平珍：那么，如何提高大学生的人文教养呢？

叶朗：我特别重视在学生中提倡阅读人文经典，使年轻人明白，一个人要提高文化修养，打下做人、做学问的根底，必须精读人文经典著作。我认为，年轻人经常接触经典，在潜移默化之中，便可以提高自己的品位。我们可以举当代俄罗斯电影大师塔可夫斯基为例，塔可夫斯基小时候，他的母亲就经常要他阅读《战争与和平》，并告诉他书中的哪些章节段落怎么写得好。从此，《战争与和平》便成了塔可夫斯基的艺术品位与艺术深度的一把标尺。他说："从此以后，我再也没办法阅读垃圾，它们给我以强烈的嫌恶感。"那么反过来，如果一个人如果从小都是阅读文化垃圾，那么他也就再无法接受文化经典了，因为他的品位、情趣、格调、眼光、追求已被低俗化了。一个人读的书构成一种精神文化环境，它会很深地影响一个人的文化气质和文化品格。因此，我对当下的年轻人被三四流著作和娱乐节目包围、禁锢的现状，十分担忧。

朱平珍

（原载《文艺报》2013 年 1 月 21 日）

自觉应对"艺术学"面临的新挑战

——王一川教授访谈

做文论、读美学著作和思考，感觉很对味

朱平珍：您在文艺学、文艺美学、艺术学、当代艺术学史等多方面的研究中取得了令人瞩目的成就。请您谈谈您是如何走上文艺理论和文艺美学研究的学术之路的。

王一川：我在读本科时就选择"美学"为未来学术人生的立足点，并且在这条道上一直走了下来。这可能有几个方面的原因。

第一个原因，那时身处全国性的"美学热"大环境中。刚进校时，朱光潜、宗白华等美学家们的一举一动，总是引起我们的关注。美学热给我的巨大影响，可从听李泽厚讲演这件事看出来。在 1980 年第一届全国美学大会后，李泽厚应邀到我的母校四川大学讲学。那年他刚满 50 岁，正当盛年，名气如日中天，李泽厚以其变革姿态、开放思想和奔放文笔，俨然为人文学界第一名家，引发全国青年学子们竞相崇拜和仿效。

第二个原因，是我意识到自己搞创作不如做理论。我在大一时，当了"文学概论"课代表，对文学理论情有独钟。那时许多同学进校后纷纷投入创作，写诗、小说、散文或剧本。同学们自发成立了"锦江文学社"，办《锦江》杂志。我自己也与苏丁同学合作以"丁川"为笔名发表了生平第一篇印成铅字的文论短评。自己写的字变成了正规的铅字，这个感觉太美妙了！我还与同学们骑自行车到成都街头巷尾去卖《锦江》杂志。我曾尝试过写诗，写小说，但试来试去，终于意识到自己搞文学创作不灵，得不到诗兴的召唤。而一旦做文论，读美学著作和思考，就感觉很对味，所以就想到

把文学理论定为今后的主攻方向。

第三个原因，是川大美学氛围的强力引领。我们 1977 级大学生多数是"知青"，来自农村"广阔天地"或厂矿，希望通过文学创作和研究来寻求真正人性的生活、美的生活，于是对美学抱以莫大的期待。那时的成都乃至全川，可能是全国"美学热"中最"热"的西部省会城市和省份，而川大无疑处在核心地带。改革开放之初，成都的"盆地文化"有一种特点：由于自感地缘上的偏僻或边缘，生怕被戴上封闭和落后的帽子，因此特别渴望开放。川大同学可能远比北京和东部沿海的大学生更具有开放和先锋的强烈渴求。

第四个原因，是我本科毕业时就幸运地考上了北京大学中文系文艺美学硕士研究生，实现了我的"北大梦"。既然喜欢美学，那在当时最好的地方就应该是美学老人朱光潜和宗白华所在的北京大学了。碰巧听说那时的北京大学中文系的胡经之在全国倡导在文艺学学科里设立"文艺美学"学科，并在北大率先开了"文艺美学"选修课程，受到 1977 级大学生的欢迎。而到我报考硕士生选择学校和专业的 1981 年秋，竟欣喜地发现胡经之已经开始招收文艺美学方向的硕士生了！正是胡经之和他在北大开创的文艺美学学科，为我梦圆美学提供了理想的条件。

第五个原因，是硕士生毕业时来自北京师范大学中文系副主任童庆炳的召唤。他正谋划振兴北师大的文艺学学科，需要新人，于是委托那时在北大进修的同事齐大卫到北大选人，胡经之推荐了我。于是，我幸运地从 1984 年 9 月起在北师大开始了"美学"课的教学生活，其间还跟随黄药眠和童庆炳攻读文艺学在职博士学位，并一直工作长达 27 年，在 2011 年才得到北大校领导和叶朗先生的信任及召唤而重返北大。

这些告诉我，走一条学术道路并非仅仅出于个人选择，而依赖于多种原因（当然不限于上面这些）形成的合力。个人的主动选择，只有通过大小环境和众多"贵人"的共同恩惠，才可能有所成就，否则你什么也不是。

甘于岸边独行之旅

朱平珍：在当代学者中，您是具有突出学术个性的一位，那就是不趋流俗，不赶新潮，冷静自持，既有定力，又有耐力，始终扎扎实实，持续发力，不断取得一个又一个厚重的学术成果。为什么您会具有这样的学术追求和治学特点呢？

王一川：是否够得上"有突出学术个性"，不敢自评，但这确实是我个人的自觉追求，希望跟别人不一样，既不跟风又保持敏锐度。在开放的中国大学做学问，你不得不同时面对两方面力量的竞相拉动。一是国内外学术新潮的强力影响，它们很诱人，可赢得一时的光环和掌声，但也很危险，因为可能迫使你跟进学术时尚而缺乏深度和独立品格。二是来自学术自主性及内心良知的无声召唤，它逼迫你脱离学术新潮而回归学术本心，尽力按学术自身内在逻辑去探索，但你必须忍受不被人看好的落寞。坦率地讲，人有时不能免俗。我的早期学术研究就显然受到了当时的学术新潮的牵引。后来得童庆炳推荐，由北师大派遣到牛津做博士后，在"而立之年"又经历了一段痛苦的自省，领悟到学术自主的重要性。例如，林毓生的学术研究及其提倡的"比慢精神"深得我心，从此要求自己敢于脱离学术新潮的牵引而按自身的学术逻辑前行，当然也要在岸上时时关注学术新潮的潮起潮落，但不会再轻易追逐新潮了。我在文艺美学研究中的语言论、修辞论、感兴论等理论演变，主要就是按自己的内在学术探究逻辑走的。它们已远离了那些惹人关注的学术新潮，难免打上我与别人不同的独特学术印记。而对这种岸边独行之旅，人们当然也可以见仁见智。

提出艺术学研究新命题

朱平珍：近些年来，您开始转向艺术学研究，提出并阐释了"国民艺术素养""素养论转向""艺术公赏力""文化的物化"等一系列富有理论张力的新命题，为艺术学这一新的"学科门类"的建设做出了切实的贡献。想请您谈谈您个人由美学、文学而转向艺术学的这一过程，并谈谈您对艺术学科升格为"学科门类"之后的展望。

王一川：我这些年的思考重心逐渐从文艺美学转向艺术学，主要有两个原因：一个是文艺美学本身的跨学科特性的导向的缘故，它促使我多年来习惯在文学与其他艺术之间来回跨越而无逾矩之虞；另一个是在学校的工作重心转移的缘故——当时的北师大校领导刘川生书记和钟秉林校长等派我到艺术与传媒学院任院长。这一新工作岗位让我不得不把更多精力放到各门艺术的理论思考和艺术概论课程教学中，而且还承担北京大学生电影节组委会具体组织工作。至于艺术在当前越来越受到国家战略的重视，艺术学又顺利实现"升门"之举等与艺术的社会影响力疾速提升相关的诸多因素，则是时运所致了。至于提出一些艺术学新命题，则是顺理成章的事。艺术学升门总的看是大好事，客观上反映了艺术及艺术学的社会影响力都获得提升的事实。但从中国艺术学的发展历史看，则需要冷静地看到存在的问题。例如，与中文、历史和哲学等传统人文学科相比，艺术学的学术积累总体上要浅或薄些，所以急需以清醒的学科意识和冷静的治学态度去夯实基础。同时，艺术学在我国历来长于艺术创作、表演或实践，现在突然间裂变出五大一级学科来，它们如何真正具备文史哲那种"学"的基础？则实在需要艺术学界全体同行付出长期的艰苦努力。这样的差距绝非一次来自学科体制上的升门决定就可以填平。所以，艺术学升门后更应该冷静地潜心从事艺术学理论与历史等基础建设，切莫急功近利。

"艺术公赏力"的提出和阐释

朱平珍：在您提出的一系列有关艺术学研究的新命题中，根据我个人的感觉，"艺术公赏力"是其中比较重要也颇有影响的一个，请问您是如何提出"艺术公赏力"这一艺术学新命题的？

王一川：我提出艺术公赏力概念，绝非一时冲动，而是经过了几年来的艰苦摸索。这样做首先来自一种迫切的需要：艺术研究范式如何顺应当前我国艺术新的存在方式及其必然要求而做出改变。

一般地说，特定的艺术研究范式的选择和建构，是服从于特定的艺术存在方式的需要的。在过去30多年时间里，我们曾经经历过大约五种艺术研究范式的持续的和交叉的影响。第一种范式可称为艺术传记论范式，它强调艺术的魅力归根结底来自艺术家及其心灵，因而艺术研究的关键在于追溯艺术家的生平、情感、想象、天才、理想等心灵状况及其在艺术品中的投射。第二种是艺术社会论范式，认为艺术的力量来自它对于社会现实生活的再现以及评价，从而把艺术研究的重心对准艺术所反映的社会生活。第三种是艺术符号论范式，主张艺术文本的表层符号系统中蕴藏着更深隐的深层意义系统，需要借助20世纪初以来的语言学、符号学、心理分析学、结构主义、现象学等方法去透视。第四种是艺术接受论范式，倡导艺术的效果在于公众的接受，要求运用20世纪后期的阐释学、接受美学、读者反应理论等去分析。第五种是艺术文化论范式，注重艺术过程与特定个人、社群、民族、国家等的文化语境的复杂关联，主张运用解构主义、后现代主义、后殖民主义、女性主义等方法去阐释。这些研究范式诚然各有其学理背景及特质，也都曾经在艺术研究中起过特定的作用，但是，当新的艺术方式发起有力的挑战时，它们还能稳如泰山吗？

因此，我们需要开拓和建构新的艺术素养论研究范式。这种艺术研究新范式把研究的焦点对准公众或国民的艺术素养，认为正是这种艺术素养有助于公众识别和享受越来越纷纭繁复的艺术的纯泛审美互渗状况。如果说，以往的五种艺术研究范式不约而同地把焦点投寄到艺术家或艺术批评家身上，即使是热心关注读者接受的艺术接受论也只是表明专业研究者的重心转变而已，那么，正是艺术素养论才得以把研究焦点真正置放到公众的艺术素养及其培育和提升上，而这种素养得以让公众识别什么是纯泛审美互渗，并且在此基础上对它产生自身的体验和估价。作为一种新的艺术研究范式，艺术素养论首要关注的是国民或公众所具备的感知艺术的素养，特别是如下两方面的艺术素养：一是在剩余信息的狂轰滥炸中清醒地辨识真假优劣的素养，二是在辨识基础上合理吸纳真善美价值的素养。因此，对于艺术在社会生活中的地位和功能就有了一个与过去判然有别的新的知识论假定：艺术的符号表意世界诚然可以激发个体想象与幻想，但需要履行公共伦理责任。这应当属于公民社会中一种美学与伦理学结合的新型知识论假定，具体地体现为一种新型的公共伦理的形成。这样，根据上述新的知识论假定，不再是艺术的审美品质而是艺术的公赏力，成为新的艺术素养论范式的研究重心或关键概念。

朱平珍：希望您能对"艺术公赏力"这一艺术学新命题做一简要阐释。

王一川：艺术公赏力，是我经过多年思考，参照传播学中的"媒介公信力"（public trust of media）或"媒介可信度"（media credibility）概念，根据对于艺术素养的研究需要而尝试新造的概念。与传播学把媒介是否可信或可靠作为优先的价值标准从而提出媒介公信力不同，当今艺术对于公众来说，诚然需要辨识其可信度，但最终需要的不仅是可信度，而且是建立于可信度基础上的可予以共通地鉴赏的审美品质，或者简称为可赏质。如果说传播学通过媒介公信力概念而突出媒介的信疑问题，那么艺术学与美学则需要通过艺术公赏力概念而强调艺术的可赏与否问题。可以说，可信度基础上的可赏质才是当今艺术至关重要的品质。但这种可信度基础上的可赏质靠谁去判定和估价呢？显然不再是仅仅依靠以往艺术学与美学所崇尚的艺术家、理论家或批评家，而是那些具备特定的艺术素养的独立自主的公众，正是他们才拥有艺术识别力和鉴赏力。由此，艺术研究需要首先考虑的正是艺术的满足公众鉴赏需求的品质和相应的主体能力，这就是艺术公赏力。艺术公赏力，在我的初步界定中，是指艺术的可供公众鉴赏的品质和相应的公众能力，包括可感、可思、可玩、可信、可悲、可想象、可幻想、可同情、可实行等在内的可供公众鉴赏的综合品质以及相应的公众素养。艺术公赏力作为一个有关艺术的可供公众鉴赏的品质和相应的公众能力的概念，包括如下具体内涵。从社会对艺术的基本要求看，艺术公赏力表现为艺术品所具备的满足公众信赖的可信度；从社会对艺术的审美需求看，标举艺术公赏力意味着艺术需要具备满足公众鉴赏的可赏质；从公众的信任素养看，艺术公赏力的高低在很大程度上还取决于公众对艺术是否可信所具备的主体辨识力；从公众的审美素养看，艺术公赏力还表现为公众对艺术是否美所具备的鉴赏力；从艺术的生存语境看，艺术公赏力概念力图揭示如下现实：艺术不再是传统美学所标举的那种独立个体的纯审美体验，而是在纯审美与泛审美的互渗中呈现出越来越突出的公共性。艺术公赏力，就是这样在艺术可信度与辨识力、艺术可赏质与鉴赏力、艺术公共性等概念的交会中生成并产生作用。

自觉应对"艺术学"新挑战

朱平珍："艺术学"从 2011 年起成为统辖五个一级学科的独立的学科门类即第 13 个学科门类，这应该是一件令人喜悦的事。您认为这对全国艺术学界的研究与教学带来怎样的新变化？

王一川：当艺术学成为独立的学科门类时，研究上的新挑战便接踵而至。简要地看，以下几个矛盾性问题是值得重点关注的：第一，社会影响力提升但学科实力薄弱；第二，艺术特殊性凸显而艺术普遍性淡忘；第三，普通艺术学独立而与部门艺术学分离；第四，普通艺术史与部门艺术史关系成疑；第五，部门艺术学科群的内在逻辑亟待梳理；第六，两大视觉艺术学科之间的分离代价应予重视。以上只是简要的矛盾问题列举，其实远远不止这些。沉浸在升门喜悦中的我们，确实有必要随时保持清醒的头脑。带着忧思去面对矛盾，正是为了更加冷静地迎接复杂的挑战。

同上面的艺术学研究新挑战相应，艺术学教学也随之面临一系列新问题，呈现出一些新趋势。其实，研究上的问题与教学上的问题本来就是不可分离地相互缠绕在一起的，它们不过是同一枚硬币的两个不同侧面而已。教学上的问题更能暴露研究上的深层症结或征候,而且表露得更加急迫。一是急需建构五个一级学科教学与教材体系;二是根据五个一级学科设置而重新认识各部门艺术的特性,特别是重新认识音乐与舞蹈的艺术群特性,以及戏剧、电影与电视艺术的艺术群特性;三是认真研究跨媒介艺术交融在当前艺术中的作用;四是分析中国当代艺术体制对艺术的构型作用;五是研究当前中国艺术创作新趋势,并探索中国艺术美学传统在当代的传承与创新的必要性和可能性;六是关注当代艺术批评的新格局;七是重视当代艺术观众在艺术生产中的新角色。这些只是列举,当然还可能更多。我想,梳理和应对这些问题,可能有助于推动艺术学逐步地走向成熟。

新中国 60 余年艺术学的重心位移

朱平珍:您近些年来在致力于艺术学研究的同时,又开展了关于中国当代艺术学史的研究,同样取得了重要成果。其中较有影响的是,您提出了新中国 60 年艺术学经历了五次重心位移的观点,望您能介绍其基本内容。

王一川:考察新中国 60 余年来艺术学发展状况及当前新取向,可以有多重视角,这里不妨首先聚焦到艺术学所经历的研究重心位移状况,再由此就当前艺术学新取向做点分析。由于新中国成立以来国家发展一直处在不断的变动状况中,因而具有"配合"角色的艺术学不得不随着国家发展状况的变化而发生改变,从而形成不同的和错综复杂的演变状况。以极简化的方式去观察,可以看出具有较为明显特征的四个演变时段,目前应处在新的第五个时段中。

第一时段为 1949~1965 年,属于工农兵的艺术整合时段。这时的艺术界被统称为"文艺战线",体现了一种特殊的传统和"配合"角色。这个时段虽然把文艺服务的对象主要规定为人民,但人民在此是特指国家确认的以工农兵为主体的各阶层群众联合体(有时称为"工农兵学商")。此时的艺术学还是在美学和文艺学的统摄下运行,服务于一个统一的目标——以工农兵为主体的人民群众,通过艺术而实现政治整合和情感整合,这样做正是要给予新民主主义及随后的社会主义建设以有力的"配合"。由于是以初等文化或无文化的工农兵群众为主体,这种艺术整合和"配合"工作的重心,显然就必须是艺术普及或艺术俗化(而非艺术提升),也就是把国家的整合意志通过通俗易懂的艺术活动传达给工农兵。而承担这种艺术俗化任务的艺术理论家面对两种不同情形：在解放区成长和伴随新中国生长的艺术理论家，可以合法地全力履行上述使命；来自国统区的老一辈艺术理论家，面临的首要任务则是改造自我以适应新角色和新使命，而只有改造完成才能获得投身艺术整合使命的合法性。

第二时段为 1966～1976 年，为阶级的艺术分疏时段。特殊的"文化大革命"形势虽然基本上延续了上一时段的艺术俗化重心，但又从不同阶级有不同审美与艺术趣味这一极端化立场出发，把以往 17 年的艺术进一步分疏成"无产阶级文艺红线"和"资产阶级文化黑线"两条泾渭分明的战线，由此而对更久远的艺术传统做出阶级分析，从而非同一般地突出艺术趣味的阶级分隔、疏离和尖锐对立。这时段的艺术和艺术学主要演变为政党政治斗争的工具。此时艺术学的重心不是知识分子孤芳自赏的高雅文艺，而是工农兵群众容易接受的通俗的革命文艺，被视为无产阶级革命斗争的工具而被推崇和风行。

第三时段为 1977～1989 年，可称人民的艺术启蒙时段。这个时段是对上述两时段加以改革的结果。由于知识分子被确认为工人阶级的一部分而享有与工农兵同等的历史主体地位，"右派"被予以平反，这使得人民概念的范围同上述两个时段相比扩大了。在扩大了的人民中，无论是昔日历史主体工农兵还是新的历史主体知识分子，都被要求接受改革开放时代艺术的启蒙教育，以便顺利投身到新时期以经济建设为中心的改革开放大潮中。因而艺术在此时段扮演的就不再是新中国前 17 年的工农兵整合，也不再是"文革"中的阶级分疏角色，而是人民的艺术启蒙角色。艺术启蒙，意味着艺术界需要运用以高雅艺术为主的艺术手段，把处在蒙昧状态的人民（包括知识分子自身）提升到理性高度，所以艺术的雅化成为此时段大趋势（当然，通俗艺术也受到应有的重视）。解放被禁锢的文艺创作自由和创造活力，创造出新的富于美感的艺术，满足新时代人民的艺术与文化启蒙需求，成为这时段艺术学的重心。这种解放效果突出地表现在：各艺术专业院校恢复招生，使得一批批拥有艺术专长的"知识青年"得以进入大学深造，成为高层次艺术专门人才。

第四时段为 1990～2000 年，即学者的艺术专业化时段。艺术学借助上一时段的艺术启蒙成果，在此时段进而向艺术学科的专业化层次进军，在专业化领域取得如下几个方面的实绩。一是各艺术专业院校纷纷提升艺术人才培养层次，力争获得硕士和博士学位授予权；二是综合性研究型大学纷纷恢复、扩充或新设艺术专业及艺术院系（如北京师范大学和北京大学分别于

1992 年和 1997 年恢复并重组艺术学系);三是由于艺术学科专业发展势头愈益迅猛、独立呼声越来越强劲,一向依附于美学和文艺学的艺术学终于独立出来,获得自身的学术家园,其鲜明的标志性成果便是在国家学术体制和教育体制中建立起独立的艺术学一级学科和二级学科体系。这为此后全国艺术学科新的高速发展奠定了学术体制与教育体制的基础。

2001 年至今,我以为当属于目前尚未被清晰认识和重视的第五时段,即国民的艺术素养时段。随着国家进入"全面建成小康社会"和"和谐社会"建设阶段,以往的"工农兵""无产阶级""人民"等概念在此时段扩大为更广泛的全体性概念——"国民"或"公民"。艺术的最基本任务就应当是服务于全体国民的愈益增长的安定与和谐的生活需求,这种需求包含着艺术素质的涵养即艺术素养。于是,国民艺术素养(包括普通公众的艺术素养普及和专门人才的艺术素养提升)成为此时段艺术学的新的重心。这一重心转移有若干显著标志加以支撑。一是艺术学者运用电子媒体向大量普通公众宣讲中国文化传统获得成功。二是面向各年龄段人群的各种通俗的艺术欣赏品、艺术学讲演录、艺术学读本、艺术教学参考读物等大量畅销,体现了公众的旺盛的艺术素养养成需求。三是高校艺术学科博士点在国家指导下从 2005 年起纷纷办起艺术硕士专业学位授权点(MFA),从而让一批批艺术从业者(包括知名主持人、明星演员及高校艺术专业教师等)获得在职提升专业素养的机会。

上述五个时段之划分诚然是大致的,其间也存在某些连续性或关联性,但可以看到,面向"全面建成小康社会"时代的国民艺术素养,已经必然地成为艺术学的新的重心。

中式大片的美学困境

朱平珍:您较长时间兼任北京电影家协会副主席、中国电影家协会理事,多次担任北京大学生电影节组委会执行副主任,您一直对艺术中的重要门类电影比较关注,产生了不少成果。其中,您对中式大片的评论和研究尤其有影响,您提出过"中式大片的美学困境"的观点,希望您能谈谈这一观点。

王一川:我原来以为自己是专业做文艺美学而业余做电影评论,又因为工作原因而参与组织电影节,但毕竟电影批评成了我 20 多年来不间断的业余爱好。我说的中式大片或中国式大片是指由我国大陆电影公司制作及导演执导的以大投资、大明星阵容、大场面、高技术、大营销和大市场为主要特征的影片。称得上这类影片的如《英雄》《十面埋伏》《无极》《夜宴》《满城尽带黄金甲》等。鉴于这些大片无一例外地以古装片形式亮相、叫阵，也可称为中式古装大片。同以冯小刚为代表的贺岁片已初步建构大陆类型片的本土特征并成功地赢得国内票房相比，这古装大片却从一开始就陷入热捧与热议的急流险滩而难以脱身。对古装大片面临的诸种问题我不在此做全面探讨，这里仅打算从美学角度去做点初步分析，看看这批中式大片究竟已经和正在遭遇何种共同的美学困境，并就其脱困提出初步建议。

可以看到，这批中式大片不约而同地精心打造一种超极限东方古典奇观，简称超极限奇观。超极限奇观是说影片刻意追求抵达极限的视听上的新奇、异质、饱满、繁丰、豪华等强刺激效果，让观众获得超强度的感性体验。从《英雄》中秦军方阵的威严气派和枪林箭雨、飘逸侠客的刀光剑影、美女与美景的五彩交错，到《十面埋伏》中牡丹坊豪华景观和神奇的竹林埋伏，到《无极》里的超豪华动画制作及《夜宴》里的宫廷奢华（如花瓣浴池），再到《满城尽带黄金甲》里的雕梁画栋、流光溢彩，观众可以领受到仿佛艳丽得发晕、灿烂到恐怖的超极限视听觉形式。

但是，问题在于，尽管有如此之多的超极限奇观镜头，有如此之多的特殊的电影美学建树，为什么许多观众看后仍是不买账甚至表示失望之极？

我以为，至少有这么三点可以提出来探讨：一是有奇观而无感性体验与反思，二是仅有短暂强刺激而缺深长余兴，三是宁重西方而轻中国。第一，从观众的观看角度看，在这一幕幕精心设置的超极限奇观的背后，却难以发现在奇观中体验与反思生命的层面，也就是说只有奇观而不见生命体验和反思，丧失了生命体验与反思的奇观还有什么价值。第二，进一步说，从中国美学传统根源着眼，这些大片在其短暂的强刺激过后，却不能让中国观众牵扯、发掘出他们倾心期待的一种特别美学意味。这种对于蕴涵或隐藏在作品深层的特别美学意味的期待和品味，就存在于以兴味蕴藉为代表的古往今来的中国美学传统中。就眼下的古装大片来说，当中国观众以这种兴味蕴藉美学传统赋予他们的审美姿态去鉴赏时，必然习惯性地从令他们眼花缭乱的超极限奇观中力图品评出那种由奇而兴、兴会醇畅和兴味深长的东西。如果在豪华至极的超极限奇观背后竟然没有兑现这些美学期待，他们能不抱怨或暴动？第三，上述两方面问题的形成，还需从古装大片的直接的全球电影市场意图去解释，因为正是这种意图或明或暗地制约着编导的电影美学选择。其中关键的一点就在于，这些中式大片的拟想观众群体首要地并非中国观众而是西方观众及国际电影节大奖评委。这就使得以东方奇观去征服西方观众及评委成为首务，至于中国观众对待奇观的期待视野如何，就是次要的了。这样，中国观众观看这些东方奇观时总觉得"隔"了一层，无法倾情投入自己的感兴，就不难理解了。另外，国际电影市场及电影节评奖的偏好或口味是变幻莫测的，很可能出现"市场疲劳"，你想迎合却未必就能成功，上述影片先后冲击奥斯卡等一流电影节奖项均铩羽而归，也是不奇怪的。一方面主动迎合国际市场却屡屡受挫，另一方面连本土观众的芳心也无法抓牢，古装大片面临的困境就可想而知了。这种困境既是市场的也是美学的，市场选择制约美学选择，美学选择又反过来加重市场选择的后果，于是形成一种美学困境与市场困境交织的双重困境。

朱平珍：请您具体谈谈对《英雄》《让子弹飞》的看法。

王一川：功与过常常是如影随形的。《英雄》有多少功就应该有多少过，功与过大致是相伴的，假如一定要论功摆过的话，《英雄》在其有功之处就正是其有过之时。相对而言，最令人遗憾的功与过就集中表现在视觉形式体验与价值观错位两方面上。论其功，一在于大大拓展了中国电影的视觉形式表现力，给予观众以极大的身体抚慰；二在于打破了以往陈旧呆板的价值观，让观众的思想获得解放，进入前所未有的价值观开放地带。但论其过也在同样的地方，好比一枚硬币的另一面，这就是，一没有给超级视觉形式匹配出合适的心灵感动阀门，导致观众身热而心不热；二没有在解放了观众的价值观后及时诉诸他们以新的明确的价值观，致使他们常常茫无头绪，无法获得真正的心灵感动。

《让子弹飞》也像《英雄》那样带给观众以超常的视听觉愉悦，甚至还有比《英雄》做得稍微成熟的地方，这就是试图由单纯的身体抚慰而进到更深的心灵抚慰上。但是，由于编导在基本价值观层面陷于混乱而未能最终实现，令人扼腕叹息。例如，主人公张麻子到底想要什么，属于哪路英雄或侠客，显然直到影片最后也不清楚。连影片绝对主人公的价值立场都没弄清，那整部影片的价值体系又立于何处呢？那些因仰慕而愿跟从他的民众，又应该跟随他走向何方呢？这就难免陷于混乱无序了。

朱平珍

（原载《文艺报》2014 年 1 月 29 日）

发现东方与再中国化

——王岳川教授访谈

随着中国经济的崛起，中国文化在国际上的影响越来越大。在这样的背景下，北京大学王岳川教授提出了"发现东方"和"文化输出"的观点，提出要坚持文化输出中的自主创新，使中国思想在 21 世纪能够成为人类主流思想的一部分。为了促进学界对此问题的进一步探讨，特发表这篇访谈。

——编者

一　西学只是我研究中国问题的背景

余三定：我对您的学术研究一直比较关注，对您的研究成就曾做过梳理。我发现，您的研究并没有固定在某一特定的领域，而是在不断扩大和转换，您一向以西学研究著称，然而，自 20 世纪末以来，您的学术视野和研究范围却经历了一个从西学到中学的学术转向，您自己对此是怎么看待的呢？

王岳川：学界很多朋友对我的"学术转向"很感兴趣，我的学术研究也确实经历过几个转折，但就我而言，这么多年来的学术研究，其实并没有发生所谓的转向或位移，而是一以贯之的，即使有所谓的转向，也只是针对各个时期问题的不同而研究的侧重点不同而已。学界同仁说我以西学著称，是因为我差不多研究了 20 年西学，但我从最初写《艺术本体论》《后现代主义文化研究》《二十世纪西方哲性诗学》，到《中国镜像》《发现东方》《文化输出》等，即所谓的从西学转入中国问题，可以说是一脉相承的。我做西学的目的在于知己知彼，我的想法很简单：西学只不过是我真正学术研究——中国问题研究的背景，我需要全球化时代西学背景的深度阐释，故而我研究西学，是将其作为一种方法论，而非将其作为一辈子研究的终极归宿。从西学转入中国文化的研究，是我学术生涯自然生发出来的必然趋势，我的学术的最终目的是"当代中国文化阐释和理论创新"，所以我提出了"发现东方"和"文化输出"的观点。

孔子曾经说过，"君子不器"，也就是说，君子的意义在于他不命定般地将自己定型在一个领域，不应像器物那样有容量之限制，而应心怀天下，乃至于无所不通。君子度量宽宏，胸襟博大，气度似江海纳百川，以宽广的胸襟来看待万事万物，力求上下古今中外无所不通，最终在"德体器用"中达到"一以贯之"之"道"！因此，我没有将自己的学术研究限定在文艺理论领域，尽管它是我的专业。我认为，在专业之外还应该有大的人文关怀，在今天学科化、体制化日益促狭的情况下，这一点尤为重要。

"学术乃天下之公器。"回到王国维的这句话，"学问无古今，无中西"，全在于学者用公正的心去研究它们。故而，我认为，中西之间要区分，但不是本质主义地分成两半，而是中中有西，西中有中，中国曾经影响过西方，中东曾经影响过古希腊，为什么今天我们不能再互相影响呢？我不相信一个目无"天下"的学者能够把学术变成"天下之公器"，如果他不知道有天下，那么他所做的学问只是为稻粱谋的学问。如果说，"铁肩担道义，妙手著文章"是北大百年无数先贤风骨精神和理想人格的真实写照，那么，"发现东方"和"文化输出"则应是21世纪学人的历史责任和使命。我坚信：关系人类命运的中西文化交流关系，不再是"中体西用"或"西体中用"，而只能是"互体互用"，使民族主义和冷战立场让位于人类的互相理解和文化互动，使东西方消除文化误读，使人类的未来成为东方和西方共同关心和构筑的远景，那就是我的终极向往——"人类之体，世界之用"。

余三定：我注意到，您已经超越单纯的文艺学领域而进入多个重要的人文领域，比如您对国学与书法的研究，对音乐与美学的研究，对本体论和方法论的研究都取得了令人瞩目、影响巨大的成就，因此我以为，如果简单地称您为文艺理论家的话并不全面，准确地说应该称您为"人文学者"。而且我以为，称您为"人文学者"，不仅是说您的研究视野开阔、研究领域宽广，更重要的是说您具有人文情怀。您能对您的治学历程进行简略介绍吗？

王岳川：好的，正好借此机会总结一下 30 多年来我个人思想史的推进脉络。

什么是人文？人文本质上是领悟自身，穿透自身，不为世俗生活表面现象所左右的一种精神感召和感悟。记得乾隆下江南，让金山寺的方丈数长江中有多少艘船。方丈惠林和尚说只有两艘，一艘为名，一艘为利。倪云林在 52 岁时把家产散尽后浪迹天涯，其后他的画作荡尽俗气，具有穿透力。左宗棠经历了一次穿透和自我超越——他天天监督造房，招致建筑工人厌烦，工人说，我修的房子从来没垮过，但我修的房子经常易主。左宗棠突然醒悟，锱铢必较的名与利终归是别人的。我认为，人文之识就是人文精神所体现的四个维度：难度、精度、高度、深度。没有这些"度"，就不会获得认识、眼光、胆识、超越，也不会获得自省。"通"就是通中西、通古今、通史实、通门类。这才是比较完整地把握了人文通识。

我从不认为满地都是圣贤，不认为满地都是哲学家、美学家，也不认为满地都是文论家。真正成为一个伟大的文论家、美学家的机会很小。只有与时代的命运相激相荡，才有可能玉成大师，正如王国维的思想历程一样。有人说王国维的学问从来不和当代发生关系，而是闭门做自己的大学问。我说非也。看看王国维早年的日记，天天在学德语、日语，痛苦不堪，那是为了翻译叔本华、尼采，去启迪民智；当他发现"一战"就把西欧打成废墟以后，就相信梁启超旅欧游记所载，于是写《人间词话》，讲童心慧眼和赤子之心；当他发现甲骨文被老外拿出国，已经研究得如火如荼的时候，他马上开始精研甲骨文；当他发现敦煌在中国，敦煌学在西方，他马上用他的全部力量研究敦煌学；最后他发现外蒙古即将被"独立"出去，他就投入了蒙古史的研究。可以说，王国维因此成为心怀家国"君子不器"的大师！

人文学问有四条腿：国学根基，西学方法，当代问题，未来视野。我觉得这四条对做学问来说是很重要的，我把它作为我做学问的"十六字心经"，表达了我在世纪之交 30 年做学问的体会。

实际上，我并非一开始就从事西学研究的，大学前我一直读经史子集，大学时做唐代文化和文学研究，并对中国文化上古和中古思想文化问题花了不少工夫，可以说长期潜沉国学之中。这里谈谈我选择学术的过程。我作为 1977 级的大学生在进入大学后，发现同学们让老师们紧张不安，彻底改变了大学的读书风尚。新大学生巨大的求知欲，使这群大学生看书像狼盯上食物一样。在知识匮乏之后，每一个大学老师站在讲台上，面对这样渴求而挑剔的眼光都会心里发虚。学生对老师造成巨大的压力，让老师措手不及，因为他们没想到学生会"如狼似虎"。作为这一届的大学生，由于亲身经历了知识匮乏的"文革"时期，因此，我们这一代学者有着比较清醒而自觉的历史意识和文化意识，认识到大学四年应该成为人生最重要的思想能量储备期。大学期间，我每天花十几个小时狂读诸子、经史，尤好老庄，还研究过文字学、金石学和书法学。苦读苦背成为我大学生活的唯一"活法"。这段时期，几乎只看"国学"书而陶醉于这种鉴往知来之学，真相信"天不生仲尼，万古长如夜"——精神是照亮生命盲点和世界暗夜的光。大学时候，我就是从研究传统文化、从研究杜甫开始的，为了写《杜甫诗歌意境美研究》的毕业论文，我经常枯坐在图书馆善本书室，苦读苦写，最后以9万字的《杜甫诗歌意境美研究》的论文获得文学学士学位，成为用新方法研究中国唐代诗歌的先行者，当时有人不认同，但今天已经成为共识。这应该是我文艺理论研究的起点。

进入北大读研后，我深切地感到北大学子接受了非常前沿的现代西学思想，我那刚刚有点眉目的"国学"话语在研究生们畅谈胡塞尔、弗洛伊德、海德格尔、萨特、马斯洛、结构主义、西方马克思主义等颇为时髦的话题面前，顿时"失语"了。当时，我想，有两条路可走，一是做古代文论或古典美学，以不变应万变；另一是更新知识结构，发现新时代学术问题，进入学术前沿语境。我当时想，与其向后退，不如往前走，应好好补习现代西方知识型话语。思之再三，我选择了后者。我采取的方法是从现象学入手，尽可能把握西方文化的根源性问题，发现新时代学术问题，以进入前沿话语语境。

做西学，首先必须解决外语工具问题，必须有良好的外语功底，在我看来，读原著是做西学的基础，于是，在翻译了十几篇西方学术论文之后，又花了一年多时间全心着手翻译 Robert R. Magliola（R. 玛格欧纳）的 *Phenomenology and Literature：An Introduction*（《文艺现象学》），并用近一年时间细校两遍，对原著逐字逐句的斟酌使我得以透过语言直接切入思想层面，明白了语言不是思想的"皮"而是思想的对等物，这使我对英文学术著作的读解能力大大提高。同时，得以通过现象学进入以存在主义诗学、解释学、接受美学、解构主义为线索的学术清理和自我知识系统的提升的过程，学术视野、思维框架有了新的拓展。研究生期间，我认识到理论自觉是重要的，于是试图通过"文艺本体论"去重审文艺学话语。1986年至1988

年初夏，我完成了 25 万字的《艺术本体论的当代意义》的论文，并获文艺学硕士学位。其后，论文易名为《艺术本体论》，由上海三联书店出版。

留北大任教是我学术思想发展的重要阶段。在讲授《文艺美学》《20 世纪西方文论》《后现代主义文化美学》等课程中，我开始重审 20 世纪西方文论问题。其时，后现代成堆的问题已进入我的研究视野。我仍采取先精读并译释原著再从事写作的办法，开始了"后现代问题"研究。两年后，我编译的《后现代主义文化与美学》和专著《后现代主义文化研究》分别于 1989 年和 1990 年脱稿并交付北京大学出版社出版。其后，我又写了《二十世纪西方哲性诗学》，主编了《文艺学美学方法论》等著作。1993 年，在世俗化大潮冲击下，我开始写一些"文化研究"的反思文章，同时开始关注东西方文化语境中的中国 20 世纪文化艺术"问题"和"问题意识"。可以说，我的学术自信和自醒是有西学体悟和中国立场保证的。

在我看来，人好像没有办法选择自己的生命、时代和母语，却似乎可以在"一切选择都是被选择"的前提下，选择用血性母语去言说自己的生命、时代和思想。人生经历往往与学术历程有着非此不可的关系，因为，真正的学术以践证为本，本性皈诚，渐修顿悟为重，不以微名小利、一孔之见为意。使生命充实而有光辉的学术，是需要追求才可能（而非必然）获得的。

二 做学问的十六字"心经"

余三定：您把做学问的方法归结为"国学根基，西学方法，当代问题，未来视野"，能解释一下您的这十六字"心经"吗？

王岳川：可以说，这十六字"心经"是我长期以来做学问的一点体会。在我看来，没有这四条法则，学问可能只是知识性的积累，而不会产生思想性的飞跃。正是依据古今中西的问题意识，使我在大学时代注重对中国古典文化的研读，研究生时代则转向现代西学的研习，在执教北大多年后，则转向中西文化研究互动和中国立场的确立，这是一个在转型的"否定之否定"中精神深化和人格修养的过程。

我做学问时发现一个普遍的现象，那就是 20 世纪初的学术大师是文史哲不分家的，而且他们的国学底子和西学底子都非常厚。"世纪初一代"的知识分子——清末民初如严复、康有为、梁启超、章太炎、王国维等，大致可归为这一代，这一代国学底子厚，既对中国文化怀有深厚的感情，又具有相当深刻的文化生存危机感，在西学东渐的时代潮流中，借鉴西学以立论，坚持"中体西用"，并能在学术上获得相当的成就。相反，进入 20 世纪 50 年代以后，大概是向苏联学习，学科分类非常精细。比如说在文学领域，研究古典文学和研究现代文学完全不搭界，尽管都叫文学史。这种过细的分科，造成每一个行当只出专家，而很难出通才和大师。我常这样告诫自己，要反省自己做学问的方法，要尽可能打通古今中西，单精通一个方面是远远不够的。

我经常感慨，人生苦短，每个学者都只能留下一点点东西，我们应该打破文科方面人为地分成文、史、哲、政、经、法隔局。人应当是一个整体性的人，十六字"心经"就是还原个人成为整体性的人。西学需要做，所以我研究胡塞尔、海德格尔、后殖民主义、后现代主义等，是将其作为方法论。但国学根基是学者的根本，是一生学问的落脚点。"当代问题"是做学问的价值关怀。正如王国维每一步学问都跟民族国家命运紧密相关一样。

我从来不认为有纯粹客观的学问，也不认为能完全脱离今天的"处身性"。"未来视野"，我认为能达到这一点的学者微乎其微。很多人认为自己的研究很超前，但在学术界一般认为当代无史，当代不好评论，无法盖棺定论。一般做当代文学或文化的人都谨小慎微，不过多批评别人，但最终经不住历史检验。历史总会得出公正的结论。"未来视野"非常关键，用更高更远的理性尺度来观照今天，穿透时代的迷障，在今天"凡是现实的都是合理的"时候，发现其话语的不合法性，将未来视野的先现行见到。总结一下，国学思考我现在还在深入，对我来说主要就是回到经典性的研究，首要关注先秦刚健清新的思想。西学方法是我进入问题的角度，也是审理任何中国问题时所不能忽视的当下语境。当代问题应该作为中国知识分子的价值关怀的立足点。未来视野促使我思考全球化是全盘西化还是人类化、世界化？世界化的含义是世界整齐划一的一元论还是一分为多的多元论？这些都需要用批判性的思想来回答！

人是有局限的。今天的人看"五四"一代学人也会对他们的偏激或保守颇有微词。也许几十年后的人看当代学者做的事情，或许会觉得可笑吧。但对我们这一代学者而言，只能勉力而为，岂能尽如人意，但求无愧我心！

三　读书是为了明心见性

余三定：学者的生活与书斋分不开，您是位大学者，同时也是一位读书人，我注意到，您曾经主编过一套"一生的读书计划"丛书，您能谈谈怎么读书治学吗？

王岳川：我一生最爱的事情就是读书，最喜欢劝别人的事情是读好书。初中时无数个深夜在被窝里打手电筒读书，一直读到没电。大学读书，读到眼睛迅速近视到几百度。在大学期间，沉醉于图书馆如饥似渴地阅读是我的"日课"，每日花十几个小时昏天黑地苦读苦背成为我的生活方式，这段时间，我在阅读中陶醉于鉴往知来之学，精神世界被照亮。研究生期间，我无数次进入藏书巨富的北大图书馆大库，那满满的书架挤满了哲人威严的眼睛。我意识到，自从有人类以来，已经有约九百亿人逝去了，几千万册书在九百亿人这个分母中，渺小得几不可言。而个人经年累月又能看几摞书？写几许文章？在知识的海洋前，一滴水是易被"忽略不计"的。

我想，人一生大约最多有三万天。《红楼梦》妙玉最赞赏范成大《重九日行营寿藏之地》中的两句："纵有千年铁门槛，终须一个土馒头。"而唐寅《一世歌》中更真切地说道："人生七十古来稀，先除幼年后除老。中间光景不多时，又有闲愁与烦恼。过了中秋月不明，过了清明花不好。"生命如此短暂，难怪"子在川上曰，逝者如斯夫！"既然一生最多能读几万本书，而不能读尽天下书，就需要探究读书之道。于是我慢慢摸索读书门径：泛读，精读，读经典，读对经典的阐释和论战，读善本，读善本提要，补"小学"（文字训诂），补史（史识、史料、正史、野史）；从疑处疑，也从不疑处疑，从跟着说到自己说，力求说点新东西，并不惮于不成熟。在生命和学术积累的几年苦读中，我意识到有一种新的质素即超越了自我视域而关注人类问题的眼光慢慢地从生命中升起来。

经验告诉我，读经典性的书具有方法论的意义。西学是必读之书，从古希腊一路读下来，会使人全面修正自己的话语系统和心灵编码，并在瞬息万变潜流涌动的学界中，保持刚正不阿的学术眼光和遗世独立的价值情怀。然而，泰西语种纷繁，皓首亦难穷经，如果一个人一定等到精通了数门外语再思想，他就有可能让自己的灵性和思考僵化在语言规则中了。因此，选择最重要的外语方式进行学术资源撷取，足矣。通过语言进入思想的底层，重要的不是纳入哲人的结论和训示，《庄子》中轮扁早就对桓公说过："君之所读者，古人之糟粕而已"，重要的是获得一种整体性思维，一种穷源究底本质直观的基本学理，一种进入问题的入思角度和人性升华方式。也许，有时读书会令人蓬头垢面甚至"心斋""丧我"，但没有这种阅读进入的工夫，就没有思想诞生的可能，对西学就会终身处于隔膜和一知半解之中。

但一味读西学仍不足取。大学者应具有高蹈的境界和中西互动的眼光，问题结穴处，终归与大涤——无论是研读古代还是当代，无论是研读中国还是西方，都相互关联，相互促进，现世虽不见用，或能有裨后人，关键在于关注问题的意义。中西对话如果不在"跨文化"之间、"主体间性"之间、"他者间性"之间进行，问学的深度和推进力度就要大打折扣。在读与思中，我们也许可以更深刻地感受到：无论是读书还是被书读，书都需要人这一主体才能彰显意义。藏书而不读书，以书为巨大的光环来遮掩内在空虚，无疑是一种过分精致的矫情。读书固然重要，但读书本身不是目的，沉浸或玩味于渊博，而终于丧失自己的独立见解，甚至满足于成为"两脚书橱"，是难以提出真正的有思想创建性的观点的，更难以形成真正的思想体系。

读书使我从生命深度中用赤子之心看待这个世界。我始终认为，孔子、老子、苏格拉底、柏拉图、尼采……这些东西方大哲和我是同一代人，我们面对同一个问题，那就是，怎样生，怎样死。与他们对话，就是在思考我们个体的生命。在我经年累月的读书生涯中，在沉沉夜幕下的静寂与都市的喘息中，我领悟到，读书在方寸之间可以拓展出寻丈之势；读书是思考的前奏，是自我思想诞生的产床。思想者的阅读永远是创造式阅读，理解并领悟他人思想，同时又能将那些书中思想的正反面问题及其有限性逐一审理清楚，绝不屑于把他人的思想碎片作为自己的思想坐标。读书的过程也是在不断创造"同一心境"的过程，是与人类优秀文化艺术和思想大师对话、与古今中外优秀的思想家对话的过程。在阅读与思考中凝神静思，返身求己，这就是我理解的 21 世纪学者的使命。通过读书和言说，向世界可持续性地传播中国文化，是我学术生涯的一个真实想法和长期实践。在有些人看来其未必有效，对我而言则是"知其不可为而为之"罢了。

余三定：在快节奏的当下，在读图时代，在信息爆炸的今天，能静下心来捧一本书细读，已经成为一种奢侈。您对这种现象怎么看？

王岳川："六经"之首的《易经》启迪我们，变中有不变者！确乎如此，信息化时代的网络文明把纸本文明的游戏规则打破，今天一些人都是网络搜索，资料性的东西都被装入大数据库。钱钟书这样的学者在过去纸本文明、印刷文明时期被认为是了不起的记忆天才，在后现代网络文明、无纸工业时期，却被认为连文化泰山、文化昆仑都称不上了。一切技术的进步都是人类偷懒的结果，人想偷懒就要发明，偷懒的好处是节约了有限的、黄金般的时间去思考更重要的事情，把人类的创造力激发出来。网络时代的阅读，好处在于强调了每个人的主体性和创造性，强调每个人合法正当地游走于网络的海洋，这一点是民主、自由的体现，不可剥夺，同时也激发每个人创造哪怕是初级创造的想法。但在消极方面，网络时代的阅读使真正的写作天才、思想大师混同于普通人群，他们思想淹没在无穷尽的、狂躁的网络垃圾当中，再也没有慧眼把他们从土里拔出，黄金和瓦砾混在一块了。由于狂躁和自恋，人们迷恋自己的天地，不再关注他人，不再爱人类爱世界，人类变得空前自恋自爱，而不再"仁者爱人"。

在后现代文化语境中，读书和思考当然就是学会拒绝、否定、怀疑，并以此去发现当代话语矛盾，敞开多种冲突中的新阐释空间。"读、思、写"尽可能统一起来，因为读得愈多，歧路愈多，思路愈险。入思愈深，困惑愈多。就学问而言，我坚持"义理、考据、辞章"三者不可偏废。"义理"主要是指哲学入思方面，"辞章"大抵指语言修辞运用方面，"考据"则侧重对考古学最新材料的运用和文献学修养的根基。

在研究中，我强调文本细读和考据相结合的方式，主张在读东西方大哲思想时，注意考量每位思想家的思想脉络，考察其怎样进行思想"还原"？在知识考古学的"人文积层"中解决了什么问题？解决到何种程度？有何盲视？怎样评价？如果将人类思想的进展比做一个环环相扣的链条，要进一步弄清楚他们属于学术中的哪个环？他们用了怎样的方法去试图打开这个思想链条上的结？我意识到，问题意识对学者而言极为重要，带着问题去发现更大的深层问题，发现问题的集丛和根蔓，而不是被浩如烟海的书本控制了自己的思想和旨趣，也不是轻易相信任何所谓问题解决的答案。在我看来，思考是生命的磨砺，应在艰难磨砺中找到所向披靡的思想利剑，而不是将学术看作一种藏在口袋里把玩的饰物。

我们始于迷惘，终于更高的迷惘。人生和读书多歧路、断路、绝路，只有一条道能走通，那就是正路！

四　文化输出与发现东方

余三定：全球化已成为学界的重要话语，但我注意到，您自 20 世纪 90 年代中后期以来，研究重心开始发生了转移，抑或说是侧重，更多地关注中国文化问题，2003 年出版了《发现东方》一书，其后又出版了《文化输出》，描述了中国文化的远景，并在多种社会文化实践场域为其奔走呼吁。请问您是怎么思考这一问题的？

王岳川：我出版《发现东方》基于这样一种考虑——西方通过全球化让世界变成"地球村"，中国崛起让西方霸权日益变小。21 世纪中国文化战略的重要核心在于：发现东方，文化输出！我们必得注意国家形象在国际化语境上的"水桶定律"——一只水桶能装多少水取决于它最短的那块木板。引申开来，任何一个国家文化的对外形象面临的共同问题，即构成大国形象的各个部分往往优劣不齐，而劣势部分往往决定整个国家的国际形象水平。大国形象包含四重形象：经济形象，政治形象，军事形象，文化形象。中国形象中的经济形象是辉煌的，政治形象正在赢得越来越多的国家的信任，军事形象也正在崛起和获得认同，但是文化形象却处于不利之境。可以说，大幅提升中国文化软实力，建立中国文化战略话语，强化东方强国的文化软实力，迫在眉睫。中国"汉字文化圈"长期以来已经失效，半个世纪以来，整个东亚"去中国化"倾向十分严重，"汉字文化圈"已经被"美国文化圈"取代。只有"再中国化"和"重建汉字文化圈"，诸多问题才能良性解决。在宗教激进主义倾向日益抬头，奥巴马主义走向霸权主义老路的危险时刻，我们既不能走狭隘的民族主义道路，也不能走抄袭西化的道路，只能在宽容中庸、立己达人中走以中国自身为主，吸收世界优秀文化，守正创新的文化强国路。发现东方，意味着强国文化身份重建与中国文化复兴紧密相关，同时还意味着，中国文化守正创新是国家综合实力提升的重要标志，也是推动世界自然生态和精神生态和谐均衡发展的基本保证。

我在《文化输出》中认为：作为正在崛起的大国必得向海外输出中国文化，以避免文化冲突升级而导致文化战争，并在国内学术界和国际文化领域寻求双重对话，将 20 世纪的"全盘西化"转化为 21 世纪的"中西互体互用"。东方和谐和平文化精神可以遏制西方丛林法则的战争精神，用和谐文化减弱冲突文化的危害。在战争频仍而恐怖主义遍布的今天，在人类文化在西化主义中面临"单边主义""霸权主义"的情态下，在人类精神生态出现价值空洞和生存意义丧失的危机中，在全球遭遇地缘战争威胁和核战争爆发危机时，我们必得思考人类未来究竟应何去何从？！作为东方大国应该深思，中国文化应该怎样创新并持之以恒地输出！中国应该站在人类思想的制高点上来思考人类未来走向，文化创新和超越应该成为21世纪的人类文化精神坐标！东方文化守正创新必然使西方文化单边主义和军事霸权主义遭到怀疑并走向终结！

我认为，中国文化可持续输出，已然关系到大国文化安全。前沿学术对话可呈现当代中国思想变迁踪迹。无论是从经济上清理跨国资本运作与文化霸权的关系，还是从文化上看数码复制时代的精神世俗化平面化问题；无论是厘清美国全球化时代正在走向衰竭，还是提出应该尊重中国在亚洲具有的独特文化意义——东亚的现代性中价值观与信仰、社会机构与语言节日：都意在强调西方必须重视中国声音，而我们不能再让享乐主义和消费主义败坏国家精神。中国崛起将不是中国越来越像西方，而可能是西方世界开始吸收中国经验智慧。一个明智的领导集团在"中国威胁论""中国崩溃论"的噪声中，应该有魄力和眼光来参与调整世界文明进程。我们韬光养晦，但不能闭关锁国；我们强调和平共处，但不能无所作为！

可以说，世界与中国、本土与他者一直是我研究的基本语境，因此研究西学，不是想成为西学研究专家，而是将西学作为中国现代性问题的语境，一种审理"他者"的场域，其目的是反观中国问题。这样我的研究重心渐渐发生了转型，一方面是主编了近百卷的《中国学术思想随笔大系》和《中国书法文化大观》，另一方面是出版了多本学术专著，如《中国镜像》、《后现代后殖民主义在中国》、《全球化与中国》、《中国书法文化精神》（韩国版）、《发现东方》、《后东方主义与中国文化复兴》、《文化战略》、《文化输出》、《书法文化身份》、《美丽书法》等。

20世纪中国与传统中国相比，一个根本性的不同就在于：中国传统文化在百年间遭到西方文化体系的全面冲击。总体上说，西方文化具有不同形态，有古希腊的两希精神（古希腊精神与希伯来精神），有文艺复兴时期的理性精神，有20世纪的反理性的现代主义和后现代主义精神。中国却延续了两千余年汉语文化形态的单线性时代精神，这一文化精神在20世纪初为西方现代性文化所中断。这就使得在传统与现代、东方与西方、现代与后现代之间，中国文化面临总体危机。这一总体危机不仅意味着终极关怀的失落，同时也隐含着价值符号的错位：儒家、道家、佛家三套思想话语，在不断西化的当代人那里出现了与其生存状态和精神寄托中断的裂缝，因而导致新转型学说——新儒家、新道家、新佛家等的出现；西方基督神学的思想话语资源，与中国人的信仰核心尚存诸多话语冲突之处，难以整合。因此，当代中国文化大抵只能从传统文化和西方文化的全新融合及当代转型中，重建新的思想话语资源，才有可能使社会转型导致的文化危机得以缓解。

中国作为一个大国，其"国家形象"在历史长河中是被逐渐边缘化的。晚清以降，中国遭逢千百年未遇之大变局，被强行纳入世界资本主义体系当中，从世界中心沦为边缘的"远东"，在世界历史和文化上一再缺席，遭遇了深刻的文化身份危机，不断被误读、曲解和妖魔化。正是在这一历史语境中，发现东方与文化输出就显得越发重要和紧迫。我提出"发现东方，文化输出，会通中西，守正创新"，是源于对东方主义、现代性、全球化与文化战略等诸多问题的深度思考。

一个多世纪以来，中国对西方的了解远比西方对中国的了解多得多。中国作为后发国家，西方中心主义者没有那种了解中国、理解中国的文化冲动和价值诉求。在我看来，一个能够广泛地影响世界的大国，一定是一个思想家辈出，在参与世界知识体系建构的知识生产中，不断推出新的整体性思想体系的国度。更直接地说，就是不再拼凑他国的思想文化的百衲衣，而是以中国经验、中国元素建构的社会生活理念和生命价值观，成就自己文化形象的整体高度和阔度——必须在人类文化价值观上，拥有影响和引导这个世界前进的文化力量。

今天要做的"发现东方"的工程，是要考察中国文化哪些部分已经死亡了或永远的死亡了？哪些部分变成了博物馆的文化，只具有考古学的意义？哪些部分变成了文明的断片可以加以整合，整合到今天的生活中？还有哪些文化可以发掘出来，变成对西方一言独霸的一种补充，一种对西方的质疑和对话？当代中国人是否能创生带有中国新世纪文明特色的新东方文化，对人类文明的未来发展做出自己怎样的解答？在 21 世纪，中国学界对这个问题当有更开放的心态和新的看法：弄清"发现中国"的意义。对待中学西学不再是二元对立的，而是学不分古今中西；面对西方的器物类、制度类的先进体系能够"拿来主义"式地接受，而针对思想和宗教信仰问题也能够展开多元文化对话。所以，我提出要重新思考我们的身份，这个身份不是保守地拿来就用，而是要重新设立自己的文化立场并进而思考四个问题。第一，中国文化当中那些已然死去了的文化，应让它永远死去，比如"黑幕政治""家天下""束胸缠脚"。第二，某些文化片断可以整合起来的，就应该重新整合起来成为新文化。第三，重视那些中国人独创的差异性的、可持续发展文化，让它在世界文化大潮中构成差异性的一维。第四，中国 21 世纪的原创性问题。中国是否满足于做"肢体国家"而不是"头脑国家"？有没有可能实现真正的创新？我认为创新是可能的，创新就在于中国人独特的生态文化意识和精神生态意识。

在中国已经深切地了解西方而西方对东方仍然不甚了解的前提下，重新清理思想文本和文化精神，在"文化拿来"中做好"文化输出"的准备，使文化对抗走向真正的文化对话。发现东方与文化输出的内容不仅有传统文化，还有现当代中国文化，因为中国现代化对西方现代性而言也是一种东方经验的独特补充。

特别要注意的是，发现东方和文化输出工作的主体仍然应该是中国学者。我常常在想，中国在国际化的学术话语是否只能由西方人提出来？中国思想是否应该成为西方学界关注的问题而非边缘问题？真正的学者应该提出在国内能获得学界认同，在国际可经得起批评辩论的中国思想。我们必须打破文化单边主义和文化霸权主义，全面总结中国现代化经验中的"中国模式"，使知识界切实在文化创新和中国思想的世界化上做出努力。所以我现在在做一个工作，想把 20 世纪经过欧风美雨的中国著名学者关于中国现代性的思考集中翻译出版，让西方人了解一下中国人经过了多么艰难的现代化历程，了解中国人是怎样经过一个世纪的艰苦卓绝地向西方学习然后逐渐形成自己的文化身份和品格的。

我们更年轻的一代学者应该坚持"文化输出"，将这一理念转化为长期而浩大的民族文化振兴工程和国家文化发展战略。"文化输出"工程应从以下方面入手：向世界整体性推出古代和现代中国思想家群体思想，不仅注重中国古代经典向西方主动翻译输出，而且注重将经历过欧风美雨的 20 世纪重要思想家的著作系统地向海外推出；还应在"读图时代"充分利用现代电子技术和卫视手段，传播具有深厚中国文化魅力的作品，系统地"发现东方"探索"文化中国"的精神价值。另外，从"汉语文化圈"振兴和和谐的"文化外交"的角度，增大"对外汉语"的教学和办学力度，吸引更多的西方人到中国学习中国语言和文化艺术，使其成为中国文化的理解者和爱好者，以加强中国同世界的对话和互动的文化心理接受基础。全球化中信息和经济的一体化，在某种程度上会形成文化互补，起码会在全球化过程中形成中心与边缘、自我与他者之间的错综复杂关系，使得任何国家不可能完全脱离整个世界文化发展的基本格局而封闭发展。在全球化整合中，只能不断保持自己民族的根本特性，打破全球格局中不平等关系，使自身既具有开放胸襟和气象，又坚持自我民族的文化根基和内在精神的发扬光大，使不断创新的中国文化精神成为人类精神的重要组成部分。中国的和平崛起需要进一步加大"中国文化形象"重建的力度，让中西在"建设性伙伴关系"的互动中，真正"发现"东方优美的文化精神，体味中国创建人类"和谐社会"的诚意。

中国文化输出意味着大国文化真正崛起，意味着中国文化在整体性地守正创新，意味着中国文化正在成为国际上受尊重的文化实体，并由东方向西方传播而成为人类新的文化审美感受方式，东方文化形态成为东西方互动的人类文化形态，将使自然生态和精神生态达到和谐协调而成为人类的福音。

未来三十年中国学界的主要工作将是从美国的"去中国化"，到我们的"再中国化"。将那些失落的中国美丽精神重新展现光彩，为人类带来更多的精神价值财富，从本民族文化精神高度向人类共同精神高度出发，坚持文化输出中的自主创新，使中国思想在 21 世纪能够成为人类思想！

（原载《文艺报》2015 年 2 月 2 日）

着力推进当代文艺批评理论分歧的解决

——熊元义先生访谈

论战是为了推进文艺批评的深化

余三定问（以下简称"问"）：在中国当代文艺理论界，你是相当活跃的，参与了不少文艺论战。引人注目的是，2014 年，在《江汉论坛》第 3 期、《河南大学学报》第 4 期、《南方文坛》第 5 期和 2015 年《学习与探索》第 4 期上，你与资深文艺理论家王元骧、王先霈进行了比较激烈的文艺理论论战。在当今鄙俗气日盛的文艺理论界，你为何参与这些文艺理论论战？你和他们的文艺理论分歧在哪里？你是如何解决这些文艺理论分歧的？

熊元义答（以下简称"答"）：近二十年来，中国当代文艺批评界逐渐形成三种文艺批评形态，一是彻底否定现实的虚无存在观，二是完全认同现实的粗鄙存在观，三是辩证地批判现实的科学存在观。王元骧与王先霈在文艺理论发展上的对立不过是彻底否定现实的虚无存在观和完全认同现实的粗鄙存在观这两种文艺批评观的分歧在文艺理论上的发展。我在概括王元骧与王先霈在文艺理论发展上的分歧时认为王先霈过于强调文艺理论对文艺现象的适应和调整，而王元骧在抵制拍马屁的文艺理论的同时强调文艺理论对文艺现象的批判和引导。王先霈在强调每个文艺理论家、文艺批评家心里要装着文艺世界的全部、整体时提出文艺理论家、文艺批评家要意识到、要承认文艺世界这个整体存在，文艺理论的立足点应将浅俗、低俗的文艺作品乃至恶俗的文艺作品包括在内，即文艺史不能成为单纯的优秀文艺的历史。王元骧则认为那些轰动一时、人人争读的作品并非都可以称作文艺的，文艺理论的立足点是真正的文艺。显然，这是尖锐对立的。中国当代文艺理论的发展不可能完全绕开这种文艺理论的分歧。只有深入地解决这种文艺理论分歧，才能真正推进文艺批评的深化。

在解决虚无存在观文艺批评观与粗鄙存在观文艺批评观的分歧时，我提出了科学存在观文艺批评观。我与文艺理论家王元骧、王先霈进行文艺理论论战，一是为了促进中国当代文艺理论界解决王元骧与王先霈在文艺理论发展上的分歧并推动中国当代文艺理论的有序发展，二是为了在理论上进一步完善科学存在观文艺批评观。

先谈我和王先霈在文艺理论发展上的分歧及解决。

王先霈强调每个文学理论家、批评家承认文学世界的整体存在，虽然看到了文艺世界的联系，却忽略了文艺世界的差别。的确，文艺现象是丰富多彩的，并在时时变化中，文艺理论家不能不关注。然而，这种文艺现象既有富有生命力的也有即将灭亡的，既有健康的也有畸形的，文艺批评家对文艺现象不可能不分好坏、不辨真伪地照单全收。王先霈所说的文艺世界的全部、整体既有好的和真的文艺现象，也有坏的和不真的文艺现象。也就是说，这个文艺世界是充满矛盾和对立的。在这个充满矛盾和对立的文艺世界里，文艺批评家如果承认文艺世界这个整体的存在，即认为存在即合理，而不是激浊扬清，就不仅放弃了真正的文艺批评，而且不可避免地陷入自相矛盾中。这就是我坚决反对文艺理论只是跟在文艺创作后面跑的原因。文艺创作是不断创新的，如果文艺理论只是跟在文艺创作后面跑，就无法甄别有意义的艺术创新与无意义的艺术独创，就既不能批判文艺创作，也不能引领文艺创作。有的文艺批评家认为文艺批评家应该有更广阔的容忍空间，看到文艺作品的差异，看到作家、艺术家的千差万别，认为如果没有在根本意义上的多元化，多样化实际上是不成立的。这些文艺批评家完全被现象牵着鼻子走，不管作家写什么，照单全收，甚至在盲目肯定相互矛盾的文艺作品时陷入了自相矛盾的泥淖。法国文艺理论家托多洛夫在倡导对话文艺批评时认为："批评是对话，是关系平等的作家与批评家两种声音的相汇。"既然文艺批评不仅有作家的声音，还有文艺批评家的声音，那么文艺理论就不能只是跟在文艺创作后面跑，不能"颂赞"满天飞。思想家包括文艺理论家是从事精神劳动的，不仅从属于他所属的阶级，而且积极编造这个阶级的幻想和思想。因此，这些参与编造他们所属阶级的幻想和思想的文艺理论家不但要明白他们的社会角色是社会分工的产物即不是高人一等的，而且不能忘记他们在这种社会分工中的社会责任。文艺理论家不仅参与编造本阶级的幻想和思想，而且推动作家艺术家编造和表现本阶级的幻想和思想。文艺理论家在这个基础上提出的审美理想就不全是文艺创作的概括和总结，还包含了民族、阶级和时代对文艺的本质诉求。这不仅是我和王先需在文艺理论发展上的主要分歧，而且是王先需等不少文艺理论家有意无意忽略的。

问：请你接着谈谈你和王元骧在文艺理论发展上的分歧及其解决。

答：我对王元骧的文艺的审美超越论的认识有两个阶段。一是看到王元骧的这种文艺的审美超越论脱离了人的现实超越，没有和人的现实超越有机结合，认为人的审美超越与现实超越是相互促进的，而不是完全脱节的，因而强调文艺的审美超越应反映人的现实超越。也就是说，作家艺术家的主观创造应和人民的历史创造有机结合，作家艺术家的艺术进步应与人民的历史进步有机结合。二是认识到王元骧的这种文艺的审美超越论不过是一种精致的自我表现论。这种文艺的审美超越论认为，文学作品所表达的审美理想愿望不仅是作家的主观愿望，也是对广大人民群众的意志和愿望的一种概括和提升。这种将作家的主观愿望完全等同于广大人民群众的意志和愿望的审美超越论不仅妨碍广大作家深入人民创造历史活动并和这种人民创造历史活动相结合，而且在当代社会中是不可能实现的。恩格斯在把握人类社会历史时指出："人们自己创造自己的历史，但是到现在为止，他们并不是按照共同的意志，根据一个共同的计划，甚至不是在一个有明确界限的既定社会内来创造自己的历史。"① 他们的意向是相互交错的。这就是说，作家的主观愿望与广大人民群众的意志和愿望是不可能完全吻合的。既然作家的主观愿望与广大人民群众的意志和愿望不是完全等同的，那么作家的主观愿望是如何成为广大人民群众的意志和愿望的概括和提升的？难道是自然吻合的？王元骧进一步认为："文学作品所表达的审美理想愿望自然是属于主观的、意识的、精神的东西，但它之所以能成为引导人们前进的普照光，就在于它不仅仅只是作家的主观愿望，同样也是对于现实生活的一种反映，因为事实上如同海德格尔所说的'形而上学是"此在"内心的基本形象'，'只消我们生存，我们就是已经处在形而上学中的'。理想不是空想，它反映的正是现实生活中所缺失而为人们所热切期盼的东西，在这个意义上，作品所表达的审美理想从根本上说都是以美的形式对于现实生活中人们意志和愿望的一种概括和提升，所以鲍桑葵认为'理想化是艺术的特征'，'它与其说是背离现

---

① 《马克思恩格斯选集》第 4 卷，人民出版社，1995，第 732~733 页。

实的想象的产物，不如说其本身就是终极真实性的生活与神圣的显示'，是现实生活中存在于人们心灵中的一个真实的世界，是人所固有的本真生存状态的体现，它不仅是生活的反映，而且是更真切、更深刻的反映，它形式上是主观的，而实际上是客观的。"① 这实际上是认为广大作家在文学创作中只要挖掘自我世界就可以了。首先，这种人所固有的本真生存状态是人生来就有的，还是人类历史发展的产物？这是很不同的。如果这种人所固有的本真生存状态是人生来就有的，那么作家在文学创作中只要开掘自我世界就可以了。如果这种人所固有的本真生存状态不是人生来就有的，而是人类历史发展的产物，那么作家所期待看到的样子（"应如此"）与广大人民群众所期待看到的样子（"应如此"）不可能完全相同，有时甚至根本对立。其次，既然在现实世界中作家的主观愿望与广大人民群众的意志和愿望之间是存在很大差异甚至对立的，那么这种历史鸿沟是如何填平的？如果作家在审美超越中可以填平这种历史鸿沟，那么作家在文学创作中只要挖掘自我世界就行了。显然，这种将作家的主观愿望完全等同于广大人民群众的意志和愿望的审美超越论不过是一种精致的自我表现论而已。我竭力推动广大作家艺术家的艺术调整即自觉地把个人的追求同社会的追求融为一体，在人民的进步中追求艺术的进步；自觉地把自我的主观批判和历史的客观批判有机结合起来，把批判的武器和武器的批判有机统一起来，在人民的进步中追求艺术的进步，就不仅是对文艺的审美超越论的深入批判，而且是对文艺批评的理论分歧的解决。

问：你从文艺与社会生活的关系、作家艺术家与人民群众的关系、文艺批评与文艺创作的关系等方面与王先霈、王元骧进行了文艺理论论战。这已经涉及文艺理论的重要方面。从一定意义上可以说，你和王先霈、王元骧的文艺理论分歧是中国当代文艺界的理论分歧的集中反映。因而，你对这种文艺理论分歧的解决是有助于中国当代文艺理论的有序发展的。在你和王元骧的文艺理论论战中，你并没有完全否定王元骧的文艺思想，而是高度肯定了他对"告别理论"倾向的批判。21 世纪以来，中国文艺理论批评界在西方后现代主义的强烈影响下出现了"告别理论"的倾向。这不仅表明了中国当代文艺界文艺理论人才在某种程度上的短缺，而且反映了当代文艺批评的危机。为了克服这些危机，你提出了文艺批评的理论自觉。你能否进一步地

---

① 王元骧：《求实严谨的科学态度求真创新的学术精神》，《文艺理论与批评》2014 年第 2 期。

谈谈？

答：从 2006 年起，王元骧在多篇论文中指出了中国当代文艺批评界这种排斥文艺理论的倾向的实质和危害。王元骧在深刻地把握文艺理论与文艺批评的辩证关系的基础上认为，那种没有理论功底和理论深度的、就事论事的感想批评是不可能真正承担起文艺批评的使命的。在全面地区别文艺鉴赏与文艺批评的基础上，他认为文艺批评如果缺乏坚实的理论支撑，就必然是肤浅的，不但难见深度和力量，而且在纷繁复杂现象面前无所适从，只是跟着感觉走以至于批评主体达到完全丧失的地步。王元骧对南帆、陈晓明等文学批评家的这种批判，恰好在陈晓明的文学批评上得到了认证。

在文艺批评史上，不少文艺批评分歧究其实质乃是理论分歧。然而，不少文艺批评家不是积极地解决当代文艺批评的理论分歧，而是大搅浑水或抹稀泥，结果，无论是在文艺批评上，还是在文艺理论上，都进展不大。这大概是中国当代文艺批评学在 20 世纪 80 年代中期出现短暂的繁荣后一直疲软的重要原因。当代文艺批评的深化有赖于当代文艺批评的理论分歧的解决。一些当代文艺批评分歧之所以难以解决或没有结果，是因为这些文艺批评分歧深层次的理论分歧没有得到解决。这不是所有人都能够清醒看到的。近些年来，我集中思考了文艺批评与文艺理论的关系，深入反思了中国当代文艺批评的发展。

我认为，文艺批评家如果不能从理论上把握整个历史运动，就不可能准确把握文艺发展方向，就会为现象所左右，从而丧失文艺批评的锋芒。中国当代不少文艺批评家不能从理论上把握整个历史运动，往往热衷于抢占山头，画地为牢。"底层文学"这类概念就是一些文学批评家画地为牢的产物。人类社会生活是一个有机整体，而社会底层和社会上层都是人类社会生活不可分割的组成部分。如果反映社会底层生活的作家画地为牢，坐井观天，就不可能真正把握社会底层民众生活难以改变的实质即社会底层民众生活的贫穷和苦难不完全是自身造成的。那些文学批评家炮制"底层文学"这类似是而非的概念除了割裂局部和整体的辩证关系以外，不仅重蹈了"题材决定论"的覆辙，难以准确地把握那些反映社会底层民众生活的文学作品，而且在一定程度上撕裂了中国当代文学界。文学理论家刘再复在 20 世纪 80 年代中期提出的"深邃的文学"概念则在一定程度上割裂了未来与历史的辩证关系，很不利于广大作家在现实生活中捕捉未来的真正的人。刘再复认为："没有眼泪，就没有文学。至少可以说，没有眼泪，就没有深邃的文学。"① 在界定"深邃的文学"这个概念时，刘再复虽然没有完全否定文学的歌颂即文学应当歌颂一切光明的、进步的事业，歌颂光明的、伟大的时代，但认为被歌颂的对象已在克服人间忧患中立下历史功勋，并要在文学创作中提醒被歌颂的对象的某些局限。显然，那些还来不及立下历史功勋的有生命力的新生力量就被排斥在被歌颂的对象之外了。难怪有些文学批评家对作家柳青塑造的梁生宝的养父梁三老汉这个艺术形象的鲜活真实津津乐道，而看不到新生力量梁生宝这个艺术形象的艺术魅力。当他们肯定梁三老汉这个概括了中国几千年来个体农民的艺术形象写得好时，他们就没有看到梁生宝这个未来的真正的人将随着历史发展而日益显示出的艺术生命力。恩格斯在把握伟大作家巴尔扎克最重大特点时指出，巴尔扎克经常毫不掩饰地赞赏的人物，正是他政治上的死对头，圣玛丽修道院的共和党英雄们，这些人在那时（1830～1836）的确是人民群众的代表。这样，巴尔扎克不得不违反自己的阶级同情和政治偏见而行动。② 恩格斯认为现实主义的最伟大胜利不完全是因为巴尔扎克的伟大作品是对上流社会无可阻挡的崩溃的一曲无尽的挽歌，还因为他在当时唯一能找到未来的真正的人的地方看到了这样的人。如果巴尔扎克的文学作品没有写出这种未来的真正的人，那么巴尔扎克还能成为伟大的现实主义大师吗？这种未来的真正的人是新生力量，还来不及在克服人间忧患中立下历史功勋，难道就不应在文学世界内占有一席之地？这些未来的真正的人虽然不乏单薄稚嫩，却是有旺盛生命力的。文艺批评家不但不能过于苛求，而且要促进广大作家艺术家在嘲笑那些注定要灭亡的阶级和讽刺无可阻挡的崩溃的上流社会的同时歌颂这些未来的真正的人。在中国当代文艺批评史上，一些深层次的理论分歧严重地制约着文艺批评的长足发展。文艺理论家只有敢于直面这些文艺批评的理论分歧并努力解决它，才能有力推动中国当代文艺批评的深化和文艺理论的发展。

推动广大作家、艺术家的艺术调整

问：你不仅是文艺理论家，还是比较活跃的文艺批评家。你曾在 20 世

---

① 刘再复：《刘再复集》，黑龙江教育出版社，1988，第 101 页。
② 《马克思恩格斯选集》第 4 卷，人民出版社，1995，第 684 页。

纪 90 年代中后期概括出了反映中国当代社会生存的痛苦的现实主义文学潮流并积极推动这一文学潮流的健康发展，21 世纪初期又推动中国当代优秀青年作家感受底层，精神寻根，近些年来，又在努力解决文艺批评的理论分歧的同时大力推动广大作家、艺术家的艺术调整。你为什么提出并推动这一艺术调整？

答：这与中国当代社会转型有关。中国当代社会正从以模仿挪移为主的赶超阶段转向以自主创新为主的创造阶段，中国当代作家艺术家应与中国当代社会伟大的、进步的变革相适应，主动地承担在社会分工中的社会责任，进行与时俱进的艺术调整，努力把个人的追求与社会的追求融为一体，在人民的进步中实现艺术的进步。但是，中国当代艺术界存在一种与中国当代社会即将迎来的自主创新和创造阶段很不相适应的创作倾向。这就是有的作家所指出的，中国当代艺术界严重缺乏提气提神的艺术作品，不少作家、艺术家不是理直气壮地把握中国当代社会的发展，并在沉重生活中挖掘有价值、有生命力的东西，而是对中国当代社会发展的主流视而不见，无限放大中国当代现代化进程中出现的负面现象。不可否认，中国当代社会的发展虽然夹杂着一些采取较残酷的形式的畸形发展，但有着巨大的历史进步，这种历史进步正推动着中国当代社会发生伟大的、进步的变革。如果中国当代作家、艺术家置身事外，看不到这种历史进步，就不可能准确地把握中国当代社会的发展，并勇立历史潮头唱大风。

随着中国当代社会转型，中国当代不少作家、艺术家与时俱进，进行了艺术调整。这些作家、艺术家深刻地认识到作家、艺术家不能始终局限在自我世界里，否则，就会丧失对社会的思想能力，甚至堕落为社会的弃儿。这些作家、艺术家超越自我世界，自觉地把个人的追求同社会的追求融为一体，在人民的进步中追求艺术的进步。这些作家、艺术家超越狭隘的自我批判，自觉地把自我的主观批判和历史的客观批判有机结合起来，把批判的武器和武器的批判有机统一起来，在时代的进步中追求艺术的进步。这些作家、艺术家虽然深刻地感到美学要求和社会要求的矛盾、文人趣味和人民趣味的冲突，但是，他们没有搁置这些矛盾和冲突，甚至在非此即彼中趋向极端，而是辩证地把握这些矛盾和冲突。在中国当代历史的转折关头，这些作家、艺术家不是汲汲挖掘中国当代社会一些基层民众的保守自私、故步自封的痼疾，而是有力地表现了中国当代社会基层民众创造历史的伟大力量，勇立历史潮头唱大风，力争成为中国当代社会伟大的进步的变革的历史巨人。

在世界当代艺术发展的格局中，如果一个民族的艺术要在世界艺术中占有一席之地，就必须对人类艺术的发展做出自己独特的贡献。这就是说，越是对人类艺术发展做出独特贡献的民族艺术，就越是世界的。这是中国当代艺术创作不可或缺的文化自觉。因此，中国当代作家、艺术家应积极适应中国当代社会自主创新和创造阶段，与时俱进，创造出对人类艺术发展做出独特贡献的民族艺术作品，否则中国当代艺术将很难成为世界当代艺术的重要组成部分。也就是说，如果一个民族的艺术没有推动世界艺术的有序发展，就不可能在世界艺术中占有重要地位和产生重要影响。如果一个民族的艺术始终都处在以模仿挪移为主的赶超阶段，那么这个民族的艺术就不可能真正跻身世界文艺的先进行列，甚至还会与世界进步艺术的距离越来越大。这就是说，一个缺乏真正创造的民族艺术，不但不可能完全跻身世界艺术的先进行列，而且迟早将被历史发展抛下。中国当代艺术界提出中国当代艺术走向世界这个方向就是承认中国当代艺术在世界当代艺术中的地位和影响不够显著，或者中国当代艺术只是世界当代艺术微不足道的一部分，而不是认为中国当代艺术在世界当代艺术以外。至于那种以为生活在这个世界上的任何一个民族的艺术都是世界艺术的一部分而无须走向世界的论调不过是甘居世界当代艺术的边缘而已。这就是说，中国当代真正优秀的艺术作品在直面现存冲突和解剖这种现存冲突时不可缺少这样两个品质：一是充分地展现中华民族的独特魅力即中华民族对人类发展的独特贡献；二是充分地展现中华文化的独特魅力即中华文化对人类文明发展的独特贡献。中国当代作家、艺术家比较关注艺术作品走向世界并在世界文化市场上产生影响。但是，中国当代有些作家、艺术家不是主动地开拓世界文化市场，而是被动地卷入世界文化市场，极少数作家、艺术家甚至逢迎西方世界那些有损民族尊严的偏见。这些作家、艺术家根本不可能真正走向世界，即使暂时有所成功，也无法在历史上站住脚。

关于中国悲剧的独到探索

问：在你的文艺理论研究中，中国悲剧研究是相当突出的。你研究中国悲剧十几年，除了出版专著《回到中国悲剧》《中国悲剧引论》以外，现在还不时有这方面的研究论文发表。你对中国悲剧的研究有何与众不同之处？

答：近代艺术批评家王国维对中国悲剧的批判在中国现当代艺术批评史上影响深远。1904 年，在《〈红楼梦〉评论》这篇小说评论中，王国维认为："吾国人之精神，世间的也，乐天的也。故代表其精神之戏曲小说，无往而不着此乐天之色彩。始于悲者终于欢、始于离者终于合、始于困者终于亨。非是而欲厌阅者之心，难矣！若《牡丹亭》之返魂、《长生殿》之重圆，其最著之一例也。《西厢记》之以《惊梦》终也，未成之作也，此书若成，吾乌知其不为《续西厢》之浅陋也？有《水浒传》矣，曷为而又有《荡寇志》？有《桃花扇》矣，曷为而又有《南桃花扇》？有《红楼梦》矣，彼《红楼复梦》《补红楼梦》《续红楼》者，曷为而作也？有曷为而有反对《红楼梦》之《儿女英雄传》？"① 不过，王国维这种对中国悲剧的批判虽然至今仍然被不少人津津乐道，却是不切实际的。

王国维虽然在引进叔本华的悲剧理论时提到了亚里士多德的悲剧理论，但他只突出了亚里士多德悲剧理论的伦理学目的，而没有汲取亚里士多德悲剧理论的合理内核。在亚里士多德的悲剧理论中，悲剧的情节以及情节发展是核心部分。在世界悲剧理论史上集大成的黑格尔的悲剧理论对悲剧冲突及其解决的展开就是建立在这个情节发展的基础上的。王国维在提到亚里士多德的悲剧理论时却没有从情节及其发展出发深入地把握中国悲剧。这就很难完全把握中国悲剧独特的审美特征。近现代以来，中国学人无论是否定中国悲剧存在，还是肯定包括部分肯定中国悲剧存在，都没有超越以西方的悲剧理论衡量或者裁剪中国悲剧的框框。即使有些人避免了对中国悲剧简单的肯定和粗暴的否定，提出了衡量中西悲剧的元悲剧概念或科学的悲剧概念，也没有真正把握中国悲剧独特的审美特征和中西悲剧的根本差异。因为他们所提出的一般悲剧概念和科学的悲剧理论虽然凌驾在中西悲剧这些具体的悲剧形态之上，但是，这个一般悲剧概念和科学的悲剧理论仍然主要是对西方悲剧这种存在形态的抽象，而不是对中国悲剧这种存在形态的概括。所以，它仍然没有摆脱以西方的悲剧观念裁剪中国悲剧的思维习惯。

其实，如果从情节发展上深入地比较中国列入世界大悲剧行列的关汉卿的《窦娥冤》、纪君祥的《赵氏孤儿》与西方悲剧的典范作品，就可以发现中西悲剧的差别并不是很大，甚至在悲剧结局上基本相同，只是在选择悲剧冲突和悲剧人物上不同，因而具有很不相同的风貌。关汉卿的《窦娥冤》

---

① 干春松、孟彦弘编《王国维学术经典集》，江西人民出版社，1997，第58页。

和莎士比亚四大悲剧之一的《哈姆雷特》都有申冤，即矛盾的解决，前者是父亲为女儿申冤，后者是儿子为父亲报仇。不同的是，当《窦娥冤》中窦娥的父亲窦天章为女申冤时，中国悲剧已到尾声。而《哈姆雷特》的哈姆雷特为父报仇时，西方悲剧才拉开大幕。这两部悲剧都有鬼魂出现。可以说，没有窦娥的冤魂、哈姆雷特的父亲冤魂的出现，他们都将沉冤难白。同样，关汉卿的《窦娥冤》和索福克勒斯的《俄狄浦斯》都出现了疫情。而这种疫情的产生都是因为悲剧人物引起的。但是，中国悲剧对疫情的追查已是悲剧的结束，西方悲剧对疫情的追查则是悲剧的开始。当然，这种追查的结果也不同，中国悲剧追查的结果是真相大白之日，就是悲剧人物平反昭雪之时；西方悲剧追查的结果则是真相查明之时，就是悲剧人物遭到毁灭之日。西方悲剧的悲剧人物俄狄浦斯、哈姆雷特都是这种下场。这就是说，中国悲剧是悲在矛盾解决前，西方悲剧是悲在矛盾解决后。可以说，中国悲剧在即将结束的时候，西方悲剧正好拉开大幕上演。《窦娥冤》的楚州三年大旱正是中国悲剧临近尾声，悲剧人物已经谢幕，而解决这个矛盾和问题的窦天章不是悲剧人物。在西方悲剧作品《俄狄浦斯》中，悲剧人物既是挑起矛盾和问题的，也是解决这个矛盾和问题的。忒拜国发生了瘟疫，国王俄狄浦斯查找原因，解决这个矛盾。当真相揭开的时候，忒拜国的王后自杀，国王俄狄浦斯刺瞎双眼，自我放逐。无论中国悲剧还是西方悲剧，制造悲剧的都受到了应有的惩罚。不同的是，中国悲剧的这种惩罚是外在的，即他人惩罚；西方悲剧的这种惩罚是内在的，即自我惩罚。《窦娥冤》和《哈姆雷特》都出现了鬼魂向活着的人诉冤，但冤死的窦娥是悲剧人物，而为她平反昭雪的她的父亲窦天章却不是悲剧人物。与此相反，冤死的哈姆雷特的父亲却不是悲剧人物，而为父亲申冤雪恨的王子哈姆雷特则是悲剧人物。这两部悲剧作品都是复仇，都成功了，但对悲剧人物和悲剧冲突的选择不同，因而矛盾的解决就不相同。同样，如果莎士比亚四大悲剧之一的《麦克白》的悲剧人物和纪君祥的《赵氏孤儿》一样，以邓根、班戈、迈克特夫及其后代为悲剧人物，那么莎士比亚的悲剧和中国古典悲剧就没有什么两样了。反过来，如果《赵氏孤儿》的悲剧人物和《麦克白》的悲剧人物一样，以屠岸贾为悲剧人物，那么《赵氏孤儿》和《麦克白》就基本相同了。《赵氏孤儿》和《麦克白》在结局上也基本相同，即都出现了后代复仇并战胜对方的结局。《赵氏孤儿》是以一群为救孤而自我牺牲的英雄人物为悲剧人物的，而《麦克白》则是以制造血腥灾难的麦克白为悲剧人物的。可以说，在《赵氏孤儿》中，制造悲剧的屠岸贾并不复杂，他的毁灭是大快人心，罪有应得。因为他不是悲剧人物，所以即使和《麦克白》的麦克白有同样的命运，同样的结局，人们却没有发现这两大悲剧从根本上是相同的。而《麦克白》和《赵氏孤儿》之所以在审美特征上不同，就是因为选择悲剧冲突以至选择悲剧人物的不同。显然，王国维之所以不能深刻地把握中国悲剧的悲剧冲突及其解决这种历史发展，是因为他缺乏历史的批评。

问：在这个娱乐化的时代，为什么你倾注这么大的热情研究中国悲剧？又有哪些重要发现？

答：我对中国古典悲剧的研究是与当代艺术批评实践紧密结合的。我认为，中国悲剧绝不是沉睡在中国艺术史上，而是仍然活跃在中国当代艺术创作中。这不仅表现在当代艺术家对中国古典悲剧的不断改编上，而且表现在当代艺术家对中国悲剧精神的扬弃上。林兆华导演的话剧《赵氏孤儿》、陈凯歌编导的电影《赵氏孤儿》不仅显现了中国悲剧的强大活力，而且深刻地表现了当代艺术思想。我对这两部艺术作品都进行了深度批评。以陈凯歌编导的电影《赵氏孤儿》为例，电影《赵氏孤儿》对元代杂剧《赵氏孤儿》的主要人物进行了人性的深度开掘，挖掘了赵氏孤儿在成长过程中可能出现的认同与背叛的矛盾，深刻地揭示了小人物"复仇"的困境，即小人物在遭受戕害后很难找回公道。然而，电影《赵氏孤儿》在人性的深度开掘上却没有与时俱进，而是深受20世纪80年代中期以来风靡一时的"人物性格组合论"的影响，严重地陷入了抽象人性论的误区。电影《赵氏孤儿》这种所谓"人性深度"的开掘不仅消解了中国悲剧精神，而且忽视了元代杂剧《赵氏孤儿》这部列于世界大悲剧中亦无愧色的悲剧作品在塑造和传承中华民族精神上的重要作用。有人提出，程婴的儿子与赵朔的遗腹子是有着平等的生命权利的，相比之下，程婴的儿子更加无辜，让自己的亲骨肉代替赵朔的遗腹子去死，岂不显得更加残忍吗？而电影《赵氏孤儿》之所以"矮化"程婴舍子救孤的壮烈行为，就是因为编导认为程婴用亲生孩子换取其他孩子的生命是违背人性的。这是站不住脚的。在人类历史上，不少先烈的牺牲都是用自己的生命换取别人的生命。如果认为这是违背人性的，那么这些先烈的牺牲就是没有价值的。在邪恶势力肆意践踏无辜的生命时，人是苟全性命于乱世，还是因祸福而避趋之？元代杂剧《赵氏孤儿》的程婴、韩厥、公孙杵臼等人的自觉救孤不仅是拯救一个无辜的小生命，也是对邪恶的坚决拒绝和对正义的誓死捍卫。如果人在邪恶势力的横行面前放弃坚守甚至转而迎合，就与丧失气节的叛徒和没有气节的流氓没有两样。如果在血腥屠杀后，人还能心平气和地过日子；在斩尽杀绝后，人还能平静地活着，那么正义在这个世界上就丧失殆尽了。人需要宽容，也可以宽容，但绝不能宽容那些死不认罪的邪恶势力，否则人就会在"为善的受贫穷更命短和造恶的享富贵又寿延"这种人类社会频发现象面前麻木不仁。在元代杂剧《赵氏孤儿》中，程婴、韩厥、公孙杵臼等人在邪恶势力横行面前没有闭上眼睛，而是前有程婴、韩厥硬踩是非门和担危困，后有公孙杵臼在遇着不平抽身后转身和献身。"忠孝的在市曹中斩首，奸佞的在帅府内安身。"程婴、韩厥、公孙杵臼等人在这种非常险恶环境中挺身而出拼命救孤就不仅是为了"复仇"，也是为了铲除奸贼和伸张正义。因此，赵氏孤儿的"复仇"就不是狭隘的"冤冤相报"，而是正义在遭到践踏后的回归。在电影《赵氏孤儿》中，程婴抚养赵氏孤儿长大仅仅是为亲子报仇雪恨，就把元代杂剧《赵氏孤儿》的"复仇"肤浅化和粗鄙化了。在中国文学史上，为什么元代杂剧《赵氏孤儿》、清代长篇历史小说《说岳》强调养子的认祖归宗？其实，这种养子的认祖归宗就是民族的文化认同。在一定程度上，元代杂剧《赵氏孤儿》和清代长篇历史小说《说岳》弘扬了中华民族绝不妥协的抗争精神。在元代杂剧《赵氏孤儿》中，程婴不是在赵氏孤儿长大成人后马上告诉他的身世，而是在赵氏孤儿进入书房后，遗下手卷，在赵氏孤儿看了手卷并产生疑惑后，才对赵氏孤儿说明真相。在清人钱彩编次、金丰增订的长篇历史小说《说岳》中，王佐断臂潜入金营，在对陆文龙讲了"越鸟归南""骅骝向北"的故事并让他看了图画后，才告诉他真相。无论是赵氏孤儿还是陆文龙，都是在民族的文化认同中认祖归宗的，并在这种认祖归宗中摆脱了对外人的人身依附关系。因此，赵氏孤儿大报仇绝不仅是一种狭隘的"冤报冤"，而且是一个民族争取独立的斗争。在中国古代寓言《愚公移山》中，不但有个体和群体的矛盾即智叟和愚公的冲突，而且有群体的延续和背叛的矛盾。《愚公移山》只是肯定了愚公的斗志，却忽视了愚公子孙的意志。智叟看到愚公的有限力量，而没有看到愚公后代无穷尽的力量。所以，智叟对愚公移山必然是悲观的。而愚公不但看到自己的有限力量，而且看到了自己后代延续的无穷力量。因而，愚公对自己能够移走大山是乐观的。不过，愚公没看到他的后代在移山上可能出现的背叛。愚公的子孙后代只有不断移山，才能将大山移走。而愚公的子孙后代如果不认同愚公的移山，而是背叛，那么移山就会中断，大山就不可能移走。同样，在元代杂剧

《赵氏孤儿》中，赵氏孤儿长大成人后，也有可能认贼作父，而非报仇雪恨。正如钱穆所指出的："既已国亡政夺，光复无机，潜移默运，虽以诸老之抵死支撑，而其亲党子姓，终不免折而屈膝奴颜于异族之前。"① 这就是说，前人的抗争精神要在后人身上得到延续，不仅要保存后代的生命，还要教育后代继承和发扬这种抗争精神。电影《赵氏孤儿》则放弃了这种抗争精神的教育，提倡不把自己的敌人当敌人就没有敌人的天下无敌教育，认为抗争精神的教育是撺掇少年杀人，很不道德。这实际上是默许甚至鼓励赵氏孤儿认贼作父。电影《赵氏孤儿》虽然把赵氏孤儿看作一个独立的生命，尊重赵氏孤儿的成长和选择，即让赵氏孤儿自己选择是否杀死屠岸贾，但割断了赵氏孤儿与赵家的血肉联系。这种血肉联系的割断就从根本上消解了中国古代经典悲剧作品所塑造、传承和弘扬的中华民族精神。但是，这样一部电影却获得了第 14 届华表奖优秀故事片。中国悲剧精神可以概括为这样几句话，即邪恶势力可以碾碎我们的骨头，但绝不能压弯我们的脊梁。身躯倒下了，灵魂仍然要战斗。我积极肯定了作家、艺术家对这种中国悲剧精神的弘扬，猛烈地批判了一些作家、艺术家对这种中国悲剧精神的消解。我对当代作家张承志在文学创作中的重复现象的批评，和对当代作家余秋雨在文学创作中歪曲《桃花扇》的批判，都产生了一定的影响。

中国悲剧艺术作品还鲜明地表现出中国民族文艺的优秀传统。这就是中国文艺发展史上的不少优秀的作家、艺术家即使在国破山河碎的历史时期，也没有自暴自弃，而是心系天下兴亡并在文艺创作中延续了中华民族的精神血脉。与其他一些中国悲剧作品不同，元代纪君祥的《赵氏孤儿》与清代孔尚任的《桃花扇》这两部悲剧作品都超越了封建社会内部的忠奸矛盾，在特殊年代集中反映了中华民族在残酷的屠杀和野蛮的镇压下不屈的灵魂。如果说《赵氏孤儿》是一群仁人志士舍生取义，拯救赵氏孤儿的，那么《桃花扇》就是李香君和侯朝宗双双入道，放弃生育后代。这两部悲剧作品虽然一正一反，却是异曲同工的，即它们都在反映忠奸矛盾的同时间接地反映了民族矛盾，都强调了民族的文化认同。这种民族的文化认同是伟大的中华民族屹立数千年而不倒的坚实根基，这是中国知识分子包括作家、艺术家在肉食者丢掉政权后的历史担当。进入 21 世纪以来，中国文艺界虽然改编了这些悲剧作品，但大多割断了这种中华民族精神血脉的延续。这种改编与

---

① 钱穆：《中国近三百年学术史》上册，商务印书馆，1997，第 79 页。

那些对一些汉奸文人的"漂白"行为共同构成了中国当代文化一道扭曲的景观。这不但背离了中华民族文艺的优秀传统，而且与中国当代社会转型阶段是极不相称的。因此，中国当代真正杰出的作家、艺术家绝不会做中国当代社会发展的旁观人，像鸟儿似的为自己唱歌，而是在坚决抵制那种移民倾向和弃船心态时延续中华民族的精神血脉，并积极推动中国当代社会的有序发展，从而推动中国当代民族文艺乃至世界当代文艺的有序发展。

深入反思当代文艺批评

问：在文艺理论研究上，你不仅系统地探讨了中国悲剧理论、中国特色社会主义文艺理论，先后出版了《中国悲剧引论》《中国特色社会主义文艺理论研究》等文艺理论专著，还深入地反思了当代文艺批评的发展。你在反思当代文艺批评的发展和推动当代文艺批评的有序发展时取得了哪些重要理论收获呢？

答：首先是推动了中国当代文艺界民族艺术观的发展。20 世纪 80 年代以来，中国当代文艺理论界在抵制殖民主义文化的侵蚀和推进民族文化的发展时越来越自觉。在抗拒殖民主义文化的侵蚀时，有的文艺理论家提出了"越是民族的越是世界的"民族艺术观。这种民族艺术观显然没有区分真正的、进步的、优秀的民族艺术作品与那些消极的、过时的、落后的东西。接着，有的文艺理论家则认为只有那些真正的、进步的、优秀的民族艺术作品，才是属于世界的；而那些消极的、过时的、落后的东西，从来都不会作为一种富有民族生命力和民族特色的东西被保存下来，它们迟早都会被抛弃，更不可能会成为世界的。我认为这种民族艺术观虽然区分真正的、进步的、优秀的民族艺术作品与那些消极的、过时的、落后的东西，但没有彻底超越民族的局限。其实，如果一个民族真正的、进步的、优秀的东西不是对人类文明的发展和丰富，不是对人类文化的创造和推进，就很难融入人类文明中。人类文明发展历史是不同民族、不同国家、不同地区的文化互相交流、互相吸收、互相促进的历史。也就是说，一个民族、一个国家、一个地区的文化，并不是孤立地前行和发展，也不是与其他民族、国家、地区的文化平行地行驶；恰恰相反，它们总是经历着一个互相交流、互相吸纳的"你中有我"和"我中有你"、异中有同和同中有异的发展过程。在人类文明发展史上，那种化其他民族的腐朽为本民族的神奇的现象也是屡见不鲜的。这种民族艺术观强调在人类文明发展的格局中把握民族文化的前进方向，不仅有利于克服民族文化的局限，而且有利于推动民族文化融入人类文明中并为人类文明的发展做出独特的贡献。

其次是提出恢复马克思主义文艺批评的批判力量。文艺作为意识形态的形式之一，不仅反映现存冲突，而且试图努力解决这个现存冲突。文艺对现存冲突的解决既有可能是真实的，也有可能是虚假的。因此，我们在肯定文艺所包含的真实内容的同时，也要揭露和批判文艺所蕴含的虚假内容，否则文艺批评就会丧失真正的批判力量。马克思、恩格斯在深入地批判资产阶级意识形态时提出了虚假意识形态这种重要现象。过去，我们对马克思、恩格斯提出的虚假意识形态认识不足，忽视了对现实生活中的虚假意识形态的揭露与批判。马克思、恩格斯在探讨意识的生产时不但挖掘了意识形态的虚假内容，而且揭示了这种虚假意识形态产生的历史根源和认识根源。在马克思、恩格斯看来，这种虚假意识形态的产生，不是对现存冲突的反映不准确，而是统治阶级根据自己的狭隘需要炮制出来的。文艺作为一种意识形态，也会不可避免地包含一些虚假内容。在文艺批评史上，不少文艺批评家就深刻地揭露和批判了文艺的这种虚假意识形态内容。鲁迅对文艺的命定神话的批判就是对文艺的虚假意识形态的批判和揭露。在中国当代文艺界，一些作家、艺术家自觉或不自觉地编造着这种虚假意识形态。20 世纪 80 年代以来，人们纷纷"告别革命"。在"告别革命"的声浪中，文艺批评自觉或不自觉地放弃了批判的武器。当中国当代社会发生根本转型时，我们无法真正有效地抵制各种虚假意识形态的泛滥。因此，我鲜明地提出，现在到了该恢复马克思主义文艺批评的批判力量的时候。

在倡导科学存在观文艺批评的同时，我努力从多方面推进中国当代文艺批评理论的发展。在文艺批评主体"说什么"与"怎么说"的关系上，我深入地把握了文艺批评主体"说什么"与"怎么说"的辩证关系。有的文艺批评家指出中国当代"先锋批评"对于现实只说"是"，认为这种"先锋批评"从过去只说"不"到现在只说"是"的做法，丧失了文艺批评的立场。我反对这种抽象地规定文艺批评说"是"与"不"的做法，认为文艺批评既可以只说"是"，也可以只说"不"。文艺批评是说"是"，还是说"不"，不取决于文艺批评自身，而取决于文艺批评所把握的对象。如果批评对象值得说"是"，批评主体就应该说"是"；如果批评对象不值得说"是"，批评主体就应该说"不"。这才是实事求是的。批评主体说得对与不对是关键，至于批评主体怎么说则是次要的。不问批评主体"说什么"，而是质问批评主体"怎么说"，这是本末倒置的。在文艺的批判与现实的批判的辩证关系上，我深入地把握了文艺的批判力量和人民的批判力量的辩证关系。有的文艺批评家在强调文艺的批判力量时不但脱离了现实生活，而且脱离了批评对象。这些文艺批评家对现实生活的坚决、彻底、深入的拒绝和批判在否定现实生活中的邪恶势力的同时，也拒绝了现实生活中的正义力量。也就是说，这种文艺的拒绝和批判从根本上脱离了现实生活中的批判力量。而我认为作家、艺术家虽然可以批判和否定现实世界的丑恶现象，但是克服这些丑恶现象只能在现实生活中最后完成。在这个基础上，我要求科学的文艺批评应该把文艺批判和现实批判结合起来，把文艺的审美超越和人的现实超越结合起来。

问：近些年来，为了进一步推动中国当代文艺批评的有序发展，为了更好地把握和评价文艺理论家的理论成就，你猛烈批判了中国当代文艺界日益严重的鄙俗气。你是为何和如何批判文艺理论家身上日益严重的鄙俗气的？

答：随着中国当代文艺界文艺批评生态环境的不断退化，不少文艺理论家尤其是文艺理论史家身上的鄙俗气日益严重。这种鄙俗气主要表现为有些文艺理论史家不是把握中国当代文艺理论发展的客观规律并在这个基础上公正地评价文艺理论家的理论贡献，而是以个人关系的亲疏远近代替历史发展的客观规律。这些文艺理论史家追求文艺理论界人际关系的和谐甚于追求真理，他们既不努力挖掘文艺理论家的独特贡献，也不继续肯定这些文艺理论家在当代文艺发展中仍起积极作用的理论，而是停留在对一些与个人利益密切相关的文艺理论家的评功摆好上。这种鄙俗气严重地制约了这些文艺理论史家真实地把握中国当代文艺理论的发展，并极大地助长了中国当代文艺理论发展中的歪风邪气。

青史凭谁定是非？我记得学者易中天曾说过，意义——这是知识分子绕不过去的最后一道弯，迈不过去的最后一道坎。知识分子可以不要名，不要利，不要有用，不要别人承认，但知识分子总不能不要"意义"吧。与其说中国知识分子有一种"政治情结"，不如说他们有一种"意义情结"。因此，知识分子如果无愧于知识分子的称号，就得坚持独立立场，就不能附在某张"皮"上，就不能太在乎意义能不能实现。这种认为知识分子一定要在乎意义但不能太在乎意义能不能实现的论调似乎很尖锐，但未免有些消极。

正如德国哲学家黑格尔在考察哲学史时所指出的，全部哲学史是一有次序的进程。"每一哲学曾经是而且仍是必然的，因此没有任何哲学曾消灭了，而所有各派哲学作为全体的诸环节都肯定地保存在哲学里。但我们必须将这些哲学的特殊原则作为特殊原则，和这原则之通过整个世界观的发挥区别开来。各派哲学的原则是被保持着的，那最新的哲学就是所有各先行原则的结果，所以没有任何哲学是完全被推翻了的。"① 人类文艺批评史也不例外，既不是长生的王国，也不是"死人的王国"，而是一有秩序的进程。文艺批评这一有秩序的进程既是一个不断提高和丰富的发展过程，也是一个由浅入深、从零散到系统的发展过程。因此，人类文艺批评史如果要准确地评价一位文艺理论家的理论成就，就不能只看他在社会中的位置，而要看他在这一有秩序的进程中的位置。这就是说，人类文艺批评史如果准确地评价一位文艺理论家的理论成就，就既要看到文艺理论家的文艺理论满足现实需要的程度，也要看到这种文艺理论在文艺理论发展史中的环节作用，并将二者有机地结合起来。

附　记

我的好友、著名学者、著名编辑、文艺理论家熊元义因病不幸于2015年11月15日逝世，我感到特别悲痛，为表达我对他的深切怀念，我加紧整理了这篇访谈录（2015年8~9月，经过我和熊元义多次电话和电子邮件联系，已经先后完成了本访谈录的初稿和第二稿，此次只是略做修改）。熊元义为湖北省仙桃市人，笔名楚昆，文学博士，中国作家协会会员。2004年任《文艺报》理论部主任，中南大学、云南大学、江南大学等数所大学文学院兼职教授、研究生导师。

（原载《湖南社会科学》2016年第1期）

---

① 〔德〕黑格尔：《哲学史讲演录》第1卷，商务印书馆，1959，第40页。

余三定教授学术反响撮要

余三定的学术生命轨迹始于 20 世纪 80 年代，迄今已划过了 30 多个春秋。从他写作的第一篇学术论文《文艺批评的首要标准应当是真实性——对"政治标准第一"的异议》可以看出，余三定最初的学术关注点在于对文艺理论问题的探讨。在随后的学术生涯中，他的研究始终保持与现实对话的姿态，以敏锐之思捕捉文艺和学术热点，适时调整自己的研究方向，在学术道路上一步步攀登跋涉。大致而论，文艺理论批评、当代学术史研究，是其耕耘最力、实绩显著的两个主要领域，他自由地游走于二者之间，努力构建自己的文艺批评和学术话语系统，以学术关注社会，引起较大社会反响。

一　文艺理论与批评研究

作为高校文艺学教授，余三定的文艺理论批评包含两个方面：一是注重文学基础理论研究，对文学创作理论、文艺现象进行深入探讨与高屋建瓴的总结概括；二是将理论研究与文学创作实践的批评相结合，重视当代作家作品尤其是地域文学创作，并坚持长时期的追踪评论与研究。在此领域，先后出版了六部著作：《含英咀华——古代小说艺术探奥》（黑龙江人民出版社，1994）、《文坛岳家军论》（花山文艺出版社，1994）、《文艺湘军百家文库·文学评论方阵·余三定卷》（湖南文艺出版社，2000）、《新世纪文论》（南京大学出版社，2007）、《谭谈评传》（朱平珍、余三定合著，湖南文艺出版社，2008）、《悲剧观念与中国文学》（张恒学、余三定合著，中国戏剧出版社，2009）。主编的有《教育文艺作品赏析》（华夏出版社，1996）、新世纪高等师范院校专业教材《文学概论》（南京大学出版社，2004）等。

20 世纪八九十年代，身居洞庭湖泽之地的余三定在文学批评界频频发声，可谓"鹤鸣于九皋，声闻于天"，颇受学界瞩目，成为"文艺湘军"的中坚。湖南省文联以文库的形式将"当前较有影响、十分活跃并且颇具潜力的中青年文艺家"的创造性成果结集出版为《文艺湘军百家文库》，一人一卷，余三定于"文艺湘军"的"文艺评论方阵"中占据一席之地。

1. 文学基础理论研究

余三定的文艺理论批评研究，一方面是对一些文学创作理论问题进行探讨。如《超越小说的重要品性》《再议小说的超越》等文，借用康德哲学中的重要概念，对新时期最重要的文学样式——小说的品性加以探析。在康德哲学中，"此岸""彼岸"分指经验界限之内、经验界限，"超越"指超出经验界限，亦即"超验"。文章认为，小说作为一种艺术形式，"是对生活的一种审美把握，是超越生活而达到了一个更高的境界和更深的层次。作家创作小说作品时，凭借自己的艺术想象力和对生活的超常透视力，突破现实时空的障碍，超越现实时空的限度而进入自由的审美时空"①，从而把握了小说的重要品格和传世能力。作为评论家，同样需要超越，评论小说作品要跳出文学看文学，超越文学看文学。

另一方面，余三定的文学批评更多的是关注那些具有现实针对性的课题，尤其重视当代文艺"现象"研究：基于从根本上消除"对文艺横加干涉"现象的思考，他写下了《理论与体制的扭结——关于"对文艺横加干涉"现象的反思》；针对 20 世纪 80 年代中期一些小说作家过分强调直觉、下意识、潜意识的作用的情况，他撰写了《小说创作的深化：哲理概括》；针对 90 年代文坛"躲避崇高"的倾向，作者针锋相对写下了《追求崇高向往永恒——近年文坛观察与思考》；针对当前市场体制背景下文学创作追求高产忽视质量、迎合读者忽视品位、追求销量忽视创新的浮躁风气，撰文《营造生态合力，改变浮躁文风》，提出要从创作观念、文学批评、理论研究、评价机制等方面着手，凭借文学生态的合力改变此种风气。而《忧患意识和参与精神——岳阳文艺现象考察》《全面开花 硕果累累——新时期岳阳文艺概览》《以创作关注现实，以作品感应时代——新时期岳阳文艺创作扫描》等文，则充分肯定了新时期岳阳文艺创作中渗透的忧患意识、关注现实及参与现实变革的精神。其代表性论文《试谈湖南近年小说的"回

---

① 余三定：《超越小说的重要品性》，《芙蓉》1988 年第 2 期。

溯"现象》在全国引起了不小反响。余三定指出，粉碎"四人帮"后最初几年，湖南的小说创作曾引起全国性反响，出现了《在没有航标的河道上》《将军吟》《月兰》《祸起萧墙》等一系列优秀作品，其重要原因之一，就是作家们勇于真实地表现现实。但进入80年代后的几年间，湖南小说创作却呈现出与上述情况完全不同的现象，一些作家不约而同地隐去作品的确切年代，有的甚至明显地描写远古社会的生活。余三定称这种现象为小说创作的"回溯"现象，并认为其目的是从更高的层次上把握时代和现实，更加贴近时代的深层。他说，从认识的角度看，"回溯"是指向现实的；从美学的意义看，它同时也是一种超越，"回溯"小说正是从具体、琐碎的事件中跳出来，给描写对象以超越自身的意义。① 此论一出，旋即在文艺界激起反响，《文艺报》1987年8月22日"文摘"版头条以《湖南小说创作三人谈》为题对余文观点进行摘登。

余三定对当下文艺现象的关注及取得的研究成果，也为学界所瞩目。任先大《二十年文艺研究的一面镜子——评〈文艺湘军百家文库·余三定卷〉》一文中指出，"余三定教授一直比较关注文坛的动向和发展"，"先捕捉住形形色色鲜活的'现象'，从现象入手，打开一个缺口，然后借助理性思维透过现象把握本质，不失为学术研究的明智之举"。② 学者杨厚均则指出，余三定的文学批评表现出一种强烈的现实参与精神，体现了一个当代知识分子强烈的社会责任感，其文学评论的最重要的意义在于他是出于同春蚕吐丝一样的必要而评论。如：

> 强烈的社会责任感，促成了余三定文学批评的强烈的现实参与精神、鲜明的价值取向与朴实无华的文章风格。而自觉的哲学意识、文化意识和对多种文学批评方法的运用，又保证了他的评论观点上的准确、深刻与独特，这一切都是那么的自自然然、水到渠成，就像春蚕吐丝一样，一切都是一种生命的需要，一切都是生命力量积累到一定程度时的自然喷发。③

---

① 余三定：《试谈湖南近年小说的"回溯"现象》，《芙蓉》1987年第4期。
② 任先大：《二十年文艺研究的一面镜子——评〈文艺湘年百家文库·余三定卷〉》，《长沙电力学院学报》（社会科学版）2001年第3期。
③ 杨厚均：《出于同春蚕吐丝一样的必要而评论》，《理论与创作》2003年第2期。

进入 21 世纪以来，余三定的研究重心业已转向。但他对文坛的关注和研究一如既往，成绩斐然，在《文艺报》《光明日报》《人民日报》《北京大学学报》《文艺理论与批评》《作品与争鸣》《理论与创作》等报刊发表文艺批评方面的论文 70 余篇，《新世纪文论》中"余三定小辑"是其部分成果集成，一些代表性论文被多家权威报刊转载或摘要。检视 20 世纪 90 年代的中国文学，余三定对文学创作中粉饰太平的现象极为不满，写下了《当代文学缺少鲜活的贪官典型》一文，最初发表于 2001 年 3 月 10 日《文艺报》上，同年的《作家文摘》3 月 27 日、《新华文摘》第 6 期摘要，中国人民大学"复印报刊资料"《文艺理论》第 8 期转载，并收入漓江出版社2002 年 1 月出版的《2001 中国年度文坛纪事》。《2005 年：文学批评的"批评"》一文，对 2005 年文坛出现的"酷评""学院派批评""谀评"等现象加以审视、述评，可谓"批评的批评"，此文原载《文艺报》2006 年 3 月 2日，同年的《中国社会科学文摘》第 3 期、《高等学校文科学术文摘》第 3期转载。《文学创新必须积极面对现实》一文认为，"积极面对现实，是文学创新的基础和前提。文学积极面对现实，主要包括积极面对社会现实、读者现实、文学创作自身的现实等三个方面"。① 文章一出，《学术界》2003年第 5 期摘要、《新华文摘》2003 年第 8 期转载。近两三年的《文艺评论现状的反思》《文艺理论与文艺批评在相互促进中发展》《文艺理论学科产生危机的社会原因分析》等文，对文艺理论与批评有更深入的理论思考，带给人们诸多有益启示。21 世纪以来，余三定的文学批评体现出更为自觉的使命意识、哲学意识和强烈的文化意识，因而其批评的社会效应愈加凸显。

2. 当代文学批评及湖湘地域文学研究

当代文坛，批评家与作家之间的隔膜时有存在，而余三定走出了书斋式的理论研究，其批评极少涉及纯理论的玄思，他的深厚的理论素养总是处于对当下作家作品的批评之中。因而，重视当代作家作品研究，尤其是把目光投注于岳阳乃至湖南的地域文学创作，成为余三定文学批评中的一道独特景观。1994 年出版的《文坛岳家军论》就是他对岳阳文艺创作群体的首次集中检阅与评说。他将 20 世纪八九十年代岳阳本土的小说、散文、诗歌、报告文学、剧本创作和文学评论悉数纳入其批评视域中，涉及本土作家彭见明、陈亚先、吴傲君、翁新华、熊育群、彭东明等近 40 位作家。著名学者

---

① 余三定：《文学创新必须积极面对现实》，《北京大学学报》2003 年第 2 期。

王先霈指出，中国在"五四"以后，产生了以鲁迅为前驱的乡土文学作家群，周作人和沈雁冰也在理论上予以倡导，"但专门就某一地域的乡土文学长期坚持作追踪的评论，似极罕见"。王先霈称之为"乡土文学评论的有益尝试"，并充分肯定书中所收几十篇文章不只是对具体作家作品进行了评论，而且综合起来看，"还有地域文化研究上的价值，对于发展文化学文学评论，是一种有益的探索"。①

余三定是在洞庭湖畔、湘江之滨长大的，地域文化情结使他将目光始终深情地投向这片生他养他的土地，其批评对象由岳阳辐射到整个湘楚大地，涉及小说、诗歌、散文、纪实文学、电视剧、地方花鼓戏等领域。代表性成果有《当代知识分子人格失落的悲剧——评阎真〈沧浪之水〉》《善良人性的魅力和永恒——评薛媛媛〈雕花床〉》《社会的解放与人的解放——康濯中篇小说〈水滴石穿〉新论》《农民典型形象塑造与百年农村变迁描写——评陶少鸿长篇小说〈大地芬芳〉》《独立而并非完美的思考者——〈日夜书〉马涛形象解读》《优良反腐传统的影像叙事——评电影剧本〈我的父亲李六如〉》等。余三定浓浓的恋湘情结，使他长年聚焦湖湘地域文学，笔蘸湘水铸就一篇篇乡土文学评论经典。学者涂昊评价道："他是一个具有忧患意识和参与精神的、'湘'味极浓的知识分子。他承继湘人经世致用的学术精神，追踪湖南文学创作的发展轨迹，对忧国忧民、把握时代脉搏、高唱人生赞歌的充满创造活力的文学作品，表现了极大的热情和关注。"②

二　当代学术史研究

如上所言，文艺理论批评、当代学术史研究是余三定纵情驰骋的两大学术阵地。作为学者的余三定，他曾经说过这样两句话："我最景仰的是学者"，"我最钟情的是学术研究"。大约自 20 世纪 90 年代始，余三定的学术轴心便转至当代学术史研究上，尤其近些年来，著述累累，声名日隆，在学界产生较大影响。其主要成果有《学术的自觉与学者的自立：当代学者研究》（华中师范大学出版社，1998）、《新时期学术发展的回瞻》（北京大学

---

① 余三定：《文坛岳家军论》，花山文艺出版社，1994，第 5 页。
② 涂昊：《笔蘸湘水写文坛——评〈文艺湘年百家文库·文学评论方陈·余三定卷〉》，《湖南大众传媒职业技术学院学报》2002 年第 2 期。

出版社，2005）、《中国新时期学术热点研究》（北京大学出版社，2012），主编的有《许诺纪念文集》（人民日报出版社，2002）、《何光岳研究》（团结出版社，2008）、《当代学术史研究》（人民出版社，2009）、《当代学术史研究八年论坛》（南京大学出版社，2012）、《南湖藏书楼纪事》（南京大学出版社，2015）等。

当代学术史研究，按照余三定的理解，主要包括四个方面的内容，一是宏观的学术史研究，二是学科史，三是学者个案研究，四是学术批评。除学科史外，余三定在其他三个方面都有较为深广的研究。

1. 宏观学术史研究

在宏观学术史研究上，《学术的自觉与学者的自立——20 世纪八九十年代中国学术一瞥》是余三定最早的一篇。这篇长文对"文革"结束后的八九十年代学术发展进行宏观鸟瞰和透视，从历史发展的角度阐明，"文革"后学术界的根本性变化就是学术的自觉与学者的自立。有学者评曰："今天看来，它也是一篇新时期中国学术史研究的重要的拓荒之作。""在当时这是一篇高屋建瓴的论文，今天也不失其重要的学术价值。"[1]《新时期学术发展的回瞻与展望》一文对新时期以来 20 多年的学术发展进行条分缕析的梳理和总结，探究其种种本质特征，并指出存在的明显缺陷；同时对中国学术的发展趋势进行预测和展望，指出"面向世界，平等对话，是未来学术发展的必然趋势"，目前的"单向输入""学术逆差"应该随着这一过程而消失。[2] 这种预测是很有见地的，因此文章一出即被《新华文摘》《中国社会科学文摘》《高校文科学术文摘》《社会科学总论》摘要或转载。另一篇重要的学术史研究论文是《当代学术史研究著作评述》[3]，该文三万余字，对研究当代学术史的近百部著作进行了系统的梳理、总结和评述。《新时期学术规范讨论的历时性评述》[4]，把学术界关于学术规范讨论的情况划分为三个阶段进行梳理和评述：第一个阶段（20 世纪 90 年代中期以前）少数学者率先倡导；第二个阶段（20 世纪 90 年代中期以后到世纪之交）学术界在批

① 张恒学：《中国当代学术史研究的拓荒者》，《湖南社会科学》2006 年第 2 期。

② 余三定：《新时期学术发展的回瞻与展望》，《光明日报》2004 年 2 月 24 日"理论周刊·学术"版。

③ 原载《学术界》2004 年第 6 期，《光明日报》2004 年 12 月 28 日摘要，中国人民大学"复印报刊资料"《社会科学总论》2005 年第 1 期转载。

④ 原载《云梦学刊》2005 年第 1 期，《新华文摘》2005 年第 6 期、《高等学校文科学术文摘》2005 年第 2 期转载。

评学术腐败的同时对规范的呼吁；第三阶段（进入 21 世纪）批评的同时，重点转到"建设"上来。这一梳理和评述使我们看到了新时期在改革开放的社会背景下，学术研究逐渐走向规范化的历史进程。

余三定在宏观学术史研究上功彰绩伟，在此不可一一备述，有影响的论文还有《学术史："研究之研究"》《接续断裂·空前繁荣·追求深化——回眸中国新时期 30 年学术发展》《关于整治学术腐败讨论的评述》《关于当今学术管理所存在问题讨论的评述》《课题申报"一女二嫁"，当休矣》《项目至上的负面影响》《关于我国研究生教育问题讨论的评述》《当代学术史研究：新兴的学科》《反思当今学术管理与学术发展若干意见》《岂能"只认衣裳不认人"——"CSSCI"风波引发的思考》等，以上文章均被多家权威报刊转载，其中后 4 篇均被《新华文摘》转载。

宏观学术史研究还涵盖学术思潮、学术争鸣、学术规范讨论等方面，余三定专著《中国新时期学术热点研究》中的上编"宏观扫描"共 10 章，有关于学术规范、学术腐败、学术评价、研究生教育、"学术大师"、中学语文教材等方面的讨论。可见，他的宏观学术史研究视域宽阔，力图构建学术史研究的多维格局。而其皇皇巨著《当代学术史研究》，选自他担任主编的《云梦学刊》的《当代学术史研究》专栏 2003～2007 年发表的学术成果，包括学术与学术史通论、当代重要学术现象扫描、当代学者个案研究、学术批评、学术期刊发展战略、"当代学术史"学科建设、"当代学术史研究"论坛、"当代高等教育与当代学术发展"论坛等主题。学者们充分肯定了其学术贡献。杨玉圣说："从纵与横的不同侧面，正本清源，承前启后，展现了斑斓绚丽的当代学术史研究的一个重要侧面"，"在某种程度上可以看作是余三定教授为推动当代学术史研究而持续努力的学术结晶的总结"。①

2. 学者个案研究

学者个案研究，是当代学术史研究中的重要组成部分。学术史研究有赖于学者个案研究，但其意义不止于此。在学术分科越来越繁杂、碎片化的今天，学者的研究越来越专业化，这就越有可能带来学术间的隔膜。王富仁指出："隔膜是现代文化系统中普遍存在的弱点，而隔膜又不能不是导致彼此分裂的因素。……在这种情况下，就需要有一部分学者，通过自己的劳动，把现实社会不同学科、不同人的学术研究综合性地介绍给社会。"这是"加

---

① 杨玉圣：《努力开辟当代学术史研究的胜景》，《世界知识》2009 年第 20 期。

强中国现代知识分子和整个学术文化界整体意识的工作，从而把不同的学术部门和不同的学术倾向连接为一个有机的整体"。正是在这个意义上，王富仁认为，"这是一个非常重要的工作，同时也是一个非常繁难的工作，像余三定先生这样在这块处女地上辛勤耕耘的人还是不多的"。①

1998 年，在余三定出版的第一部学术史研究著作《当代学者研究》中，上编"学者研究"有 10 篇论文是关于著名学者刘纲纪、叶朗、陈鼓应、万俊人、王先霈、陈平原、易竹贤、王富仁、李元洛、罗成琰的个案研究，涵盖了人文社科领域的多个学科分支。中编"学者风采撷录"也勾画了蒋孔阳、杨胜群、许诺、郑国铨、何望贤等 10 位学者的风采。应该说，如此集中地展示学者研究的著作在当时还是罕见的。进入 21 世纪，余三定的学者个案研究仍在继续，其著作《新时期学术发展的回瞻》《中国新时期学术热点研究》中分别设有"学人研究""个案论析"编，论及的学者有胡绳、董京泉、邓晓芒、许诺、郑欣淼等，学者研究反响更大。《论胡绳的治学精神》（2002）以及对于郑欣淼故宫学研究的《故宫学：故宫研究的新阶段》（2009）这两篇文章，分别被《新华文摘》《中国社会科学文摘》摘要或转载。2015 年，他又发表长文《郑欣淼对故宫的执掌与研究》，对郑欣淼创建"故宫学"学科以及推动故宫走向世界的贡献进行追踪评述与研究。2015 年的《发现东方与再中国化——文艺理论家王岳川访谈》、2014 年的《作为学者的刘恪》，都产生了较大的反响。《从学者自述类图书看学术大师的风采与神情》一文，也被《新华文摘》转载。

余三定还曾在其主编的《云梦学刊》上开辟《学者研究》栏目，很多学者的学术活动和成果通过这个栏目而被人知晓，这对于繁荣学术，勾连学者与社会的联系，实现学术文化的真正自觉有着重要意义。

3. 学术批评

广义的学术史还包括学术批评。陈平原曾说："我对目前中国学界已成阵势的'偏师'——学术史撰述、学人研究、学术评论、专业书评等，抱有深深的敬意。"② 余三定亲身参与学术批评活动，如他的《评奖程序与学术规范》《中学语文教材的解构与重建——〈星星〉等报刊的争论综览》《展开学术研究的"学术研究"——〈学术界〉的突出特色》《量的扩张与

---

① 余三定：《当代学者研究》，华中师范大学出版社，1998，第 14 ~ 15 页。
② 余三定：《新时期学术发展的回瞻》，北京大学出版社，2005，第 1 页。

质的提升》①《做学问莫"买椟还珠"》② 等。其学术书评则更繁盛，他的著作《当代学者研究》《新时期学术发展的回瞻》皆辟有"学术书评"专辑，收入学术书评 40 篇，这些学术书评也是学术批评的一部分。如对《齐人物论》《艺术批判与审美超越》《中国报告文学发展史》《呼唤现实主义》《拒绝妥协》《中国作家精神寻根》等书的评论。在这些书评中，他力避"谀评"，也不玩弄新潮理论、新奇术语，体现了学术书评的批评本色。发扬百花齐放、百家争鸣精神，开展公正的学术批评，营造宽松自由的学术环境，是学术研究者应尽的职责。

余三定曾这样表述：学者自觉、主动地以自己的学术研究、学术事业去关注现实、影响社会，正是从另一个方面显示了学术的自觉和学者的自立；学者要在各种复杂的矛盾和多种诱惑面前冷静自持，不随流俗，追求崇高，面向永恒。以学术关注现实，这是余三定对学界的美好期许，也是他自己一直努力践行的目标。

李灿朝

（原载《东京文学》2014 年 4 月刊）

---

① 原载《文艺报》2004 年 5 月 15 日，《新华文摘》2004 年第 13 期转载。
② 原载《人民日报》2013 年 4 月 16 日，《高校文科学术文摘》2013 年第 5 期转载。

跋

在我所结识的"新三级学人"中，余三定教授是一个既从事高校教学和学术研究，又从事高校管理与服务，兼擅办刊、藏书、篮球等雅好的典范。关于这位高个子湖南学人的这些事迹，刘曙光博士在"序"中已有详论，甚得吾心。读者朋友可参见之。

论起来，我和三定教授，既不同龄，亦非同乡，也不在一个专业行当，但对于三定的学术事业，我由衷地钦佩和支持。和大多数学中文出身而做评论的人一样，三定兄也是从文学评论开始其学术之旅的。但与一般的文学评论家不同，或许与其在北大等深造的学术经历有关，加之其与众不同的学术追求，三定兄进而踏出一条当代学术史研究的新路子。其中，《新时期学术发展的回瞻》一书，或可视作三定教授早年从事当代学术史探索而收获的第一个结晶。在为该书作"序"时，著名学者陈平原教授有如下中肯的意见："在我看来，对自家所从事的研究课题、所从属的学科体系、所认同的学术传统，保持足够的自我反省意识与能力，而不局限于'埋头拉车'，很可能正是近二十年中国学术发展的关键。因此，我对目前中国学界已成阵势的'偏师'——学术史撰述、学人研究、学术评论、专业书评等，抱有深深的敬意。正是这些琐碎但又执着的努力，给中国学术的'自清洁'，以及各专门课题的'大进军'，提供了可能性。"作为学术史研究的首倡者之一，平原教授的上述夫子自道，既有深邃的学术洞见，又有学术的远见和针对性，也可以说是对三定教授的学术探索历程的一个很准确的定位。

尽管陈平原教授通过主编《学人》集刊和"学术史丛书"，并身体力行，致力于学术史视域中的大学史研究和文学史探索，且卓有成效，独树一帜，但是，对当代中国学术史这一新领域的探索，论开拓之功，当首推余三定教授。我下这样的结论，当然是有根据的。其一，正是三定教授，首次在学术界把

"当代学术史研究"作为一个新的学科门类，纳入大学教学体系，并通过培养研究生、主持有关课题研究，将之纳入学科建设。其二，正是三定教授，通过其主编的《云梦学刊》的《当代学术史研究》这一知名品牌栏目，十数载如一日，坚持刊发包括陈平原教授等名家在内的大量研究性文章，开创性地贡献了一批学术成果。其三，正是三定教授，最近十几年来，坚持主办每年一度、不同主题、全国性、跨学科的"当代学术史研究"论坛，以文会友，切之磋之，群策群力，让当代学术史研究进入有识之士的论域。陈平原、徐思彦、许章润、刘曙光、蒋寅、许明、仲伟民、龙协涛等名家大作纷呈，极大地推动了学界内外对于当代学术史研究的学科认同与影响力。其四，正是三定教授，主编了《当代学术史研究》等综合性文集。其五，包括本书在内，三定教授本人有关当代学术史研究的成果，同样令人瞩目。

在我看来，三定教授之所以在当代学术史研究和学科建设上取得如此突出的学术业绩，并不是偶然的。这既与其强烈的事业心和敬业精神密不可分，也与他与人为善、善于合作的学人风范相关。为了开展当代学术史研究，他多方购买、收集相关著作，并成为其丰富的个人藏书的一大显著特色。三定兄总是虚怀若谷、诚恳待人，善结学缘，广交学界朋友，这为他办刊、办论坛等，积累了丰厚的学术资源。

我和三定教授相识相交二十余载，虽个性有异、专业有别，但我们之间一直保持友好、坦诚与合作的学人友谊。无论是学术批评网创办五周年、十周年还是十五周年的学术聚会，还是我主持的历届全国县域法治高端论坛、齐思和先生百年诞辰学术研讨会和齐文颖教授八十华诞研讨会等学术活动，三定兄一以贯之，始终是积极的参与者、坚定的支持者与友好的合作者。《云梦学刊》也是我发表相关作品的主要学术平台。三定兄之长者气度，其谦谦君子之风范，一直是我效法的榜样。

三定兄的这部《当代中国学术史论》文集能作为"学术共同体文库"之一而面世，既是这位仁厚学长对我本人的信任与支持，也从一个侧面证实了我们之间的君子之交和学术友谊。我非常看重并珍惜这份友谊。

是为跋。

杨玉圣

2017 年 2 月 8 日于京北香堂

后 记

　　《当代中国学术史论》编辑完成了，在即将出版之际，我要特别感谢杨玉圣兄将拙著列入他主编的"学术共同体文库"中出版并亲自为我撰写跋，我要特别感谢刘曙光教授在百忙之中为我撰写序，我要感谢社会科学文献出版社的张晓莉女士和责任编辑樊学梅等，我还要特别感谢李志美帮助我收集文章，整理书稿。

　　收入本书的文章都是我最近十多年陆续撰写的，除个别篇目外绝大部分发表过，所以在此我要特别感谢那些发表我文章的编辑朋友，还要感谢那些转载或摘登我文章的编辑朋友，限于篇幅，名字在此不一一列出。

　　我本来是做文艺学研究和教学的，但二十多年来，我用了较多时间和精力来研究中国当代学术史。对于此项研究工作，我还会继续进行下去。

余三定

2016 年 5 月 21 日于岳阳市南湖畔

图书在版编目（CIP）数据

当代中国学术史论／余三定著．－－北京：社会科
学文献出版社，2017.6
（学术共同体文库）
ISBN 978－7－5201－0627－6

Ⅰ.①当…　Ⅱ.①余…　Ⅲ.①学术思想－思想史－中
国　Ⅳ.①B2

中国版本图书馆 CIP 数据核字（2017）第 070858 号

·学术共同体文库·

当代中国学术史论

著　　者／余三定

出 版 人／谢寿光
项目统筹／张晓莉
责任编辑／樊学梅　孙以年

出　　版／社会科学文献出版社·人文分社（010）59367215
　　　　　地址：北京市北三环中路甲 29 号院华龙大厦　邮编：100029
　　　　　网址：www. ssap. com. cn
发　　行／市场营销中心（010）59367081　59367018
印　　装／三河市东方印刷有限公司

规　　格／开本：787mm × 1092mm　1/16
　　　　　印张：22　字数：378 千字
版　　次／2017 年 6 月第 1 版　2017 年 6 月第 1 次印刷
书　　号／ISBN 978－7－5201－0627－6
定　　价／139.00 元

本书如有印装质量问题，请与读者服务中心（010－59367028）联系